Vocabulario Español de Texas

Por
Gilberto Cerda, Berta Cabaza y Julieta Farias

THE UNIVERSITY OF TEXAS PRESS

AUSTIN & LONDON

This book was originally published in 1953 as Volume V in the series University of Texas Hispanic Studies under the general editorship of M. Romera-Navarro and Elmer R. Sims.

LIBRARY OF CONGRESS CATALOG CARD NUMBER 54–62140
©1953 BY THE UNIVERSITY OF TEXAS
ALL RIGHTS RESERVED
THIRD PRINTING, 1974
INTERNATIONAL STANDARD BOOK NUMBER 0–292–70079–2

Prefacio

Se ha recogido en este volumen el vocabulario español de ocho condados de Texas, situados todos ellos en el sur del Estado y en los cuales predomina la población de habla española: Cameron (74.46 por 100 usa el español como lengua del hogar), Duval (*id.* 75.54), Edwards (54.32), Kinney (62.74), Val Verde (75.06), Webb (96.80), Willacy (69.27) y Zapata (95.81).*

De las "Instrucciones y advertencias para la formación del vocabulario" de nuestro maestro, el Dr. Romera-Navarro, recogemos y transcribimos a continuación sólo aquéllas que facilitarán al lector un mejor entendimiento del método seguido en la composición de esta obra.

1. El trabajo se compondrá de las partes siguientes:
    SECCION I. Voces no registradas en el *Diccionario de la Academia Española* o registradas en él con una acepción diferente; también los arcaísmos y los americanismos, registrados o no en el *Diccionario* académico.
    SECCION II. Locuciones y modismos no registrados en el *Diccionario* académico, o registrados en él con significado diferente.
    SECCION III. Hispanismos que usa la gente de habla inglesa de la comarca.
2. El material que se recoja debe proceder de residentes en el distrito (no de visitantes que lleguen de Méjico): profesionales, estudiantes, labradores, rancheros, etc., gente de toda clase y condición, de la ciudad y del campo.
3. Cuando el significado de una voz sea general para todos los casos se pondrá la voz en la SECCION I. Y cuando una voz tenga significado no general, sino particular en una sola frase, entonces debe registrarse en la SECCION II.
4. Cada forma del verbo se registrará en el lugar que le corresponde alfabéticamente: ejemplo, *truje*, V. *Traer;* y luego se pondrán todas las formas no académicas bajo el infinitivo, las de un tiempo juntas, v. gr., *truje, trujiste, trujo,* etc. En caso de

---

*Cons. Wilson Little, *Spanish-Speaking Children in Texas,* The University of Texas Press, Austin, 1944, págs. 18–23.

variar el acento en otras regiones hispánicas, se incluye esta variante también.

5. Las voces y frases que se vayan recogiendo se irán cotejando en el *Diccionario de la lengua española* de la Real Academia Española, décimaséptima edición, Madrid, 1947.

6. Los modismos y locuciones se registrarán por orden alfabético en la SECCION II, bajo una de sus palabras, según el siguiente orden de preferencia: 1) nombre; 2) adjetivo; 3) adverbio; 4) interjección; 5) verbo; 6) pronombre. Si en una frase hay dos palabras de la misma categoría gramatical, se registrará bajo la primera, excepto en el caso del verbo, que se preferirá siempre el principal.

7. Los anglicismos se pondrán con ortografía española, es decir, conforme se pronuncian; y los hispanismos de la SECCION III, según sean escritos por la gente de habla inglesa.

8. Se usarán las mismas abreviaturas del *Diccionario* académico; en la SECCION III, en vez de *m.* o *f.*, póngase *s.* (substantivo).

9. Hasta aquí la primera etapa del trabajo. En la segunda se cotejará cada palabra o frase (registradas ya todas y ordenadas alfabéticamente) en los vocabularios de regiones o países hispánicos cuya lista acompaño.

10. Al cotejarlas, apúntese bajo cada palabra o frase la que se encuentre registrada en dichos vocabularios, y si el significado varía, consígnese éste. Cuando la definición o explicación de una voz es extensa en esos vocabularios, se transcribe lo esencial solamente.

11. Modelo que se ha de seguir con exactitud tipográfica. *(Se acompaña un modelo, al cual se conforma nuestro texto.)*

12. Lista de vocabularios, con las abreviaturas que se usarán al citar cada uno de ellos:

América.—Francisco Javier Santamaría, *Diccionario general de americanismos,* México, D. F., 1942.

Americanismos.—Augusto Malaret, *Diccionario de americanismos* (3ra. ed.), Buenos Aires, 1946.

Argentinismos.—Lisandro Segovia, *Diccionario de argentinismos,* Buenos Aires, 1911.

Colombiano.—Pedro María Revollo, *Costeñismos colombianos,* Barranquilla, 1942.

Criollo.—Ciro Bayo, *Manual de lenguaje criollo de Centro y Sud América,* Madrid, 1931.

Chilenismos.—José Miguel Yrarrazával Larraín, *Chilenismos,* Santiago de Chile, 1945.

Ecuador.—Justino Cornejo, *Fuera del diccionario: unas tres mil voces y acepciones que no constan en el léxico oficial castellano,* Quito, Ecuador, 1938.

Mexicanismos.—Félix Ramos y Duarte, *Diccionario de mejicanismos,* Méjico, 1898.

Mexicano.—Aurelio de León, *Barbarismos comunes en México,* México, 1936.

México.—Darío Rubio, *Refranes, proverbios y dichos y dicharachos mexicanos,* México, 1940.

New Mexican.—Francis Monroe Kercheville, *A Preliminary Glossary of New Mexican Spanish,* Albuquerque, New Mexico, 1934.

Peruanismos.—Pedro Paz Soldán y Unanue, *Diccionario de peruanismos,* Paris, 1938.

Ríoplatense.—Daniel Granada, *Vocabulario ríoplatense razonado,* Montevideo, 1890.

Indice

Sección I: Vocabulario

A

abanico eléctrico, m. Ventilador eléctrico.

abarcador, m. Peineta.

abarrotera, f. Tienda de abarrotes. || 2. m. y f. En América, "persona que comercia en abarrotes o que tiene tienda de tales artículos." (*América,* I, 20.) || 3. "Apodo del gachupín zafio y grosero." *(Ibid.)*

abocanar, intr. Correr ansiosamente. Se dice de personas y animales. U. t. c. r.

abordar (del inglés *to board*), intr. Tomar comidas en una casa a precio determinado. U. t. c. r. || 2. Con el mismo significado en Nuevo Méjico. (*New Mexican,* p. 59.) || 3. tr. En Argentina, "emprender un negocio o asunto que ofrece dificultades o peligros." (*Argentinismos,* p. 16.) || 4. "Salir al encuentro de una persona, sorprendiéndola, para hablarle resueltamente de algo, sin darle lugar a que se evada." *(Ibid.)* || 5. En Méjico, "asaltar, atacar, enamorar." (*Mexicanismos,* p. 10.)

abostadero, m. Lugar del campo donde hay muchos arbustos y pasto para las bestias.

abuelito, m. Comején u hormiga blanca. U. m. en pl.

abuja, f. Aguja. || 2. Con el mismo significado en Tabasco (Méjico) y Nuevo Méjico. (*Mexicanismos,* p. 12; *New Mexican,* p. 33.)

abujerar, tr. Agujerear.

abujero, m. Agujero. || 2. Lo mismo en Tabasco (Méjico) y en Nuevo Méjico. (*Mexicanismos,* p. 12; *New Mexican,* p. 33.)

abusador, -ra, adj. Que abusa de la confianza que se le permite. || 2. Con el mismo significado en Chile. (*Chilenismos,* p. 96.)

1

abusón, -na, adj. Abusivo. U. t. c.s. ‖ 2. Lo mismo en América. (*América,* I, 26.)

acarrearse, r. Atraerse el cariño de cierta persona.

acartonarse, r. Se dice del tísico que parece no tener tal enfermedad. ‖ 2. Con el mismo significado en Antillas, Méjico y el Perú. (*América,* I, 31; *Americanismos,* p. 61.)

aceite de carro, m. Lubricante para el automóvil.

acero, m. Utensilio culinario que usa la gente del campo para cocer pan.

actobús, m. Autocamión de pasajeros.

actomóvil, m. Automóvil.

acual, pron. relat. Cual.

✗ *achantarse,* r. Casarse. ‖ 2. En Colombia, Cuba, Puerto Rico y Venezuela, "detenerse, arrimarse, estacionarse en un lugar." (*Americanismos,* p. 66; *Colombiano,* p. 3.)

achicharrado, -da, p. p. de *achicharrar.* ‖ 2. Adj. Vejete. Se dice con desdén de los viejos de conducta ridícula.

achuelón, -na, m. y f. Persona irrespetuosa. U. t. c. adj.

afrañar, intr. Entender.

agachado, -da, p. p. de *agachar.* ‖ 2. adj. Humilde. ‖ 3. En Cuba, "durante la guerra, las personas que en la Habana estaban como presentadas o venidas de la Emigración." (*América,* I, 51.) ‖ 4. En La Paz (Bolivia), "fondín de pobres de levita y jornaleros donde los comensales, por lo reducido del local, comen *agachados,* o bien sentados en el suelo." (*Criollo,* p. 18.) ‖ 5. En Méjico, "consentidor, alcahuete." (*América,* I, 51.) ‖ 6. r. En Argentina, "conformarse con algo que humilla o mortifica los sentimientos." (*Argentinismos,* p. 20.)

agringado, -da, adj. Se dice de la persona hispanoamericana que adopta los modales y costumbres de los angloamericanos y se identifica con ellos. ‖ 2. Con el mismo significado en América. (*América,* I, 54; *Chilenismos,* p. 100.)

agringarse, r. Imitar las costumbres, estilo, modos, vicios y defectos de los angloamericanos. ‖ 2. Con el mismo significado en Chile, Guatemala, Méjico y Perú. (*América,*

I, 54; *Americanismos*, p. 73.) ‖ 3. En los países del Río de la Plata, "hacerse gringo o italiano, o en lo figurado, volverse chambón en aquello que se hace." (*Americanismos*, p. 73.)

agrito, m. Arbusto de unos dos metros de altura, de muchos tallos, con fruta de pequeñas bolas rojas. ‖ 2. En Méjico, "planta llamada también *correosa* y *agrillo*." (*América*, I, 54.)

agruras, f. pl. Condición gaseosa del estómago.

aguaceral, m. Aguacero. ‖ 2. Con el mismo significado en Colombia y Puerto Rico. (*Americanismos*, p. 74.)

aguado, -da, adj. Cualquier mezcla en la cual la cantidad de agua se ha sobrepasado. ‖ 2. En Colombia, Guatemala y Veracruz (Méjico), "se usa por desmadejado." (*Colombiano*, p. 6; *Mexicanismos*, p. 22.) ‖ 3. En Nuevo Méjico, "suave." (*New Mexican*, p. 15.) ‖ 4. En Venezuela, "dícese de las frutas jugosas pero desabridas." (*Americanismos*, p. 75.) ‖ 5. f. En Argentina, "aguas más o menos permanentes de un campo o región." (*Argentinismos*, p. 106.) ‖ 6. m. En el Ecuador, "bebida refrescante de frutas y aguardiente." (*Americanismos*, p. 75.) ‖ 7. pl. En Méjico, "apodo que dan los mejicanos a sus compatriotas de la Ciudad de Méjico." (*Ibid.*)

aguantador, -ra, adj. Que sufre o tolera con prudencia. ‖ 2. Con el mismo significado en Guatemala, Honduras, Méjico, Perú, Río de la Plata y Santo Domingo. (*América*, I, 59; *Americanismos*, p. 76.)

aguerrido, -da, adj. Terco; pertinaz; pegajoso.

¡águila!, interj. ¡Cuidado! A veces se dice *¡Aguila con los velises!*

¡aguiluchas truchas!, interj. ¡Cuidado!

agüitado, -da, adj. Triste; nervioso; afligido. ‖ 2. En Argentina y Méjico tiene el mismo significado. (*América*, I, 62; *Argentinismos*, p. 17.)

agüitarse, r. Ponerse nervioso; afligirse; asustarse. ‖ 2. Con los mismos significados en Méjico. (*América*, I, 63; *Ameri-*

canismos, p. 77.) ‖ 3. En el Distrito Federal (Méjico), "dormirse de la borrachera." (*Mexicanismos,* p. 23.)

ahogadito, m. Juego de niños con canicas, en el cual dibujan un círculo en el suelo y ponen en él cierta cantidad de canicas para sacarlas tirándoles con otra.

ahora, adv. Hoy. ‖ 2. En Argentina, "en seguida, ya." (*Argentinismos,* p. 21.) ‖ 3. interj. En Argentina, "indica el momento de hacer o decir alguna cosa. Empléase también como acicate o estímulo." *(Ibid.)*

ahorita, adv. En este momento. ‖ 2. Con el mismo significado en Argentina, Méjico y Perú. (*América,* I, 64; *Americanismos,* p. 106; *Mexicano,* I, 14; *Peruanismos,* p. 63.)

ahoy, adv. Hoy, ahora. ‖ 2. Lo mismo en Méjico. (*América,* I, 65.)

ahuichotear, tr. Animar.

ai, adv. Ahí. ‖ 2. Lo mismo en Argentina. (*Argentinismos,* p. 591.)

aigre, m. Aire. ‖ 2. Con el mismo significado en Nuevo Méjico. (*New Mexican,* p. 33.)

aire-acondicionado (del inglés *air-conditioned*), adj. Se dice de un lugar refrescado artificialmente. U. t. c. s. para nombrar el aparato de este refrigerio.

ajilado, -da, adj. Se dice del que marcha o permanece en línea con otros. ‖ 2. En Guerrero (Méjico), "afilado." (*Mexicanismos,* p. 27.)

ajilarse, r. Marcharse uno detrás de otro. ‖ 2. Con el mismo significado en América. (*América,* III, 329.) ‖ 3. En América Central, Cuba, Méjico y Puerto Rico, "encaminarse, dirigirse hacia alguna parte por determinado rumbo." *(Ibid.,* I, 70.) ‖ 4. En Cuba, "andar con prisa con cualquier cosa." *(Ibid.)* ‖ 5. En Colombia, "morder el pez el anzuelo." *(Ibid.)* ‖ 6. En Puerto Rico, "enflaquecer, ahilarse." *(Ibid.)*

ajuarear, tr. Amueblar. ‖ 2. Con el mismo significado en Méjico. Variantes más frecuentes: *ajuarer* y *ajuariar.* (*América,* I, 71; *Americanismos,* p. 80; *Mexicanismos,* p.

27.) || 3. "Abastecer de algo." (*Americanismos*, p. 80.) || 4. "Aviar de ropa y otras prendas necesarias a una persona, especialmente una novia." (*América*, I, 71.)

ajuera, adv. Afuera. || 2. Lo mismo en Yucatán (Méjico). (*Mexicanismos*, p. 27.)

¡alalba!, interj. ¡Atención!

alebrestarse, r. Recobrar el ánimo un enfermo. || 2. Hacerse más avisado y entendido el que antes era abobado o simple. || 3. En Santo Domingo, *alebrescarse* con el mismo significado. (*Americanismos*, p. 83.) || 4. En América, y particularmente en Veracruz (Méjico), "alborotarse, alarmarse por sospecha de algún daño próximo." (*América*, I, 78; *Mexicanismos*, p. 34.) || 5. En Colombia, Honduras y Santo Domingo, "enamorarse." (*América*, I, 78; *Americanismos*, p. 83.) || 6. En Colombia, "encabritarse el caballo." (*América*, I, 78.) || 7. En Méjico y Venezuela, "entusiasmarse." (*Ibid.*) || 8. En Tabasco (Méjico), "ponerse medio borracho." (*Ibid.*)

alegrona, f. Mujer de la vida alegre. || 2. Con el mismo significado en Colombia, Ecuador, Méjico, Perú y Santo Domingo. (*Americanismos*, p. 84.) || 3. En Guatemala y el Río de la Plata, "mujer coquetona." (*Ibid*). || 4. adj. En la América Central, "coquetón." (*Ibid.*) || 5. En Méjico, se dice: *alegrón, -na*, "aficionado a los galanteos. Dícese especialmente de las personas de edad madura. U. t. c. s." (*América*, I, 79.) || 6. En Tabasco (Méjico), "cacao de tercera cosecha del año, en los meses de octubre a diciembre, no muy abundante ni de la mejor calidad." (*Ibid.*)

aleluya, m. Nombre que se da a los miembros de la secta religiosa conocida con el nombre de Iglesia de la Asamblea de Dios. U. m. en pl. y también como adj. || 2. m. En Colombia, Ecuador, Perú, Puerto Rico y Santo Domingo, "excusa frívola, marrullería, mañas." (*América*, I, 78; *Americanismos*, p. 84.) || 3. f. En América, "planta hasta como de metro y medio de altura." (*América*, I, 78.)

alevador (del inglés *elevator*), m. Ascensor.

alevantar, tr. ant. Levantar. U. t. c. r. || 2. Lo mismo en el Distrito Federal (Méjico). (*Mexicanismos,* p. 34.)

alfider, m. Alfiler.

alfirel, m. Alfiler.

alfombrilla, f. Planta pequeña que cubre el suelo en forma de alfombra, de hojas pequeñas, aserradas, y florecillas rojas, moradas y blancas. || 2. En Méjico, "nombre de varias yerbas silvestres." (*América,* p. 80.) || 3. En el Distrito Federal (Méjico), "verbena." (*Mexicanismos,* p. 34.) || 4. En Argentina, Colombia, Cuba y Guatemala, "la viruela confluente." (*América,* I, 80; *Americanismos,* I, 85; *Argentinismos,* p. 151.)

almirarse, r. Admirarse. || 2. Lo mismo en Nuevo Méjico. (*New Mexican,* p. 33.) || 3. tr. En Guerrero (Méjico), "admirar." (*Mexicanismos,* p. 36.)

almitir, tr. Admitir.

¡aló! (del inglés *hello*), interj. Saludo cordial; ¡hola!

¡aloja!, interj. Salutación familiar. || 2. En la América Central y del Sur, "cierta bebida refrescante que se prepara de la algarroba blanca; también se hace del *chañar chalchal,* u otros diversos modos." (*América,* I, 85; *Americanismos,* p. 87; *Argentinismos,* p. 152; *Criollo,* p. 21; *Ríoplatense,* p. 82.)

alpaca, m. Tela de tejido fino. || 2. En la América Meridional, "tela hecha del pelo del animal así llamado." (*América,* I, 85; *Americanismos,* p. 87.) || 3. f. En la América Central y la América del Sur, y especialmente en Argentina, Bolivia, Chile, y Perú, "animal andino más tímido que la llama." (*América,* I, 85; *Americanismos,* p. 87; *Criollo,* p. 21.)

aluzar, tr. Alumbrar. || 2. Con el mismo significado en Méjico y Puerto Rico. (*América,* I, 87; *Americanismos,* p. 88; *Mexicanismos,* p. 39.) || 3. En Puerto Rico, "examinar un huevo al trasluz." (*América,* I, 87; *Americanismos,* p. 88.)

alzado, -da, p. p. de *alzar.* || 2. adj. Se dice de una persona de clase baja que ha subido de categoría social. || 3. En la América Central y la América del Sur, "dícese del joven *alzado:* crecido o de buena estatura." (*Criollo,* p. 21.) || 4. En Argentina, "se dice del ganado que viviendo ordinariamente bajo la dependencia del hombre se ha substraído a su dominio y anda libre por los montes como salvaje." (*América,* I, 88; *Argentinismos,* p. 23; *Criollo,* p. 21; *Rioplatense,* p. 83.) || 5. En Colombia, Ecuador, Guatemala, Méjico, Perú, Puerto Rico y Río de la Plata, "engreído, insolente." (*América,* I, 88; *Americanismos,* p. 88; *Chilenismos,* p. 104.) || 6. En Méjico, "tosco, tímido." (*Americanismos,* p. 88.) || 7. m. y f. En América Meridional, excepto Colombia, "un animal cuando anda en celo." *(Ibid.)* || 8. f. En Argentina, "la altura del caballo y la de otros cuadrúpedos." (*Argentinismos,* p. 23.)

amacanarse, r. Asirse a alguna cosa con seguridad.

amachado, -da, adj. Porfiado, terco, que no se mueve de posición o no cambia de opinión. Se usa también muy comúnmente para describir a los animales que no quieren moverse. || 2. En Cuba, "varonil." (*América,* I, 89.)

amacharse, r. Resistirse las personas a moverse de cierta posición o a cambiar de opinión, y los animales a moverse. || 2. En la región hispano-norteamericana, Nuevo Méjico y Tabasco (Méjico) tiene el mismo significado. (*América,* I, 89.) || 3. En Chihuahua (Méjico), "molestarse, enfadarse." (*América,* I, 89; *Mexicanismos,* p. 40.) || 4. tr. En Guerrero (Méjico), "destetar." (*Mexicanismos,* p. 40.) || 5. En Puerto Rico, "dejar de dar fruto el árbol." (*América,* I, 89.)

amachimbrarse, r. Rendirse, abandonarse. || 2. En Argentina, Chile, Ecuador, Perú y Uruguay, "amancebarse." (*Americanismos,* p. 89.)

amachón, -na, adj. Que no cambia de opinión por ningún motivo.

amarío, -a, adj. Amarillo.

amarrado, -da, adj. Comprometido a permanecer en un lugar sin poder moverse de allí. || 2. En Cuba y Chile, "torpe, cerrado." (*Americanismos,* p. 90.) || 3. En Chile, "dícese de la persona que es para poco o que se embaraza con cualquier cosa." (*Chilenismos*, p. 105.)

amarrador, -ra, m. y f. Persona que hace y ata manojos de legumbres.

amarrarse, r. Comprometerse a permanecer en un lugar sin salir de él. ‖ 2. En el Distrito Federal (Méjico), "atarse, asegurarse." (*Mexicanismos*, p. 40.) ‖ 3. tr. "Corresponder en amores." *(Ibid.)*

ambulancia (del inglés *ambulance*), f. Automóvil con camilla detrás, destinada a transportar heridos o enfermos al hospital. ‖ 2. En América, y especialmente en Argentina, tiene el mismo significado. (*América* I, 95; *Argentinismos,* p. 152.)

amenorar, tr. ant. Aminorar. U. t. c. r.

americanizado, -da, p. p. de *americanizar.* ‖ 2. adj. Identificado con los angloamericanos de los Estados Unidos. ‖ 3. Con el mismo significado en América. (*América,* I, 94.)

americanizarse, r. Seguir las costumbres y modales de los angloamericanos de los Estados Unidos. ‖ 2. Con el mismo significado en América, y especialmente en Argentina. (*América,* I, 94; *Argentinismos,* p. 152.)

americano, -na, adj. Natural de los Estados Unidos de América. U. t. c. s. ‖ 2. El idioma inglés hablado en ese país. ‖ 3. Todo lo que es relativo a ese país. ‖ 4. Con los mismo significados en América. (*América,* I, 94; *Argentinismos,* p. 24; *Colombiano,* p. 12.)

amiguero, -ra, adj. Se dice del que se hace de amigos fácilmente. ‖ 2. Con el mismo significado en Ecuador, Méjico y Perú. (*Americanismos,* p. 92.)

amilcado, adj. Con leche.

amolado, -da, p. p. de *amolar.* ‖ 2. adj. Quebrado, que carece de dinero, o que está enfermo. ‖ 3. En América, y particularmente en Argentina, Chile y el Distrito Federal

(Méjico), tiene el mismo significado. (*Americanismos,* p. 92; *Argentinismos,* p. 24; *Chilenismos,* p. 106; *Mexicanismos,* p. 41.) ‖ 4. En América, "persona importuna que molesta demasiado." (*Americanismos,* p. 92.) ‖ 5. "Perverso, malvado, de mala índole." *(Ibid.)* ‖ 6. En Argentina, "fastidiado, molestado." (*Argentinismos,* p. 24.) ‖ 7. "Perjudicado, embromado." *(Ibid.)* ‖ 8. m. En Colombia, "corozo grande descortezado que se emplea en el juego de bolas." (*Americanismos,* p. 92.)

amolar, tr. Arruinar; hacer algún daño. U. t. c. r. ‖ 2. En América, y especialmente en Argentina, Méjico y Perú, "molestar, fastidiar, jorobar." (*América,* I, 96; *Argentinismos,* p. 24; *Mexicanismos,* p. 41; *Peruanismos,* p. 62.) ‖ 3. interj. En Argentina, "¡amolarse!" quiere decir "¡aguántese usted!" (*Argentinismos,* p. 24.)

anclar, intr. Llegar.

ancheta, f. Nombre que se da a cualquier cosa cuyo nombre se ignora o no se recuerda. ‖ 2. En América, "pacotilla que antiguamente se traía a vender a América." (*América,* I, 101.) ‖ 3. En América, particularmente en Cuba, Méjico, Río de la Plata y Venezuela, "mal negocio o cosa de poca monta." (*América,* I, 101; *Americanismos,* p. 94.) ‖ 4. En América, especialmente en Ecuador, Perú y Venezuela, "ganga, y buen negocio." (*América,* I, 101; *Americanismos,* p. 94; *Peruanismos,* p. 75.) ‖ 5. En Colombia y Río de la Plata, "simpleza, pamplina." (*América,* I, 101; *Americanismos,* p. 94; *Ríoplatense,* p. 83.) ‖ 6. En Argentina, "satisfacción en la manera de proceder." (*Argentinismos,* p. 107.) ‖ 7. En Bolivia, Colombia y Venezuela. "palabrería, cantaleta, molestia." (*América,* I, 101; *Americanismos,* p. 94; *Criollo,* p. 24.) ‖ 8. En Colombia, "error, descalabro, pérdida, calamidad." (*Americanismos,* p. 94; *Colombiano,* p. 13.)

anduriego, -ga, adj. Andariego, ‖ 2. En Morelos (Méjico) se dice *andariego.* (*Mexicanismos,* p. 43.)

ánfora, f. Urna electoral. || 2. Con el mismo significado en Bolivia, Guatemala, Méjico y Perú. (*América*, I, 103; *Americanismos*, p. 94; *Mexicanismos*, p. 44.)

¡ánimas!, interj. Expresión que significa: ¡Ojalá que algo pase o se verifique! || 2. Con el mismo significado en Méjico. (*Americanismos*, p. 96.)

anonero, -ra, adj. Se dice de la persona que exagera.

ansí, adv. m. ant. Así. || 2. Lo mismo en Colima y Oajaca (Méjico). (*Mexicanismos*, p. 45.)

ansina, adv. m. ant. Así. || 2. Lo mismo en Méjico y Nuevo Méjico. (*Mexicanismos*, p. 46; *New Mexican*, p. 43.)

antojitos mejicanos, m. Platillos o guisados típicos de varias partes de Méjico. || 2. Con el mismo significado en Méjico. (*Americanismos*, p. 97.)

aoler, tr. Oler.

apagadora, f. Autocamión para apagar incendios.

apalancarse, r. Asirse fuertemente de algo.

apañar, tr. Coger, comprar. U. t. c. r. || 2. Pelear. || 3. En el Ecuador y Tabasco (Méjico), "apropiarse, en sentido de apoderarse de lo ajeno." (*América*, I, 111). || 4. En Argentina, "encubrir, ocultar a una persona para librarla del castigo." (*Ibid.*) || 5. En Ecuador, "recoger." (*Americanismos*, p. 99; *Ecuador*, p. 18.) || 6. En la costa del Perú, "cosechar el algodón." (*Americanismos*, p. 99.) || 7. En el Perú, "reprender, azotar." (*Ibid.*) || 8. "Disculpar." (*América*, I, 111.)

apapachado, -da, p. p. de *apapachar*. || 2. adj. Mimado.

apapachar, tr. Mimar. || 2. Encubrir las faltas de otra persona. || 3. En Méjico tiene el mismo significado. (*América*, I, 111.) || 4. "Papachar, sobar." (*Americanismos*, p. 99.)

apartamento, m. Vivienda en una casa de pisos. || 2. En Colombia, *apartamiento*. (*Colombiano*, p. 15.)

aperlado, -da, adj. De color de perla. || 2. Moreno, hablando de personas. || 3. Con el mismo significado en América. (*América*, I, 115.)

aplanadora, f. Vehículo con un cilindro de hierro, ancho y pesado, que sirve para aplanar el pavimento. || 2. Con el mismo significado en América. (*América,* I, 116.)

aplastarse, r. Sentarse en visita por largo tiempo. || 2. En Colombia tiene el mismo significado. (*América,* I, 116; *Americanismos,* p. 102.) || 3. En América, "sentarse." (*América,* I, 116.) || 4. En Argentina, "tirarse en asiento o cama una persona que está cansada." (*Americanismos,* p. 102.) || 5. "Acobardarse, desalentarse." (*Argentinismos,* p. 154.) || 6. tr. En Veracruz (Méjico), "derrotar, maltratar." (*Mexicanismos,* p. 52.)

aplomarse, r. Tardar en obrar por pereza o por falta de agudeza. || 2. Con el mismo significado en Méjico. (*América,* I, 117; *Americanismos,* p. 102.) || 3. En Chile, "avergonzarse confundirse." (*Americanismos,* p. 102.) || 4. En Santo Domingo, "entre bebedores, entonar el organismo con un trago de licor." (*Ibid.*) || 5. p. p. En Chile, "molesto, enfadoso." (*Chilenismos,* p. 109.)

apoyo, m. La última leche de la vaca. || 2. Con el mismo significado en Argentina, Chile, Méjico, Puerto Rico, Santo Domingo, Uruguay y Venezuela. (*América,* I, 119; *Americanismos,* p. 103; *Argentinismos,* p. 155.) || 3. tr. En Colombia, Puerto Rico y Venezuela, "acto de presionar la teta para que suelte la leche." (*América,* I, 119; *Americanismos,* p. 103.)

apretador, m. Pieza de ropa que usan las mujeres para cubrir los senos. || 2. m. y f. En Cuba, "nombre que se daba a los galleros negros a quienes no se dejaba entrar en las vallas." (*América,* I, 119.)

aprontarse, r. Llegar sin ser esperado. || 2. Con el mismo significado en Chilili (Nuevo Méjico), Tabasco (Méjico) y Uruguay. (*América,* I, 119; *Americanismos,* p. 103; *New Mexican,* p. 81.)

apurón, -na, adj. Se dice de la persona impaciente que apremia o apura a otros. || 2. Con el mismo significado en

Chile y Méjico. (*América*, I, 120; *Americanismos*, p. 104; *Argentinismos*, p. 110.) || 3. m. En América, "apuro grande, mucha prisa." (*América*, I, 120.) || 4. En Argentina, "trance." (*Americanismos*, p. 104.)

arañón, m. Arañazo. || 2. Con el mismo significado en Colombia y Puerto Rico. (*Americanismos*, p. 105.)

arengue, m. Lío; laberinto; dificultad. || 2. En Chile, con el mismo significado, se dice *arenga*. (*América*, I, 129.)

argente, adj. Servicial. || 2. Con el mismo significado en Méjico. (*América*, I, 130; *Americanismos*, p. 106.)

argolla, f. Anillo matrimonial. || 2. Con el mismo significado en Bolivia, Colombia, Chile y Guatemala. (*América*, I, 130; *Americanismos*, p. 106.) || 3. En Ecuador, "agrupación política o de comerciantes con fines de lucro u honores." (*Americanismos*, p. 106.) || 4. En Perú, "cierta agrupación política." (*Ibid.*) || 5. En Río de la Plata, "*cotorra*, vulva de mujer." (*Ibid.*)

argüende, m. Chisme. || 2. Con el mismo significado en Méjico, pero allá se escribe *arguende*. (*Americanismos*, p. 107.)

argüendero, -ra, adj. Se dice de la persona que lleva y trae chismes. || 2. Con el mismo significado en Méjico y se pronuncia *arguendero*. (*América*, I, 130; *Americanismos*, p. 107.)

arisco, -ca, adj. Asustadizo; desconfiado; receloso. || 2. En América, particularmente en el Brasil, Colombia, Cuba y Puerto Rico, tiene el mismo significado. (*América*, I, 132; *Americanismos*, p. 107; *Colombiano*, p. 18.) || 3. En Argentina, "animal receloso que huye del hombre." (*Argentinismos*, p. 155.)

arranarse, r. Casarse.

arrancado, -da, adj. Persona que está sin dinero. || 2. Con el mismo significado en Antillas, Ecuador y Méjico. (*América*, I, 137; *Americanismos*, p. 109; *Mexicanismos*, p. 59.)

arranque, m. Parte del motor de un automóvil que sirve para ponerlo en movimiento. || 2. En Colombia, "entusiasmo, brío, salida violenta." (*América*, I, 137; *Colombiano*, p. 290.) || 3. En el Ecuador, Guatemala, Puerto Rico y Santo Domingo, "pobreza." (*América*, I, 137; *Americanismos*, p. 109.) || 4. En Méjico, "acción y efecto de arrancar en el sentido de sacar de raíz, y en el de partir violentamente." (*América*, I, 137.)

arrear, tr. Manejar un automóvil. || 2. Con el mismo significado en el norte de Méjico y en Nuevo Méjico. (*Mexicano*, II, 16; *New Mexican*, p. 82.) || 3. En América, especialmente en Río de la Plata, "llevarse furtivamente el ganado u otros animales ajenos." (*América*, I, 139; *Argentinismos*, p. 155; *Ríoplatense*, p. 88.) || 4. En América, "con relación a persona, llevársela por la fuerza." (*América*, I, 139.) || 5. "Soltar, dejar ir, descerrajar en el sentido de disparar." (*Ibid.*) || 6. En la América Central, Argentina y Méjico, "alzar algo violenta o furtivamente." (*Americanismos*, p. 109.) || 7. En Bolivia, Cuba, Guatemala, Méjico y Río de la Plata, "mover ganado de un punto a otro." (*Americanismos*, p. 109; *Argentinismos*, p. 155.)

arrejuntarse, r. Amancebarse. || 2. Lo mismo en Méjico. (*América*, I, 140.)

arrempujón. m. Empujón. || 2. Lo mismo en América. (*América*, I, 140.)

arrendarse, r. Volverse; retroceder; regresar. U. t. c. intr. || 2. En Méjico tiene el mismo significado. (*América*, I, 140; *Americanismos*, p. 111; *Mexicanismos*, p. 60.) || 3. En Chihuahua (Méjico), "detenerse." (*Mexicanismos*, p. 60.) || 4. intr. En América, "tomar hacia un rumbo o dirección." (*América*, I, 140.)

arrequintar, tr. Apretar o atirantar un alambre. || 2. Poner a alguna persona en aprietos o apuros. || 3. En Bolivia, Colombia, Guatemala y Venezuela, "apretar, requintar." (*Americanismos*, p. 11.) || 4. "Apretar las clavijas, meter en cintura." *(Ibid.)* || 5. En Tabasco (Méjico), "atirantar o estirar una cuerda." *(Ibid.)*

arrolear, intr. Dar un paseo.

asientos, m. pl. Sedimento del café que ha sido hervido. || 2. En Guatemala, "diarrea." *(América,* I, 145.)

asilenciar, intr. Callar. U. t. c. tr. || 2. Con el mismo significado en Guatemala. *(Americanismos,* p. 115.)

asina, adv. m. ant. Así. || 2. Lo mismo en Nuevo Méjico. *(New Mexican,* p. 43.)

asistencia, f. Las comidas que se toman en una casa de huéspedes. || 2. En Colombia y Méjico, "casa de huéspedes u hostería. Generalmente se dice: casa de asistencias." *(Americanismos,* p. 115.) || 3. f. ant. En Cuba, "cierto derecho curialesco que se devengaba por cualquier acto judicial." *(América,* I, 146.) || 4. En Méjico, "pieza de la casa destinada a recibir visitas de confianza." *(América,* I, 146; *Americanismos,* p. 115.)

aspirina (del inglés *aspirin*), f. Droga derivada del ácido salicílico y que en forma de pastilla sirve para aliviar el dolor de cabeza y calmar la calentura. || 2. Con el mismo significado en Argentina. *(Argentinismos,* p. 582.)

asuavizar, tr. Ablandar.

atacarse, r. Salirse de los límites del buen lenguaje o del buen comportamiento. || 2. Hartarse. || 3. tr. En Argentina, "combatir, censurar." *(Argentinismos,* p. 156.) || 4. tr. En Nuevo Méjico, "tomar cualquier líquido." *(New Mexican,* p. 83.)

atarantado, -da, adj. Se dice de la persona en dificultades; aturdido. || 2. En América, "atropellado, precipitado, atronado." *(América,* I, 149.) || 3. En la América Central y la América del Sur, "aturdido, picado de la tarántula." *(Criollo,* p. 31.)

atarantarse, r. Hartarse. || 2. Con el mismo significado en Méjico. *(Americanismos,* p. 117.) || 3. En América, especialmente en Colombia y Chile, "precipitarse." *(Améri-*

ca, I, 149; *Americanismos,* p. 117.) En Guatemala y Méjico, "medio emborracharse." (*Americanismos,* p. 117.)

atascado, -da, adj. Se dice de la persona que no sirve para nada o que hace las cosas malamente. ‖ 2. Con el mismo significado en América. (*América,* I, 150.)

atascar, tr. Meter alguna cosa en otra por la fuerza. ‖ 2. En América, "enfermar por obstrucción del tubo digestivo." (*América,* I, 150.) ‖ 3. "Poseer una gran suma de conocimientos sin saberlos aplicar." *(Ibid.)* ‖ 4. En Méjico, "entre rancheros, enfermar el ganado por comer maíz y beber agua." *(Ibid.)*

atascarse, r. Meterse alguna persona en algún lugar, generalmente por la fuerza. ‖ 2. En América, "hundirse en el barro, quedando detenido sin poder salir." (*América,* I, 150.)

atenido, -da, adj. Se dice del que descarga sus obligaciones sobre otra persona. U. t. c. s. ‖ 2. Con el mismo significado en la América Meridional y Méjico. (*América,* I, 151; *Americanismos,* p. 117.) ‖ 3. En varias partes de la América del Sur, "atento, considerado." (*América,* I, 156.) ‖ 4. En Tabasco (Méjico), "atrevido." *(Ibid.)*

-ates, desinencia de la segunda persona del singular del pretérito de indicativo de los verbos terminados en *ar: colgates, llevates, tomates.* ‖ 2. En Oajaca y Veracruz (Méjico) lo mismo. (*Mexicanismos,* p. 67.)

atirantarse, r. Acostarse. ‖ 2. En Méjico, "morirse." (*América,* I, 152.) ‖ 3. tr. En la América Central y la América del Sur, "estirar en el suelo a una persona agarrándola de pies y manos para ser azotada." (*Criollo,* p. 31.)

atizar, tr. Dar golpes. ‖ 2. En Méjico, "limpiar con tiza." (*América,* I, 152.)

atotachado, -da, adv. Muy de prisa. V. *volado.*

atrabancado, -da, adj. Se dice de la persona que obra de una manera rápida y descuidada. ‖ 2. Con el mismo significado en América, especialmente en Méjico. (*América,* I, 155;

Americanismos, p. 120.) || 3. En Venezuela, "que está lleno de deudas." (*Americanismos*, p. 120.)

atrojado, -da, p. p. de *atrojar*. || 2. adj. Recargado de trabajo, muy atrás en su tarea. || 3. En Oajaca (Méjico), "cansado, estropeado." (*Mexicanismos*, p. 68.)

atrojarse, r. Quedarse atrás en la tarea. || 2. En el norte de Méjico con el mismo significado. (*Mexicano*, II, 18.) || 3. En Méjico, "aturdirse." (*América*, I, 156; *Americanismos*, p. 121.) || 4. "Fatigarse con exceso el caballo; encalmarse." (*Ibid.; ibid.*) || 5. tr. En Cuba y Oajaca (Méjico), "cansar, estropear." (*Americanismos*, p. 121; *Mexicanismos*, p. 68.)

atufarse, r. Ensoberbecerse; engreírse. || 2. Con el mismo significado en Guatemala. (*América*, I, 157; *Americanismos*, p. 121.) || 3. En Ecuador, "aturdirse, U. t. c. tr." (*Ibid.; ibid.*)

auditorio, m. Salón de espectáculos.

auspiciar, tr. Favorecer; apoyar; estimular. || 2. Con el mismo significado en la América Central, Colombia, Chile, Perú, Puerto Rico, el Río de la Plata y Santo Domingo. (*América*, I, 158; *Americanismos*, p. 123; *Chilenismos*, p. 115.)

autobusero, m. Chófer de un autocamión de pasajeros.

aventón, m. Empujón. || 2. Con el mismo significado en Guatemala, Méjico y Perú. (*América*, I, 161; *Americanismos*, p. 123.) || 3. En Méjico, "entre chóferes, una llevada gratuita." (*Ibid.; ibid.*)

averiguata, f. Ruido y confusión causado por una averiguación.

ayate, m. Tela muy corriente. || 2. En Méjico, "tela rala de hilo de maguey o agave." (*América*, I, 164; *Americanismos*, p. 125; *Mexicanismos*, p. 71.)

azadonear, tr. Escarbar con el azadón.

azorrillar, tr. Acoquinar; asustar. || 2. Con el mismo significado en Méjico. (*Americanismos*, p. 125.) || 3. "En el vocabulario de los bandoleros, poner a uno boca abajo para que no vea lo que hacen los ladrones." *(Ibid.)*

azorrillarse, r. Ponerse en estado de subyugación, quedarse aturdido o miedoso. || 2. Con el mismo significado en Méjico. *(Americanismos,* p. 125.) || 3. "Tirarse en el suelo hecho bola." *(Ibid.)* || 4. "Cortarse la leche." *(Ibid.)*

azotar, tr. Regalar. || 2. En Colombia, "desgranar el arroz." *(América,* I, 170.)

azul, m. Añil. || 2. Con el mismo significado en la América Central, Chile, Méjico, Puerto Rico, Perú y Río de la Plata. *(América,* I, 172; *Americanismos,* p. 126; *Mexicanismos,* p. 73.) || 3. En América, "planta subleñosa de las regiones templadas de la América Central." *(América,* I, 172.) || 4. "Tinta que se obtiene de la planta anterior." *(Ibid.)*

B

babiche, m. Remolacha.

babosada, f. Tontería, disparate. || 2. En Guatemala y Méjico tiene el mismo significado. (*América,* I, 174; *Americanismos,* p. 127.) || 3. En la América Central y Méjico, "sujeto o cosa despreciable. En Méjico sólo se refiere a cosas." *(Ibid.; ibid.)* || 4. En Guatemala, "escrúpulo, indecisión, cortedad." (*Americanismos,* p. 127.)

¡baboso, -sa! interj. ¡Tonto! ¡Imbécil! U. t. c. adj. y s. || 2. Con el mismo significado en la América Central, Argentina, Chile y Nuevo Méjico. (*Americanismos,* p. 127; *Argentinismos,* p. 108; *Chilenismos,* p. 115; *New Mexican,* p. 16.) || 3. m. En Méjico, "nombre vulgar que se da a una cactácea." (*América,* I, 174.) || 4. "Nombre que en el noreste de Méjico (Tamaulipas) se da a la planta borráginnea del vari." *(Ibid.)* || 5. m. y f. En la América del Sur y en Méjico, "zote, tonto." *(Ibid.)*

babuch, m. y f. Estúpido, tonto. || 2. f. Cuba, "corpiño holgado que usan los niños." (*Americanismos,* p. 127.) || 3. Santo Domingo, "acepción muy generalizada de blusa." *(Ibid.)* || 4. pl. "Calzones anchos y sujetos a la rodilla propios de niños." *(Ibid.)*

baciero, m. Capataz de pastores. || 2. Lo mismo en Méjico. (*América,* III, 147.)

bacha, f. Lanchón. || 2. Insignia. || 3. Distinctivo grande que se usa en el pecho. || 4. Remolacha. || 5. En Cuba, "contracción de bachata." (*América,* I, 175; *Americanismos,* p. 128.) || 6. En Nuevo Méjico, "colilla de cigarillo." (*New Mexican,* p. 16.)

bachicha, f. Colilla del cigarrillo. V. *vieja, tecolota.* || 2. En Méjico, "colilla del cigarro. La del cigarrillo se llama vieja." (*Americanismos,* p. 128.) || 3. En Nuevo Méjico se dice "bacha." (*New Mexican,* p. 16.) || 4. En Argentina,

18

Chile y Uruguay, "italiano de baja ralea." (*América*, I, 176; *Americanismos*, p. 128; *Argentinismos*, p. 128; *Criollo*, p. 34; *Chilenismos*, p. 115.) || 5. f. pl. En Méjico, "sobras de una cosa, especialmente de comidas; asientos de pulque." (*América*, I, 176; *Americanismos*, p. 128.) || 6. com. En Chile y Río de la Plata, "apodo, a veces usado también como tratamiento cariñoso que se da al inmigrante extranjero." (*América*, I, 176.)

badía, f. Bahía.

baile zapateado, m. Baile antiguo al estilo de las mazurcas.

basia, f. La mano. || 2. Con el mismo significado en Méjico. (*Mexicanismos*, p. 75.)

baiso, -sa, m. y f. Joven.

bamba, f. Baile cubano. || 2. Con el mismo significado en Colombia. (*Colombiano*, p. 26.) || 3. En la América Central, "moneda de plata de un peso." (*América*, I, 182; *Americanismos*, p. 132.) || 4. En Costa Rica, "moneda grande de oro, la onza española o el águila americana." (*América*, I, 182.) || 5. En Guatemala, "moneda española de forma circular, a diferencia de la macuquina que es irregular." (*Ibid.*) || 6. En Venezuela, "moneda de plata de medio peso." (*América*, I, 182; *Americanismos*, p. 132.) || 7. "Moneda de dos bolívares y medio." (*Criollo*, p. 36.) || 8. En la América Central y la América del Sur, "desinencia del vocablo pampa." (*Ibid.*) || 9. En Colombia y Ecuador, "protuberancia que suele nacer en el tronco de un árbol." (*América*, I, 182; *Americanismos*, p. 132.) || 10. "Acierto casual o fortuito." (*América*, I, 182; *Ecuador*, p. 33.) || 11. En Veracruz (Méjico), "antiguo baile popular, especie de huapango." (*América*, I, 182.) || 12. En Santo Domingo, "nombre que se da al negro." (*Ibid.*) || 13. ant. "Nombre que los cronistas dieron a una especie de caimán verde de Colombia y Venezuela." (*Ibid.*) || 14. adj. En el Ecuador, "se dice de quien no es fuerte sino en apariencia." (*Ecuador*, p. 33.)

banco de madera, m. Maderería.

banda, f. Ceñidor, faja usada a modo de cinturón. || 2. Lo mismo en América. (*América,* I, 183.) || 3. En Cuba, "cada una de las dos partes que dividen longitudinalmente la res cuando se beneficia, después de quitada la piel." (*Ibid.*) || 4. En Guatemala, "hoja de puerta o ventana." (*Ibid.*) || 5. En Nuevo Méjico, "gasa." (*New Mexican,* p. 16.) || 6. En Río de la Plata, "departamento de la provincia argentina de Santiago." (*Rioplatense,* p. 100.) || 7. En Tabasco y Veracruz (Méjico), "bandada." (*Mexicanismos,* p. 81.)

banqueta, f. Acera de la calle. || 2. Con el mismo significado en Guatemala y Méjico. (*América,* I, 184; *Americanismos,* p. 134; *Mexicanismos,* p. 81.) || 3. En Puerto Rico y Santo Domingo, "palanqueta." (*América,* I, 184; *Americanismos,* p. 134.)

baño de regadera, m. Cuarto de baño con regadera.

baquear (del inglés *to back up*), intr. Retroceder. || 2. Con el mismo significado en Nuevo Méjico. (*New Mexican,* p. 59.) || 3. En Campeche (Méjico), "adestrar." (*Mexicanismos,* p. 81.)

baquearse (del inglés *to back up*), r. Hacerse atrás; echar a andar un coche hacia atrás. || 2. Retractarse.

baraña, f. Cabellos despeinados. U. m. en pl. V. *breñas, embarañado.* || 2. En Méjico, "enredo, lío." (*América,* I, 186; *Mexicanismos,* p. 82.)

barra (del inglés *bar*), f. Mostrador que se usa en las tabernas para servir bebidas que se toman de pie. || 2. En América, "acción de una empresa para el laboreo de una mina." (*América,* I, 190; *Americanismos,* p. 137.) || 3. En Argentina, Bolivia, Colombia, Chile, Ecuador, Guatemala, Perú, Uruguay y Venezuela, "el público que, sin derecho a ocupar tribuna especial, concurre a las sesiones de un tribunal o de las Cámaras Legislativas." (*América,* I, 190; *Americanismos,* p. 137; *Chilenismos,* p. 117.) || 4. En Méjico, "asamblea forense." (*América,* I, 190.) || 5. "Institución jurídica que representa cada una de las partes de un litigio." *(Ibid.)* || 6. En Argentina, "patota o pandilla." *(Americanismos,* p. 137.) || 7. En Colombia y Chile, "prisión a modo de cepo." *(América,* I, 190.) || 8. En Chile, "en el juego, los grupos que ayudan al éxito del juego." *(Chilenismos,* p. 117.) || 9. En Chile y Perú, "el juego del marro." *(América,* I, 190; *Americanismos,* p. 137.) || 10. En Cuba, "cada una de las dos piezas de madera, con una argolla en el extremo para asegurarse en la silla del caballo por medio del gancho de los cargadores." *(América,* I, 190.) || 11. En Río de la Plata, Tabasco (Méjico) y Venezuela, "desembocadura de un río." *(Americanismos,* p. 137.)

barranqueña, f. Generalmente se usa con el verbo *hacer* para significar el acto de juntar, posesionarse y llevarse un buen número de cosas.

barro, m. Dinero americano en notas. || 2. En Argentina y Uruguay, "desacierto, yerro o acción fea o nociva cometida generalmente por torpeza, descuido, inadvertencia, y, las más de las veces, sin mala intención." *(Americanismos,* p. 139.) || 3. En Perú, "lodo." *(Peruanismos,* p. 96.)

básquetbol (del inglés *basketball*), m. Juego entre dos equipos que consiste en echar un balón en un canasto sin fondo clavado en un tablero. || 2. Con el mismo significado en Colombia (donde se escribe *basketball*), en Chile (donde se escribe *basketbol*), en Ecuador y Nuevo Méjico. *(Colombiano,* p. 304; *Chilenismos,* p. 269; *Ecuador,* p. 34; *New Mexican,* p. 59.)

bate (del inglés *bat*), m. Garrote con que se golpea la pelota en el juego de *beisbol.* V. *beisbol.* || 2. Con el mismo significado en las Antillas, Colombia y Nuevo Méjico. *(América,* I, 195; *Americanismos,* p. 141; *New Mexican,* p. 59.) || 3. En Cuba, "trapacero, trapalón o buscavidas." En Chile se dice *bata. (América,* I, 195.) || 4. En Colombia, "bebida compuesta con jugo de fruta." *(Americanismos,* p. 141.)

bateador (del inglés *batter*), m. El que golpea la pelota con el garrote en el juego de *beisbol*. ‖ 2. Lo mismo en América. (*América*, I, 195.)

batear (del inglés *to bat*), tr. Golpear la pelota en el juego de *beisbol*. ‖ 2. Con el mismo significado en las Antillas, Colombia, Méjico, Nuevo Méjico, Panamá y Perú. (*América*, I, 195; *Americanismos*, p. 141; *New Mexican*, p. 59.) ‖ 3. En Colombia, "barequear o mazomorrear." (*Americanismos*, p. 141.)

batida, f. Zurra, tunda; pelea. ‖ 2. Con el mismo significado en Perú y Puerto Rico. (*América*, I, 196; *Americanismos*, p. 141.) ‖ 3. En Brasil y Perú, "persecución." (*Americanismos*, p. 141.) ‖ 4. En Cuba y Santo Domingo, "en las riñas de gallos, acometida." (*América*, I, 196; *Americanismos*, p. 141.) ‖ 5. En El Salvador, "cierta clase ordinaria de panela sin clarificar que se obtiene en los trapiches y pequeñas moliendas de caña." (*América*, I, 196.) ‖ 6. En Tabasco (Méjico), "cantidad de la masa del pozol molido que entra en una toma de la bebida, o sea una jícara." *(Ibid.)*

bato, -ta, m. y f. Muchacho. ‖ 2. En Nuevo Méjico, "novio." (*New Mexican*, p. 16.) ‖ 3. En América, "pelota con que jugaban los indios antillanos en el batey." (*América*, I, 196.) ‖ 4. En Méjico, "en los nacimientos de navidad, pastor que forzosamente figura con su mujer Gila a ambos lados del portal." *(Ibid.)* ‖ 5. En el Río de la Plata, "enorme ave zancuda." *(Ibid.)*

bebe (del inglés *baby*), com. Nene, niñito. ‖ 2. El menor de la familia. ‖ 3. Lo mismo en Argentina, Méjico y Nuevo Méjico. (*Argentinismos*, p. 387; *Mexicanismos*, p. 85; *New Mexican*, p. 59.) ‖ 4. En Méjico, "caballo con manchas o pelos blancos en el labio superior, y *bebe y derrama* del que tiene unas u otras en ambos labios." (*América*, I, 198.) ‖ 5. En Perú, "vasito de chicha que los expendedores ofrecen como prueba o incentivo." (*Americanismos*, p. 143.)

beis (del inglés *base*), m. Cada uno de los cuatro vértices del cuadrilátero defendido por los jugadores en el juego de *beisbol*.

beisbol (del inglés *baseball*), m. Juego entre dos equipos que consiste en pegarle a una pelota pequeña con un palo, bajo determinadas reglas. || 2. Lo mismo en América. (*América*, I, 199.)

berrengo, -ga, m. y f. Persona que molesta a otros.

berrinchudo, -da, adj. Corajudo. || 2. Con el mismo significado en América Central y Méjico. (*América*, I, 207; *Americanismos*, p. 145.) || 3. En América, "se dice de las personas y aún del animal en celo, con excitación sexual por cohabitar, o dispuestos siempre a entrar en rijo." (*América*, I, 207.)

besotear, tr. Besuquear. || 2. Con el mismo significado en Argentina y Uruguay. (*América*, I, 207; *Americanismos*, p. 161; *Mexicanismos*, p. 87.)

betabel, m. Remolacha. || 2. Con el mismo significado en Méjico y Nuevo Méjico. (*América*, I, 208; *Mexicanismos*, p. 87; *New Mexican*, p. 51.)

betabelero, -ra, m. y f. Persona empleada para cosechar las remolachas. U. t. c. adj.

bica, f. Dinero.

bicoca, f. Dinero. V. *clavos, mazuma, bica*. || 2. En Argentina, Bolivia, Chile y Perú, "solideo de los clérigos." (*América*, I, 208; *Americanismos*, p. 146; *Criollo*, p. 41.) || 3. En Chile, "capirotazo." (*América*, I, 208; *Americanismos*, p. 146.)

bil (del inglés *bill*), m. Cuenta o factura. || 2. Con el mismo significado en Argentina, donde se escribe *bill*, y en Nuevo Méjico. (*Argentinismos*, p. 387; *New Mexican*, p. 59.)

billetera, f. Portamonedas, cartera de bolsillo para guardar billetes de banco. || 2. Con el mismo significado en la América Central y Chile. (*Americanismos*, p. 147.) || 3. m. y f. En América, "persona que vende billetes de lotería."

(*América*, I, 211.) ‖ 4. En Puerto Rico, "persona que lleva cachirules o remiendos." *(Ibid.)*

bironga (del inglés *beer*), f. Cerveza.

bírrea (del inglés *beer*), f. Cerveza.

bísquete (del inglés *biscuit*), m. Especie de bizcocho. ‖ 2. Con el mismo significado en el norte de Méjico y en Nuevo Méjico. (*Mexicano*, II, 19; *New Mexican*, p. 59.)

bítaro, m. Remolacha. ‖ 2. Azúcar.

blanquillo, m. Huevo de gallina o de ave. ‖ 2. Con el mismo significado en Guatemala y Méjico. (*América*, I, 214; *Americanismos*, p. 149; *Mexicano*, I, 19.) ‖ 3. En las Antillas, "variedad de manjúa o pez rey." (*América*, I, 214.) ‖ 4. En Chile y el Perú, "durazno de cáscara blanca." (*América*, I, 214; *Americanismos*, p. 149; *Peruanismos*, p. 98.)

bloaut (del inglés *blowout*), m. Término que se usa cuando se revienta una llanta de automóvil.

blof (del inglés *bluff*), m. Ficción para aparentar una situación más ventajosa de lo que es; alarde; fanfarronada. ‖ 2. Lo mismo en Chile y Nuevo Méjico. (*América*, I, 214; *Chilenismos*, p. 270; *New Mexican*, p. 59.)

blofear (del inglés *to bluff*), tr. Aparentar lo que no es cierto. ‖ 2. Con el mismo significado en América y Chile. En Chile se escribe *blufear*. (*América*, I, 214; *Chilenismos*, p. 270.)

bloque (del inglés *block*), m. Espacio cuadrado de terreno, con casas, o sin ellas, pero circunscrito por calles en sus cuatro lados. ‖ 2. Con el mismo significado en las Antillas, Puerto Rico y la región del sur de los Estados Unidos. (*América*, I, 214; *Americanismos*, p. 149; *New Mexican*, p. 59.) ‖ 3. En América, "bloque de papel, libreta de papel. En Perú se usa más la palabra inglesa *block,* y en Brasil *bloco de papel*." (*Americanismos*, p. 149; *Chilenismos*, p. 270.) ‖ 4. "Masa considerable y pesada de piedra, hierro, etc." (*Argentinismos*, p. 34.) ‖ 5. "Por extensión, montón, principalmente de mercancías." *(Ibid.)* ‖ 6. En

Argentina y Méjico, "agrupación política regimentada."
(*América*, I, 214; *Argentinismos*, p. 162.) ‖ 7. "En el
juego de billar, la billa que hace el jugador en alguna de
las troneras de las esquinas a lo largo de la mesa, enfiladas
las dos bolas con esa tronera." (*América*, I, 214) ‖ 8. En
Nuevo Méjico, "cabeza." (*New Mexican*, p. 16.)

bocón, -na, adj. Mentiroso. ‖ 2. Con el mismo significado en
Cuba y Chile. (*América*, I, 217.) ‖ 3. En Chile y Perú,
"arma de fuego." (*Ibid.; Americanismos*, p. 150.) ‖ 4. f.
En Panamá, "guitarrilla mayor que la *mejoranera*."
(*Americanismos*, p. 150.)

boganvilia, f. Buganvilla. También se usa: *bugambilia*.

bogue (del inglés *buggy*), m. Carruaje semejante a la victo-
ria, pero más alto y de ruedas más grandes. ‖ 2. Con el
mismo significado en Chile. (*América*, I, 218; *Americanismos*, p. 151.)

boicotear (del inglés *to boycott*), tr. Refrenarse de tener
trato alguno con una persona, nación o negocio. ‖ 2. Con
el mismo significado en Argentina. (*Argentinismos*, p.
387; *Chilenismos*, p. 270.)

¡bóitelas!, interj. ¡Caramba!

bola, f. Grupo de gente. ‖ 2. Con el mismo significado en
Méjico y Nuevo Méjico. (*Americanismos*, p. 151; *New
Mexican* p. 16.) ‖ 3. En Cuba "raíz del tubérculo de la
malanga." (*América*, I, 218.) ‖ 4. En Cuba y Chile, "ar-
golla." (*Ibid.; Americanismos*, p. 151.) ‖ 5. En Cuba,
Perú y Puerto Rico, "juego de chicos que consiste en hacer
correr y chocar entre sí pequeñas bolas de vidrio." (*Americanismos*, p. 151.) ‖ 6. En Ecuador, "falsa noticia, rumor
infundado, mentira por lo común intencionada. *Estos ru-
mores son puras bolas.*" (*América*, I, 218.) ‖ 7. En Méjico,
"tumulto, revolución." (*Ibid.; Americanismos*, p. 151.)
‖ 8. "Gran barbarismo en el sentido de lustre o betún para
el calzado; pero mayor en la acepción de grupo o multitud
y aun de guerra o revolución." (*América*, I, 218; *Mexi-*

cano, p. 19.) ‖ 9. "Diversión bulliciosa." (*Americanismos*, p. 151.) ‖ 10. En Perú, "nombre que se aplica a la mentira pero la de carácter político únicamente." (*Ibid.*) ‖ 11. Venezuela, "*tamal* de figura esférica." (*Ibid.*)

bolear, tr. Embetunar el calzado. V. *chainear*. ‖ 2. Con el mismo significado en Méjico. (*América*, I, 219; *Americanismos*, p. 153; *Mexicanismos*, p. 91; *Mexicano*, I, 20; *New Mexican*, p. 51.) ‖ 3. En la América del Sur y la América Meridional, "hacer presa con las boleadoras." (*América* I, 219; *Americanismos*, p. 153.) ‖ 4. En la América del Sur, "envolver, enredar." (*América*, I, 219.) ‖ 5. En Argentina y Murcia (España), "echar muchas mentiras." (*Argentinismos*, p. 163.) ‖ 6. En Bolivia y Río de la Plata, "coger a una persona, vencerla, aturullarla." (*Ibid.; ibid.*) ‖ 7. En Colombia, Chile, Panama, Perú y Venezuela, "bochar, rechazar en una votación." (*Americanismos*, p. 153.) ‖ 8. En Colombia, Chile, Panamá, Perú, Río de la Plata y Venezuela, "reprobar en un examen." (*América*, I, 219; *Americanismos*, p. 219; *Chilenismos*, p. 281; *Ríoplatense*, p. 116.) ‖ 9. En Colombia, Chile, Panamá, Perú y Venezuela, "deponer o privar a uno de su empleo." (*América*, I, 219; *Americanismos*, p. 281.) ‖ 10. En Río de la Plata, "trampear a uno, hacerle una mala partida." (*Americanismos*, p. 153.) ‖ 11. r. En Argentina y Uruguay, "volcarse de espaldas el caballo después de encabritarse." (*América*, I, 219; *Americanismos*, p. 281.) ‖ 12. "Turbarse, avergonzarse." (*Ibid.; ibid.; Argentinismos*, p. 163.)

boleras, f. pl. Paperas. ‖ 2. En Méjico, "vulgarismo guanajuatense por anginas." (*América*, I, 220.) ‖ 3. "Cierto baile antiguo." (*Ibid.*) ‖ 4. "Ilusiones, imaginaciones, palabras engañosas." (*Ibid.*)

bolero, m. Limpiabotas. ‖ 2. Con el mismo significado en Méjico. (*América*, I, 220; *Americanismos*, p. 153; *Mexicanismos*, p. 91; *Mexicano*, I, 20.) ‖ 3. En América, "nombre de cierta canción cubana." (*América*, I, 220.) ‖ 4. En la

América Central y Méjico, "sombrero de copa alta."
(*Americanismos*, p. 153; *Mexicanismos*, p. 91.) ‖ 5. En
Argentina, "sombrero de mujer, chico y redondo." (*Argentinismos*, p. 35.) ‖ 6. En Colombia y Puerto Rico, "faralá, volante ancho o arandela que usan las mujeres en la
falda del vestido." (*América*, I, 220; *Americanismos*, p.
153.) ‖ 7. En Colombia, Costa Rica, Perú y Puerto Rico,
"*boliche*, juguete que se forma de un palo terminado en
punta y de una bola taladrada sujeta por un cordón al palo,
la cual, lanzada al aire, se procura ensartar en la punta."
(*Americanismos*, p. 153; *Peruanismos*, p. 100.) ‖ 8. En
Cuba, "chaquetilla de mujer." (*América*, I, 220; *Americanismos*, p. 153; *Argentinismos*, p. 35.) ‖ 9. En Méjico,
"cierto baile." (*Mexicanismos*, p. 91.) ‖ 10. "El mentiroso." (*Ibid.*) ‖ 11. En Uruguay, "caballo delantero que tira
de un vehículo." (*América*, I, 220; *Americanismos*, p.
153.) ‖ 12. m. y f. En Cuba, "jugador de bolas en la
bolera." (*América*, I, 220.)

boletero, -ra, m. y f. Taquillero. ‖ 2. adj. Con el mismo significado en la América Central, la América Meridional y
Méjico. (*América*, I, 220; *Americanismos*, p. 154; *Argentinismos*, p. 109; *Chilenismos*, p. 121; *Peruanismos*, p.
100.)

boleto, m. Boleta o billete de teatro, estación, tranvía, etc.
‖ 2. Lo mismo en la América Central, la América Meridional y Méjico. (*América*, I, 220; *Americanismos*, p. 154;
Argentinismos, p. 109; *Criollo*, p. 44; *Chilenismos*, p. 121;
Mexicanismos, p. 91; *Peruanismos*, p. 100.) ‖ 3. En Argentina, "minuta de contrato o contrato preliminar, en que
interviene de ordinario una *seña*, como garantía." (*América*, I, 220.) ‖ 4. En Costa Rica, "contraseña, de latón,
comúnmente, que en la haciendas se da a los peones, y
canjean después por moneda, en pago de sus salarios o
por mercancías." (*Ibid.*)

bolevear, intr. Bailar.

bolillo, -lla, m. y f. Anglosajón norteamericano. U. t. c. adj.

‖ 2. Con el mismo significado en Nuevo Méjico. (*New Mexican,* p. 16.) ‖ 3. En la América Central, Colombia, Cuba y Méjico, "baquetas o palillos de tambor." (*América,* I, 220; *Americanismos,* p. 154.) ‖ 4. En Colombia, "palo o vara que, como signo de autoridad, usan los alguaciles." (*Americanismos,* p. 150.) ‖ 5. "Cierto hilo que se vende en bolos." (*América,* I, 220.) ‖ 6. En Méjico, "pan de trigo." (*América,* I, 220; *Americanismos,* p. 150; *Mexicanismos,* p. 91.) ‖ 7. En el norte de Méjico, "planta silvestre." (*Ibid.*) ‖ 8. En Nuevo Méjico y Santo Domingo, "rodillo para extender la masa." (*Americanismos,* p. 154; *New Mexican,* p. 16.) ‖ 9. En Puerto Rico, "carrete de hilo." (*América,* I, 220; *Americanismos,* p. 150.) ‖ 10. "Gallos de Bolillos" es "un juego de chicos en que dos carretes armados de clavos hacen el papel de gallos de pelea." (*Americanismos,* p. 154.)

bolo, m. Dádiva que hace el padrino especialmente a los niños, inmediatamente después de un bautizo. ‖ 2. Con el mismo significado en Méjico. ‖ 3. En Perú dicen "cebo." (*América,* I, 221; *Americanismos,* p. 155; *Mexicanismos,* p. 91; *Peruanismos,* p. 354.) ‖ 4. En Méjico, "tarjeta de bautizo." (*América,* I, 221; *Americanismos,* p. 155.) ‖ 5. En Colombia, "calabaza tierna." (*América,* I, 221; *Americanismos,* p. 155.) ‖ 6. En Cuba, Méjico y Puerto Rico, "el peso fuerte, unidad monetaria." (*Ibid.; ibid.*) ‖ 7. adj. En América, "borracho." (*América,* I, 220.)

bolón, m. Multitud de cosas o de personas. ‖ 2. En Chile, "piedra de cerro, de regular tamaño, que se emplea en los cimientos de contrucciones." (*América,* I, 221.) ‖ 3. En Zacatecas (Méjico), "pelotón, alboroto." (*Ibid.; Mexicanismos,* p. 91.)

bolsudo, -da, adj. Adinerado. ‖ 2. En América, "que forma bolsa." (*América,* I, 220.) ‖ 3. "Flojo, perezoso, lento, torpe." (*Ibid.*) ‖ 4. En Riohacha (Colombia), "bolonio, tonto." (*Americanismos,* p. 156.)

bombo, -ba, adj. Cansado. ‖ 2. En Cuba, "soso, tonto."

(*América*, I, 223; *Americanismos*, p. 157.) || 3. "Aplícase a cualquier líquido ligeramente calentado." *(Ibid.; ibid.)* || 4. "Se dice del alimento que ha perdido su peculiar substancia." (*Americanismos*, p. 157.) || 5. En Méjico, "hablando de carnes o pescado, *abombado." (Ibid.)* || 6. m. En Argentina, "elogio desmesurado e inmerecido que se hace de un individuo o de sus obras." (*Argentinismos*, p. 35.) || 7. "Reclamo." *(Ibid.)* || 8. "Posaderas, nalgas." (*Ibid.,* 163.) || 9. En Méjico, "pompa, ostentación." (*Mexicanismos*, p. 93.) || 10. f. En Argentina, "la cometa de forma circular." (*Argentinismos*, p. 163.) || 11. En Chile, "borrachera." (*Chilenismos*, p. 121.)

bómper (del inglés *bumper*), m. Pieza de defensa que lleva un tren o automóvil en su delantera o en su trasera.

bonche (del inglés *bunch*), m. Grupo de gente o de cosas. || 2. Con el mismo significado en Nuevo Méjico y el sur de los Estados Unidos. (*América*, I, 224; *New Mexican*, p. 60.)

bordera, f. Ama de una casa de huéspedes.

bordo (del inglés *board*), m. Comida que se sirve en una casa de huéspedes. || 2. En Argentina, "caballón." (*América*, I, 226.) || 3. "El que se hace en las huertas con el azadón." *(Ibid.)* || 4. "El que se dispone para contener las aguas." *(Ibid.)* || 5. En Guatemala y Méjico, "borde, extremo u orilla." (*Americanismos*, p. 159; *Mexicanismos,* p. 94.) || 6. En Guatemala, "en terrenos planos, parte un poco elevada, ya sea natural o artificial." (*Americanismos,* p. 159.) || 7. En Guatemala y Méjico, "reparo de céspedes y estacas que forman los labradores en el campo con objeto de represar las aguas, ya para formar aguajes, ya para enlamar las tierras." (*América*, I, 226; *Americanismos*, p. 159.)

borlo, m. Baile; cine; cualquier festividad. || 2. Situación perturbada.

borlote, m. Ruido, bulla, algazara. V. *averiguata.* || 2. Fiesta. || 3. Con el primer significado en Méjico. (*América*, I, 227;

Americanismos, p. 159.) ‖ 4. En Cuba y Méjico, "entre jugadores, partida de poca importancia." *(Ibid.; Ibid.)*

borol, m. Botella.

borrachales, m. Persona que se emborracha con frecuencia.

borrado, -da, adj. Color de los ojos verduzcos. ‖ 2. En el norte de Méjico, "ojos borrados" son "ojos claros; azules, verdes o grises." *(Mexicano,* I, 21.)

borrador, m. Goma para borrar. ‖ 2. Con el mismo significado en Nuevo Méjico. *(América,* I, 228; *New Mexican,* p. 16.) ‖ 3. En Perú, "minuta que se da al notario para que haga la escritura." *(Criollo,* p. 45.)

bos (del inglés *bus.*), m. Omnibus. ‖ 2. (del inglés *boss*) m. Jefe, mayordomo. ‖ 3. Con los mismos significados en Nuevo Méjico. *(New Mexican,* p. 60.)

boslain (del inglés *bus line*), m. Autocamión de pasajeros.

bota, f. Persona que toma mucho licor sin sufrir su efecto. ‖ 2. En América y Méjico, "bebedor, borrachón." *(América,* I, 228; *Mexicanismos,* p. 94.) ‖3. En la América Meridional, "vasija grande de cuero de buey para extraer el agua de las minas mediante *malacates.* (No en Perú.)" *(América,* I, 228; *Americanismos,* p. 160.) ‖ 4. En Colombia, Puerto Rico y Santo Domingo, "vaina de cuero para cubrir los espolones de los gallos de pelea." *(Ibid.; ibid.)* ‖ 5. En Cuba "interjección para mover a otro a que obre aprisa." *(América,* I, 228.)

botana, f. Taco que se da en las tabernas a los que toman cerveza. ‖ 2. En Méjico, "lo que se come, como una aceituna o pedazo de jamón, con una copa de vino." *(América,* I, 229; *Americanismos,* p. 160.) ‖ 3. En América, "en el juego de billar, pedacito circular de suela que se pega al taco adaptándolo al extremo con que se golpea la bola, para darle elasticidad y para que no lastime a ésta." *(América,* I, 229.) ‖ 4. En Colombia, Cuba, Guatemala y Méjico, "vainita de cuero para cubrir espolones de los gallos." *(Ibid.; Americanismos,* p. 160.) ‖ 5. En Colombia y

Venezuela, "pellejo, odre." (*Americanismos*, p. 160.) || 6. En Venezuela, "bebedor." (*Ibid.*)

botarse, r. Irse; salirse. || 2. En Chile, "abandonar una ocupación para seguir otra." (*Americanismos*, p. 162.) || 3. tr. En Veracruz y Tampico (Méjico), "perder, arrojar, echar fuera." (*Mexicanismos*, p. 94.) ||4. En Santo Domingo, "salir de madre un río." (*Americanismos*, p. 162.)

bote, m. Cárcel. V. *tabique.* || 2. Con el mismo significado en Méjico. (*América*, I, 229; *Americanismos*, p. 162.) || 3. En Argentina, "especie de botella de barro vidriado." (*América*, I, 229.) || 4. En Chile, "garapiñera." (*América*, I, 229; *Chilenismos*, p. 292.) || 5. En Nuevo Méjico, "cubeta." (*New Mexican*, p. 16.) || 6. En Venezuela, "botada, acción de botar, arrojar, echar." (*Americanismos*, p. 162.) || 7. "Pesebre portátil para bestias." (*Ibid.*) || 8. "Especie de odre para recoger la leche en las queseras." (*Ibid.*)

botea, f. Botella.

botón, m. El joven que acompaña a una señorita en el desfile de la celebración de un matrimonio. V. *chambelán.* || 2. En Argentina, "moneda de plata." (*América*, I, 230.) || 3. En Argentina y Méjico, "botón eléctrico." (*Ibid.*) || 4. En Argentina, Chile y Uruguay, "agente de policía." (*América*, I, 230; *Americanismos*, p. 162; *Argentinismos*, p. 164.) || 5. En Cuba, "reproche despreciativo." (*América*, I, 230; *Americanismos*, p. 164.) || 6. En Méjico, "pareja de bestias que sirve de ayuda en un mal paso a los tiros de un vehículo." (*América*, I, 230; *Americanismos*, p. 164.) || 7. "La punta de la reata o lazo." (*Ibid.; ibid.*) || 8. "Tope de hierro o de cuerdas liadas en forma de bola que se pone en el gorguz de la garrocha, para que no penetre más de lo necesario en la piel del animal que se pica." (*América*, I, 230.) || 9. "Remate de tiras o hilos trenzados en forma de nudo, puesto como adorno en ciertos objetos de jinetes." (*Ibid.*) || 10. "Bordo para desviar el agua de una acequia." (*Ibid.*) || 11. "Protuberancia de cuerno o cosa semejante

que empieza a salir." *(Ibid.)* || 12. En Santo Domingo,
"viento del Norte extremadamente frío." *(América,* I,
230; *Americanismos,* p. 162.)

box (del inglés *box*), m. Pugilato. || 2. Lo mismo en Argen-
tina. *(América,* I, 231; *Argentinismos,* p. 110.) || 3. En
Chile, "divisiones o secciones para guardar los automóviles
en los locales destinados al efecto." *(Chilenismos,* p. 271.)
|| 4. "Establo independiente para toros, potros, etc., en los
criaderos de reproductores, en los caballos de carreras."
(Ibid.)

breic (del inglés *brake*), m. Freno de vehículo. || 2. En
Nuevo Méjico, con el mismo significado se dice *breque.*
(New Mexican, p. 60.) || 3. En América, "freno de mano
del ferrocarril antiguo; en general, freno de tren." *(Améri-
ca,* I, 233.) || 4. En Perú, "vagón de equipaje en el ferro-
carril." *(Ibid.)* || 5. "Guardafrenos." *(Ibid.)* || 6. "Bar-
barismo usado por brete, prisión." *(Ibid.)*

breñas, f. Cabellos despeinados. V. *barañas.*

brequear (del inglés *brake*), tr. Enfrenar un automóvil. || 2.
En Colombia *breque* significa "freno". *(Colombiano,* p.
35.)

brete, m. Ansia de accionar. || 2. En Argentina, Chile y
Uruguay, "corral donde se marcan y matan animales."
(América, I, 233; *Americanismos,* p. 165; *Argentinismos,*
p. 418; *Criollo,* p. 47; *Chilenismos,* p. 125; *Rioplatense,* p.
120.) || 3. En Argentina, "reñidero o cancha de gallos."
(América, I, 233.) || 4. En Colombia, "faena." *(Ibid.)* || 5.
En Cuba, "enredo, trastorno." *(América,* I, 233; *America-
nismos,* p. 418.) || 6. En Puerto Rico, "voz festiva para
indicar amoríos." *(Americanismos,* p. 418.) || 7. En Santo
Domingo, "porfía, contienda." *(Ibid.)*

brillantina, f. Líquido aceitoso y perfumado con que se unge
el cabello para darle lustre. || 2. En América tiene el mis-
mo significado. *(América,* I, 233; *Argentinismos,* p. 36.)
|| 3. En Argentina, "percal lustroso para forros." *(Argen-
tinismos,* p. 36.)

brilloso, -sa, adj. Lustroso. || 2. Con el mismo significado en Argentina, Perú, Puerto Rico y Santo Domingo. (*América,* I, 233; *Americanismos,* p. 165.)

brizna, f. Llovizna. || 2. Migaja; pedazo. || 3. Con el primer significado en Venezuela. (*Americanismos,* p. 166.) || 4. En Méjico, "carne o carne de res." (*América,* I, 234.) || 5. En Guerrero (Méjico), "pizca." (*Mexicanismos,* p. 96.)

broda (del inglés *brother*), m. Hermano.

brujear, intr. Desvelarse. || 2. tr. En Venezuela, "cazar bestias salvajes." (*Americanismos,* p. 167.)

brutal, adj. Muy bueno o muy bonito.

buca, f. Muchacha.

buchaca, f. Bolsa de la mesa de billar. || 2. Con el mismo significado en Méjico. (*América,* I, 236.) || 3. En la América Central, Méjico y Venezuela, "bolsa en general." (*América,* I, 236; *Americanismos,* p. 168.) || 4. En Honduras, "cárcel" (*Ibid.; ibid.*)

buey, m. Marido ultrajado. || 2. Con el mismo significado en Méjico. (*Americanismos,* p. 168.) || 3. En Puerto Rico, "gran cantidad de dinero." (*Ibid.*) || 4. m. Entre el hampa cubana, "el pie. Más usado en plural." (*América,* I, 237.)

buqué, m. Ramillete de flores. || 2. Con el mismo significado en Argentina. (*Argentinismos,* p. 388.) || 3. "Aroma de vino." (*Ibid.*)

buquear (del inglés *book*), tr. Término usado por los agricultores para decir que se inscriba la deuda en el libro de cuentas hasta que se recoja la cosecha, cuando la pagará.

buró, m. Mesa de noche. || 2. Lo mismo en Méjico. (*América,* I, 240; *Americanismos,* p. 171.) || 3. En Nuevo Méjico, con el mismo significado se dice: *biúre.* (*New Mexican,* p. 59.)

busgo, -ga, m. y f. Perro. || 2. Una persona que come mucho o que siempre vive con hambre. U. t. c. adj.

buso, adj. Listo.

busquita, f. Provecho de más que saca una persona en algún negocio, empleo o cargo. || 2. En Antillas, Méjico y Perú, con el mismo significado se dice *busca.* (*Americanismos,* p. 172.)

bute, adv. Mucho; bastante.

butléguer (del inglés *bootlegger*), m. Contrabandista de licores u otros artículos. || 2. Lo mismo en Nuevo Méjico. (*New Mexican,* p. 60.)

C

caballo cuatroalbo, m. Caballo que tiene las cuatro patas blancas.

caballo pinto, m. Caballo obscuro con manchas blancas.

cabanuelas, f. pl. Cabañuelas.

cábula, f. Discordia. || 2. m. y f. Competidor. || 3. En Argentina, "ardid, maña, traza para lograr algo." (*América,* I, 249; *Argentinismos,* p. 111.) || 4. "Reglas secretas que se dice poseer para el manejo de los negocios." (*Argentinismos,* p. 111.)

cabús (del inglés *caboose*), m. El ultimo vagón en un tren de carga.

cachar (del inglés *cash*), tr. Cambiar dinero. || 2. (del inglés *catch*), tr. Coger en el aire una cosa que se lanza. || 3. Con los mismos significados en Méjico y Puerto Rico. (*Americanismos,* p. 180.) || 4. En Antioquía (Colombia), "conversar de amores." (*Ibid.*) || 5. En la América Central y Argentina, "conseguir, obtener, tomar. U. t. c. r." (*Americanismos,* p. 180.) || 6. En la América Central, Argentina, Ecuador y Uruguay, "burlar, ridiculizar." (*América,* I, 258; *Americanismos,* p. 180.) || 7. En la América Central, Nuevo Méjico y Uruguay, "robar." (*Americanismos,* p. 180; *New Mexican,* p. 17.) || 8. En Colombia, "jugar el *cacho* o dados." (*Americanismos,* p. 180.) || 9. En Chile, "conocer las cualidades, razón o secreto de una persona o cosa." (*Ibid.*) || 10. "Sospechar, maliciar." (*Ibid.*) || 11. En Chile, Méjico y Río de la Plata, "sorprender al que hace algo en secreto, coger en fraganti, pescar a alguno. *María andaba con su novio, y su papá lo cachó.*" (*Ibid.*) || 12. En Uruguay, "tomar por la fuerza, agarrar o sujetar a alguno." (*América,* I, 258; *Chilenismos,* p. 127.)

cachas, f. pl. Expresión en la cara que denota mortificación o disgusto. || 2. En Méjico, "cuernos, astas." (*Mexicanismos,*

p. 103.) || 3. m. pl. En América, "indios canas que vivían en el Perú." (*América*, I, 259.) || 4. En la América Central, "abusos." (*Americanismos*, p. 176.) || 5. f. En la América Central, Argentina, Ecuador y Uruguay, "engaño." (*Ibid.*) || 6. En Bolivia, "espolón artificial de los gallos de pelea." (*Ibid.*) || 7. En Colombia, "el asto o cacho del ganado vacuno." (*Ibid.*) || 8. "Moneda de 20, 40 o 50 centavos y, por extensión, dinero." (*Ibid.*) || 9. En Guatemala, "empeño." (*Ibid.*) || 10. En Méjico, "en el sentido de culata de revólver o de pistola, es impropio. *Cacha* es cada una de las hojas que forman el mango de un cuchillo y por extensión, de la pistola, construídas ya de nácar, de cuerno, de madera, etc." (*Mexicanismos*, p. 21.)

cachetear, tr. Pegar en los cachetes con la mano abierta. || 2. r. Reñir pegándose en los cachetes con la mano abierta. || 3. tr. En América, especialmente en Argentina, "dar cachetadas en el rostro." (*América*, I, 259; *Argentinismos*, p. 166) || 4. En Chile, "golpes a mano cerrada dados dondequiera." (*Chilenismos*, p. 127.) || 5. intr. En Méjico, "mover la caballería la cabeza defendiéndose de la acción del freno." (*Argentinismos*, p. 181.)

cachirul, m. Peineta. || 2. En Méjico, "cachirulo." (*Americanismos*, p. 183.) || 3. "Objeto robado." (*Mexicanismos*, p. 530.)

cachucha, f. Policía. V. *chota, cuico*. || 2. En Argentina, "bote pequeño." (*Argentinismos*, p. 111.) || 3. "Pequeña embarcación de remos y sin quilla." (*Ibid.*) || 4. En Bolivia y Perú, "aguardiente de caña." (*Americanismos*, p. 184; *Criollo*, p. 54.) || 5. En Cuba, "apuesta que se hace en el juego del monte." (*América*, p. 262.) || 6. En Chile, "bofetada." (*Americanismos*, p. 184; *Chilenismos*, p. 282.) || 7. "Cometa pequeña." (*América*, I, 262; *Americanismos*, p. 184.) || 8. En Méjico, "la copa que se toma compuesta de varios licores." (*Americanismos*, p. 184.)

cachudo, -da. adj. Se dice de la persona de semblante adusto. || 2. Lo mismo en América. (*América*, I 263; *Americanis-*

mos, p. 184.) || 3. En Colombia, "adinerado." (*Americanismos,* p. 184.) || 4. En Chile, "suspicaz, mañero, ladino." (*Ibid.*) || 5. "Que ostenta grandes cachas. Familiarmente se emplea por astuto." (*Chilenismos,* p. 128.) || 6. En Ecuador y Méjico, "animal que tiene cachos o cuernos." (*América,* I, 262.) || 7. m. En Guatemala y Perú, "el demonio." (*Americanismos,* p. 184.) || 8. En América, "ave pequeña de color gris con un moño en forma de cuerno." (*América,* I, 262.)

café (del inglés *cafe*), m. Restaurante. || 2. En Argentina, "respice, felpa, sobarbada." (*Argentinismos,* p. 38.) || 3. En Chile, "cantina." (*Chilenismos,* p. 128.) || 4. "Rociada." (*Ibid.,* p. 282.) || 5. En Méjico, "berrinche, disgusto, mal rato." (*América,* I, 263.) || 6. adj. En Méjico, "color de café." (*Mexicanismos,* p. 106.)

café caracolillo, m. Café en grano. || 2. En la América Central, las Antillas, Méjico, Perú y Río de la Plata, tiene el mismo significado. (*Americanismos,* p. 213.) || 3. En Argentina y Uruguay, "fideo en forma de caracol." (*Ibid.*)

cafetería (del inglés *cafeteria*), f. Restaurante donde las personas pasan a escoger sus platillos. || 2. En Estados Unidos tiene el mismo significado. (*América,* I, 264.) || 3. En las Antillas, Colombia y Chile, "tienda en que se vende el café al por menor." (*América,* I, 264; *Americanismos,* p. 186.) || 4. En Chile y Méjico, "café, por establecimiento donde se vende esta bebida." (*América,* I, 264; *Chilenismos,* p. 128.)

cafiro, m. Café.

caiba, primera y tercera persona, singular, del imperfecto de indicativo, verbo *caer.* || 2. Lo mismo en la Ciudad de Méjico. (*Mexicanismos,* p. 106.) || 3. f. En América, "cucurbitácea de las regiones templadas de Costa Rica, cuya fruta, parecida al pepino, se come como verdura cuando está tierna." (*América,* I, 266.)

caiban, tercera persona, plural, del imperfecto de indicativo del verbo *caer*. || 2. Lo mismo en la ciudad de Méjico. (*Mexicanismos*, p. 106.)

caja de correo, f. Apartado postal.

cajonero, m. Persona que hace cajones para empacar fruta y verduras. || 2. Lo mismo en Méjico. (*América*, I, 269.) || 3. adj. En la América Central, "que es de cajón, es decir, natural y corriente." (*América*, I, 269; *Americanismos*, p. 189). || 4. m. En Nuevo Méjico, "empresario de pompas fúnebres." (*New Mexican*, p. 16.) || 5. m. y f. "Dueño de un cajón o tienda." (*América*, I, 269.)

calabacitas, f. Las piernas de una mujer.

¡*cálate!*, interj. Que significa: ¡Prueba a ver si puedes!

calavera, f. Máquina que usan los agricultores para cultivar la tierra. || 2. Lo mismo en América. (*América*, I, 272.) || 3. En Colombia, "nombre vulgar de una orquídea de flores entreabiertas, amarillas, ligeramente manchadas, semejantes a un cráneo humano." (*Ibid.*) || 4. En Méjico, "gala o regalo que la gente del pueblo pide por el Día de Difuntos, el 2 de noviembre." (*Americanismos*, p. 119.) || 5. "Foco pequeño en la parte trasera de un coche." (*Ibid.*) || 6. "En el cultivo del café, cepa que se abre al rededor de cada planta para aflojar la tierra y desyerbarla." (*América*, I, 272.)

calco, m. Zapato.

calculador, -ra, adj. Interesado. U. t. c. s. || 2. Lo mismo en las Antillas, Guatemala, Perú, y Río de la Plata. (*Americanismos*, p. 191.)

caldear, tr. Hacer el amor. || 2. Enojar, enfadar. U. t. c. r. || 3. p. p. En Chile "gastado físicamente, aplicado a persona." || 4. "Enfermo de las uñas, un animal." (*Chilenismos*, p. 282.)

caldearse, r. Enojarse. || 2. En Argentina y Méjico, "agitarse el ánimo, entrar en calor o ardimiento por el efecto del alcohol que se ha bebido." (*América*, I, 273.) || 3. "Excitarse, agitarse, enardecerse por cualquier causa." *(Ibid.)* || 4. En Méjico, "producir mucho caldo la caña de azúcar." (*América*, I, 273; *Americanismos*, p. 191.)

caliandra. f. Calandria.

¡calmantes-montes! interj. ¡Espera!

calmar, tr. Esperar. U. t. c. r.

calo, m. Centavo. U. t. en pl. || 2. Moneda de valor de cinco centavos. || 3. En la América del Sur, "caña gruesa y alta que se va llenando de agua a medida que la luna crece." (*América*, I, 275.)

calorcito, m. Calor intenso.

calote, adj. Grande. || 2. m. En Argentina, "deuda de dinero de poca consideración que se contrae sin la intención o la posibilidad de pagarla." (*Argentinismos*, p. 167.) || 3. En Argentina, Brasil y Uruguay, "engaño." (*América*, I, 275; *Americanismos*, p. 193.) || 4. En el Perú, "desnudo." (*Peruanismos*, p. 112.)

cámara, f. Aparato para tomar fotografías. || 2. En Argentina, "subterráneo donde se arreglan las máquinas y cables para la luz eléctrica." (*América*, I, 279.)

cambachear, tr. Cambalachear.

cambear, tr. Cambiar. Conjugación del presente de indicativo; *cambeo, cambeas, cambea, cambeamos, cambéais, cambean.* Expresión muy usada: *¡Cambéamelo!* || 2. Se usa también en Yucatán (Méjico). (*Mexicanismos*, p. 110.)

camellar, intr. Trabajar. || 2. En Nuevo Méjico tiene el mismo significado, pero se escribe *camear.* (*New Mexican*, p. 17.) || 3. En Costa Rica, *camellear* quiere decir, "pasar el tiempo, holgazanear." (*América*, I, 282.) || 4. En Tabasco (Méjico), "hacer camellones." *(Ibid.)*

camello, m. Trabajo. || 2. En Nuevo Méjico, *"cameyando* quiere decir, trabajando." (*New Mexican*, p. 17.) || 3. En Argentina, "hombre bruto, ignorante." (*América*, I, 282.)

camisón, m. Camisa larga que usa la mujer para dormir. || 2. Con el mismo significado en la América Central, las Antillas, Méjico y Perú. (*América*, I, 283; *Americanismos*, p. 198.) || 3. En Colombia, Chile y Venezuela, "traje de mujer, compuesto de falda y cuerpo." (*Americanismos*, p. 198.) || 4. "Traje de mujer, excepto cuando es de seda negra." (*Chilenismos*, p. 47.) || 5. En Tabasco (Méjico), "camisa larga de mujer que sirve como fondo." (*América*, I, 283.)

campechana, f. Especie de pan de dulce. || 2. En Méjico, "pan semejante a la hojarasca." (*América*, I, 285.) || 3. En Cuba y Méjico, "bebida de licores mezclados." (*Americanismos*, p. 199.) || 4. En el sudeste de Méjico, "nombre vulgar que se le da al cacalsúchil y a su flor." (*América*, I, 285.) || 5. En Venezuela, "hamaca." *(Ibid.)* || 6. "Mujer pública." (*Americanismos*, p. 199.)

camposantero, m. Persona empleada para cuidar un cementerio. || 2. m. y f. En América se usa *composantero* y también *panteonero*. (*América*, II, p. 399.)

campo-turista (imitación del inglés *tourist camp*), m. Chozas de alojamiento para los que viajan en automóvil.

canalear, tr. Cortar. || 2. En Tabasco (Méjico), "hacer las canales a una casa de teja." (*América*, I, 287.)

canalero, m. Hombre que trabaja en el canal.

canasta, f. Juego de naipes. || 2. En Cuba, Ecuador, Méjico, Perú y Puerto Rico, "toda cesta de mimbres." (*Americanismos*, p. 200.)

canastear, intr. Jugar a la *canasta*. V. *canasta*.

candelilla, f. Hielo en figura cónica que se forma en los árboles o tejados cuando llueve durante un tiempo muy frío. || 2. En América y Colombia, "luciérnaga." (*América*, I, 290; *Colombiano*, p. 50.) || 3. En Argentina, Cuba, Perú y Venezuela, "especia de bastilla, costura." (*América*, I, 290; *Americanismos*, p. 203.) || 4. En Argentina y Chile, "fuego fatuo." (*América*, I, 290; *Americanismos*, p. 203.) || 5. En Cuba, "la planta de la pringamoza." (*América*, I, 290.) || 6. "Insecto perjudicial al tabaco." *(Ibid.)* || 7. En Colombia, "especie de sabañones o dermitis de los espacios interdigitales que producen gran escozor." (*Americanismos*, p. 203.) || 8. En Méjico, "planta que se produce en todo el norte y parte del centro del país." (*América*, I, 290.)

candelillar, intr. Caer granizo menudo. || 2. En Argentina y Cuba, "echar bastilla o hilván a la orilla de una tela, para que no se desfleque." (*América*, I, 291.)

canesú, m. Tela de encaje que se usa para adornar el vestido de mujer.

canteado, -da, adj. Ladeado, inclinado. || 2. Con el mismo significado en Tabasco (Méjico). (*América*, I, 297.) || 3. f. En Méjico, "acto de cantear, por meter cantos o por inclinar." (*Ibid.*)

cantearse, r. Inclinarse. || 2. tr. En Argentina, "escuadrar." (*América*, I, 297.) || 3. En Tabasco (Méjico), "inclinar." (*Ibid.*) || 4. En Méjico, "errar." (*Mexicanismos*, p. 112.)

cantina, f. Vasija de aluminio revestida de lona para llevar agua. || 2. Taberna. || 3. En la América Central, Ecuador, Méjico y Río de la Plata tiene el segundo significado. (*América*, I, 298; *Americanismos*, p. 207; *Mexicanismos*, p. 112.) || 4. En Colombia, "vasija metálica más o menos grande en que se transporta la leche." (*Americanismos*, p. 207.) || 5. En Chile, "puesto en que se venden bebidas espiritosas." (*Argentinismos*, p. 169.) || 6. En Esmeraldas (Ecuador), "calentadora o vasija llamada también tacho." (*Americanismos*, p. 207.) || 7. En Hidalgo y Guerrero (Méjico), "bolsa donde el caminante lleva de comer y de beber." (*Mexicanismos*, p. 112.)

cantón, m. Casa. || 2. Con el mismo significado en Nuevo Méjico. (*New Mexican*, p. 17.) || 3. En Argentina, Chile y Méjico, "tela de algodón que imita al casimir." (*América*, I, 298; *Americanismos*, p. 207.)

capacete, m. Capota de un vehículo. || 2. Con el mismo significado en Cuba, Méjico y Puerto Rico. (*Americanismos*, p. 210.) || 3. En Cuba y Puerto Rico, "pieza de paño que cubre por delante al quitrín o volante para preservar del sol, polvo o lluvia." (_América,_ I, 301.)

capirotada, f. Platillo hecho de pan, queso, pasas, miel y manteca. || 2. Lo mismo en Méjico. (_Americanismos,_ p. 211; _Mexicanismos,_ p. 114.) || 3. "Cafiroleta." (_Mexicanismos,_ p. 114.) || 4. "Fosa común en el cementerio." (_América,_ I, 304; _Americanismos,_ p. 211.) || 5. En Bolivia, "plato de carne, maíz y queso." (_América,_ I, 304; _Chilenismos,_ p. 67; _Criollo,_ p. 63.)

capotear, tr. Coger cualquier cosa que se lanza al aire antes que caiga al suelo. || 2. En Argentina, "dar capote en ciertos juegos de naipes." (_Argentinismos,_ p. 170.) || 4. En Colombia, "ejercitar los gallos en la pelea." (_América,_ I, 305; _Americanismos,_ p. 212.) || 5. En Cuba y Méjico, principalmente en Tabasco (Méjico), "sortear una situación difícil, salir de ella como uno mejor pueda." (_América,_ I, 305.) || 6. En Honduras, "usar todos los días el mismo vestido." (_América,_ I, 305; _Americanismos,_ p. 212.) || 7. En Veracruz (Méjico), "coger, atajar." (_Mexicanismos,_ p. 115.) || 8. ant. En Cuba, "asesinar, robar." (_América,_ I, 305.)

capullo, m. La cápsula de algodón cuando se abre en la planta. || 2. Con el mismo significado en Guatemala. (_Americanismos,_ p. 213.) || 3. En Panamá, "la envoltura de la mazorca de maíz." (_Ibid._) || 4. En Tabasco (Méjico), "crizneja medio suelta." (_Mexicanismos,_ p. 114.)

¡carajo! interj. ¡Caramba! || 2. adj. Denota enojo contra una persona. || 3. Pícaro. || 4. interj. En Argentina, "interjección de profundo desagrado. También se emplea para reforzar el concepto." (_Argentinismos,_ p. 170.)

carancho, -cha, adj. Mañoso, pícaro. U. t. c. interj. || 2. En la América Central y la América del Sur, "el gavilán de la pampa." (_Criollo,_ p. 64.)

carátula, f. Esfera de un reloj. || 2. Cara. || 3. Con el primer significado en Méjico. (_América,_ I, 315; _Americanismos,_ p.

215.) || 4. En Guatemala, Méjico y Perú, "portada de una revista, libro o cubierta de legajo." (*Ibid.; ibid.; Peruanismos,* p. 122.)

carbulador, m. Carburador de automóvil.

carcacha, f. Automóvil viejo y en malas condiciones. || 2. Con el mismo significado en Méjico. (*América,* I, 316; *Americanismos,* p. 216.)

carcajear, intr. Reír a carcajadas. U. t. c. r. || 2. Lo mismo en Méjico. (*América,* I, 316; *Mexicanismos,* p. 115.)

carceleja, f. Juego de canicas en el cual se ponen las canicas en un óvalo dibujado en la tierra, se divide el óvalo con una línea en medio y el que pase las canicas al otro lado gana el juego.

careada, adj. f. Se dice de dos personas cuando éstas compiten en algo y empiezan en iguales términos. || 2. m. En Méjico, "en las riñas de gallos, el que se presenta descubierto, por contraposición al tapado." (*América,* I, 317; *Americanismos,* p. 217.) || 3. tr. En Yucatán y Veracruz (Méjico), "confrontar, poner de frente los gallos para que se piquen." (*Mexicanismos,* p. 115.)

cargado, -da, p. p. de *cargar.* || 2. adj. Dícese de las personas que son un peso para otras económica o socialmente; molesto. || 2. En Ecuador, "engatillado, o caballo o toro de pescuezo grueso y levantado en la parte superior." (*América,* I, 318; *Americanismos,* p. 217.)

cargador, m. Uno de los que llevan el ataúd en un entierro. || 2. En América, y particularmente en Chile y Perú, "mozo de cordel." (*América,* I, 318; *Chilenismos,* p. 133; *Peruanismos,* p. 123.) || 3. En la América Central "cohete muy ruidoso." (*América,* I, 318; *Americanismos,* p. 217.) || 4. En Colombia, Cuba y Méjico, "correa, cordel." (*Americanismos,* p. 217.) || 5. En Chile, "sarmiento que se deja para que lleve el peso del nuevo fruto." (*América,* I, 318; *Americanismos,* p. 217.) || 6. En Cuba y Méjico, "correa con la cual carga las varas el caballo de tiro, pasada sobre la silla." (*América*, I, 318.) ‖ 7. En Tabasco (Méjico), "lomillo; cojín que se usa para cargar a las espaldas." *(Ibid.)* ‖ 8. pl. En Colombia, "cada una de las dos tiras de piel, elástica, que sirven para suspender los pantalones." (*Colombiano*, p. 55.)

carguero, m. Tren ferroviario de mercancías. ‖ 2. m. y f. y también adj. En Colombia y Río de la Plata, "bestia de carga; y también se aplica al hombre." (*América*, I, 318; *Americanismos*, p. 217; *Argentinismos*, p. 171; *Ríoplatense*, p. 146.) ‖ 3. En Argentina y Colombia, "persona diestra a cargar bestias." (*América*, I, 318.) ‖ 4. "Persona paciente, serena, sufrida." *(Ibid.)* ‖ 5. f. pl. En Argentina, "arganas o alforjas en las que los caballos de tiro llevan la carga." (*Americanismos*, p. 217.) ‖ 6. m. En Colombia, "mozo de cordel." (*Colombiano*, p. 55.) ‖ 7. f. En Venezuela, "cargadora o niñera." (*Americanismos*, p. 217.)

cariñito, m. Regalo pequeño.

carnal, -ala, m. y f. Hermano. ‖ 2. Amigo.

carnaval, m. Fiesta compuesta de juegos de azar, diversiones para niños y adultos como el tío-vivo, etc. ‖ 2. Con el mismo significado en Méjico. (*Mexicano*, II, 21.) ‖ 3. En Argentina, "árbol de las leguminosas." (*América*, I, 325.)

carpanta, f. Multitud de personas o cosas. ‖ 2. En América, "hambre violenta." (*América*, I, 326.) ‖ 3. En Méjico, "pandilla de gente alegre y maleante." *(Ibid.)*

carrazo, m. Automóvil bonito, grande y nuevo.

carrerear, tr. Hacer que alguien se dé prisa. ‖ 2. Con el mismo significado en Méjico. (*América*, I, 328; *Americanismos*, p. 221.) ‖ 3. En Argentina, "cazcalear, andar el caballo de aquí para allá." (*América*, I, 328.) ‖ 4. En Guatemala, "correr, emprender la carrera." (*Americanismos*, p. 221.) ‖ 5. En Tabasco (Méjico), "hacer al caballo dar pequeñas carreras, por vía de adiestramiento." (*América*, I, 328.) ‖ 6. "Correr el caballo por ociosidad." *(Ibid.)*

carrería, f. Conjunto de automóviles.

carro, m. Automóvil. || 2. Con igual significado en la América Central, las Antillas, Colombia, norte de Méjico, Perú y Venezuela. (*Americanismos*, p. 222; *Colombiano*, p. 57; *Mexicano*, II, 22.) || 3. En América, "vehículo en general." (*América*, I, 329.) || 4. En la América Central, las Antillas, Colombia, Chile, Perú y Venezuela, "tranvía eléctrico; vagón de ferrocarril." (*Americanismos*, p. 222; *Criollo*, p. 67; *Chilenismos*, p. 282.) || 5. En Cuba, "vulgarismo por mujer guapa y vistosa." (*América*, I, 329.) || 6. En Panamá, Puerto Rico y Venezuela, "carreta." (*Americanismos*, p. 222.) || 7. En Puerto Rico, "hombre lerdo y perezoso." (*Ibid.*) || 8. En Venezuela, "tipo o nulidad engreída." (*Ibid.*) || 9. "Vivo, caballero de industria." (*Ibid.*) || 10. "Estafa." (*Ibid.*)

carroza, f. Automóvil fúnebre. || 2. En América tiene el mismo significado. (*América*, I, 329; *Americanismos*, p. 222; *Peruanismos*, p. 124.) || 3. En Nuevo Méjico, "tranvía." (*New Mexican*, p. 17.)

casa de asistencias, f. Casa de huéspedes. || 2. Lo mismo en Colombia y Méjico. (*Americanismos*, p. 223.)

casa de cambio, f. Lugar donde se cambia dinero norteamericano por mejicano y viceversa.

casa mortuoria, f. Casa donde se guarda un cadáver antes de ser sepultado.

casa-redonda (del inglés *round-house*), f. Depósito de locomotoras.

cascar, tr. Pedir y obtener algo de una persona. || 2. En América, "dedicarse con preferencia a una cosa." (*América*, I, 331.) || 3. En Chile, "continuar con ardor la tarea emprendida." (*Americanismos*, p. 223.) || 4. En Arequipa (Perú), "roer, cascotear." (*Ibid.*)

caserola, f. Olla.

caspiento, -ta, adj. Casposo. || 2. Lo mismo en América. (*América*, I, 333; *Americanismos*, p. 225.)

castaña, f. Petaca, baúl. || 2. Lo mismo en Méjico. (*América*,

I, 333; *Mexicanismos*, p. 117.) ‖ 3. "El fruto y la planta de un esterculiácea." (*América*, I, 333.) ‖ 4. "Barril pequeño." (*Ibid.; Americanismos*, p. 226; *Mexicanismos*, p. 117.) ‖ 5. En Cuba, "pieza que sirve de chumacera a la maza mayor en los trapiches." (*América*, I, 333; *Americanismos*, p. 226.)

casuela, f. Vivienda de pisos.

catear, tr. Dar golpes. ‖ 2. En América, "buscar." (*América*, I, 336.) ‖ 3. "Descubrir." (*Ibid.*) ‖ 4. En Argentina y Méjico, "buscar minas." (*Ibid.; Argentinismos*, p. 40.) ‖ 5. En Méjico, "practicar una visita domiciliaria con el objeto de buscar algún delincuente o cosas que pueden ser materia o instrumento de un delito." (*América*, I, 336.)

cato, m. Golpe con los puños. ‖ 2. Con el mismo significado en Méjico y Nuevo Méjico. (*América*, I, 337; *New Mexican*, p. 18.) ‖ 3. En la América Central y la América del Sur, "medida agraria de 40 varas en cuadro." (*América*, I, 337; *Americanismos*, p. 228; *Criollo*, p. 69.) ‖ 4. En el Perú, "área de unos 30 metros cuadrados dedicados al cultivo de la coca." (*Americanismos*, p. 228.)

catorrazo, m. Golpe o bofetada. ‖ 2. Lo mismo en Méjico. (*América*, I, 337; *Americanismos*, p. 228.)

cazo, m. Tina o tinaja que sirve para hervir la ropa antes de lavarse.

cazueleja, f. Juego de niños con trompos. ‖ 2. En Costa Rica, "especie de bandeja o caja cuadrilonga de hojalata, con borde, en la cual se cuece el pan." (*América*, I, 334; *Americanismos*, p. 231.) ‖ 3. En Méjico, "candileja o vaso pequeño en que se pone aceite u otra materia combustible para que ardan una o más mechas." (*Ibid.; ibid.*)

cebolla, f. Reloj. ‖ 2. En Guatemala y Honduras, "mando, autoridad." (*América*, I, 342; *Americanismos*, p. 231.)

cebollita, f. Juego de niños en el cual uno primero se coge de un árbol y luego otro niño se coge de aquél, y así varios, uno detrás de otro, y luego el último tira de los demás. ‖ 2.

Con el mismo significado en Méjico y un poco diferente en Chile. (*Americanismos*, p. 231.) || 3. En Chile, "juego de niños, que consiste en sentarse varios en círculo o fila quedando en pie otro, quien, después de entablar un breve diálogo con el principal del grupo, forcejea con cada uno de los que están sentados para obligarles a abandonar su sitio, ganando éstos si consiguen mantenerse en su asiento." (*América*, I, 342.)

cedrón, m. Tina, bote. || 2. En América, "árbol de las simarrubáceas." (*América*, I, 343.) || 3. "Planta verbenácea, olorosa medicinal, originaria del Perú, que se cría también en Argentina y Chile, en Méjico y el sur de los Estados Unidos." (*Ibid.*) || 4. En Argentina y Chile, "planta cuyas hojas son bastante olorosas." (*Argentinismos*, p. 173.)

célebre, adj. Agraciado, gracioso. || 2. Con el mismo significado en la América Central, Colombia y Venezuela. (*América*, I, 344; *Americanismos*, p. 232.)

celofán (del inglés *cellophane*), m. Papel transparente, brillante y de varios colores.

censontle, m. Sinsonte. || 2. Con el mismo significado en América. (*América*, I, 346.)

cervecero, m. Persona que toma mucha cerveza. || 2. adj. En Chile, "se usa como: *barril cervecero, sociedades cerveceras*, formado al igual que otros adjetivos: *aceitero, harinero y cebadero*." (*Chilenismos*, p. 138.)

cigarrera, f. Cenicero. || 2. En Méjico, "mujer que hace o vende cigarros." (*Mexicanismos*, p. 122.) || 3. En Perú, "la pieza o estuche que sirve para cargar cigarros en el bolsillo." (*Peruanismos*, p. 127.)

cigüeña, f. Se usa para explicar el nacimiento de un niño. || 2. En Cuba y Santo Domingo, "vagoneta de ferrocarril." (*Americanismos*, p. 235.) || 3. En Guatemala y Honduras, "especie de organillo mecánico." (*Ibid.*)

cinc (del inglés *sink*), m. Lavabo, que instalado en la cocina, se usa para lavar la vajilla. || 2. En Nuevo Méjico se dice *sinque* con el mismo significado. (*New Mexican*, p. 66.)

cincocinco, adv. Miedo. V. *fuchefuche.*

cinia (del inglés *zinnia*), f. Flor que crece en un tallo como de 60 centímetros de extensión, abundante en colores.

circo, m. Espectáculo bajo una gran tienda de campaña donde se presentan toda clase de animales salvajes, lo mismo que gimnastas, payasos, etc. ‖ 2. Con el mismo significado en América y particularmente en Chile, Méjico y Río de la Plata. (*América,* I, 453; *Americanismos,* p. 238; *Chilenismos,* p. 139.)

cirgüelo, m. Ciruelo; ciruela. ‖ 2. En Nuevo Méjico se dice *cirgüelas.* (*New Mexican,* p. 34.) ‖ 3. En Tabasco y Campeche (Méjico) se dice *cirgüela.* (*Mexicanismos,* p. 124.)

¡cirol-ese!, interj. ¡Seguro que sí!

cirquero, -ra, m. y f. Persona que trabaja en un circo. ‖ 2. En Méjico, "acróbata, volantinero, titiritero." (*América,* I, 355; *Americanismos,* p. 238; *Mexicanismos,* p. 124; *Mexicano,* I, 23.) ‖ 3. "El empresario de la diversión." (*América,* I, 365.)

cisca, f. Vergüenza. ‖ 2. Con el mismo significado en Méjico. (*América,* I, 355; *Americanismos,* p. 238; *Mexicanismos,* p. 124.)

cizote, m. Granos diminutos en la piel que dan mucha comezón y son contagiosos.

clapiar (del inglés *to clap*), intr. Aplaudir. ‖ 2. Interrumpir el hombre una pareja de bailadores poniéndole al bailador la mano en el hombro para significar que quiere bailar con su compañera.

claridosa, -sa, adj. Que acostumbra a decir claridades. ‖ 2. Con el mismo significado en Guatemala, Méjico, El Salvador y otras comarcas de la América Central. (*América,* I, 357; *Americanismos,* p. 239.)

clavarse, r. Robarse. U. t. c. tr. ‖ 2. Lo mismo en Méjico. (*América,* I, 358.) ‖ 2. En la América Central, *clavársela* quiere decir, "emborracharse." (*Americanismos,* p. 239.) ‖ 3. En Chile, "no poder desprenderse de un producto por falta de demanda y sufrir perjuicios por ello." (*Chilenismos,* p. 140.) ‖ 4. En Méjico y Venezuela, "ser engañado, caer en celada, comprometerse al declarar." (*Ibid.*) ‖ 5. En el Perú, "colarse en una parte sin ser llamado." (*Americanismos,* p. 239.)

clavelito, m. Robo.

clavetearse, r. Robarse algo. ‖ 2. tr. En Chile, "adornar algunos guisos, dulces, tortas, etc., con clavos de olor, semillas de almendras, pepita u otras cosas semejantes." (*América,* I, 359.)

clavetín, m. Robo.

clavos, m. pl. Dinero. V. *bicoca, mazuma.* ‖ 2. m. En Argentina, "broma, contrariedad de cierta gravedad." (*Argentinismos,* p. 176.) ‖ 3. "Señorita que por su edad y otra circunstancia no halla marido." (*Ibid.*) ‖ 4. En Argentina y Chile, "artículo invendible." (*América,* I, 359; *Argentinismos,* p. 176.) ‖ 5. En Bolivia, "bolsón de mineral de plata." (*América,* I, 359.) ‖ 6. En Colombia, "mal negocio." (*Americanismos,* p. 239.) ‖ 7. "Chasco." (*América,* I, 359.) ‖ 8. "Moneda de un peso." (*Americanismos,* p. 239.) ‖ 9. En Chile y Méjico, "molestia, preocupación, daño." (*América,* I, 359.) ‖ 10. En Honduras y Méjico, "parte de una veta muy rica en metales." (*América,* I, 359; *Americanismos,* p. 239.) ‖ 11. "Porción de metal nativo." (*Ibid.; ibid.*) ‖ 12. En Méjico, "prendedor, fistol." (*Mexicanismos,* p. 124.) ‖ 13. En Venezuela, "moneda de 50 céntimos del bolívar." (*Americanismos,* p. 239.) ‖ 14. "Agrura del estómago." (*Ibid.*)

cloch (del inglés *clutch*), m. Embrague de automóvil. ‖ 2. Lo mismo en Nuevo Méjico. (*New Mexican,* p. 60.)

cocedor, m. Horno de estufa o de una panadería.

coco, m. Cabeza. ‖ 2. Con el mismo significado en las Antillas Colombia, Guatemala, Perú y Río de la· Plata. (*Americanismos,* p. 241.) ‖ 3. En América, "árbol de las palmeras." (*América,* I, 265.) ‖ 4. "Medida de capacidad."

(Ibid.) ‖ 5. "Planta cochucho." *(Ibid.)* ‖ 6. "Taza o vasija hecha con la cáscara interior y durísima del coco." *(Ibid.; Americanismos,* p. 241.) ‖ 7. En América, particularmente Méjico, "si se refiere al árbol de la palmera es mejor decir *cocotero*. Al fruto es al que se aplica con más propiedad el nombre de *coco*." *(Ibid.; ibid.; Mexicano,* II, 24.) ‖ 8. En Argentina, "coscorrón." *(América,* I, 365.) ‖ 9. "Refiriéndose a niñitos, aguas mayores." *(Argentinismos,* p. 177.) ‖ 10. En Colombia y Ecuador, "sombrero hongo." *(América,* I, 365; *Americanismos,* p. 241.) ‖ 11. En Cuba, "ave zancuda." *(América,* I, 365.) ‖ 12. "Moneda de cinco pesetas." *(Ibid.)* ‖ 13. En Ecuador, "la virginidad de la mujer." *(Americanismos,* p. 241.) ‖ 14. "Castigo demasiado fuerte infligido a alguien, escarmiento sacado de ese mismo castigo." *(Ecuador,* p. 61.) ‖ 15. En Méjico, "daño." *(América,* I, 365.) ‖ 16. "Nombre vulgar de una tortolita indígena." *(Ibid.)* ‖ 17. "Chamorra." *(Mexicanismos,* p. 126.) ‖ 18. En Perú y Uruguay, "género blanco de algodón ordinario." *(Americanismos,* p. 241.) ‖ 19. En Puerto Rico, "vasija hecha de la *higuera,* fruto del *crescentia cuyete*." *(Ibid.)* ‖ 20. En Río de la Plata, "pedruscón hueco." *(América,* I, 365; *Ríoplatense,* p. 155.) ‖ 21. En Venezuela, "nombre genérico de varios insectos coleópteros o escarabajos." *(América,* I, 365.)

cocteil (del inglés *cocktail*), m. Bebida formada con una mezcla de licores e ingredientes en innumerables combinaciones. ‖ 2. Lo mismo en América. *(América,* III, 332; *Chilenismos,* p. 273; *New Mexican,* p. 60.) ‖ 3. En Argentina, "bebida caliente compuesta de leche o huevos y cognac." *(Argentinismos,* p. 113.) ‖ 4. "Bebida de agua caliente, champaña, ginebra u otro licor, un poco de azúcar y una raja de limón." *(Ibid.)*

codo, adj. Miserable, ruin, mezquino. ‖ 2. En Guatemala y Méjico tiene el mismo significado. *(Americanismos,* p. 244.) ‖ 3. En Nuevo Méjico, *codo duro* tiene el mismo significado. *(New Mexican,* p. 18.) ‖ 4. En el Distrito

Federal (Méjico) se dice *codito* con el mismo significado. (*Mexicanismos*, p. 127.)

colecta (del inglés *collect*), f. Cobranza.

colector (del inglés *collector*), m. Cobrador.

colegio pre-universitario, m. Colegio donde se enseñan los dos primeros años de cursos universitarios.

colero, -ra, m. y f. Gorrón. || 2. En Méjico, "ayudante del establo, del pastor, o del piscador." (*América*, I, 377; *Americanismos*, p. 247.) || 3. m. En Salta (Argentina), "gorrero." (*Americanismos*, p. 247.) || 4. En Chile y el Perú, "sombrero de copa." (*América*, I, 377; *Americanismos*, p. 247.) || 5. En el Perú, "ayudante del capataz." (*América*, I, 377; *Chilenismos*, p. 70.)

colmena, f. Abeja. || 2. Lo mismo en Méjico. (*América*, I, 378.)

colorado, -da, adj. Obsceno. || 2. m. En América, "el mono colorado." (*América*, I, 380.) || 3. En Bolivia, "el lobo colorado." (*Ibid.*) || 4. En Cuba, "escarlatina, cierta fiebre." (*Americanismos*, p. 248.) || 5. m. pl. En Méjico y el Perú, "en las minas se da este nombre a los hidratos de hierro que contienen plata nativa o cloruro de plata." (*Ibid.*)

colores, m. pl. Juego de niños. V. *listones*.

coludo, -da, adj. Cosa que cuelga por todos lados por no estar derecha, como un vestido. || 2. En Argentina, Chile, Méjico y Uruguay, "el olvidadizo que deja sin cerrar la puerta que abre al dar paso." (*Americanismos*, p. 248; *Argentinismos*, p. 248; *Criollo*, p. 75.) || 3. En Chile y Méjico, "se dice de la persona que lleva las vestiduras tan largas que le arrastran." (*América*, I, 380.) || 4. "Que tiene la cola grande." (*Ibid.; Chilenismos*, p. 142.)

coma, f. Arbol silvestre no muy alto que da un fruto en forma de una bolita muy pequeña y la cual los muchachos la mastican como chicle. || 2. Lo mismo en Méjico. (*América*, I, 382.)

combiar, tr. Peinar. U. t. c. r.

comenzón, f. Comezón.

comisionado, m. Gobernante de una ciudad. || 2. m. y f. En Cuba, "alguacil o ministro de justicia." (*América,* I, 384; *Americanismos,* p. 250.)

compa, m. Amigo. || 2. En la América Central, la América del Sur, y particularmente en Colombia, Guatemala, Honduras y Méjico, "aféresis de compadre." (*América,* I, 384; *Americanismos,* p. 250; *Colombiano,* p. 69; *Criollo,* p. 76; *Mexicanismos,* p. 129.)

compita, m. Amigo.

complexión (del inglés *complexion*), f. Cutis.

compuestito, -ta, adj. Se dice de la persona desordenada que ha mejorado de comportamiento.

condolerse, r. ant. Compadecerse.

conductor (del inglés *conductor*), m. Persona que cobra el pasaje en un tren. || 2. Con el mismo significado en las Antillas, Bolivia, Colombia y Méjico. (*América,* I, 387; *Americanismos,* p. 253.) || 3. "En Chile cabe el femenino pues allí las mujeres desempeñan tal misión." (*Americanismos,* p. 253.) || 4. En Argentina, "el que gobierna el tiro de bueyes, mulas o caballos de las diligencias y los carruajes." (*América,* I, 387.)

conectación (del inglés *connection*), f. Conexión.

conejo, m. Músculo del brazo. || 2. En Colombia, "alfeñique de miel de caña sin revolver para que no azucare." (*América,* I, 387.) || 3. En Cuba, "un pez de mar." (*Ibid.*)

conferencial, adj. Perteneciente a una reunión en la cual se juntan varios representantes para tratar asuntos de común interés.

conferencista, m. Conferenciante. || 2. Con el mismo significado en América, particularmente en Argentina y Chile. (*América,* I, 387; *Americanismos,* p. 253; *Argentinismos,* p. 180; *Chilenismos,* p. 144.)

confianzudo, -da, adj. Persona que hace confianza de otros fácilmente. U. t. c. s. || 2. Lo mismo en Argentina. (*Argentinismos,* p. 113.) || 3. En América, "persona que se toma ciertas libertades y más confianza de la que la amistad le da derecho." (*América,* I, 387.) || 4. En Venezuela, "entrometido." *(Ibid.)*

conga, f. Baile y música cubana. || 2. En las Antillas y Río de la Plata tiene el mismo significado. (*Americanismos,* p. 254.) || 3. En Colombia, "hormiga grande y venenosa, cuya mordida es peligrosa." (*América,* I, 388.) || 4. En Cuba, "hutía mayor que la rata." *(Ibid.)* || 5. En Chiloe (Chile), "es nombre de un baile zapateado entre dos." (*Americanismos,* p. 254.) || 6. En Venezuela, "cerquillo." (*América,* I, 388; *Americanismos,* p. 254.)

congal, m. Mancebía. || 2. Con el mismo significado en América y particularmente en Méjico (*América,* I, 388; *Americanismos,* p. 254; *Mexicanismos* p. 133.)

conquián, m. Juego de naipes. || 2. Con el mismo significado en Guatemala y Méjico. (*Americanismos,* p. 254; *Mexicanismos,* p. 136.)

conscripto, m. Ciudadano llamado para servir en el ejército de la nación. || 2. Lo mismo en Argentina y Chile. (*Argentinismos,* p. 44; *Chilenismos,* p. 145.)

contest (del inglés *contest*), m. Concurso, certamen.

contestable, m. Condestable, alguacil.

contimás, adv. Cuanto más. || 2. Se usa también en América. (*América,* I, 390; *Colombiano,* p. 73.)

contoitodo, adv. Con todo.

controlar (del inglés *control*), tr. Dirigir, dominar. || 2. Lo mismo en América. (*Americanismos,* p. 256; *New Mexican,* p. 60.) || 3. En la América del Sur, "registrar, marcar, confrontar." (*América,* I, 391.) || 4. En Argentina, "intervenir, vigilar." *(Ibid.; Argentinismos,* p. 182.)

convenenciero, -ra, adj. Se dice de la persona que aprovecha la oportunidad para beneficiarse. || 2. En Méjico tiene el mismo significado. (*América*, I, 392.) || 3. En Méjico y Perú, "acomodaticio." (*Americanismos*, p. 256.) || 4. En Colima y Guanajuato (Méjico), "egoísta, avaro." (*Mexicanismos*, p. 139.)

convinencia, f. ant. Conveniencia, utilidad, provecho.

convite, m. Músicos en un camión que recorren la ciudad anunciando algún espectáculo. || 2. En la América Central, Chile y Méjico tiene el mismo significado. (*América*, I, 392; *Americanismos*, p. 257; *Mexicano*, I, 26.) || 3. En Colombia y Venezuela, "reunión de trabajadores que prestan su servicio ganando solo la comida." (*América*, I, 392; *Americanismos*, p. 257.)

copala, f. Perca.

copear, tr. Copiar. || 2. Lo mismo en Guanajuato, Durango y Colima (Méjico). (*Mexicanismos*, p. 139.) || 3. intr. En América, "beber en copa." (*América*, I, 394.) || 4. "Embriagarse." *(Ibid.)*

coquete, m. Teatro o lugar donde se exhiben películas. || 2. f. En Cuba y Puerto Rico, "mueble tocador con espejo." (*Americanismos*, p. 258.) || 3. adj. En Argentina y Perú, "mujer de mucha gracia y donaire." *(Ibid.)*

corbatero, m. Percha donde se cuelgan corbatas. || 2. En América, "dícese del gallo de pelea que pica siempre al contrario en la parte anterior al cuello." (*América*, I, 397.) || 3. m. y f. En América, "persona que hace corbatas, o negocia y trafica en la venta de ellas." *(Ibid.)*

corona de sandiego, f. Flor de color de rosa encendida que crece en planta trepadora. || 2. En el norte de Méjico, "se llama *corona* a la enredadera del sandiego." (*América*, I, 399.)

correa, f. Empleado de la oficina de inmigración. || 2. En América, "ave de ribera, de color oscuro con vetas grises, pico largo, delgado, acerado; cuerpo muy semejante al de una pava común." (*América*, I, 403.) || 3. En las Antillas y el Perú, "cinturón de cuero." (*Americanismos*, p. 260.)

|| 4. En Argentina, "flexibilidad de carácter, calma y paciencia para sufrir sin enojo las zumbas de los demás." (*Argentinismos,* p. 45.) || 5. En Colombia, "el juego la correhuela." (*América,* I, 403.) || 6. f. pl. En Chile, "portamantas." (*Ibid.*)

correctar (del inglés *to correct*), tr. Corregir. || 2. En Nuevo Méjico, con el mismo significado, se dice *corretar.* (*New Mexican,* p. 60.)

corriente, adj. Término que se aplica a personas que carecen de buena reputación, y a los objetos de poco valor. || 2. En Méjico y Puerto Rico, "que no es fino, sino de calidad mediana; ordinario." (*América,* I, 405.) || 3. "Dícese de la persona sencilla y de fácil trato, accesible." (*Ibid.*) || 4. En el Distrito Federal y Guerrero (Méjico), "condescendiente (personas); ordinario (objetos)." (*Mexicanismos,* p. 142.) || 5. En el Perú, "es el *alright* de los criollos." (*Peruanismos,* p. 147.) || 6. m. En Michoacán (Méjico), "jarabe, tocata compestre." (*Mexicanismos,* p. 142.)

cortar, intr. Expresar opiniones que no son favorables para alguien. || 2. En Argentina, "romper las relaciones entre novios." (*América,* I, 402.) || 3. "Separarse uno de los demás en una marcha o carrera." (*Americanismos,* p. 262.) || 4. En Argentina y Méjico, "separarse." (*América,* I, 402.) || 5. En Argentina, Méjico y Uruguay, "dar la última boqueada, expirar." (*Ibid.*) || 6. En Chile, "tener el caballo el aliento fatigoso a consecuencia de haber corrido mucho." (*Americanismos,* p. 262.) || 7. "Tomar una dirección, largarse o andar." (*América,* I, 402; *Americanismos,* p. 262.) || 8. tr. América, "recoger o cosechar en el sentido de desprender del árbol el fruto." (*América,* I, 402.) || 9. En Argentina, Puerto Rico y Uruguay, "referido al campo, atravesarlo desviándose del camino." (*Ibid.; Americanismos,* p. 262.) || 10. En Chile, "tratándose de carreras de caballos, aventajar a otro en la carrera." (*Ibid.; ibid.*) || 11. En Méjico, "bajar, coger." (*Mexicanismos,* p. 140.)

¡córtesela!, interj. Significa: ¡Deje de hablar! ¡Deje ese tema!

cosa que, conj. Así que, de manera que, a fin de que, para que. || 2. Con el mismo significado en la América Central, Bolivia, Chile, Perú, Puerto Rico, Río de la Plata y Venezuela. (*América,* I, 405; *Americanismos,* p. 263.)

costra, f. Suciedad en el cuerpo. || 2. En Colombia. "rebanada de pan azucarado y tostado de nuevo." (*Amercanismos,* p. 264; *Colombiano,* p. 78.)

costroso, -sa, adj. Que muestra mucha suciedad en el cuerpo.

cotense, m. Cotanza. || 2. Con el mismo significado en la América Central, Argentina, Bolivia, Chile y Méjico. (*América,* I, 407; *Americanismos,* p. 264; *Criollo,* p. 79.) || 3. En la América Central y la América del Sur, particularmente en Argentina y Bolivia, se dice *cotencia.* (*Americanismos,* p. 264; *Criollo,* p. 79.) || 4. En Guanajuato (Méjico), "el paño que sirve para secar y limpiar los platos." (*Mexicanismos,* p. 143.)

cotín, m. Tela que se usa para forrar colchones o almohadas. || 2. En América, particularmente en Argentina, tiene el mismo significado. (*América,* I, 407; *Argentinismos,* p. 114.) || 3. En Venezuela, "camarada." (*Americanismos,* p. 264.)

coyote, m. Explotador de personas que cruzan el Río Grande ilegalmente. || 2. En América "criollo, hijo de europeo." (*América,* I, 410; *Mexicanismos,* p. 143.) || 3. En la América Central, "lobo." (*Criollo,* p. 80.) || 4. En algunas partes de la América del Sur y de los Estados Unidos, "lo que es indígena del país, como *maíz coyote.*" (*América,* I, 410.) || 5. En el sur de los Estados Unidos, "hoyo para sacar metales, parecido a las cuevas de los coyotes." *(Ibid.)* || 6. En Méjico, "zorra mejicana." (*Mexicanismos,* p. 143.) || 7. "El vendedor de acciones en minas." *(Ibid.)* || 8. "Empanada de piloncillo." (*América,* I, 411.) || 9. "Persona que se dedica a operar en corretaje." (*Ibid.; Americanismos,* p. 266.) || 10. En Nuevo Méjico, "mestizo." (*New Mexican.*) || 11. "El menor de la familia." *(Ibid.)* || 12. adj. En Costa Rica, "chismoso, pícaro." (*América,* I, 411;

Americanismos, p. 266.) || 13. En Méjico, "color semejante al animal de este nombre." *(Ibid.; ibid.)*

coyotear, tr. Robar. || 2. En Méjico, "ejercer el comercio transitoriamente en operaciones de cambio o descuento." (*América,* I, 411; *Americanismos,* p. 266.) || 3. En el Distrito Federal (Méjico), "vender acciones de mina." (*Mexicanismos,* p. 144.)

cranque (del inglés *crank*), m. Cigüeñal del automóvil. || 2. Lo mismo en Méjico y Nuevo Méjico. (*América,* I, 411; *New Mexican,* p. 60.)

creído, -da, adj. Crédulo. A veces se pronuncia *creido.* || 2. Con el mismo significado en Chile, Guatemala, Méjico, Perú, Puerto Rico, Río de la Plata y Santo Domingo. (*América,* I, 412; *Americanismos,* p. 267.) || 3. En Colombia, Chile, Ecuador y Río de la Plata, "necio, presumido, vanidoso." (*Ibid.; ibid.; Colombiano,* p. 80.)

crema, f. Persona de alto nivel social. || 2. En América, particularmente en Colombia, Guatemala, Perú, Puerto Rico y Río de la Plata, "dulce hecho de maicena, yema de huevo, leche y azúcar." (*América,* I, 412; *Americanismos,* p. 267.) || 3. En América, "substancia espesa, blanda, untuosa, blanca, que forma una capa sobre la leche cruda dejada en reposo." (*América,* I, 412.) || 4. En Argentina, "dícese del color idéntico al de la crema." (*Argentinismos,* p. 184.)

crepé de algodón, m. Tela encarrugada que se usa para vestidos de mujer.

crepé romano, m. Tela de tejido burdo para vestidos.

crespón, m. Arbusto de muchos tallos con flores blancas, moradas o rojas. || 2. En América, "nombre vulgar de la astronómica planta litrácea." (*América,* I, p. 412.)

creyente, com. Persona que empieza a aceptar las creencias de la iglesia protestante.

crinolina, f. Tela parecida a la gasa, de tejido ancho y suelto, que se mantiene rígida. || 2. En América, particularmente en Colombia, Chile y Yucatán (Méjico), "el miriñaque, adminículo extravagante del vestido femenino." (*América*, I, 413; *Argentinismos*, p. 185; *Colombiano*, p. 80; *Mexicanismos*, p. 144.) || 3. En Argentina, "género para forros de diferentes colores." (*Argentinismos*, p. 185.) || 4. "Tejido de cerda que sirve para hacer corbatines, gorras, etc." (*Ibid.*) || 5. En Méjico, "la suerte que ejecuta el lazador conservando la lanzada de la reata en el aire en forma de círculo hasta el momento de arrojarla." (*América*, I, 413; *Americanismos*, p. 267.) || 6. En Perú, "apartado portátil que usan los músicos para colocar encima de él los papeles de música." (*Americanismos*, p. 267.)

crismes (del inglés *Christmas*), m. pl. Navidades. || 2. Regalos de Navidad. || 3. Con los mismos significados en el norte de Méjico y Nuevo Méjico. (*Mexicano*, II, 21; *New Mexican*, p. 60.)

cristal, m. Anglosajón. || 2. Canica de vidrio de diferentes colores. || 3. En América, "vidrio." (*América*, I, 413.) || 4. "Vasija de cristal, conjunto o juego de piezas de cristal de una vasija." (*Ibid.*) || 5. En las Antillas, "jalea de frutas, hablando de dulces." (*América*, I, 413; *Americanismos*, p. 268.) || 6. En Cuba, "mucílago de vegetables." (*Americanismos*, p. 268.)

cristalino, -na, adj. Anglosajón. V. *cristal, bolillo, gabacho*. || 2. f. En el Distrito Federal, "hierba de pollo." (*Mexicanismos*, p. 144.)

crudo, -da, adj. Dícese del que está amodorrado y enfermo después de una borrachera. || 2. f. La enfermedad o entorpecimiento causado por la borrachera. || 3. Con el mismo significado en Méjico. (*América*, I, 414; *Americanismos*, p. 268; *Mexicanismos*, p. 145.) || 4. En Argentina y Méjico, "color crema o amarillento." (*Americanismos*, p. 268.) || 5. En Argentina, "se dice de un lienzo fuerte y áspero." (*Americanismos*, p. 268; *Argentinismos*, p. 114.) || 6. En Argentina, "crudo, no curado." (*Argentinismos*, p. 268.) || 7. En Puerto Rico, "se dice de la persona que no ha estudiado un asunto o no se ha preparado debidamente para discutirlo." (*América*, I, 414; *Americanismos*, p. 268.) || 8. m. En Colombia, Chile, Ecuador, Méjico, Panamá, Perú y Venezuela, "tela burda, especie de harpillera." (*Ibid.; ibid.*) || 9. En Azuay (Ecuador), "saco para transportar sales, azúcares, etc." (*Americanismos*, p. 268.)

cruzacalles, com. Azotacalles.

cuaco, m. Cuerno de animal, como el toro, la cabra, etc. || 2. En Nuevo León (Méjico), "cuerno de res." (*Mexicanismos*, p. 145.) || 3. En la América del Sur, "harina que se obtiene rallando la raíz de la yuca." (*América*, I, 415.) || 4. En Colombia, "pula exprimida de la yuca y luego medio tostada que se usa en caldos." (*Americanismos*, p. 269.) || 5. En Méjico, "caballo." (*América*, I, 415; *Americanismos*, 269; *Mexicanismos*, p. 45.) || 6. En Cibao (Santo Domingo), "caballo malo." (*Americanismos*, p. 269.)

¡*cuájate!*, interj. ¡Cuidado! V. ¡*chale!*

cuarentaiuno, m. Hermafrodita. U. t. c. adj. || 2. Con el mismo significado en Méjico. (*Americanismos*, p. 270.) || 3. f. En Argentina, "juego de billar." (*Argentinismos*, p. 185.)

cuartearse, r. Faltar a la palabra; retractarse; acobardarse. V. *rajarse.* || 2. Con el mismo significado en Méjico. (*América*, I, 419; *Americanismos*, p. 271.) || 3. En Cuba, "plantarse provocativamente en son de reto o desafío." (*Americanismos*, p. 271.) || 4. intr. En Ecuador "esperar a alguien que se le necesita con urgencia." (*América*, I, 419; *Americanismos*, p. 271.) || 5. En Venezuela, "contemporizar; cambiar de opinión." (*Ibid.; ibid.*) || 6. tr. En la América Central, Argentina, Cuba, Chile, Puerto Rico y Uruguay, "ayudar con la cuarta de los vehículos." (*Americanismos*, p. 271; *Argentinismos*, p. 185.) || 7. "Tirar de un carruaje mediante una cuarta." (*Ibid.; ibid.; Ríoplatense*, p. 167.) || 8. En Chile y Río de la Plata, "poner cuarta a un tiro." (*América*, I, 419.) || 9. En Ecuador, "tocar el reloj los cuartos de hora." (*Ibid.*) || 10. En Méjico y Puerto Rico, "azotar repetidas veces con látigo." (*América*, I, 419;

Americanismos, p. 271.) || 11. p. p. En Chile "referido a caballerías, en el sentido de la expresión de cuartos o de sobre cuartas." (*Chilenismos*, p. 283.)

cuarterón, -na, m. y f. Persona con antecedentes de negro. U. t. c. adj. || 2. m. Medida de un cuarto de un almud. || 3. En la América Meridional y las Antillas, "nacido de mestizo y española." (*América*, I, 419; *Americanismos*, p. 271.) || 4. "El hijo de blanco y mulata." (*Americanismos*, p. 271.) || 5. En Chile, "madero que se coloca diagonalmente entre los pies derechos de los tabiques." (*América*, I, 419; *Americanismos*, p. 271.) || 6. "La mitad de un ladrillo, partido a lo largo o a lo ancho." (*América*, I, 419.) || 7. En Méjico, "medida de capacidad cuya equivalencia fluctúa entre dos y cinco litros." (*Ibid.*)

cuartiza, f. Golpes con látigo o cuarta. || 2. Con el mismo significado en Méjico. (*Americanismos*, p. 272.)

cuarto redondo (del inglés *quarter round*), m. Tablilla que se pone en la juntura de las paredes con el piso. || 2. En Argentina, Chile, Guatemala, Méjico y Uruguay, "cuarto independiente con salida a la calle o a un patio. En el Río de la Plata es el aposento donde viven muchos en común." (*Americanismos*, p. 272.) || 3. En Argentina y Chile, "habitación compuesta de un solo cuarto." (*Argentinismos*, p. 185.)

cuate, -ta, m. y f. Amigo, camarada. U. t. c. adj. || 2. m. Arma de fuego de dos cañones. || 3. Con igual significado en Méjico y Nuevo Méjico. (*América*, I, 420; *Americanismos*, p. 272; *Mexicanismos*, p. 51; *Mexicano*, II, 26.) || 4. En Ecuador y Méjico, "mellizo, gemelo." (*América*, I, 420; *Americanismos*, p. 272; *Mexicanismos*, p. 147.) || 5. m. En América, "variante de coate, nombre de una planta leguminosa." (*América*, I, 420.)

cucaracha, f. Automóvil viejo. || 2. Lo mismo en Argentina y Méjico. (*América*, I, 423; *Americanismos*, p. 273; *Argentinismos*, p. 186.) || 3. "Coche de tranvía que va a remolque de otro." (*América*, I, 423; *Americanismos*, p. 273.)

|| 4. En Cuba, "una especie de helecho silvestre." (*Americanismos*, p. 273.) || 5. "La flor maloliente de la bayoneta." *(Ibid.)* || 6. En Ecuador, "moneda de níquel de diez centavos." *(Ibid.)*

¡cúchele!, interj. Expresión con que se incita a un perro al ataque. || 2. m. En la América Central y Argentina, *"cucha* quiere decir cerdo." (*América*, I, 426.) || 3. "En gallego la interjección *cuche* se usa para espantar cerdos." *(Ibid.)*

cuchillero, m. Pendenciero. U. t. c. adj. || 2. Lo mismo en Argentina, Honduras, Méjico, Perú y Uruguay. (*América*, I, 426; *Americanismos*, p. 275; *Argentinismos*, p. 186.)

cucho, -cha, adj. Cualquier cosa torcida o mal formada. || 2. En la América Central, "jorobado." (*Americanismos*, p. 275.) || 3. En Méjico, "desnarigado." (*América*, I, 426; *Americanismos*, p. 275; *Mexicanismos*, p. 148.) || 4. En Michoacán (Méjico), "caricortado." (*Mexicanismos*, p. 148.) || 5. En Guanajuato (Méjico), "malo, pobre, necesitado." *(Ibid.)* || 6. m. En la América Central y la América del Sur, "medida para líquidos." (*América*, I, 426; *Americanismos*, p. 275; *Criollo*, p. 82.) || 7. En Colombia, "tabuco, desván. En el sur de Colombia y en Cundinamarca significa cuchitril." (*Americanismos*, p. 275.) || 8. En Chile, "nombre que familiarmente se da al gato, especialmente para llamarlo." (*América*, I, 426; *Americanismos*, p. 275; *Chilenismos*, p. 152.) || 9. En Colombia, Ecuador y Perú, "rincón, esquina." (*América*, I, 426; *Americanismos*, p. 275.) || 10. En la región central de Méjico, "periquito, loro pequeño." (*América*, I, 426.) || 11. En Chile, "sombrero de lana." (*América*, I, 426; *Chilenismos*, p. 30.)

cuentazo, m. Conjunto de chismes.

cuerazo, m. Muchacha muy bonita. || 2. En la América Central, las Antillas, Colombia, Ecuador, Méjico y Venezuela, "azotazo, latigazo." (*América*, I, 428; *Americanismos*, p. 277; *Colombiano*, p. 83.)

¡cuerda!, interj. ¡Zas!

cuerda de leña (del inglés *cord of wood*), f. Cierta cantidad de leña que mide 4 pies de ancho por 4 de alto y 8 de largo. || 2. Con el mismo significado en Cuba. (*Americanismos*, p. 277.)

cuereada, f. Azotaina. V. *cueriza*. || 2. Con el mismo significado en la América Central, Colombia, Ecuador y Méjico. (*América*, I, 428; *Americanismos*, p. 278; *Ecuador*, p. 71; *Mexicanismos*, p. 149.) || 3. En la América Meridional, "acción y' efecto de cuerear o sea desollar un animal." (*América*, I, 428; *Americanismos*, p. 278; *Argentinismos*, p. 423.) || 4. f. En la América Meridional, "temporada en que se obtienen los cueros secos." (*Chilenismos*, p. 71.)

cuerear, tr. Azotar. || 2. Con el mismo significado en la América Central, la América del Sur, y particularmente en Colombia, Cuba, Ecuador, Méjico y Venezuela. (*América*, I, 428; *Americanismos*, p. 278; *Criollo*, p. 83; *Ecuador*, p. 71; *Mexicanismos*, p. 149.) || 3. En la América Meridional, "ocuparse en las faenas de la cuereada." (*Americanismos*, p. 278; *Chilenismos*, p. 71.) || 4. En América, "causar daño en la persona o en la honra." (*América*, I, 428.) || 5. "Ganar a uno en el juego." *(Ibid.)* || 6. En la América Central, la América del Sur, y particularmente en el Río de la Plata, "desollar un animal con objeto de aprovechar el cuero." (*América*, I, 428; *Argentinismos*, p. 423; *Criollo*, p. 83; *Ríoplatense*, p. 169.) || 7. En Cuba y Río de la Plata, "despellejar al prójimo." (*Americanismos*, p. 278.)

cueriza, f. Azotaina. || 2. Con el mismo significado en América, particularmente en Colombia, Ecuador, Méjico y Perú. (*América*, I, 428; *Americanismos*, p. 278; *Colombiano*, p. 83; *Ecuador*, p. 72; *Mexicanismos*, p. 149; *Peruanismos*, p. 152.)

cuero, -ra, adj. Persona muy bonita. || 2. m. y f. Novio. || 3. En Méjico, "mujer guapa." (*América*, I, 429; *Americanismos*, p. 278.) || 4. En Nuevo Méjico, "novio." (*New Mexican*, p. 19.) || 5. En la América Central, Colombia, Cuba, Ecuador, Méjico, Perú, Puerto Rico y Venezuela, "látigo, azote, correa." (*América*, I, 429; *Americanismos*, p. 278; *Colombiano*, p. 93; *Ecuador*, p. 72.) || 6. En Ecuador y Méjico, "mujer de placer." (*Americanismos*, p. 278; *Ecuador*, p. 72.) || 7. "Concubina." (*Americanismos*, p. 278.) || 8. En Colombia y Cuba, "mujer vieja." (*Americanismos*, p. 278; *Colombiano*, p. 83.) || 9. En Cuba y Guatemala, "despreocupación, descaro, cinismo." (*Americanismos*, p. 278.) || 10. En Tabasco (Méjico), "prostituta." (*América*, I, 429.)

cuetazo, m. Tiro de pistola u otra arma.

cuete, m. Cohete. || 2. Pistola. || 3. Borrachera. || 4. adj. Borracho. || 5. m. En Guatemala, Méjico y Perú, "pistola." (*Americanismos*, p. 278.) || 6. En Méjico, "borrachera." (*América*, I, 430; *Americanismos*, p. 278.) || 7. En América, "cohete." (*América*, I, 430; *Mexicanismos*, p. 150.) || 8. En Chile, "triquitraque." (*América*, I, 430.) || 9. En Méjico, "porción de cabello que las mujeres enredan en un rollito de papel o trapo con objeto de hacerse rizos." (*Americanismos*, p. 278.) || 10. En el Distrito Federal (Méjico), "lonja de carne." (*Mexicanismos*, p. 150.) || 11. adj. En Méjico, "borracho." (*Americanismos*, p. 278.)

cuico, m. Apodo que se da al policía. || 2. Lo mismo en Ecuador y Méjico. (*América*, I, 432; *Ecuador*, p. 72; *Mexicanismos*, p. 150.) || 3. En Argentina, Chile y Perú, "apodo que se da al boliviano." (*América*, I, 432; *Americanismos*, p. 115; *Argentinismos*, p. 115; *Chilenismos*, p. 86.) || 4. En Argentina, Bolivia y Perú, "mestizo de indios." (*América*, I, 432; *Americanismos*, p. 279.) || 5. En Argentina, "apodo que daban los criollos a los ribereños, cuando la guerra de independencia." (*América*, I, 432.) || 6. "Persona de baja estatura y retacona." (*Ibid.*) || 7. "Apodo que suele darse a los peruanos y bolivianos." (*Argentinismos*, p. 115.) || 8. En Querétaro (Méjico), "soldado cobarde." (*Mexicanismos*, p. 150.) || 9. adj. En Cuba, "macuico, raquítico, débil." (*Americanismos*, p. 279.) || 10. "Voz con que en diversos puntos de América se designa a los naturales de otros países." (*Chilenismos,* p. 86.) ‖ 11. En Ecuador, "delgado, flaco." (*Americanismos,* p. 279; *Ecuador,* p. 72.) ‖ 12. En Michoacán (Méjico), "embustero." (*Mexicanismos,* p. 150.)

cuija, f. Aspecto de una persona que causa lástima. ‖ 2. En Zacatecas (Méjico) con el mismo significado. (*América,* I, 432; *Americanismos,* p. 279.) ‖ 3. En América, "barbarismo por ₵obija." (*América,* I, 432.) ‖ 4. En Méjico, "lagartija pequeña." (*Ibid.*) ‖ 5. "Mujer alta y flaca." (*Ibid.*) ‖ 6. "Nombre de algunas cactáceas del Norte del País." (*Ibid.*) ‖ 7. m. En la América Central, "el fullero que ayuda a un compinche a jugar sucio." (*Criollo,* p. 83.)

cuininiche, adj. Se dice de la persona que rehusa cooperar en cualquier actividad. U. t. c. s.

culebra de agua, f. Chubasco en el cual parece desprenderse en un instante toda el agua de una nube. ‖ 2. Con el mismo significado en Méjico. (*América,* I, 435; *Americanismos,* p. 281.) ‖ 3. "Reptil que abunda en las aguas de los lagos interiores." (*América,* I, 435.)

culebrilla, f. Línea ondulada. ‖ 2. En las Antillas, "vuelta circular precipitada y continua que da el *volantín* en el aire por mucho viento o tener rabo corto o enredado." (*Americanismos,* p. 281.) ‖ 3. En Puerto Rico, "enfermedad que ataca a los gallos de pelea en los ojos." (*América,* I, 435.)

culeco, -ca, adj. Clueco. ‖ 2. Se aplica al hombre en cuyo hogar ha nacido el primer niño. ‖ 3. También se aplica a la mujer hacendosa cuyo marido acaba de llegar a casa. ‖ 4. En la América Central, las Antillas, Méjico y Perú, "envanecido o muy contento." (*Americanismos,* p. 281.) ‖ 5. En América, "persona muy casera." (*América,* I, 435.) ‖ 6. En Argentina, Colombia y Méjico también se usa *culeco* por *clueco.* (*Argentinismos,* p. 596; *Colombiano,* p. 84; *Mexicanismos,* p. 151.)   ▪

culero, -ra, adj. Cobarde. ‖ 2. f. En Colombia, "matadura en el espinazo de una bestia." (*Americanismos,* p. 281.) ‖ 3.

m. América, "sodomita." (*América*, I, 435.) ‖ 4. En Argentina, "taba o dado que de todos modos da azar, como-
quiera que se le tire." (*Ibid.*) ‖ 5. "Persona que en el juego
solo echa azar; o que en todo tiene mala suerte." (*Ibid.*)
‖ 6. "Calzón de minero en parte forrado de cuero. En Chile
y en el interior de la República tiene una significación
parecida." (*Argentinismos*, p. 115.) ‖ 7. En Argentina y
Chile, "cinto ancho de cuero con numerosos bolsillos."
(*América*, I, 435; *Americanismos*, p. 281.) ‖ 8. En Argentina, "pieza de cuero que los hombres de campo se aplican
exteriormente por la parte de los muslos, para evitar el
roce de los instrumentos de trabajo con la ropa." (*América*,
I, 435; *Ríoplatense*, p. 169.) ‖ 9. En Santo Domingo, "cu-
lera, matadura." (*Americanismos*, p. 281.)

cuotizar, tr. Fijar la cantidad de dinero que hay obligación de
pagar. U. t. c. r. ‖ 2. Con el mismo significado en Méjico.
(*América*, I, 439.) ‖ 3. En Colombia se dice *cotizarse*.
(*Colombiano*, p. 78.)

cursiento, -ta, adj. Que tiene diarrea. U. t. c. s. ‖ 2. Con el
mismo significado en Argentina, Colombia, Chile, Ecuador,
Guatemala, Méjico, Perú, Uruguay y Venezuela. (*América*, I, 443; *Americanismos*, p. 285; *Argentinismos*, p. 187;
Colombiano, p. 86.)

CH

chabacán, m. Fruta que se parece al durazno, pero más pequeña. || 2. En la América Central, Argentina y Méjico, "chabacano." (*América*, I, 449; *Argentinismos*, p. 188; *Mexicanismos*, p. 154.) || 3. En Tampico (Méjico), "dulce hecho de harina de maíz." (*Mexicanismos*, p. 154.)

chágüer (del inglés *shower*), m. Fiesta en la cual una novia que está para casarse, o una señora encinta, reciben regalos. || 2. Baño.

chain (del inglés *shine*), m. El brillo del calzado. || 2. Con el mismo significado en el norte de Méjico y el suroeste de de los Estados Unidos. (*América*, I, 455; *Mexicano*, I, 30.)

chainear, tr. Limpiar, embetunar y hacer brillar el calzado. || 2. Con el mismo significado en Nuevo Méjico. (*New Mexican*, p. 61.)

chainero, m. Limpiabotas. V. *bolero*. || 2. Con el mismo significado en el norte de Méjico y suroeste de los Estados Unidos. (*América*, I, 455; *Mexicano*, I, 30.)

chaira, f. Cadena de reloj. || 2. En América, "guiso boliviano con tasajo y legumbres." (*América*, I, 455; *Americanismos*, p. 292.) || 3. En Tabasco (Méjico), "el miembro viril." (*América*, I, 455.) || 4. En el Salvador, "la chaya, planta enforbiácea." (*Ibid.*) || 5. adj. En Argentina, "se dice del caballo de cola pelada." (*Criollo*, p. 88.)

chalán, m. Barca hecha de maderos unidos que se usa para pasar un río. || 2. Pontón. || 3. Con el mismo significado en Tabasco (Méjico) se dice *chalana*. (*América*, I, 456.) || 4. En el noroeste de Méjico, "se dice de la persona conversadora y de buen humor." (*Ibid.*) || 5. En Jalisco (Méjico), "cobrador en los caminos." (*Ibid.*; *Americanismos*, p. 293.) || 6. En la América Central, Argentina, Colombia, Ecuador, Perú y Uruguay, "picador, domador de caballos," (*Ibid.*; *ibid.*; *Ecuador*, p. 76.)

¡chale!, interj. ¡Cuidado!

¡chale-bato!, interj. ¡Quítate de aquí ‖ 2. En Nuevo Méjico, *¡chale!* significa "¡calla!" (*New Mexican*, p. 19.)

chalina, f. Paño de seda o de lana que usan las mujeres para taparse la cabeza o los hombros. ‖ 2. Con el mismo significado en Argentina y Colombia. (*América*, I, 45; *Argentismos*, p. 188; *Colombiano*, p. 89.)

chamaco, -ca, m. y f. Niño, muchacho. V. *chilpayate, escuincle*. ‖ 2. Con el mismo significado en la América Central, Colombia, Méjico y Nuevo Méjico. (*América*, I, 458; *Americanismos*, p. 294; *Mexicanismos*, p. 157; *New Mexican*, p. 52.)

chamba, f. Empleo; trabajo; ocupación. ‖ 2. Con el mismo significado en Guatemala, Méjico y Nuevo Méjico, (*América*, I, 459; *Americanismos*, p. 295; *Mexicanismos*, p. 157; *New Mexican*, p. 19.) ‖ 3. En la América Central y la América del Sur, particularmente en Bolivia, "voz minera: el sulfato de cinc." (*América*, I, 459; *Americanismos*, p. 295; *Criollo*, p. 90.) ‖ 4. En Argentina, Ecuador y Chile, "tepe o césped." (*América*, I, 459; *Americanismos*, p. 295.) ‖ 5. En Colombia y Venezuela, "zanja." (*América*, I, 459; *Americanismos*, p. 295; *Colombiano*, p. 89; *Criollo*, p. 90.) ‖ 6. En Colombia y Ecuador, "cocha, charca." (*Americanismos*, p. 295.) ‖ 7. En Chile y Ecuador, "enredo de ideas o conceptos." (*América*, I, 459; *Americanismos*, p. 295.) ‖ 8. "Charretera." (*América*, I, 459.) ‖ 9. En El Ecuador, "depósito considerable de agua detenida en el terreno por obra de las lluvias." (*Ecuador*, p. 77.) ‖ 10. En El Perú, "nombre vulgar de una algorrobilla común." (*América*, I, 459.)

chambelán, m. El joven que acompaña a una señorita en el desfile de la celebración de un matrimonio. V. *rosa, botón*.

chamorro, m. Pantorrilla. ‖ 2. Con el mismo significado en Méjico. (*América*, I, 461; *Americanismos*, p. 296; *Mexicanismos*, p. 157.) ‖ 3. En Puerto Rico, "tomequín de cabeza y pecho negros, y vientre gris pardo." (*América*, I, 461.)

championato (del inglés *championship*), m. Campeonato.

champurrado, m. Atole de masa, chocolate y azúcar. || 2. Lo mismo en Méjico y Nuevo Méjico. (*América*, I, 462; *Americanismos*, p. 297; *Mexicanismos*, p. 158; *New Mexican*, p. 52.) || 3. En Argentina, "acción y efecto de chapurrear." (*Argentinismos*, p. 47.) || 4. "Mezclado, refiriéndose a idioma mal hablado." (*Ibid.*) || 5. "Mezcla de dos o más licores." (*Ibid.*) || 6. En Cuba, "bebida de ciruelas cocidas y agua, azúcar y clavos." (*América*, I, 462; *Americanismos*, p. 297.) || 7. En Méjico, "cosas o asuntos revueltos." (*Ibid.; ibid.*)

chancaquilla, f. Cadillo pequeño que produce una yerba también así llamada. || 2. m. En el norte de Méjico, "yerba silvestre." (*América*, I, 463.)

chanclaso, m. Fiesta. || 2. Baile.

chanclear, tr. Pegar con una chancla o cualquier otra cosa. || 2. Reprender; reconvenir. || 3. intr. Bailar.

chango, -ga, m. y f. Mono. || 2. Muchacho. || 3. Con los mismos significados en Méjico. (*América*, I, 465; *Americanismos*, p. 300; *Mexicanismos*, p. 158.) || 4. En Argentina, "muchacho o muchacha al servicio en una casa." (*América*, I, 465; *Americanismos*, p. 300.) || 5. En Méjico y Puerto Rico, "dícese de la persona que hace gestos parecidos al del mono así llamado." (*Ibid.; ibid.*) || 6. En Colombia, "animal mamífero." (*Colombiano*, p. 90.) || 7. En Cuba y Venezuela, "machango." (*América*, I, 465.) || 8. En Colombia, "aplícase al aborigen que habitaba en el litoral del Norte de Chile." (*Ibid.*) || 9. adj. Chile, "fastidioso." (*Americanismos*, p. 300.) || 10. "Torpe, pesado." (*América*, I, 465.) || 11. En Méjico, "hábil, listo." (*Ibid.*) || 12. "Peripuesto." (*Ibid.*) || 13. En Puerto Rico, "bromista." (*América*, I, 465; *Americanismos*, p. 300.) || 14. m. En Panamá, "bollo de maíz nuevo." (*Americanismos*, p. 300.) || 15. m. pl. En Venezuela, "harapos." (*Ibid.*)

changuear, tr. Remedar. || 2. En América, "chancear, andarse con burlas." (*América*, I, 466.) || 3. En Méjico, "dícese, en labores agrícolas, por apisonar el pie de la planta sobre el zurco." *(Ibid.)* || 4. "Escardar." *(Ibid.)*

chante, m. Hogar, casa. || 2. En Perú, "hollejo del tronco del plátano." (*Americanismos*, p. 301.)

chanza (del inglés *chance*), f. Oportunidad. || 2. Riesgo. || 3. Con los mismos significados en Nuevo Méjico. (*New Mexican*, p. 61.) || 4. En Argentina, "broma." (*Argentinismos*, p. 47.)

chapa, f. Plancha que cubre la cerradura de hierro usada en las puertas. || 2. Con el mismo significado en Argentina, Chile, Méjico, Nuevo Méjico y Perú. (*América*, I, 467; *Argentinismos*, p. 116; *Chilenismos*, p. 156; *Mexicanismos*, p. 158; *New Mexican*, p. 19; *Peruanismos*, p. 162.) || 3. En América, "color rosada fuerte de las mejillas." (*América*, I, 467.) || 4. En Cuba, "la moneda de valor de una peseta." (*América*, I, 467.) || 5. En Guatemala, Perú, y Venezuela, "juego a cara o cruz." (*Americanismos*, p. 302.) || 6. En Oajaca (Méjico), "mujer." (*Mexicanismos*, p. 158.) || 7. En Puerto Rico, "el juego del hoyito." *(Ibid.)* || 8. m. En la América Meridional, "indio que sirve de espía." (*América*, I, 467; *Americanismos*, p. 302.) || 9. m. En Colombia y Ecuador, "policía." (*América*, I, 467; *Americanismos*, p. 302.)

chapaneco, *-ca*, m. y f. Persona de baja estatura. U. t. c. adj. || 2. Con el mismo significado en Costa Rica y Méjico. (*América*, I, 467; *Americanismos*, p. 302; *Mexicanismos*, p. 159.) || 3. f. En Nuevo Méjico, "fantasma." (*New Mexican*, p. 19.) || 4. adj. En Méjico, "habitante natural de Chiapas (Méjico)." (*América*, I, 467.)

chapas (del inglés *chops*), f. pl. Chuletas. || 2. En América, "color rosado fuerte de las mejillas, principalmente en las mujeres, y al natural." (*América*, I, 467; *Peruanismos*, p. 163.) || 3. "Tribu de indios que vive entre el Pastaza y el Morona en el Ecuador." (*América*, I, 467.)

chapeado, -da, adj. Se dice de la persona cuyas mejillas son de color encendido. || 2. Con el mismo significado en Méjico. (*América,* I, 469.) || 3. En Chile, "rico, adinerado." (*Ibid.*) || 4. m. En Chile y Río de la Plata, "arreos de una caballería guarnecidos de chapas de metal." (*Ibid.; Argentinismos,* p. 424; *Rioplatense,* p. 182.)

chapeta, f. Arete. || 2. En Méjico, "rodaja, *chapetón.*" (*América,* I, 469; *Americanismos,* p. 303.) || 3. "Roseta por lo común de plata, con que se adornan los arreos del caballo, y aún el sombrero jarano, con una en cada lado." (*América,* I, 469.) || 4. adj. pl. En la América Central, "torpe, chambón." (*Americanismos,* p. 303.)

chapete, m. La demostración en las mejillas de un color encendido. || 2. Con el mismo significado en Méjico. (*América,* I, 469.) || 3. En Nuevo Méjico, "hongo." (*New Mexican,* p. 19.)

chapetito, m. Cuerpo bien formado, formas perfectas.

chapino, -na, m. y. f. Persona de piernas torcidas, patituerto. U. t. c. adj. || 2. Lo mismo en Argentina, Bolivia y Uruguay. (*Americanismos,* p. 303.) || 3. f. En la América Central y la América del Sur, "papa que al secarse se vuelve morada." (*Criollo,* p. 93.) || 4. adj. "Animal que tiene lisiados los vasos de los pies." (*América,* I, 469; *Criollo,* p. 93.)

chapo, -pa, m. y f. Persona de baja estatura. U. t. c. adj. || 2. Con el mismo significado en Méjico y Nuevo Méjico. (*América,* I, 470; *Americanismos,* p. 303; *Mexicanismos,* p. 159; *New Mexican,* p. 19.) || 3. m. En Ecuador, "chapuna." (*Americanismos,* p. 303.) || 4. adj. En Honduras, "cacarizo." (*América,* I, 470.)

chapote, m. Planta que crece en esta comarca. || 2. En Méjico, "corrupción de zapote." (*América,* I, 470.)

chapucear, tr. Defraudar, engañar. || 2. Con el mismo significado en Méjico. (*América,* I, 470; *Americanismos,* p. 304; *Mexicanismos,* p. 159.)

chapucero, -ra, m. y f. Persona que defrauda o pone trampa en el juego. || 2. Con el mismo significado en Méjico. (*Mexicano,* II, 27.)

chapul, m. Chapulín. || 2. Con el mismo significado en Colombia. (*América,* I, 470; *Criollo,* p. 93.) || 3. "Caballito del diablo, insecto." (*América,* I, 470.)

chapulín, m. Chiquitín, niño. || 2. Con el mismo significado en la América Central. (*América,* I, 470; *Americanismos,* p. 304.) || 3. En Colombia le dicen *chipilín.* (*Colombiano,* p. 94.) || 4. En América, "langosta." (*América,* I, 470; *Chilenismos,* p. 71.)

chapulinada, f. Conjunto de niños. || 2. Con el mismo significado en la América Central. (*América,* I, 470; *Americanismos,* p. 304.) || 3. En América, "bandada de chapulines." (*América,* I, 470.)

chapuza, f. Defraudación; engaño; embuste. || 2. Con el mismo significado en Méjico. (*América,* I, 471; *Americanismos,* p. 304.)

chaquetear, tr. Traicionar, cambiar de partido u opinión, especialmente en política. || 2. Con el mismo significado en América, particularmente en Méjico, Puerto Rico y Santo Domingo. (*América,* I, 471; *Americanismos,* p. 304.) || 3. En Cuba y Campeche (Méjico), "huir, correr." (*América,* I, 471; *Mexicanismos,* p. 160.)

chaquetero, -ra, m. y f. Persona traidora que cambia de partido u opinión, especialmente en política. || 2. Con el mismo significado en América, particularmente en Méjico y Santo Domingo. (*América,* I, 471; *Americanismos,* p. 304.) || 3. En América, "que hace chaquetas." (*América,* I, 471.)

chara (del inglés *charter*), f. Constitución o código fundamental de una ciudad, estado o sociedad. || 2. En la América Central y la América del Sur, "pollo de la avestruz." (*América,* I, 471; *Criollo,* p. 93.) || 3. "La oca puesta a helar." (*Criollo,* p. 93.) || 4. En Colombia, "la sopa, tam-

bién llamada *cuchuco*, hecha de granos de cebada tostada."
(*América*, I, 471.) || 5. En Nuevo Méjico, "calandria, alon-
dra." (*New Mexican*, p. 19.) || 6. En Venezuela, "pequeña
quinta, estancia, huerta." (*América*, I, 471; *Americanismos*,
p. 305.) || 7. adj. En el nordeste de Méjico, "se aplica a las
personas de baja estatura y gordas." (*América*, I, 471.)

charola, f. Bandeja. || 2. En la América Central y la América
del Sur, particularmente en Argentina, Bolivia, Colombia,
Cuba, Méjico y Uruguay, tiene el mismo significado.
(*América*, I, 473; *Americanismos*, p. 306; *Argentinismos*,
p. 189; *Criollo;* p. 94; *Mexicanismos*, p. 160; *New Mexi-
can*, p. 19.) || 3. En la América Central, "ojazo, ojo
grande." (*América*, I, 473; *Americanismos*, p. 306.) || 4.
En Colombia y Perú, "charol." (*Argentinismos*, p. 189.)

charrasqueado, -da, adj. Desfigurado por cicatrices. || 2. En
Méjico, "herido con arma blanca; que presenta cicatriz
como de herido con tal arma en parte visible del cuerpo."
(*América*, I, 474.)

charrasquear, tr. Hacer daño con navaja o cuchillo. || 2. En
Ecuador, Panamá y Venezuela, "rasguear un instrumento."
(*Americanismos*, p. 307.) || 3. En Méjico, "herir con cha-
rrasca." (*América*, I, 474; *Americanismos*, p. 307.) || 4. En
Panamá "rechinar los dientes." (*Americanismos*, p. 307.)

charro, -rra, m. y f. Vaquero. || 2. En Cuba, "juego de las
chinatas o *pasote*." (*Americanismos*, p. 307.) || 3. En Gua-
temala, "sombrero de alas anchas. No es de copa alta."
(*América*, I, 474; *Americanismos*, p. 307.) || 4. En Méjico,
"sombrero de alas anchas y de copa alta que acostumbra
usar el hombre del pueblo." *(Ibid.; ibid.)* || 5. En Méjico,
"nombre del tipo representivo del pueblo mejicano."
(*Americanismos*, p. 307.) || 6. adj. En Méjico, "ridículo o
cursi." (*América*, I, 474.) || 7. "Diestro en el manejo del
caballo." *(Ibid.; Americanismos*, p. 307.) || 8. "Pintores-
co." (*Americanismos*, p. 307.)

chato, -ta, m. y f. Denominación cariñosa con que el esposo
llama a su esposa o viceversa. || 2. Con el mismo signifi-

cado en las Antillas, Centro América y Méjico. (*América,* I, 475.) ‖ 3. m. En Méjico, "nombre vulgar que se da al maguey." *(Ibid.)* ‖ 4. f. En Argentina, "embarcación de dos proas, de fondo chato." (*Argentinismos,* p. 116.) ‖ 5. "Vehículo de transporte de forma achatada." *(Ibid.)* ‖ 6. adj. En la América Central, las Antillas y Méjico, "deprimido, pobre." (*América,* I, 475.) ‖ 7. En Argentina, "dícese de las cosas aplanadas." (*Argentinismos,* p. 46.) ‖ 8. "Sin elevación, arrastrado, hablando de escritos o discursos." *(Ibid.)* ‖ 9. "Aplícase a algunas cosas que de propósito se hacen sin punta." (*Ibid.,* p. 116.) ‖ 10. En Yucatán (Méjico), "graciosa, bonita." (*Mexicanismos,* p. 160.)

chava, f. La joven con quien se mantienen relaciones amorosas. ‖ 2. Muchacha. ‖ 3. En Méjico, "planta cactácea." (*América,* I, 476.)

chavala, f. Novia. V. *chava.* ‖ 2. m. y f. Hijo; niño. ‖ 3. m. y f. En la América Central y Venezuela, "muchacho callejero." (*Americanismos,* p. 309.)

checar (del inglés *check*), tr. Repasar; verificar; cotejar. V. *chequear.* ‖ 2. Con el mismo significado en Méjico. (*América,* I, 477; *Mexicano,* II, 27.) ‖ 3. "Cohabitar, hacer coito." (*América,* I, 477.)

chepe, -pa, adj. Soflamero. ‖ 2. Con el mismo significado en Méjico. (*Mexicanismos,* p. 162.) ‖ 3. En Méjico, "marimacho." (*Americanismos,* p. 311.) ‖ 4. En Honduras, "libro de consulta." (*América,* I, 479; *Americanismos,* p. 311.) ‖ 5. m. y f. En Argentina, Chile y Perú, "diminutivo de Josefa y José." (*América,* I, 479; *Argentinismos,* p. 190.)

chequear (del inglés *check*), tr. Repasar; verificar; cotejar; confrontar. ‖ 2. Con el mismo significado en la América Central, las Antillas, Bolivia, Colombia, Ecuador, Nuevo Méjico y el Perú. (*América,* I, 479; *Americanismos,* p. 312; *Colombiano,* p. 91; *Ecuador,* p. 82; *New Mexican,* p. 61.) ‖ 3. En la América Central, particularmente en Costa

Rica, y en Puerto Rico y Santo Domingo, "expedir cheques." (*América*, I, 479; *Americanismos*, p. 312.) ‖ 4. En la América Central, Colombia y Puerto Rico, "facturar un equipaje." (*Ibid.; ibid.*) ‖ 5. En Colombia, "anotar, apuntar, registrar." (*Americanismos*, p. 312.) ‖ 6. En Puerto Rico y Santo Domingo, "fiscalizar." (*Ibid.*)

cherife (del inglés *sheriff*), m. Jefe de policía en una comarca. ‖ 2. Con el mismo significado en Nuevo Méjico. (*New Mexican*, p. 61.)

chermés, m. Tela de seda que se usa para ropa interior.

chi (voz onomatopéyica), f. Orina. Con el verbo *hacer* significa *orinar*. ‖ 2. "Nombre vulgar que en Yucatán se aplica al *nance*, y con frecuencia a otra especie afín de malpigiácea, llamada también cereza, escobillo." (*América*, I, 480.)

chicales, m. pl. Guisado de maíz.

chicano, -na, m. y f. Mejicano. ‖ 2. Con el mismo significado en Nuevo Méjico. (*New Mexican*, p. 19.) ‖ 3. f. En la América Central y la América del Sur, "broma, generalmente pesada." (*Criollo*, p. 97.) ‖ 4. f. En Veracruz y Yucatán (Méjico), "trampa, embrollo, ardid." (*Mexicanismos*, p. 163.)

chicas patas, m. Mejicano.

chico, m. Sinsonte. ‖ 2. En Colombia y Cuba, "tanda, en la acepción de partida de billar." (*América*, I, 483.) ‖ 3. En Chile, "moneda de ínfimo valor; medio centavo." (*Ibid.*) ‖ 4. En Tabasco (Méjico), "nombre vulgar genérico del mapachete y del pizote, conocidos también con el nombre de tejón." (*Ibid.*) ‖ 5. m. y f. ant. En Cuba, "cuarta parte de medio real sencillo; mitad del cuartillo." (*Ibid.*) ‖ 6. adj. En Argentina, "irónicamente, significa grande, mayúsculo." (*Argentinismos*, p. 47.)

chicotudo, -da, adj. Muy grande.

chiche, f. Pecho de la mujer y también de los animales. ‖ 2. Empleo político. ‖ 3. En la América Central, Argentina, Bolivia, Ecuador, Méjico, Nuevo Méjico y el Perú, "pecho, teta. *Chiches* es femenino en la América Central." (*América*, I, 486; *Americanismos*, p. 315; *Criollo*, p. 98; *Mexicanismos*, p. 165; *New Mexican*, p. 52; *Peruanismos*, p. 166.) ‖ 4. En la América del Sur, particularmente en Bolivia, Chile, Perú y Río de la Plata, "juguete, fililí, alhaja, dije." (*América*, I, 486; *Americanismos*, p. 315; *Argentinismos*, p. 90; *Criollo*, p. 98; *Rioplatense*, p. 192.) ‖ 5. En Argentina, Bolivia, Chile y Uruguay, "persona habilidosa." (*Americanismos*, p. 315.) ‖ 6. "Persona elegante y bien vestida, y en general, cualquier local y objeto bien adornado." (*América*, I, 486; *Americanismos*, p. 315; *Argentinismos*, p. 190.) ‖ 7. En Colombia, "hipocorístico indeterminado o fórmula afectuosa." (*Americanismos*, p. 315.) ‖ 8. En Chile, "objeto menudo de más o menos valor que se regala con motivo de bautizo." (*América*, I, 486.) ‖ 9. En Méjico, "nodriza." (*Americanismos*, p. 315; *Mexicanismos*, p. 165.) ‖ 10. En el Perú, "condimento peculiar de un guiso nacional." (*América*, I, 486; *Americanismos*, p. 315.) ‖ 11. En Nicaragua, "la naranjilla." (*América*, I, 486.) ‖ 12. adj. En la América Central y especialmente en Costa Rica, "cómodo, fácil, sencillo." (*Ibid.; ibid.*)

chichona, f. Mujer de grandes pechos. U. t. c. adj. ‖ 2. Con el mismo significado en Chile y Guatemala. (*América*, I, 489; *Americanismos*, p. 317.) ‖ 3. En la América Central, "fácil, que no ofrece dificultad." (*Americanismos*, p. 317.) ‖ 4. En Argentina, "bromista, majadero." (*Americanismos*, p. 317; *Argentinismos*, p. 190.) ‖ 5. m. En Chile, "bebida compuesta de una especie de chicha gruesa." (*Americanismos*, p. 317.) ‖ 6. f. En Nicaragua, "nombre que se da a la planta solanácea llamada también chichita." (*América*, I, 489.)

chiflado, -da, m. y f. Persona que tiene un alto concepto de sí misma. U. t. c. adj. ‖ 2. En Argentina y Méjico, "maniático, tonto, lelo, loco, demente." (*América*, I, 489; *Argentinismos*, p. 47; *Mexicanismos*, p. 166.)

chiflarse, r. Vanagloriarse. ‖ 2. En Azuay (Ecuador), "frustrarse." (*Americanismos*, p. 317.) ‖ 3. En Yucatán (Méjico), "enloquecerse." (*Mexicanismos*, p. 166.) ‖ 4. intr. En América, "silbar." (*América*, I, 489.) ‖ 5. En Méjico, "cantar los pájaros." (*Ibid.*)

chifleta, f. Indirecta sarcástica. ‖ 2. Con el mismo significado en la América Central, las Antillas, Méjico y Nuevo Méjico. (*América*, I, 490; *Americanismos*, p. 317; *New Mexican*, p. 19.) ‖ 3. En Méjico, "chifladura." (*América*, I, 490.)

chifón (del inglés *chiffon*), m. Tela de seda transparente y de tejido como la gasa. ‖ 2. Con el mismo significado en Ecuador. (*América*, I, 490.)

chifonir (del inglés *chiffonier*), m. Armario alto donde se guarda la ropa. ‖ 2. En Argentina se usa *chiffonier*. (*Argentinismos*, p. 391.)

¡chihuahua!, interj. Con que se denota aversión, tedio y un poco de enfado por cualquier equívoco. ‖ 2. En Méjico, "*¡ay chihuahua!* es interjección que se dice en sustitución de la otra más gruesa que empieza por chin. . . ." (*América*, I, 491.) ‖ 3. m. En América, "el perro chino, perro mudo, perro pelón, perro chihuahueño." (*Ibid.*) ‖ 4. En el Ecuador, "armazón de figura humana, llena de pólvora, que se hace en las fiestas de fuegos artificiales." (*Ibid.*) ‖ 5. "Nombre que se dió en el país a unos pesos legalmente deficientes." (*Ibid.*) ‖ 6. "En algunas partes del país, nombre de cierto insecto que ataca el aguacate." (*Ibid.*)

chile ancho, m. Ají grande, colorado y seco, de unos 10 centímetros de largo y 6 de ancho, muy usado en platillos mejicanos.

chile bolita, m. Ají en forma redonda, de un centímetro de diámetro.

chile cascabel, m. Ají colorado y seco cuyas semillas suenan dentro como un cascabel.

chile colorado, m. Ají seco que se usa para hacer salsa picante.

chile con carne, m. Platillo mejicano compuesto de carne guisada con ají. || 2. "Detestable comida que con el falso título de mejicana se vende en los Estados Unidos del Norte desde Tejas hasta Nueva York." (*América*, I, 493.)

chile del monte, m. Ají en forma redonda de un centímetro de diámetro.

chile dulce, m. Ají grande y verde, de unos 10 centímetros de largo y 6 de ancho, que no enardece la boca o el paladar.

chile en escabeche, m. Ají en vinagre.

chile jalapeño, m. Ají verde poco más grande que el ordinario, pero que enardece mucho el paladar.

chile japonés, m. Ají colorado elongado, de unos 4 centímetros de largo y de ancho, que enardece mucho el paladar.

chilepiquín, m. Chiltipiquín.

chile pisado, m. Ají grande, colorado y seco, de unos 10 centímetros de largo y 6 de ancho, muy usado en platillos mejicanos. V. *chile ancho*.

chile relleno, m. Ají grande y verde, de unos 10 centímetros de largo y 6 de ancho, relleno de carne y cocido al horno.

chilero, m. Ave pequeña, de color pardo, que abunda en la comarca. || 2. En la América Central, "vasija para el chile." (*América*, I, 494; *Americanismos*, p. 320.) || 3. ant. En Méjico, "nombre despectivo del tendero de comestibles." (*Americanismos*, p. 320.) || 4. En Tabasco y Chiapas (Méjico), "molcajete destinado a preparar molido el chile." (*América*, I, 494.) || 5. En Sinaloa (Méjico), "se dice del habitante de la sierra del Estado." (*Ibid.*) || 6. adj. En Guatemala, "se dice de la persona que suele contar *chiles* o patrañas." (*Ibid.*)

chile verde, m. Ají verde que se usa en las comidas.

chilipiquín, m. Una especie de ají, muy pequeño y picante. || 2. Lo mismo en Nuevo Méjico. (*New Mexican*, p. 52.)

chilón, -ona, adj. De gran dimensión. V. *chicotudo*.

chilpallate, m. Nene, niño pequeñito.

chilpasía, f. Chile ya maduro y seco, enjugado artificialmente al sol. ‖ 2. En Méjico, "chile pasía es chile como de doce centímetros de largo, muy cultivado en el país; es de color casi negro cuando seco, y poco picante." (*América*, I, 493.)

chilpayate, c. Niño, muchacho. V. *chamaco, escuincle, chilpallate*.

chilpitín, m. Chiltipiquín.

chiluca, f. Cabeza. ‖ 2. Méjico, "pórfido transquítico que se usa en construcciones." (*América*, I, 496; *Americanismos*, p. 321.)

chillar, intr. Llorar; gritar; enojarse. ‖ 2. Con el mismo significado en América, particularmente en Colombia, Méjico, Nuevo Méjico y Puerto Rico. (*América*, I, 497; *Mexicanismos*, p. 168; *New Mexican*, p. 19.) ‖3 . En Argentina y Puerto Rico, "no replicar nada, no chistar (cuando se usa en negación)." (*América*, I, 497.) ‖ 4. En Colombia, "pillar los pollos." (*Ibid.*) ‖ 5. En Costa Rica, "abochornar." (*Ibid.*) ‖ 6. En Méjico, "en caló, rajarse, delatar al cómplice." (*Ibid.*) ‖ 7. "Entre tahures, apostar todo el resto." (*Ibid.*) ‖ 8. En el Distrito Federal (Méjico), "pitar." (*Mexicanismos*, p. 168.)

chillarse, r. Enojarse. ‖ 2. Con el mismo significado en Colombia, Ecuador, Méjico, Perú y Puerto Rico. (*Americanismos*, p. 321.) ‖ 3. En la América Central, "avergonzarse, disgustarse." (*Ibid.*) ‖ 4. En el Perú "poner el grito en el cielo, protestar de alguna injustica." (*Peruanismos*, p. 167.)

chimolear, tr. Chismear.

chimolero, -ra, adj. Chismoso. U. t. c. s. ‖ 2. m. y f. En Méjico, "fondista." (*Americanismos*, p. 323.)

chimpa, f. Cabello. U. t. en pl. ‖ 2. En Ecuador, "montubio, campesino." (*Ecuador*, p. 85.) ‖ 3. En Méjico, "mixtura de *pinole, chilacayote* y agua." (*América*, I, 500; *Americanismos*, p. 232.) ‖ 4. pl. En Méjico, "caballo de anca redonda." (*Mexicanismos*, p. 169.)

chimuelo, -la, adj. Que le falta uno o más dientes. U. t. c. s.
|| 2. Con el mismo significado en Méjico. (*América,* I, 500;
Americanismos, p. 323; *Mexicanismos,* p. 168.) || 3. En
Michoacán (Méjico) se dice *chimelo.* (*Mexicanismos,* p.
168.)

chinar, tr. Peinar. U. t. c. r. V. *desembarañar.*

chincuís, adj. Se dice del ojo que se encuentra entrecerrado
por alguna leve irritación.

chinche, adj. Mezquino. || 2. En América, "gordo." (*América,*
I, 503.) || 3. f. "Persona que se irrita fácilmente." (*Ibid.*)
|| 4. En Chile, "el zorrillo." (*Ibid.*) || 5. En Méjico, "per-
sona que hace perder el tiempo a otra." (*Ibid.*) || 6. m.
"Fuelle pequeño." (*Americanismos,* p. 324.) || 7. En
Méjico, "chirona, cárcel." (*Ibid.*) || 8. En Chile *chinchear,*
"despilfarrar." (*Ibid.*)

chinchero, m. Lugar donde hay artículos viejos y desarregla-
dos. || 2. Negocio pequeño. || 3. En América, "chincharreo;
lugar donde hay muchas chinches." (*América,* I, 504.)
|| 4. En Cuba, "bodega o cantina de pobre aspecto."
(*Americanismos,* p. 324.) || 5. En Guatemala, "lado del
sol en la plaza de toros." (*América,* I, 504; *Americanis-
mos,* p. 324.) || 6. En Nuevo Méjico, "carcelero y también
la cárcel." (*New Mexican,* p. 19.)

chinchorrazo, m. Golpe en la cabeza. || 2. En América, "golpe
o medida violenta en que se toma por sorpresa a varias
personas." (*América,* I, 505.) || 3. En Colombia, Hon-
duras, Puerto Rico y Venezuela, "chicharrazo, cintarazo."
(*Ibid.; Americanismos,* p. 325; *Chilenismos,* p. 301.) || 4.
En Santo Domingo, "trago de licor." (*Americanismos,* p.
325.)

chino, m. Peine. || 2. Con el mismo significado en Colombia,
Chile, Ecuador, Méjico y Venezuela. (*Americanismos,* p.
327; *Mexicanismos,* p. 172.) || 3. En la América Central y
Cuba, "rabioso, airado, quemado." (*Americanismos,* p.
327.) || 4. En la América Central y la América del Sur, "el

indio civilizado." (*Criollo*, p. 101.) ‖ 5. En Argentina, "enojo, enfado. *Fulano tiene un chino.*" (*Americanismos*, p. 327.) ‖ 6. "Indígena americano puro o mestizo." (*Ibid.*) ‖ 7. En Argentina, Colombia, Cuba, Chile, Méjico, Perú y Venezuela, "calificativo cariñoso, como *moreno* en Andalucía." (*América*, I, 510; *Americanismos*, p. 327.) ‖ 8. En Colombia, Chile, Ecuador y Venezuela, "niño." (*Americanismos*, p. 327.) ‖ 9. En Méjico, "planta del copal *chino.*" (*América*, I, 510.) ‖ 10. "Pelo rizado o crespo." (*Ibid.; Americanismos*, p. 327; *Mexicano*, I, 31.) ‖ 11. "Tupe." (*Mexicanismos*, p. 172.) ‖ 12. "Piojillo." (*Ibid.*) ‖ 13. En Puerto Rico, "china o piedra que se usó antiguamente para empedrar las calles. (En Andalucía llaman *chino* al guijarrillo.)" (*América*, I, 510; *Americanismos*, p. 327.) ‖ 14. m. pl. Méjico, "rizo de pelo." (*Ibid.; ibid.*) ‖ 15. f. En la América Meridional, "amante, concubina." (*Americanismos*, p. 327.) ‖ 16. En las Antillas, Venezuela y Méjico, 'nombre vulgar de la naranja dulce." (*Ibid.*) ‖ 17. En Bolivia y Río de la Plata, "aya, niñera." (*Ibid.*) ‖ 18. En Colombia, "penoza." (*Ibid.*) ‖ 19. "Aventador que enciende o aviva el fuego." (*Ibid.*) ‖ 20. En Méjico, "planta leguminosa del mismo género que el guamúchil." (*América*, I, 510.) ‖ 21. En el Perú, "en los hospitales, vaso de noche." (*Americanismos*, p. 327.) ‖ 22. En Uruguay, "se expresa asimismo con la dicción *china* a la mujer de tez morena o *morocha* hasta el punto que suele calificarse o llamarse así familiarmente cuando tiene esa característica." (*Ibid.*) ‖ 24. m. y f. En América, "genéricamente se dice del descendiente de padres de sangres distantes, no europeas." (*América*, I, 510.) ‖ 25. En la América del Sur, particularmente en Colombia, Chile, Ecuador, Perú y Venezuela, "criado, sirviente." (*Ibid.; Americanismos*, p. 327.) ‖ 26. En Argentina, Chile y Venezuela, "nombre vulgar del indio." (*Ibid.; ibid.*) ‖ 27. En Costa Rica y Méjico, "cochino, cerdo." (*América*, I, 510.) ‖ 28. adj. En la América Central, las Antillas y Méjico, "pelón, pelado." (*Ibid.; Americanismos*, p. 327.) ‖ 29. En Costa Rica, "fastidiado." (*América,* I, 510.) || 30. En Colombia, "aplicado al gallo, caballo o cerdo, es el color amarillito." (*Americanismos,* p. 327.)

chiquearse, r. Hacerse de rogar. || 2. Con el mismo significado en Méjico. (*Americanismos,* p. 329.) || 3. En la América Central, "contonearse al andar." (*América,* I, 514; *Americanismos,* p. 329.) || 4. "Pavonearse." (*Americanismos,* p. 329.) || 5. En Colombia, "cuidarse, en el sentido de mirar uno por la salud." (*América,* I, 514.) || 6. tr. En la América Central, "mimar, acariciar con extremo. Usual también en las Antillas y Méjico." (*Ibid.*) || 7. En Colombia "trasegar un líquido de una vasija de boca ancha a otra de boca angosta." (*Ibid.*)

chiquero, m. Cualquier lugar que está muy sucio. || 2. Con el mismo significado en Puerto Rico. (*América,* I, 514.) || 3. En Argentina, "corral especial para terneros o para ganado menor." (*Argentinismos,* p. 425.) || 4. En Méjico y Río de la Plata "corral de cerdos." (*América,* I, 514; *Ríoplatense,* p. 197.) || 5. En Méjico, "vivienda sucia." (*Mexicanismos,* p. 173.) || 6. En Puerto Rico, "sitio donde se ordeña el ganado." (*América,* I, 514.)

chíquete, m. Chicle. || 2. Lo mismo en Nuevo Méjico. (*New Mexican,* p. 35.)

chiquiningo, -ga, adj. Muy chico. || 2. m. y f. En Santo Domingo, "chiquillo." (*Americanismos,* p. 330.)

chiquirringo, adj. Muy chico.

chiquitingo, adj. Muy chico.

chirriona, f. Cárcel. || 2. En Veracruz (Méjico), con el mismo significado, se dice *chirona.* (*Mexicanismos,* p. 174.) || 3. En Méjico, "marimacho." (*América,* I, 520; *Americanismos,* p. 333.) || 4. "Coqueta." (*Ibid.; ibid.*)

chiscura, f. Bicicleta.

chismarajo, m. Conjunto y enredo de chismes. || 2. Con el mismo significado en América, particularmente en Guatemala y Yucatán (Méjico). (*América*, I, 521; *Americanismos*, p. 334; *Mexicanismos*, p. 174.)

chismolero, -ra, adj. Chismoso.

chispudo, -da, adj. Cabello encrespado.

chisqueado, -da, p. p. de *chisquear*. || 2. adv. Ir muy de prisa.

chisquear, tr. Pegar un objeto   violentamente contra otro oblicuamente.

chitear (del inglés *to cheat*), tr. Defraudar. || 2. Con el mismo significado en Nuevo Méjico. (*New Mexican*, p. 61.)

chiva, f. Moneda. || 2. Con el mismo significado en Venezuela. (*América*, I, 523.) || 3. En América, "barba en la parte inferior de la cara." (*América*, I, 523.) || 4. En la América Central, "último juego en que se decide quien paga los gastos ocasionados por los jugadores." *(Ibid.)* || 5. En Colombia y Puerto Rico, "automóvil." *(Ibid.)* || 6. En Costa Rica y Honduras, "berrinche." *(Ibid.)* || 7. "Oveja." *(Ibid.)* || 8. En Guatemala y Honduras, "manta." *(Ibid.)* || 9. En Honduras, "borrachera." *(Ibid.)* || 10. En Puerto Rico, "mujer de mala conducta." *(Ibid.)* || 11. En Venezuela, "mochila de cabuya hecha en forma de red, pero de malla más grande." *(Ibid.)*

¡chivas!, interj. ¡Lo que tengas!

¡chive!, interj. ¡No se asuste!

chivera, f. Muchacha, mujer joven. || 2. En la América Central y Colombia, "pera o barba que se deja en la parte inferior de la cara." (*América*, I, 524; *Americanismos*, p. 335.) || 3. En Colombia, Honduras y Venezuela, "lugar donde hay muchas cabras u ovejas." *(Ibid.; ibid.)* || 4. En Venezuela, "tienda de ropavejeros, buhoneros, etc." (*Americanismos*, p. 335.)

cho (del inglés *show*), m. Cinematógrafo. || 2. Lo mismo en Nuevo Méjico. (*New Mexican*, p. 61.) || 3. En Méjico, "hongo." (*América*, I, 526; *Mexicanismos*, p. 175.) || 4. "Nombre vulgar de la ceiba regional." (*América*, I, 526.)

¡*chócala!*, interj. Expresión de alegría que se dice al dar la mano para saludar. || 2. Lo mismo en Nuevo Méjico. (*New Mexican*, p. 52.)

chocantería, f. Importunidad; impertinencia enfadosa. || 2. Con el mismo significado en América, particularmente en Argentina, Colombia, Chile, Méjico, Uruguay y Venezuela. (*América*, I, 526; *Americanismos*, p. 337; *Colombiano*, p. 95; *Mexicanismos*, p. 176.)

chocar, tr. Dar la mano. || 2. Lo mismo en Nuevo Méjico. (*New Mexican*, p. 52.) || 3. intr. En América, "ser repugnante o repulsivo." (*América*, I, 526.)

chocle (del inglés *chalk*), m. Tiza. || 2. Lo mismo en Nuevo Méjico. (*New Mexican*, p. 61.)

chofliar, (del inglés *to shuffle*), tr. Barajar; mezclar; revolver.

chonguear, tr. Pelear cogiendo del cabello. U. t. c. r. Se dice de las mujeres. || 2. En Guatemala, "hacer los chongos o trenzas." (*Americanismos*, p. 342.) || 3. intr. En Méjico, "bromear, dar zumba." (*América*, I, 533; *Mexicanismos*, p. 177.)

chorcha, f. Grupo de gente de poca seriedad. || 2. En Méjico con el mismo significado. (*América*, p. 537; *Americanismos*, p. 342.) || 3. "Fiesta casera." (*Americanismos*, p. 342.) || 4. En la América Central, "cresta de ave." (*Ibid.*) || 5. "Bocio o coto." (*Ibid.*) || 6. En Costa Rica y Guatemala, "ave canora." (*América*, I, 537.) || 7. En Honduras y el Salvador, "nombre que se da al ave conocida por cacique en Costa Rica." (*Ibid.*) || 8. En Venezuela, "el ave llamada también arrendajo." (*Ibid.*) || 9. "Nigua." (*Ibid.*)

chore (del inglés *shorty*), m. Se aplica a la persona de baja estatura. || 2. adj. En Nuevo Méjico, "pequeño, chiquito." (*New Mexican*, p. 20.)

chorreado, -da, adj. Sucio, desaseado; manchado. || 2. Con el mismo significado en la América Central, Cuba, Chile, Ecuador, Méjico, Perú y Río de la Plata. (*América*, I,

538; *Americanismos,* p. 343.) || 3. En Chile, "dícese de la persona que ostenta abundantes manchas." (*Chilenismos,* p. 161.) || 4. "Se aplica a la persona tosca en modales o que todo lo hace mal." (*América,* I, 538.) || 5. En Ecuador, "mojado, empapado." (*Americanismos,* p. 343.) || 6. En Méjico, "color del pelaje de ganado vacuno." (*América,* I, 538.) || 7. m. En Cuba, "juego infantil." *(Ibid.)* || 8. En el sudeste de Méjico, "cierto chocolate espeso." *(Ibid.)* || 9. En Jalisco (Méjico), "almendrado, bebida que también se toma en refresco." *(Ibid.)* || 10. En Puerto Rico, "el seis o baile de garabato." *(Ibid.)* || 11. En Jalapa (Méjico), "refresco." (*Mexicanismos,* p. 177.) || 12. f. En Costa Rica, "la pelanduzca." (*América,* I, 538.)

chota, f. El policía. V. *cuico.* || 2. Con el mismo significado en Cuba, Méjico y Nuevo Méjico. (*América,* I, 539; *New Mexican,* p. 20.) || 3. En la América Central y la América del Sur, "niña que aun viste de corto y ya empieza a presumir." (*América,* I, 539; *Americanismos,* p. 344; *Criollo,* p. 105.) || 4. En Cuba, "burlón." (*América,* I, 539; *Americanismos,* p. 344.) || 5. adj. En Puerto Rico, "cobarde." *(Ibid.; ibid.)*

choteado, -da, adj. Vulgarizado por su mucho uso. || 2. Con el mismo significado en Veracruz (Méjico.) (*Mexicanismos,* p. 177.) || 3. En América, "ridículo, chapucero, defectuoso, vulgar." (*América,* I, 539.) || 4. En el norte de la Argentina, "arremangado, volteado hacia arriba, como el ala del sombrero." *(Ibid.)*

chotear, tr. Usar algo en demasía hasta vulgarizarlo. || 2. Con el mismo significado en Méjico. (*Americanismos,* p. 344; *Mexicanismos,* p. 177.) || 3. En la América Central, "holgazanear, vagabundear." (*América,* I, 539.) || 4. En las Antillas, Guatemala, Méjico y Perú, "hacer broma, mofarse de alguien." (*América,* I, 539; *Americanismos,* p. 344.) || 5. En Colombia, "mimar." *(Ibid.; ibid.)* || 6. En Guatemala, "vigilar el policía secreto a una persona." (*Ameri-*

canismos, p. 344.) || 7. "Señalar la sociedad a un individuo por sus malos procedimientos." *(Ibid.)* || 8. r. En Argentina, "levantarse el ala del sombrero sobre la frente." *(América,* I, 539; *Americanismos,* p. 344.)

chueco, -ca, adj. Patituerto. || 2. Persona deshonesta. || 3. Con el primer significado en la América Meridional. *(Americanismos,* p. 347.) || 4. En Ecuador, "el que pisa mal por no haber tenido buena educación física." *(Ibid.)* || 5. En Perú, "el que tiene las puntas de los pies hacia adentro." *(Ibid.; Rioplatense,* p. 200.) || 6. En Méjico, "falto de un miembro." *(Americanismos,* p. 347.) || 7. "Torcido, sesgado, despatarrado." *(América,* I, 544; *Mexicanismos,* p. 178.) || 8. "Tuerto." *(Mexicanismos,* p. 178.) || 9. En América, "dícese de la persona extenuada o decaída." *(América,* I, 544.) || 10. En Chile, Ecuador, Méjico, Río de la Plata y Venezuela, "calzado que tiene los tacones torcidos." *(Ibid.; Americanismos,* p. 347; *Rioplatense,* p. 200.) || 11. m. En Méjico, "comercio de cosas robadas." *(América,* I, 544; *Americanismos,* p. 347.) || 12. En la América Central y la América del Sur, "juego araucano, parecido al mallo español o golf inglés." *(Criollo,* p. 106.)

chulear, tr. Hacer cariños y decir palabras cariñosas. || 2. Con el mismo significado en Méjico. *(América,* I, 545.) || 3. En Nuevo Méjico, "hacer el amor a cualquiera." *(New Mexican,* p. 52.) || 4. En Argentina, "provocar de palabra." *(Argentinsimos,* p. 118.)

chulo, -la, adj. Bonito; gracioso, || 2. Con el mismo significado en Argentina, Yucatán y Guanajuato (Méjico). *(Argentinismos,* p. 118; *Mexicanismos,* p. 179.) En Nuevo Méjico, "chula significa bonita." *(New Mexican,* p. 20.) || 3. En Colombia, "dícese de la gente de color negro." *(América,* I, 545.) || 4. m. En la América del Sur, "el aura." *(Ibid.)* || 5. En Bolivia, "gorrito de lana." *(Americanismos,* p. 348.) || 6. En Méjico, "especie de brochón de albañiles y pintores." *(América,* I, 545; *Americanismos,* p.

348.) || 7. f. En Argentina, "fruto del cardón." (*Argentinismos*, p. 192.) || 8. "Rife redondo, embozado con huevos y aderezado con salsa picante. (*Criollo*, p. 105.)

chupar, tr. Fumar. || 2. Con el mismo significado en Méjico y Nuevo Méjico. (*Mexicanismos*, p. 179; *New Mexican*, p. 52.) || 3. En América, particularmente en Argentina y Chile, "beber líquidos embriagantes." (*América*, I, 549; *Argentinismos*, p. 118; *Chilenismos*, p. 162.) || 4. En El Perú, "de todo el que lleva una tunda de azotes o sale' derrotado en una refriega se dice chupo." (*Peruanismos*, p. 174.) || 5. r. En América, particularmente en la Argentina, "embriagarse." (*América*, I, 549; *Argentinismos*, p. 118.) || 6. En Venezuela, "espicharse." (*América*, I, 549.)

chuparrosa, f. Colibrí. || 2. Con el mismo significado en América y Nuevo Méjico. (*América*, I, 549; *New Mexican*, p. 20.) || 3. En Colombia le llaman "chupaflor." (*Colombiano*, p. 97.) || 4. En Méjico, "la planta del huichichil." (*América*, I, 549.)

chupón, m. Pieza pequeña de goma en forma de pezón que se da a los niños para que chupen. V. *mamón*. || 2. Con el mismo significado en la América Central, Argentina, Colombia, Chile, Méjico, Perú y Puerto Rico. (*América*, I, 550; *Americanismos*, p. 352; *Mexicanismos*, p. 180.) || 3. En la América Central, Argentina, Colombia, Chile, Ecuador, Méjico y Perú, "biberón." (*América*, I, 550; *Americanismos*, p. 352; *Argentinismos*, p. 118.) || 4. En América, "beso que se da lascivamente." (*América*, I, 550.) || 5. En América, especialmente Colombia y Puerto Rico, "chupada, fumada." (*Ibid.; Americanismos*, p. 352.) || 6. En Cuba y Puerto Rico, "bagazo que queda de la naranja después de chupada." (*Americanismos*, p. 352.) || 7. En Chile, Ecuador y Perú, "furúnculo, divieso." (*América*, I, 550; *Americanismos*, p. 352; *Chilenismos*, p. 385.) || 8. En Chile, "planta cespitosa." (*América*, I, 550.) || 9. "Fruto de esta planta." *(Ibid.)* || 10. En Honduras y Méjico, "envoltorio de trapo con algún ingrediente que los curanderos meten en los cocimientos para que les dé virtud." *(América,* I, 550; *Americanismos.* p. 352.)

D

daime (del inglés *dime*), m. Moneda de los Estados Unidos, de diez centavos. || 2. Con el mismo significado en la frontera méjico-tejana y Nuevo Méjico. (*América*, I, 555; *New Mexican*, p. 61.)

deatirito, adv. Completamente; del todo.

deatiro, adv. Completamente. || 2. Con el mismo significado en Méjico. (*Mexicanismos*, p. 186; *Mexicano*, I, 31.)

dedales, m. Dedos.

defensa del carro, f. Pieza de defensa que lleva el automóvil en su delantera y en su trasera. || 2. Lo mismo en América. (*América*, I, 558.)

dejilo, adv. Derecho y adelante; directo.

delantar, m. Delantal, mandil. || 2. Con el mismo significado en América. (*América*, I, 558; *Argentinismos*, p. 118; *Mexicanismos*, p. 192; *New Mexican*, p. 35.)

dengue, m. Gesto. || 2. En América, "contoneo, movimiento de las caderas." (*América*, I, 560; *Americanismos*, p. 359.) || 3. En el norte de la Argentina, "adorno excesivo o innecesario y por lo mismo ridículo." (*América*, I, 560.)

deodorante, m. Desodorante, crema o líquido que destruye los olores molestos o nocivos. U. t. c. adj.

derechazo, m. Golpe que se da con la mano derecha. || 2. Con el mismo significado en Colombia. (*Colombiano*, p. 101.)

derritir, tr. Derretir.

desabrochador, m. Broche.

desacomedido, -da, adj. Se dice de las personas que no son serviciales. || 2. Con el mismo significado en América, con particularidad en Argentina, Colombia, Chile, Guatemala y Méjico. (*América*, I, 561; *Americanismos*, p. 359; *Argen-*

88

tinismos, p. 195.) || 3. En Argentina y Chile se dice *descomedido.* (*Argentinismos,* p. 195.)

desahijar, tr. Acción de entresacar varias de las plantas que crecen juntas, y dejar tan solo una, para que ésta crezca más robusta.

desáhije, m. El acto de entresacar plantas que crecen juntas, y dejar una sola, para que crezca con más vigor.

desarmador, m. Destornillador.

desbalagado, -da, adj. Extraviado. U. t. c. s. || 2. En Méjico, "andar desbalagado" tiene el mismo significado. (*Americanismos,* p. 360.)

desborrador, m. Goma para borrar.

desconchiflado, -da, p. p. de *desconchiflar.* || 2. adj. Descompuesto; desarreglado. || 3. Con el mismo significado en Méjico. (*América,* I, 564; *Americanismos,* p. 361; *Mexicanismos,* p. 197.)

desconchiflar, tr. Descomponer; desarreglar. U. t. c. r. || 2. Con el mismo significado en América, particularmente en Méjico. (*América,* I, 564; *Americanismos,* p. 361; *Mexicanismos,* p. 197.)

descuacharrangado, -da, p. p. de *descuacharrangar.* || 2. adj. Roto; desarreglado; en malas condiciones. U. t. c. s. || 3. Con el mismo significado en Costa Rica, Chile, Méjico, Perú y Río de la Plata. (*Americanismos,* p. 361; *Argentinismos,* p. 196; *Mexicanismos,* p. 198; *Ríoplatense,* p. 204.) || 4. En Costa Rica, Chile, Perú y Río de la Plata se dice *descuajeringado.* (*Argentinismos,* p. 196; *Ríoplatense,* p. 204.)

descuacharrangar, tr. Destrozar, descomponer. U. t. c. r. || 2. En Argentina se usa el reflexivo *descuajeringarse.* (*Argentinismos,* p. 196; *Ríoplatense,* p. 204.)

descharchar (del inglés *discharge*), tr. Desocupar, dejar sin empleo. || 2. Con el mismo significado en la América Central y Nuevo Méjico, sólo que en Nuevo Méjico se dice *deschachar.* (*Americanismos*, p. 362; *New Mexican*, p. 61.) || 3. En Guatemala y Honduras, "despojar a una persona de su destino." (*América*, I, 565.)

desembarañador, m. Peine. || 2. Con el mismo significado en Méjico. (*Mexicanismos*, p. 199.)

desembarañar, tr. Peinar, desenredar el cabello. || 2. Con el mismo significado en Méjico. (*Mexicanismos*, p. 199.)

desenraice, m. El acto de arrancar las raíces de los árboles. || 2. Con el mismo significado en Méjico. (*Mexicano*, I, 33.)

desenraizar, tr. Arrancar las raíces de los árboles. || 2. Con el mismo significado en América. (*América*, I, 566; *Mexicano*, I, 33.)

desfender, tr. Defender. 2. En Michoacán (Méjico) se dice *desfense* por *defensa*. (*Mexicanismos*, p. 199.)

desfrozar (del inglés *defrost*), tr. Deshelar.

desganchar, tr. Desenganchar. || 2. Lo mismo en la América Central y Puerto Rico. (*América*, I, 567; *Americanismos*, p. 360.)

desgarranchado, -da, p. p. de *desgarranchar*. || 2. adj. Se dice de la persona que trae rasgones en el vestido. U. t. c. s. || 3. En Honduras, "desaseado." (*América*, I, 567; *Americanismos*, p. 363.) || 4. En Tabasco (Méjico), "despatarrado." (*América*, I, 567.)

desgarranchar, tr. Hacer rasgones en el vestido. U. t. c. r. || 2. En América, "sentarse con las piernas abiertas y extendidas en forma incorrecta." (*América*, I, 567.)

desgarriate, m. Destrozo. || 2. Con el mismo significado en Méjico. (*Americanismos*, p. 363.)

desgasnatarse, r. Gritar. || 2. Hablar demasiado.

desmanchar, tr. Limpiar manchas. || 2. Con el mismo significado en Bolivia, Chile, Guatemala y Méjico. (*Americanismos*, p. 364.) || 3. En Costa Rica, "salir a escape." (*América*, I, 568.) || 4. r. En la América Central, Colombia, Ecuador y Perú, "apartarse, separarse de los demás con quienes se camina en compañía." (*América*, I, 568; *Americanismos*, p. 364.)

desmecharse, r. Pelear cogiéndose de los cabellos. V. *chonguearse*. || 2. tr. En América, "arrancar los cabellos, desmesar. U. t. c. r." (*América*, I, 568.)

desnarizado, -da, adj. Desnarigado. || 2. Lo mismo en América. (*América*, I, 569.)

desperjuicio, m. Perjuicio.

despilfarrero, m. Despilfarro.

despuesito, adv. Inmediatamente después.

despulmonarse, r. Trabajar mucho. || 2. En América, "gritar en tal forma que puedan romperse los pulmones." (*América*, I, 571.)

destornudar, intr. Estornudar. || 2. Con el mismo significado en América, particularmente en la América Central, Chile, Méjico, Perú y Puerto Rico. (*América*, I, 572; *Americanismos*, p. 368.)

destornudo, m. Estornudo. || 2. Con el mismo significado en la América Central, Chile, Méjico, Perú y Puerto Rico. (*América*, I, 572; *Americanismos*, p. 368.)

detective (del inglés *detective*), m. Policía secreto. || 2. Con el mismo significado en Argentina y Chile. (*Argentinismos*, p. 392; *Chilenismos*, p. 274.)

detur (del inglés *detour*), m. Desviación en una carretera.

devisar, tr. Divisar. || 2. Con el mismo significado en América, particularmente en Méjico. (*América*, I, 574; *Mexicanismos*, p. 207.) || 3. En Méjico, "atajar." (*Mexicanismos*, p. 207.)

dibilitar, tr. Debilitar.

diego, m. Diez centavos, moneda de los Estados Unidos. V. *daime.*

dientista, m. Dentista. || 2. Lo mismo en Guanajuato (Méjico). (*Mexicanismos*, p. 209.)

difusora, f. Radiodifusión. V. *radiodifusora.*

dijieron, 3ª persona, plural, del pretérito del verbo *decir.* Lo mismo en otros verbos que terminan en *cir,* como *maldecir, traducir,* etc. V. *traer.*

dima, f. Diez centavos. V. *diego, daime.*

dinero-oro, m. Dinero de los Estados Unidos.

dinero-plata, m. Dinero de Méjico.

dipa (del inglés *dipper*), f. Cucharón con mango largo que sirve para tomar agua.

dipo (del inglés *depot*), m. Estación de ferrocarril o de autocamiones. ‖ 2. Lo mismo en Nuevo Méjico. (*América,* I, 577; *Mexicanismos,* p. 212; *New Mexican,* p. 61.)

dirección, f. Rueda con que se maneja un automóvil.

disco volador, m. Objeto redondo que vuela y que no ha sido identificado.

disparar, tr. Derrochar dinero. ‖ 2. Lo mismo en Méjico. (*América,* I, 578; *Americanismos,* p. 371.) ‖ 3. tr. En América, "huir, salir violentamente, dirigirse rápidamente. U. t. c. r." (*América,* I, 578.) ‖ 4. "Meterse, empujarse." *(Ibid.)*

dispertar, tr. ant. Despertar. U. t. c. r.

distrital, adj. Perteneciente al distrito.

dompe (del inglés *dump*), m. Basurero.

dompear (del inglés *to dump*), tr. Expeler; arrojar; tirar basura.

drenaje (del inglés *drainage*), m. Desagüe. ‖ 2. Con el mismo significado en América, particularmente en Argentina y Chile. (*América,* I, 582; *Argentinismos,* p. 54; *Chilenismos,* p. 285.)

droma, m. Agente viajero.

duérmamos, 1ª persona del plural, presente subjuntivo, del verbo *dormir.* ‖ 2. Lo mismo en Guerrero (Méjico). (*Mexicanismos,* p. 217.)

dulce de palito, m. Dulce puesto en un pequeño palo por donde los niños lo cogen para chuparlo. || 2. Con el mismo significado en Perú, Puerto Rico y Santo Domingo. (*Americanismos,* p. 373.)

durmemos, 1ª persona, plural, del indicativo del verbo *dormir.* Se usa esta forma en casi todos los verbos que terminan en *ir.* Por ejemplo: *siguemos, muremos, pidemos, consiguemos,* etc.

duro, -ra, adj. Difícil. || 2. En Argentina, Chile, Ecuador, Perú y Uruguay, "fuerte y sostenidamente." (*Americanismos,* p. 374.) || 3. En Méjico y Uruguay, "ebrio." (*América,* I, 584; *Americanismos,* p. 374; *Mexicanismos,* p. 218.)

E

ea, pron. Ella.

economía-doméstica (del inglés *domestic science*), f. Nombre que se le da al arte de cocinar, coser y demás estudios para manejar un hogar.

echador, -ra, adj. Jactancioso. || 2. Con el mismo significado en Cuba y Méjico. (*América,* I, 585.) || 3. En Cuba, "que promete y no cumple." *(Ibid.)*

echar, tr. Hablar mal de alguien. || 2. En Argentina, "colocar, poner. Se usa principalmente con las palabras *hombro, espalda,* etc., o con el adverbio *encima."* (*Argentinismos,* p. 55.) || 3. En Argentina y Perú, "poner a una persona frente de otra para que contiendan, luchen, corran, etc." (*América,* I, 585; *Argentinismos,* p. 202.) || 4. En Argentina y Puerto Rico, "azuzar a un animal." (*Americanismos,* p. 374.) || 5. r. En Argentina, "arrojarse, precipitarse sobre alguno." (*Argentinismos,* p. 55.)

edeficio, m. Edificio.

educacional, adj. Educativo. || 2. Lo mismo en Argentina. (*Argentinismos,* p. 202.)

¡eit!, interj. ¡Oye!

¡éjele!, interj. Se usa para burlarse de alguien o para provocarle. V. *¡huíjele!*

eléctrico, -ca, adj. Borracho. V. *pando, pedo, jalado, cuete.*

elevador (del inglés *elevator*), m. Ascensor. || 2. Lo mismo en América. (*América,* I, 588.) || 3. En Argentina, "aparato que sirve para elevar mercancías." *(Ibid.)*

-ello, -ella, desinencia de las palabras que terminan en *eo,* o *ea,* como *correo, sorteo, crea:* se pronuncian *corrello, sortello, crella.* || 2. Lo mismo en Chihuahua y Sonora (Méjico). (*Mexicanismos,* p. 223.)

embarañado, -da, adj. Enmarañado. || 2. Con el mismo significado en Guanajuato y Yucatán. (Méjico). (*América,* I, 589; *Mexicanismos,* p. 223.) || 3. tr. En Colombia, "embadurnar, garabatear." (*América,* I, 589.)

embijar, tr. Pintar; untar. || 2. Lo mismo en Honduras y Méjico. (*América,* I, 590; *Americanismos,* p. 377.) || 3. En América, "ensuciar, manchar, enlodar. U. m. c. r." (*América,* I, 590.) || 4. "Teñir con bija." (*Ibid.; Americanismos,* p. 377; *Mexicanismos,* p. 224.)

embonar, tr. Abonar la tierra con estiércol. || 2. Con el mismo significado en Cuba, Chile y Méjico. (*América,* I, 590; *Americanismos,* p. 378.) || 3. En Cuba, Ecuador y Méjico, "acomodar bien una cosa en otra." (*Ibid.; ibid.)* || 4. "Empalmar, juntar dos cosas." (*Ibid.; ibid.)*

embono, m. Abono, substancia para fertilizar la tierra.

empacador, m. Nombre que se le da al joven que, durante la trasquila del ganado menor, recibe la lana en un gran saco y con los pies la empaca. || 2. En Argentina y Chile, "dícese de la caballería que tiene el resabio de empacarse." (*América,* I, 592; *Argentinismos,* p. 427.)

empacar, tr. Comer. || 2. En Argentina, "irritar a un animal." (*América,* I, 592.) || 3. r. En Argentina, Bolivia, Chile, Ecuador, Perú y Uruguay, "repropiarse, plantarse una bestia." (*América,* I, 592; *Americanismos,* p. 379; *Peruanismos,* p. 187; *Rioplatense,* p. 205.) || 4. "Mostrarse una persona rehacia y terca." (*Americanismos,* p. 379.) || 5. "Inflamarse, irritarse." (*Ibid.)* || 6. En Perú, *"empacarse* un orador parlamentario es entorpecerse al hablar." (*Peruanismos,* p. 187.)

empanturrarse, r. Hartarse. || 2. Con el mismo significado en Méjico y Perú. (*América,* I, 593; *Peruanismos,* p. 188.) || 3. En Colombia, "quedarse paturro, pequeño." (*Ibid.; ibid.)* || 4. En Ecuador, "azucararse un dulce, convertirse en azúcar." (*Americanismos,* p. 380.) || 5. En Perú, "arrellanarse, engolfarse en una poltrona." (*Peruanismos,* p. 188.)

empanzado, -da, p. p. de *empanzar.* || 2. adj. Tener el estóma-
go completamente lleno. || 3. En América, "harto." (*Amé-
rica,* I, 593.)

empanzarse, r. Llenar el estómago de agua. || 2. En América
"ahitarse, empacharse, hartarse." (*América,* I, 593.) || 3.
"Sentir molestia por excesiva dilatación estomacal." (*Ibid.*)

empelotado, -da, p. p. de *empelotar.* || 2. adj. Enamorado en
demasía.

empelotarse, r. Enamorarse, U. t. c. tr. || 2. Con el mismo
significado en Cuba y Méjico. (*América,* I, 594; *Ameri-
canismos,* p. 381.) || 3. En América, Colombia y Méjico,
"desnudarse." (*América,* I, 594; *Colombiano,* p. 110;
Mexicanismos, p. 225.)

empinado, -da, adj. Hablando de personas, doblado o joroba-
do; hablando de cosas, ladeado. || 2. En Argentina, "dícese
del que se pone sobre las puntas de los pies." (*Argentinis-
mos,* p. 203.) || 3. "Levantado, sobresaliente." (*Ibid.*) || 4.
En Cuba, "trebeje de cocina donde se coloca el colador del
café." (*América,* I, 595.) || 5. f. En Chile, "hartazgo,
atracón." (*Ibid.*)

emprestar, tr. ant. Prestar. || 2. Lo mismo en Argentina y
el Distrito Federal y Guerrero (Méjico). (*Argentinismos,*
p. 427; *Mexicanismos,* p. 226.)

enca, contrac. En casa de.

encamorrado, -da, adj. Enredoso, complicado. || 2. En Guerre-
ro (Méjico), "malhumorado: el que después de dormir se
levanta molesto." (*Mexicanismos,* p. 229.)

encanicado, -da, adj. Estar completamente enamorado.

encanicarse, r. Enamorarse en demasía.

encartado, -da, m. y f. Mestizo, de sangre mezclada de varias
razas. || 2. Con el mismo significado en Méjico. (*Mexi-
canismos,* p. 31.) || 3. En Coahuila (Méjico), "el animal
hijo de raza fina y ordinaria." (*Mexicanismos,* p. 229.)

encebarse, r. No relizarse un asunto por alguna dificultad.

encendido, m. Fósforo. || 2. f. En Cuba, "pela, peliza." (*Americanismos,* p. 386.)

encimoso, -sa, m. y f. Persona molesta e indiscreta que quiere estar siempre al lado de otra. U. t. c. adj.

encharcado, -da, adj. Se dice del que se encuentra en alguna situación difícil y desventajosa, de la cual no parece poder salir. || 2. f. Equivocación. || 3. adj. En Argentina, "dícese del terreno cubierto de agua a partes." (*Argentinismos,* p. 57.) || 4. f. En América, "acción y efecto de enfangarse." (*América,* I, 602.)

encharcarse, r. Equivocarse. || 2. En América, "enfangarse." (*América,* I, 602.) || 3. En Argentina, "atascarse en un charco." (*Ibid.*) || 4. En Argentina, "llenarse el estómago con bebida." (*Argentinismos,* p. 205.)

enchilado, -da, p. p. de *enchilar.* || 2. adj. Estar la boca y el paladar irritados a consecuencia de haber comido ají. || 3. En Méjico, "bermejo." (*América,* I, 602; *Americanismos,* p. 388.) || 4. "Colérico." (*América,* I, 602.) || 5. m. En Cuba y Méjico, "guisado de mariscos con chile." (*América,* I, 602; *Americanismos,* p. 338.) || 6. En Méjico, "nombre de un hongo comestible." (*América,* I, 602.) || 7. En la Baja California (Méjico), "nombre de un pajarillo." (*Ibid.*) || 8. f. En el Distrito Federal (Méjico), "molestia, cólera." (*Mexicanismos,* p. 231.) || 9. "Tortilla rellena de carne con queso y chile." (*Ibid.*)

enchilar, tr. Causar el ají enardecimiento en la boca. U. t. c. r. || 2. Con el mismo significado en Costa Rica y Méjico. (*América,* I, 602; *Americanismos,* p. 388.) || 3. En la América Central y Méjico, "untar, aderezar con chile." (*Ibid.; ibid.*) || 4. En Cuba, "preparar el enchilado." (*Ibid.; ibid.*) || 5. En Costa Rica y Méjico, "picar, molestar, irritar." (*Ibid.; ibid.; Mexicanismos,* p. 231.) || 6. En Costa Rica, "dar un chasco o recibirlo." (*América,* I, 602; *Americanismos,* p. 388.)

endenantes, adv. t. ant. Hace poco. || 2. Con el mismo significado en la América Central y la América del Sur, particularmente en Argentina, Chile y Tabasco (Méjico). (*América*, I, 603; *Argentinismos*, p. 597; *Criollo*, p. 108.)

endenantitos, adv. Hace muy poco tiempo.

enfatizar, tr. Dar énfasis.

enfermarse, r. Dar la mujer a luz un niño. || 2. Con el mismo significado en Guatemala y Méjico. (*América*, I, 604; *Americanismos*, p. 389.) || 3. En Colombia y Méjico, "enfermar." (*Colombiano*, p. 112; *Mexicanismos*, p. 232.)

enganche, m. Contratación de trabajadores. || 2. Compromiso matrimonial.

enguaynarse (del inglés *wine*), intr. Emborracharse con vino.

engusanado, -da, p. p. de *engusanar*. || 2. adj. Gusanoso.

engusanarse, r. Contraer plaga de gusanos. || 2. En América tiene el mismo significado. (*América*, I, 606.)

enhuevado, -da, p. p. de *enhuevar*. || 2. adj. Porfiado, terco, que no se mueve de posición ni cambia de opinión. V. *amachado*. || 3. En Colombia *enhuevar* significa "principiar las aves a tener huevos." (*Colombiano*, p. 112.)

enhuevarse, r. Aferrarse a alguna opinión o alguna posición. V. *amacharse*.

enlistarse (del inglés *to enlist*), r. Alistarse en el servicio militar. || 2. Con el mismo significado en Guatemala, Puerto Rico y Santo Domingo. (*Americanismos*, p. 393.) || 3. En América, "alistar, poner en lista." (*América*, I, 607.)

enojón, -na, adj. Enojadizo. || 2. Con el mismo significado en Chile, Ecuador y Méjico. (*América*, I, 608; *Americanismos*, p. 393.)

enramada, f. Enredadera.

enredado, -da, adj. Enredoso, embrollado. || 2. Lo mismo en América. (*América*, I, 609.)

ensartar, tr. Meter a otro en alguna dificultad o problema. U. t. c. r. || 2. En América, "introducir una cosa en un aro o rueda." (*América*, I, 609.) || 3. En Argentina, "introducir en el cuerpo un instrumento punzante." (*Argentinismos*, p. 58.) || 4. "Formar sartas." (*Ibid.*) || 5. "Enhebrar." (*Ibid.*) || 6. En Méjico, "hacer caer a uno en un ardid." (*América*, I, 609.) || 7. En Perú, "enhebrar, enhilar." (*Peruanismos*, p. 193.) || 8. r. En Colombia, "hincarse o clavarse alguna cosa." (*Colombiano*, p. 114.) || 9. En Colombia y Puerto Rico, "meterse en un lío." (*Americanismos*, p. 394.) || 10. En Chile, "engañarse uno perjudicándose." (*Chilenismos*, p. 175.) || 11. En Méjico, "caer en una trampa." (*América*, I, 609.)

entacuachado, -da, adj. Borracho. V. *cuete, eléctrico, entosequido, jalado, pando, pedo.*

entosequido, -da, adj. Borracho. V. *cuete, eléctrico, jalado, pando, pedo.*

entracalar, intr. Llenarse de deudas. U. t. c. r.

¡éntrale!, interj. Exclamación para dar ánimo, denotando interés en que otro entre en la contienda.

envoltijo, m. Envoltorio. || 2. Con el mismo significado en Ecuador. (*Americanismos*, p. 397.)

enyerbado, -da, p. p. de *enyerbar*. || 2. adj. Embrujado. || 3. En el Distrito Federal (Méjico), "envenenado." (*Mexicanismos*, p. 239.)

enyerbar, tr. Embrujar, hechizar. || 2. En Colombia, Chiloe (Chile) y Méjico tiene el mismo significado. (*América*, I, 614; *Americanismos*, p. 397; *Colombiano*, p. 114.) || 3. r. En la América Central, Colombia, Cuba, Chile, Méjico, Perú, Puerto Rico y Venezuela, "cubrirse de yerba el campo." (*Americanismos*, p. 397.) || 4. En Cuba, "fracasarse un negocio." (*Ibid.*) || 5. En Guatemala, "envenenarse, con referencia al ganado." (*Ibid.*) || 6. En Méjico, "enamorarse perdidamente." (*Ibid.*)

episodio, m. Cine que se presenta en partes.

erjostes (del inglés *air hostess*), f. Mujer que atiende a los pasajeros en un avión.

escante, m. Rato, poco tiempo.

escarf (del inglés *scarf*), m. Bufanda, chalina. || 2. Lo mismo en Nuevo Méjico. (*New Mexican,* p. 66.)

escor (del inglés *score*), m. Anotación, total de puntos en el juego. || 2. En Nuevo Méjico se dice, con el mismo significado, *escore.* (*New Mexican,* p. 61.)

escrachar (del inglés *scratch*), tr. Cancelar. || 2. Borrar para dejar fuera. || 3. Lo mismo en Nuevo Méjico. (*New Mexican,* p. 61.)

escrebir, tr. Escribir. || 2. Lo mismo en Méjico. (*Mexicanismos,* p. 243.)

escuadra, f. Pistola automática en forma de escuadra. || 2. Con el mismo significado en América. (*América,* I, 620; *Americanismos,* p. 401.)

escueto, -ta, adv. Quieto, que no se escucha ruido alguno. || 2. adj. En Colombia, "sin cercas, refiriéndose a un terreno que es lo más abierto." (*Colombiano,* p. 115.) || 3. En Méjico, "solitario, triste, despoblado." (*América,* I, 620; *Mexicanismos,* p. 244; *Mexicano,* I, 39.)

escuincle, m. Muchacho, niño. V. *chamaco.* || 2. Con el mismo significado en Méjico. (*Americanismos,* p. 40; *Mexicanismos,* p. 244.) || 3. En América, "se aplica a las personas especialmente a los niños; rapaz." (*América,* I, 620.) || 4. En América, "perro ordinario callejero." *(Ibid.)*

escupe, m. Pistola. V. *cuete.*

escúrer (del inglés *scooter*), m. Bicicleta con motor.

¡ese!, interj. ¡Oye! ¡Oiga!

¡ésele!, interj. ¡Oyeme! ¡Oigame!

espauda, f. Levadura en polvo que fermenta rápidamente.

espaura, f. Levadura en polvo de rápida fermentación.

espelear (del inglés *to spell*), tr. Deletrear.

espinacas (del inglés *spinach*), f. pl. Acelgas. También se dice *espínech.* || 2. En Nuevo Méjico, con el mismo significado, se dice *espíneche.* (*New Mexican,* p. 62.)

esprín (del inglés *spring*), m. Resorte. || 2. Lo mismo en Nuevo Méjico. (*New Mexican*, p. 62.)

esquipiar (del inglés *to skip*), tr. Saltear, omitir.

estacar (del inglés *to stack*), tr. Apilar. || 2. En América, particularmente en la América Central, Argentina, Bolivia, Colombia, Chile, Méjico y Venezuela, "extender alguna cosa sujetándola o clavándola con estacas." (*América*, I, 626; *Americanismos*, p. 403.) || 3. En América, especialmente en Colombia y Venezuela, "engañar." U. t. c. r. *(Ibid.; ibid.)* || 4. En Argentina, "estirar por castigo a una persona atándola a una estaca." (*Americanismos*, p. 403.) || 5. r. En América, particularmente en la América Central, Colombia, Cuba y Venezuela, "herirse, pincharse." (*América*, I, 626; *Americanismos*, p. 403.)

estación de gasolina (del inglés *gasoline station*), f. Lugar donde se vende gasolina para el uso de los automóviles.

estación de radio, f. Lugar de donde se emite la radiodifusión.

estado interesante, adj. Embarazada. || 2. Con el mismo significado en América, también en España. (*América*, I, 626; *Argentinismos*, p. 121; *Colombiano*, p. 117.)

estafeate, m. Planta de las herbáceas que se usa para hacer té medicinal. || 2. En Méjico, "ajenjo del país o de la tierra, especie de artemisa; planta herbácea como de un metro de altura y se usa como antihelmíntico poderoso." (*América*, I, 626.)

estaquita, f. Juego de niños con navaja, la cual se manipula de manera que caiga de punta en tierra.

estarear (del inglés *starter*), tr. Poner en movimiento el motor de un automóvil.

estárer (del inglés *starter*), m. Pieza del automóvil para poner en movimiento el motor. V. *arranque*.

estática (del inglés *static*), f. Ruido que la atmósfera causa en el radiorreceptor. || 2. También se dice cuando hay alguna discordia.

estautua, f. Estatua. || 2. Lo mismo en Morelos (Méjico). (*Mexicanismos*, p. 250.)

esteche (del inglés *stage wagon*), m. Camión.

estérico, -ca, adj. Histérico.

estilacho, m. Estilo.

estrellar, tr. Golpear el cuerpo. || 2. Desmayarse, perder el conocimiento.

estulito (del inglés *stool*), m. Banquito para sentarse.

etamina de algodón, f. Tela transparente de algodón. || 2. En Colombia, Cuba y Tabasco (Méjico), *etamina* significa "tela transparente de lana, seda o algodón usado para ropa femenil." (*América*, I, 630.) || 3. En Colombia, "*estamena, que es tela de baja estofa.*" (*Colombiano*, p. 117.)

exprés (del inglés *express*), m. Sistema de transportes. || 2. Con el mismo significado, pero escrito *expreso*, en Argentina, Chile, Méjico, Nuevo Méjico y Uruguay. (*América*, I, 631; *Argentinismos*, p. 212; *Criollo*, p. 116; *Mexicanismos*, p. 254; *New Mexican*, p. 62.)

F

facultoso, -sa, adj. ant. Que se toma facultades indebidas. || 2. Lo mismo en Cuba. (*Americanismos,* p. 408.)

faldón, m. Pieza del automóvil que va encima de la rueda para guardar del polvo y del fango.

falsearse, r. Lastimarse un miembro del cuerpo. || 2. En Argentina, "flaquear un resorte, una cerradura u otro maquinismo cualquiera, de manera que no funcione completamente o funcione mal." (*Argentinismos,* p. 213.)

familiar, m. Pariente, miembro de la familia. || 2. En Colombia, "duendecillo en forma de dominguillo que usan los supersticiosos." (*América,* I, 635; *Americanismos,* p. 410.)

fandango, m. Celebración con alboroto o de carácter desordenado. || 2. Lo mismo en América. (*América,* I, 635; *Americanismos,* p. 411; *Argentinismos,* p. 62.) || 3. En Argentina, Cuba, Chile, Guatemala, Méjico, Perú, Puerto Rico y Venezuela, "lío, desorden." (*Americanismos,* p. 410.)

fanear (del inglés *to fan out*), tr. En el juego de beisbol no poder golpear la pelota en tres oportunidades. || 2. fig. Dejar a alguien confuso.

farola, f. Faro. || 2. Lo mismo en Cuba. (*América,* I, 636.)

federal, adj. Feo. || 2. En Argentina, "perteneciente o relativo a la nación." (*Argentinismos,* p. 214.) || 3. "Dícese del antiguo partido político que era opuesto al unitario." (*Ibid.*)

federica, f. Federal.

feilear (del inglés *to fail*), intr. Salir mal en una clase o examen.

femelí (del inglés *family*), f. Familia.

feréame, imperativo de *feriar.* Quiere decir *cámbiame.* V. *ferear* y también *cambear.*

ferear, tr. Cambiar una moneda por varias de menor cantidad. || 2. También cambiar una cosa por otra. || 3. Con el mismo significado en Guanajuato y Zacatecas (Méjico). (*América,* I, 637; *Mexicanismos,* p. 261.) || 4. En Argentina, "castigar, en cualquier forma." (*América,* I, 637.) || 5. En Colombia, "malbaratar." (*América,* I, 637; *Americanismos,* p. 412.) || 6. r. En Méjico, "exonerarse, zurrarse." (*América,* I, 637.)

ferretera, f. Ferretería. || 2. m. y f. En América, "comerciante en hierro o que tiene o atiende ferretería." (*América,* I, 638.)

fiance, f. Fianza. || 2. Lo mismo en Méjico. (*América,* I, 638.) || 3. m. "Fiador." (*Ibid.*)

ficha, f. Dinero. V. *pastilla, bicoca, mazuma.* || 2. Pieza de hoja de lata con que se tapan las botellas de cerveza y otras bebidas. || 3. Con este último significado en Méjico. (*Mexicanismos,* p. 33.) || 4. En Argentina, Costa Rica, Honduras y Puerto Rico, "moneda de cinco centavos. Anticuada en Puerto Rico. En Chile hubo *fichas negras,* de dos y medio centavos, y *fichas rojas* de cinco centavos." (*América,* I, 638; *Americanismos,* p. 413.) || 5. En Chile, "pieza de caucho que representa un valor monetario." (*América,* I, 638.) || 6. "Papel o cartón que contiene una obligación de pagar." (*Ibid.*) || 7. "En las peluquerías y otras tiendas, cartoncito que se da al cliente y en el cual consta lo que ha de pagar." (*Ibid.*) || 8. En América, "pillo, bribón." (*América,* I, 638.) || 9. En Cuba y Chile, "pilote que se hinca en tierra para señalar jalones." (*Ibid.*) || 10. En Perú, "manzanillo." (*Ibid.*)

fichaso, m. Dinero en cambio.

fierro, m. ant.‧Hierro. || 2. pl. Dinero. || 3. Con este último significado en Méjico. (*América,* I, 638; *Americanismos,* p. 413.) || 4. "Moneda de un centavo." (*Ibid.; ibid.*) || 5.

"Peso." (*Mexicanismos*, p. 263.) || 6. En América, particularmente en Argentina, Chile, Guatemala, Honduras, Méjico y Perú, "el que se usa en estado candente para marcar el ganado y también la marca misma." (*América*, I, 638; *Americanismos*, p. 413; *Argentinismos*, p. 429; *Chilenismos*, p. 88; *Peruanismos*, p. 202.) || 7. En Argentina, "especie de tenacillas para rizar el pelo, bigote, etc." (*Argentinismos*, p. 214.) || 8. "Medicamento en que entra este metal." (*Ibíd.*, p. 62.) || 9. En Méjico, "el paso del arado." (*América*, I, 638.) || 10. pl. En Ecuador y Méjico, "herramienta, útiles de trabajo." (*Ibíd.*)

fifí, m. Joven que gusta vestirse bien, pasearse y no trabajar. || 2. Con el mismo significado en Méjico. (*América*, I, 639.) En Querétaro (Méjico) se dice *fifiriche*. (*Mexicanismos*, p. 262.) || 3. En Santo Domingo, "bolita de vidrio." (*Americanismos*, p. 413.)

fifirucho, -cha, adj. Flaco, raquítico.

fil (del inglés *field*), m. Campo de juego, cancha.

fila, f. Navaja de bolsillo. || 2. Esposa.

fílder (del inglés *fielder*), m. Uno de los jugadores en el juego de *beisbol*. V. *beisbol*.

filero, m. Navaja de bolsillo. V. *fila*. || 2. En Méjico, "cuchillo, entre la gente del hampa." (*América*, I, 639; *Mexicanismos*, p. 262.)

filetear, tr. Cortar con cuchillo o navaja. || 2. En Cuba, "poner filetes a la caja de puros." (*América*, I, 639.)

filorear, tr. Cortar con un cuchillo o navaja.

firiolo, -la, adv. Se dice de la manera con que una persona se despide, o pasa, muy satisfecha de sí misma, a pesar de que las circunstancias no le son muy propicias. V. *jiriolo*.

firmar, tr. Contratar.

fisgar, intr. Mirar intensamente a una persona o alguna cosa. || 2. Con el mismo significado en el Perú. (*Peruanismos*, p. 206.)

fisgón, -na, m. y f. Aquella persona que tiene la costumbre de mirar fijamente a otra. U. t. c. adj. || 2. En Perú tiene el mismo significado. (*Peruanismos*, p. 206.)

flet (del inglés *flat*), m. Llanta desinflada de un automóvil. || 2. En Nuevo Méjico se dice *flate* con el mismo significado. (*New Mexican*, p. 62.)

flirtear (del inglés *flirt*), intr. Coquetear. || 2. Lo mismo en Nuevo Méjico, también en España. (*New Mexican*, p. 62.) || 3. En Argentina, "galantear discretamente a las personas de buena sociedad." (*Argentinismos*, p. 216.)

flirteo (del inglés *flirt*), m. Coqueteo. || 2. Lo mismo en Argentina, también en España. (*Argentinismos*, p. 217.)

flonquear (del inglés *flunk*), tr. Ser reprobado en algún examen. || 2. Fracasar. || 3. Lo mismo en Nuevo Méjico. (*New Mexican*, p. 62.)

florón, m. Juego cantado de niños, en el cual, sentados en círculo, se pasan a escondidas un pañuelo mientras que el niño que está sentado en el centro tiene que adivinar quién es el que tiene el pañuelo.

foco, m. Bombilla que produce la luz eléctrica. || 2. Con el mismo significado en América, particularmente en Colombia y Chile. (*América*, I, 628; *Colombiano*, p. 121; *Chilenismos*, p. 287.) || 3. En Argentina, "foco de luz muy intensa producida por una lámpara de arco voltáico." (*Argentinismos*, p. 216.) || 4. "Persona de gran saber." (*Ibid.*)

fodongo, -ga, adj. Persona gorda. || 2. Con el mismo significado en Guanajato (Méjico). (*Americanismos*, p. 417.) || 3. En Méjico, "sucio, desaseado." (*América*, I, 648; *Americanismos*, p. 417; *Mexicanismos*, p. 265.) || 4. f. En América, "mujer descuidada que no se ocupa en el quehacer de su casa." (*América*, I, 648.)

forcito (del inglés *Ford*), m. Automóvil marca Ford. || 2. En Nuevo Méjico le dicen *fordito*. (*New Mexican*, p. 62.) || 3. En Perú, "automóvil pequeño." (*Americanismos*, p. 418.)

fortingo (del inglés *Ford*) m. Automóvil Ford. || 2. En las

Antillas, Méjico, Panamá y Perú le dicen *fotingo* a un "automóvil pequeño de alquiler, feo y de mal aspecto." (*Americanismos*, p. 418.)

forro, m. y f. Persona bien parecida. || 2. m. En las Antillas, "funda de catre." (*Americanismos*, p. 418.) || 3. En Cuba y Chile, "trampa, engaño, falsedad." *(Ibid.)* || 4. En Chile, "disposición, aptitud." *(Ibid.)* || 5. En Méjico, "concubina." (*Mexicanismos*, p. 266.)

frago, m. Cigarrillo.

frailecillo, m. Insecto que, subiéndose a cualquier parte del cuerpo, levanta una ampolla dolorosa con cierto humor que despide. || 2. En América, "arbusto de las tierras tropicales." (*América*, I, 651.) || 3. En Cuba, "una ave." *(Ibid.)* || 4. En Méjico, "planta amigdalácea." *(Ibid.)*

frajo, m. Cigarrillo.

fregadera, f. Cosa. || 2. Acción de lavar las vasijas. || 3. En América, "frecuentativo de fregado, por molestia excesiva o constante." (*América*, I, 652; *Americanismos* p. 419.)

fregado, -da, adj. Arrancado, sin dinero. || 2. Majadero. || 3. Con este último significado en Argentina, Bolivia, Colombia, Chile, Ecudor, Panamá, Perú y Puerto Rico. (*América*, I, 652; *Americanismos*, p. 419; *Mexicanismos*, p. 266.) || 4. "Atrevido, audaz, resuelto." (*América*, I, p. 652.) || 5. En Argentina, "difícil, molesto, fastidioso." (*Argentinismos*, p. 122.) || 6. En Panamá y Perú, *fregado* significa, "hombre de genio fuerte." (*Peruanismos*, p. 208.)

fregador, -ora, m. y f. Engañador, defraudador.

fregar, tr. Defraudar, trampear. || 2. En América, "fastidiar, molestar, azotar, ganar, vencer." (*América*, I, 652.) || 3. En Perú, "perder a alguno." (*Peruanismos*, p. 208.) || 4. "*Que se friegue* significa, que sufra, que padezca." *(Ibid.)* || 5. r. En Argentina, "amolarse, jorobarse, fastidiarse." (*Argentinismos*, p. 122.)

frentazo, m. Golpe en la frente. || 2. En Méjico, "chasco, repulsa." (*América*, I, 652; *Americanismos*, p. 420.)

fresquecito, m. Fresco muy agradable.

friito, m. Frío más intenso que de costumbre. || 2. Lo mismo en América. (*América,* I, 653.)

frijol, m. Fríjol. || 2. En América, "nunca se ha dicho *frijol,* salvo en Colombia que usan *frisol.*" (*América,* I, 653; *Mexicanismos,* p. 267.) || 3. En Colombia, "agudo pronunciamos en la Costa; no es forzoso decir *frijol.*" (*Colombiano,* p. 123.) || 4. Lo mismo en Argentina. (*Argentinismos,* p. 601.) || 5. En Cuba, "tapadilla, combinación oculta." (*América,* I, 653.) || 6. m. pl. En Méjico, "baladronadas, fanfarronadas." *(Ibid:)* || 7. "La comida." (*Mexicanismos,* p. 267.)

frijol de la punzada, m. Flor morada o blanca que crece en planta trepadora; la flor, que está compuesta de muchas florecitas pequeñas, crece en un tallo verde, de unos 15 centímetros de longitud, teniendo tres o cuatro centímetros de diámetro; esta flor produce una semilla semejante al fríjol que usan las gentes para remediar la punzada de la sien.

frises (del inglés *freezers*), m. pl. Fábrica donde se congelan alimentos.

¡fuchefuche!, interj. Significa: ¡Tienes miedo: V. *cincocinco.* || 2. En América, particularmente en Méjico, "*¡fucha!* denota repugnancia o asco." (*América,* I, 655.) || 3. En Chile y Méjico también se usa *¡fuchi! (Ibid.)* || 4. En Méjico, "¡fo! ¡puf!" (*Mexicanismos,* p. 267.)

fuereño, -ña, adj. Se dice del que viene del interior de Méjico. U. t. c. s. || 2. En Méjico, "habitante de fuera de la capital de Méjico que reside temporalmente en dicha ciudad." (*América,* I, 655; *Americanismos,* p. 422.) || 3. "Tonto, babieca." (*Americanismos,* p. 422.) || 4. m. "Forastero." (*Mexicanismos,* p. 268.)

fulear (del inglés, *to fool*), tr. Chasquear, engañar. || 2. Embromar.

futbol (del inglés *football*), m. El balón que se usa en el juego de *futbol*.

futbolero, m. Futbolista. || 2. adj. En América, "relativo al futbol." (*América*, I, 657.)

G

gabacho, -cha, adj. Anglosajón de los Estados Unidos. V. *bolillo, cristal, cristalino.* || 2. En Colombia, "contratiempo o percance en virtud de los cuales sale mal un asunto." (*América,* II, p. 8.)

gabardino, -na, adj. Anglosajón de los Estados Unidos. V. *cristal, cristalino, gabacho, bolillo.*

gabinete de cocina, m. Despensa. || 2. Lugar donde se guardan los comestibles.

gacho, -cha, adj. Egoísta. || 2. En las Antillas y Méjico, "bajo." (*América,* II, 7.) || 3. "Dícese del ganado que tiene caídos los cuernos o las orejas." *(Ibid.)* || 5. En Méjico, "entre choferes, uno que trabaja a bajo precio." *(Ibid.; Americanismos,* p. 425.) || 5. En Méjico, Puerto Rico y Santo Domingo, "se dice de la persona o animal que carece de una oreja." *(Ibid.; ibid.)* || 6. m. En las Antillas y Méjico, "inclinado hacia adelante, tratándose del sombrero." (*América,* II, 7.) || 7. En Uruguay, "sombrero." (*Americanismos,* p. 425.)

gaita, f. Trampa. || 2. f. pl. Payasadas. || 3. f. pl. En Nuevo Méjico, "suertes." (*New Mexican,* p. 53.) || 4. En Argentina, "nombre festivo o despectivo que se da a los gallegos." (*Americanismos,* p. 426.) || 5. f. En las Antillas, "árbol de los sapindáceas." (*América,* II, p. 9.) || 6. "La planta del cabo de hacha o ramoncillo." *(Ibid.)* || 7. En Colombia, "instrumento musical de viento semejante al clarinete." (*Americanismos,* p. 426; *Colombiano,* p. 124.) || 8. En Méjico, "maula, en sus acepciones referentes a persona." (*América,* II, 9.)

gajo, m. Pedazo, parte. || 2. Algodón. || 3. En América, "cada uno de los grupos apiñados de plátanos en que se divide el racimo." (*América,* II, 10.) || 4. En la América del Sur, "punta o remate de la barba." *(Ibid.)* || 5. En Argentina,

110

"río afluente de otro, si no es muy grande. Difícilmente podríamos llamar gajos del Plata a los grandes ríos Paraná y Uruguay." (*Argentinismos,* p. 219.) ‖ 6. En Colombia, Guatemala, Honduras, Méjico, Puerto Rico y Venezuela, "bucle, rizo." (*América,* II, 10; *Americanismos,* p. 426.) ‖ 7. adj. En Colombia, "gafo." (*Ibid.*)

galgo, -ga, adj. Flaco. ‖ 2. En América, "goloso, hambriento." (*América,* II, 11.) ‖ 3. En Querétaro (Méjico), "caballo flaco." (*Mexicanismos,* p. 273.)

gallina abada, f. Gallina color gris.

gallina-porpujada, f. Juego de niños, sentados en círculo, y ejecutado principalmente con las manos. ‖ 2. En América, "gallina jabada." (*América,* II, 12.) ‖ 3. En Méjico, se dice, *gallina papujada. (Ibid.)*

gallo, m. Serenata callejera. ‖ 2. Sangre a resultas de alguna herida en una riña. ‖ 3. Ropa de segunda mano. ‖ 4. En Salta (Argentina) y Méjico "serenata callejera." (*América,* II, 13; *Americanismos,* p. 428; *Mexicanismos,* p. 428.) ‖ 6. En América, "hombre fuerte, valiente." (*América,* II, 13.) ‖ 7. En Argentina, "flema, esputo." (*Argentinismos,* p. 122.) ‖ 8. "Peón que ayuda a los apartadores de ganado." (*Ibid.,* p. 430.) ‖ 9. En Colombia "rehilete." (*América,* II, 13; *Americanismos,* p. 428.) ‖ 10. "Gallito, en la acepción de la persona que sobresale." (*Ibid.; ibid.*) ‖ 11. En Costa Rica, "pequeña cantidad de comida." (*Americanismos,* p. 428.) ‖ 12. En Chile y Perú, "carro en que van arrolladas las mangas de bomberos." (*América,* II, 13; *Americanismos,* p. 428.) ‖ 13. En Chile, "en el juego de la pandorga, cada uno de los cuatro reyes." (*América,* II, 13.) ‖ 14. "En las salitreras del Norte, bracero y sustituto de otros trabajadores." (*Ibid.*) ‖ 15. "Robo que se hace en los ferrocarriles sacando un poco de cada saco." (*Ibid.*) ‖ 16. En Méjico, "segundo albur que se saca de arriba de la baraja." (*Ibid.*) ‖ 17. "Nombre vulgar de varias plantas parásitas." (*Ibid.*) ‖ 18. "Traje dominguero." (*Ibid.*) ‖ 19. En Panamá, "lazo de cinta que pende por delante y por detrás en el vestido de la pollera." (*Americanismos*, p. 428.)

gallón, -na, m. y f. Valiente; pendenciero. || 2. Persona poderosa. || 3. Lo mismo en Méjico. (*América*, II, 14; *Americanismos*, p. 429.)

gallonada, f. Acción valiente.

ganchar, tr. Atraer con maña. || 2. Conseguir la ayuda de una persona después de rogarle mucho.

gandaya, f. Desperdicios de la comida. || 2. com. Persona que no vale mucho. || 3. com. Lo mismo en Méjico. (*Mexicanismos*, p. 274.) || 4. "Comida." (*Ibid.*)

ganga (del inglés *gang*), f. Comparsa de amigos íntimos. || 2. En América, "ave migradora, de las longirrostras, que abundan principalmene en Méjico y las Antillas." (*América*, II, 16.) || 3. En Cuba, "ave zancuda de la familia de los zarpitos que vive en las aradas." (*Ibid.*) || 4. En Nuevo Méjico, "precio ventajoso para los compradores." (*New Mexican*, p. 53.) || 5. com. En Argentina, "gangoso." (*América*, II, 16.)

ganga, f. Venta barata. || 2. Burla. || 3. Con este último significado en Méjico. (*Americanismos*, p. 430.) || 4. En Nuevo Méjico, "venta rápida." (*New Mexican*, p. 53.) || 5. En las Antillas y Méjico, "ave migradora." (*América*, II, 16.) || 6. En Cuba, "ave zancuda." (*Ibid.*) || 7. adj. En Argentina, "gangoso." (*Ibid.*)

garaje (del inglés *garage*), m. Cochera para el automóvil. || 2. Lugar donde se reparan automóviles. || 3. Local donde se vende gasolina. || 4. En Argentina y Chile se usa la palabra con los dos primeros significados. (*Argentinismos*, p. 219; *Chilenismos*, p. 275.)

garciero, m. Persona que hace reata de hilo de pita.

garnucho, m. Capirotazo. || 2. Con el mismo significado en Méjico. (*América*, II, 19; *Americanismos*, p. 432; *Mexicanismos*, p. 274.)

garra, f. Trapo viejo y roto. || 2. Con el mismo significado en Nuevo Méjico. (*New Mexican,* p. 21.) || 3. En América, particularmente en Argentina, Colombia, Costa Rica, Chile, Ecuador, Perú, Uruguay y Venezuela, "cualquier pedazo de cuero arrugado." (*América,* II, 19; *Americanismos,* p. 423.) || 4. En América, especialmente en Río de la Plata, "extremidad del cuero por donde, mediante un ojal, se le afianza en las estacas al estirarlo; la cual, cortada y almacenada en las barracas, se exporta para hacer cola." (*América,* II, 19; *Ríoplatense,* p. 229.) || 5. En Colombia, "saco de cuero." (*América,* II, 19; *Americanismos,* p. 432.) || 6. En Méjico, "fuerza muscular del individuo." (*Ibid.; ibid.*) || 7. En Honduras, "pedazo de cosa blanda que se ha vuelto dura." (*América,* II, 19.) || 8. En Méjico, "trozo, pedazo." (*Ibid.; Americanismos,* p. 432.)

garranchar, tr. Herir o rasgar con un garranchazo. || 2. En Cibao (Santo Domingo), "rasguñar." (*Americanismos,* p. 432.)

garrancho, m. Garranchazo. || 2. En Honduras, "gajo de una cosa seca y dura." (*América,* II, 19.) || 3. "Mujer libre y despreocupada." (*Ibid.*)

garrero, -ra, m. y f. Persona que vende ropa usada. || 2. En Argentina, "persona que hace un modo de vivir de la gorronería." (*América,* II, 20.)

garriento, -ta, adj. Se dice de la persona que viste traje roto o muy viejo.

garrotero, m. Persona que en los trenes de carga está encargado de evitar que alguien suba ilegalmente. || 2. En Méjico, "guardafrenos." (*América,* II, 20; *Americanismos,* p. 432.) || 3. En Chile y Ecuador, "gentes armadas de garrotes que intervenían en asuntos políticos." (*Ibid.; ibid.; Chilenismos,* p. 186; *Ecuador,* p. 130.) || 4. En Chile, Ecuador y Perú, "guapetón, de la gente de bronce." (*Americanismos,* p. 432.) || 5. En Chile, "apaleador, miserable, cicatero."

(*América*, II, 20.) || 6. m. y f. y adj. En Cuba y Chile, "tacaño." (*Americanismos*, p. 432.)

garsolé (del francés *garde-soleil*), m. Gorra de tela para mujer, con ala semicircular grande para quitarse el sol de la cara.

gas, m. Petróleo. || 2. Con el mismo significado en la América Central, las Antillas, Colombia y Méjico. (*América*, II, 20; *Colombiano*, p. 126; *Mexicanismos*, p. 274.)

gaselina, f. Gasolina. || 2. En Nuevo Méjico, con el mismo significado, se dice *gaselín* y *gasolín*. (*New Mexican*, p. 63.)

gasolinera, f. Lugar donde venden gasolina y lubricantes para automóviles.

gata, f. Criada, sirvienta de una casa. || 2. Lo mismo en Méjico. (*Americanismos*, p. 433; *Mexicanismos*, p. 270.) || 3. En Chile y Perú, "manubrio." (*Americanismos*, p. 433.)

gente de color (del inglés *colored people*), f. El negro. Se dice también: *hombre de color, mujer de color.* || 2. En Cuba "dícese de los negros y mulatos," y en los Estados Unidos "se dice solamente de los negros." (*América*, II, 26.)

gladiola, f. Gladiolo. || 2. Lo mismo en América, particularmente en Argentina. (*América*, II, 27; *Argentinismos*, p. 552.)

godorniz, f. Codorniz. || 2. Lo mismo en Chihuahua, Durango y San Luis Potosí (Méjico). (*Mexicanismos*, p. 279.)

gogote, m. Cogote. || 2. Lo mismo en Guerrero e Hidalgo (Méjico). (*Mexicanismos*, p. 279.)

golear (del inglés *goal*), intr. Hacer tantos puntos en los juegos de *basquetbol* y *futbol*. V. *basquetbol*.

golpiza, f. Tunda de golpes. || 2. Con el mismo significado en Ecuador y Méjico. (*América*, II, 29; *Americanismos*, p. 438; *Mexicanismos*, p. 279.)

goma, f. Pegadura. || 2. Resina. || 3. En América, "malestar que se experimenta después de pasada la borrachera."

(*América*, II, 29.) || 4. "Caucho en general, sustancia elástica producida por árboles de América Central, Bolivia, Brasil, Méjico y Perú." (*Ibid.*) || 5. En Nuevo Méjico, "llanta de automóvil." (*New Mexican*, p. 21.)

gorda, adj. f. Embarazada. || 2. f. Tortilla de maíz. || 2. Con este último significado en Méjico. (*América*, II, 30; *Americanismos*, p. 438; *Mexicanismos*, p. 279.)

gorupero, -ra, m. y f. Lugar donde hay muchas y diversas cosas, todas amontonadas y mal arregladas. || 2. En la América Central y la América del Sur, *gurupera* quiere decir, "la baticola por debajo de la cola o de las ancas del animal." (*Criollo*, p. 131.)

gorupiento, -ta, adj. Que denota la existencia de esos piojos que se crían en el plumaje de las gallinas.

gorupo, m. Piojo que se cría en el plumaje de las gallinas. || 2. Con el mismo significado en Méjico. (*América*, II, 30.)

gota, f. Gasolina.

goteador, m. Gotero, cuentagotas.

gradado, -da, adj. Se dice del que ha terminado la escuela secundaria. U. t. c. s.

grado (del inglés *grade*), m. Calificación de un examen o de algún tema presentado en la escuela.

graiea, f. Granizo menudo. || 2. Con el mismo significado en Nuevo Méjico. (*New Mexican*, p. 53.) || 3. En Méjico, "se usa por gragea." (*Mexicanismos*, p. 280.) || 4. En Colombia, "mostacilla, munición menuda." (*América*, II, 31; *Americanismos*, p. 439.)

grajear, intr. Caer granizo menudo.

grampa, f. Grapa. || 2. Con el mismo significado en América y Méjico. (*América*, II, 31; *Mexicanismos*, p. 280.) || 3. En Argentina, "instrumento para unir y apretar objetos mediante una rosca o tornillo." (*Argentinismos*, p. 221.)

granizaso, m. Granizada.

granjeno, m. Arbol silvestre que es muy espinoso, pero no es muy alto. || 2. En Méjico, "nombre vulgar de una planta ulmácea, llamada también *garabato blanco; uña de gato* en Cuba; *cagalera* en Nicaragua; *gallito* en Santo Domingo." (*América*, II, 32.)

greña, f. Cabello. U. t. en pl. || 2. En Méjico, "porción de miés que se pone en la era para formar la parva." (*América*, II, 32.)

grifa, f. Yerba que cuando seca se usa en cigarrillos para fumar y tiene cualidades narcóticas que perturban hasta enloquecer. V. *marihuana.* || 2. Colombia y Chile, "garra." (*América*, II, 32.)

grifo, -fa, m. y f. Persona que fuma *marihuana.* V. *marihuana.* || 2. Con el mismo significado en Méjico. (*Americanismos*, p. 440.) || 3. En las Antillas, Cuba y Puerto Rico, "persona de color." (*América*, I, 32; *Americanismos*, p. 440.) || 4. m. En el Perú, "puesto destinado a la venta de gasolina y aceite lubricante." (*Ibid.; ibid.*) || 5. "Chichería de ínfima clase." (*Ibid.; ibid.*) || 6. adj. En Colombia, "entonado, presumido." (*Ibid.; ibid.*) || 7. En Méjico y Puerto Rico, "dícese del pelo pasudo y aun de la persona que lo tiene así." (*América*, II, 32.) || 8. En Méjico, "borracho." (*América*, II, 32; *Americanismos*, p. 440.) || 9. "Enojado." (*Americanismos*, p. 440.)

gripa, f. Gripe. || 2. Lo mismo en América. (*América*, II, 33; *Americanismos*, p. 440.)

grocerías (del inglés *groceries*), f. pl. Comestibles. || 2. Lo mismo en Nuevo Méjico. (*New Mexican*, p. 63.)

grulla, f. Aire frío. || 2. El policía. || 3. En Cuba, "la peseta." (*América*, II, 33.) || 4. En Méjico, "persona lista, viva, astuta." (*Americanismos*, p. 440.) || 5. En Sinaloa (Méjico), "planta silvestre." (*América*, II, 33.) || 6. m. En América, "el peso duro." (*Ibid.*) || 7. En Argentina, "potro o caballo entero, grande y gordo." (*Ibid.*) || 8. "Mentira, bola, invención." (*Ibid.*) || 9. adj. En Méjico, "dícese de la caballería de color ceniciento." *(Ibid.)* || 10. En Hidalgo (Méjico), "pegote, gorrón." *(Mexicanismos,* p. 280.)

guachar (del inglés *watch*), tr. Ver; cuidar; vigilar; observar. || 2. Con los mismos significados en el sur de los Estados Unidos. *(América,* II, 38.) || 3. En Ecuador, "hacer surcos para sembrar." *(Americanismos,* p. 443.)

guachimán (del inglés *watchman*), m. Velador, sereno, guardián.

guaflera (del inglés *waffle*), f. Molde para hacer barquillos.

guáfol (del inglés *waffle*), m. Barquillo.

guaifa (del inglés *wife*), f. Esposa.

guain (del inglés *wine*), m. Vino de uva.

guaino, adj. Borracho. || 2. En Bolivia y Perú, "huaino, baile popular." *(Americanismos,* p. 471.)

guáiper (del inglés *wiper*), m. Limpiador del cristal del frente del automóvil.

guajillo, m. Planta silvestre de esta comarca que gusta al ganado menor. || 2. En Méjico, "especie de acacia, cuya madera se usa para cabos de herramienta en el Norte." *(América,* II, 45.)

guajolote, -ta, adj. Bobo, tonto. U. t. c. s. || 2. Con el mismo significado en Méjico. *(América,* II, 49; *Americanismos,* p. 447; *Mexicanismos,* p. 282.) || 3. En Colombia, Méjico y Venezuela, "pavo." *(América,* II, 49; *Americanismos,* p. 447; *Criollo,* p. 126.)

guano, m. Estiércol del murciélago que se usa para fertilizar la tierra. || 2. En América, "estiércol de cualquier animal, siempre que pueda usarse como abono." *(América,* II, 56; *Americanismos,* p. 450; *Criollo,* p. 127; *Peruanismos,* p. 238.) || 3. "Nombre del estiércol de ciertas aves." *(América,* II, 56; *Americanismos,* p. 450.) || 4. "Nombre que se aplica a las palmeras y a las hojas de estas plantas." *(América,* II, 56.) || 5. En Cuba y Puerto Rico, "dinero." *(América,* II, 56; *Americanismos,* p. 450.) || 6. En Puerto Rico, "planta bombácea." *(América,* II, 56.) || 7. "Materia algodonosa de la baya de este árbol." (*América*, II, 56; *Americanismos*, p. 450.)

guantada, f. Golpe que se da con la mano cerrada.

guapo, *-pa*, adj. Industrioso. || 2. Inteligente. || 3. En América, "animoso, resuelto." (*América*, II, 59.) || 4. En Chile y Méjico, "enojado, enfadado, violento." (*Ibid.; Chilenismos*, p. 188.) || 5. "Rígido, severo con relación a una persona." (*América*, II, 59.) || 6. En el norte de Méjico, "hábil, diestro." (*Ibid.*) || 7. m. En Guatemala, "nombre de una planta silvestre, cuyas hojas en infusión son medicinales para ciertos desarreglos en la mujer." (*Ibid.*) || 8. En Venezuela, "raíz comestible que usaron los antiguos indígenas como alimento cotidiano en la época anterior a la conquista." (*Ibid.*)

guardafango, m. La parte del automóvil que va sobre la rueda para protejer del lodo y del polvo. || 2. En Ecuador, Guatemala y Perú, con el mismo significado, se dice *guardabarros*. (*Americanismos*, p. 453.)

¡*guato!* interj. ¿Qué quieres?

guato, m. Conmoción, fiesta, excitación. || 2. Bolivia, "soga, cuerda." (*América*, II, 69.) || 3. adj. Guatemala, "aplícase a objetos dobles." (*Ibid.*)

guayín (del inglés *wagon*), m. Carruaje ligero de cuatro ruedas y de un asiento que se usa para llevar carga. || 2. Lo mismo en Méjico. (*América*, II, 74.) || 3. En Chile, "un arbusto espinoso de las mirtáceas." (*América*, II, 74.)

güerinche, adj. Rubio.

güero, *-ra*, adj. Rubio. U. t. c. s. || 2. m. y f. Anglosajón. V. *cristalino, gabardino, bolillo.* || 3. Con el primer significado en Méjico y Nuevo Méjico. (*América*, II, 77; *Mexicanismos*, p. 285; *New Mexican*, p. 53.) || 4. En Méjico, "usábase como expresión de cariño y como requiebro para la mujer." (*América*, II, 77.) || 5. En el Distrito Federal (Méjico), "gracioso." (*Mexicanismos*, p. 285.) || 6. En Venezuela, "licor alcohólico indígena." (*América*, II, 77.)

güichol, m. Sombrero de petate. || 2. Con el mismo significado en Méjico. (*América,* II, 78; *Americanismos,* p. 459.)

güinchil (del inglés *windshield*), m. El cristal del frente del automóvil que sirve para protejer del viento y del polvo.

guindo, -da, adj. El color rojo obscuro. || 2. m. En Argentina, "madera de guindo, como ébano, es tanto la madera como el árbol." (*Argentinismos,* p. 68.) || 3. En Guatemala, "cuesta. Lo que *guinda* en Puerto Rico." (*Americanismos,* p. 460.) || 4. En el Perú, "planta rosácea y su fruto." (*América,* II, 80.)

güisa, f. Muchacha. || 2. Prostituta. || 3. En Nuevo Méjico, "novia." (*New Mexican,* p. 21.)

gusjiar, tr. Comer. V. *refinar.* || 2. En Hidalgo (Méjico), *gusgo* quiere decir, "tragón, hambriento." (*Mexicanismos,* p. 287.)

H

haber, verbo auxiliar. Conjugación en el presente de subjuntivo: *haiga, haigas, haiga, háigamos, háigais, haigan.* La segunda persona plural casi nunca se usa, y el acento en la primera sílaba de la primera persona plural es por regla general en todos los verbos. ‖ 2. Lo mismo en Guanajuato y Durango (Méjico). (*Mexicanismos,* p. 292.)

hablada, f. Palabra ofensiva en forma indirecta referida a alguna persona presente. ‖ 2. En América, "acción de hablar." (*América,* II, 87.) ‖ 3. f. pl. "Fanfarronada." (*Ibid.*)

hablador, -ra, adj. Chismoso. ‖ 2. Mentiroso. U. t. c. s. ‖ 3. Lo mismo en Méjico y Santo Domingo. (*Americanismos,* p. 464.) ‖ 4. En Méjico, "valentón, que echa bravatas o habladas." (*Ibid.*)

habladuría, f. Conjunto de voces que se oyen a un mismo tiempo.

haiga, 1ª y 3ª persona del singular, presente de subjuntivo. V. *haber.* ‖ 2. Lo mismo en Argentina, Méjico y Nuevo Méjico, también en Asturias y Galicia (España). (*Argentinismos,* p. 603; *Mexicanismos* p. 292; *New Mexican,* p. 37.)

háigamos, 1ª persona del plural, presente de subjuntivo. V. *haber.* ‖ 2. Lo mismo en Méjico. (*Mexicanismos,* p. 292.) ‖ 3. En Argentina se usa "háyamos" y "háyais." (*Argentinismos,* p. 603.)

haigan, 3ª persona del plural, presente de subjuntivo. V. *haber.* ‖ 2. Lo mismo en Méjico. (*Mexicanismos,* p. 292.)

haigas, 2ª persona del singular, presente de subjuntivo. V. *haber.* ‖ 2. Lo mismo en Méjico. (*Mexicanismos,* p. 292.)

hielera, f. Caja especialmente construída para guardar el hielo. ‖ 2. Refrigerante. ‖ 3. Con el mismo significado en Nuevo Méjico. (*New Mexican,* p. 21.) ‖ 4. En Guatemala, "enfriadera." (*Americanismos*, p. 467.) || 5. En Méjico, "planta silvestre." (*América*, II, 94.)

hielería, f. Lugar donde se fabrica y vende el hielo.

hielero, m. Persona que vende hielo.

hierbajal, m. Herbazal. || 2. Lo mismo en América. (*América*, II, 94.)

hierbero, m. Herbazal. || 2. Con el mismo significado en Ecuador. (*Ecuador*, p. 334.) || 3. En Chile y Puerto Rico se dice *yerbal*. (*Ibid*.)

hiesca, f. Yerba que se usa en cigarrillos, y tiene cualidades narcóticas que perturban hasta enloquecer. V. *marihuana*, *grifa*.

¡*hijo!*, interj. Denota emoción o sorpresa. V. *jijo*. || 2. Con el mismo significado en la América Central y la América del Sur. (*Criollo*, p. 134.) || 3. m. y f. En América, "palabra que se agrega al nombre y apellido de la persona que los tiene iguales a los de su padre." (*América*, p. 95.) || 4. adj. En Costa Rica, "menor de edad." (*Criollo*, p. 134.)

hiprocresía, f. Hipocresía.

hocicón, -na, adj. Persona mentirosa o que se expresa en términos insultantes. U. t. c. s. || 2. En Guatemala, Perú y Puerto Rico se usa *hocicudo*. (*Americanismos*, p. 468.)

hojarasca, f. Pan de dulce amasado con mucha manteca y que se desmorona fácilmente. || 2. Con el mismo significado en Méjico. (*Mexicanismos*, p. 298.) || 3. En Méjico, "planta compuesta." (*América*, II, 98.)

hombrazo, m. Hombre de grandes proporciones físicas.

horita, adv. En este momento o instante. || 2. Con el mismo significado en América y Méjico. (*América*, II, 99; *Mexicanismos*, p. 299.)

horongo, -ga, adj. Se dice de la manera con que una persona se aleja o pasa por alguna parte, muy satisfecha de sí misma, a pesar de que las circunstancias no le son muy propicias. V. *jorongo*.

horquilla, f. Gancho de tendedera. || 2. f. En Chile, "grapa, pieza en forma de herradura." (*América*, II, 101.)

hotelero, -ra, m. y f. Dueño o encargado de un hotel, mesonero. || 2. Lo mismo en Argentina y Chile. (*Argentinismos*, p. 124; *Chilenismos*, p. 192.)

huango, -ga, adj. Cansado. || 2. Ancho; flojo. || 3. Con este último significado en Méjico. (*América*, II, 55.) || 4. En Ecuador, "trenza de pelo." (*América*, II, 55; *Americanismos*, p. 471; *Criollo*, p. 127; *Ecuador*, p. 137.) || 5. m. En Colombia, "racimo de plátanos ensartados." (*América*, II, 55.) || 6. "Planta silvestre." (*Ibid.*) || 7. En Chile "cuadrúpedo roedor." (*Ibid.*) || 8. En Chile y Puerto Rico, "el samán, planta." (*Ibid.*)

huaripa, f. Sombrero blando de palma. || 2. Lo mismo en el norte y en la meseta central de Méjico. (*Mexicanismos*, p. 298.)

hueldear, (del inglés *weld*), tr. Soldar el hierro.

huellas digitales, f. Señas dactiloscópicas.

huerco, -ca, m. y f. Muchacho. || 2. Con el mismo significado en el norte de Méjico y el sur de los Estados Unidos. (*América*, II, 106; *Mexicano*, I, 45.)

huerfanato, m. Orfanato. || 2. Lo mismo en Nuevo Méjico. (*New Mexican*, p. 36.)

huero, -ra. adj. Rubio. || 2. Anglosajón. U. t. c. s. V. *güero*. || 3. Con los mismos significados en Guatemala y Méjico. (*Americanismos*, p. 473; *Mexicanismos*, p. 301.) || 4. En América, particularmente en Cuba, Chile, Méjico, Perú y Puerto Rico, "se dice del huevo podrido." (*América*, II, 106; *Americanismos*, p. 473.)

hueso sabroso, m. El tobillo.

huevón, -na, adj. Perezoso. U. t. c. s. || 2. En Chile, "estúpido." (*América*, II, 108; *Americanismos*, p. 373.) || 3. "Cobarde." (*Americanismos*, p. 474.) || 4. En Cuba, Guatemala y Méjico, "harragán." (*Ibid.*) || 5. En Méjico, "lento, lerdo, tardo." (*América*, II, 108.) || 6. En Perú y

Puerto Rico, "majadero." (*Americanismos*, p. 474.) || 7. En Venezuela, "tonto." *(Ibid.)* || 8. m. En Nuevo Méjico, "joven demasiado grande para su edad, pero que es muy flojo." (*New Mexican*, p. 22.)

huevonear, intr. Flojear.

huevos rancheros, m. Huevos fritos con ají.

huichaca, f. Bolsa de la mesa de billar. V. *buchaca.* || 2. Con el mismo significado en América. (*América*, II, 108.)

huichol, m. Sombrero de paja con ala grande. || 2. En Méjico se escribe *güichol.* (*Americanismos*, p. 373; *Mexicanismos*, p. 285.) || 3. com. En América, "indio perteneciente a la tribu de los huicholes, y el idioma que hablan." (*América*, II, 108.)

huifera, f. Ejército.

¡huije!, interj. Expresión que se emplea para burlarse de alguno o provocarle a enojo. V. *¡éjele!* Se usa también *¡huijele!*

huila, f. Cometa, papalote. || 2. Prostituta. V. *huiza.* || 3. En América, "cometa pequeña que empinan los muchachos." (*América*, II, 108.) || 4. En Méjico, "ramera." *(Ibid.)* || 5. En la América Central y la América del Sur, "piltrafa de carne; andrajo." (*Criollo*, p. 137.) || 6. En Chile, "huira, en su acepción chilena." (*América*, II, 108.) || 7. m. En Méjico, "nombre de un maguey indígena." (*América*, II, 108.) || 8. adj. En Sinaloa (Méjico), "delgado, flacucho." (*América*, III, 335.) || 9. f. pl. En Chile "jirón del vestido." (*América*, II, 108.)

huilote, m. Trozo de madera de una por cuatro pulgadas que se usa en los techos.

huirlocha, f. Nombre despectivo que se da a cualquier automóvil viejo. || 2. En Nuevo Méjico se dice *vilocha* y *huilonchi* con el mismo significado. (*New Mexican*, p. 29.)

huisache, m. Arbol muy espinoso que abunda en esta región. || 2. En Méjico, "nombre de una acacia silvestre." (*América*, II, 109.) || 3. En la América Central, "picapleitos, leguleyo, tinterillo." (*Americanismos,* p. 475; *Criollo,* p. 138.) || 4. En Méjico, "escribiente de profesión y se dice que vive de *huisache,* que se dedica a *huisachear* o que es *huisachero."* (*Americanismos,* p. 475.)

huiza, f. Prostituta. V. *huila.* || 2. En Nuevo Méjico, *güisa* y también *huisa* significa "novia." (*New Mexican,* p. 21.)

humadera, f. Humareda. || 2. Lo mismo en Veracruz y el Distrito Federal (Méjico). (*América,* II, 111; *Mexicanismos,* p. 302.)

húngaro, -ra, adj. Gitano. U. t. c. s. || 2. Con el mismo significado en el norte de Méjico y Nuevo Méjico. (*Mexicano,* II, 36; *New Mexican,* p. 53.)

I

idioso, -sa, adj. Antojadizo. || 2. En Argentina, Bolivia y Méjico, "ideático, venático, de ideas estrafalarias, de ingenio raro." (*Americanismos*, p. 477.) || 3. En Bolivia, Guatemala y Méjico, "maniático." *(Ibid.)*

-illo, -illa, desinencia de las palabras que terminan en *-io* o *-ía*, como *tío, río, María:* se pronuncian *tillo, rillo, Marilla.* || 2. Lo mismo en Méjico. (*Mexicanismos*, p. 303.)

imperial, m. Manta blanca. || 2. En Argentina, "baile antiguo, especie de cuadrillas con muchas figuras." (*Argentinismos*, p. 70.) || 3. "Música de este baile." *(Ibid.)*

imponer, tr. Acostumbrar. U. t. c. r. || 2. Con el mismo significado en Méjico. (*Mexicano*, II, 37.) || 3. r. En el Perú, "enterarse." (*Peruanismos*, p. 245.)

impruvear (del inglés *improve*), tr. Mejorar.

impuesto, p. p. de *imponer*. || 2. adj. Acostumbrado. || 3. Con el mismo significado en Méjico y Chilili (Nuevo Méjico). (*Mexicanismos*, p. 37; *New Mexican*, p. 88.)

incomtax (del inglés *income tax*), m. Impuesto sobre rentas.

indiada, f. Multitud de gente de pueblo. || 2. En América, "muchedumbre de indios." (*América*, II, 120; *Americanismos*, p. 478; *Argentinismos*, p. 125; *Rioplatense*, p. 245.) || 3. "Dicho o acción propia de indios." (*América*, II, 120.) || 4. "Impetu de ira, grande e indomable, como de indio o como heredado de él." *(Ibid.)*

influencia, f. Enfermedad que se parece a la gripe.

ingeniero (del inglés *engineer*), m. Persona encargada de manejar una locomotora.

ir, intr. Conjugación en el pretérito de indicativo: *juí, juiste, jué, juimos, juisteis, jueron.* La segunda persona del plural casi nunca se usa. || 2. Lo mismo en Yucatán e Hidalgo (Méjico). (*Mexicanismos*, p. 325.)

-ites, desinencia de la segunda persona del singular, pretérito
de indicativo, de los verbos terminados en *ir* y *er: fuites,
vinites, vivites,* etc. || 2. Lo mismo en Argentina, Oajaca
y Veracruz (Méjico). (*Argentinismos*, p. 614; *Mexicanismos,* p. 67.)

ixtle, m. La fibra de la pita que se usa para hacer reata. || 2.
Con el mismo significado en Méjico. (*América,* II, 130;
Americanismos, p. 481.)

J

jacalear, intr. Andar de visita de casas. || 2. Con el mismo significado en Méjico. (*América,* II, 134.) || 3. "Ir de jacal en jacal." (*Americanismos,* p. 483.)

jacalero, -ra, m. y f. Persona que acostumbra visitar con frecuencia a los vecinos. U. t. c. adj. || 2. En América, "dícese del que vive en jacal." (*América,* II, 134.)

jaic (del inglés *hike*), m. Caminata.

jaigüey (del inglés *highway*), m. Carretera pavimentada. || 2. Con el mismo significado en el norte de Méjico y el sur de los Estados Unidos. (*América,* II, 136; *Mexicano,* II, 38.)

jaina, f. Novia, esposa. V. *ruca.*

jalado, -da, adj. Borracho. V. *cuete, pando, pedo,* etc. || 2. p. p. Trabajado. || 3. En América, particularmente en Colombia y el Distrito Federal (Méjico), "borracho." (*América,* II, 137; *Colombiano,* p. 140; *Mexicanismos,* p. 315.) || 4. En Costa Rica, "se dice de la persona ojerosa y pálida." (*América,* II, 137.) || 5. En algunas partes de Méjico, "dícese de la persona obsequiosa en exceso, y siempre en frase negativa." (*Ibid.*)

jalador, -ora, adj. Trabajador.

¡jálale!, interj. Significa: ¡tira de él!

jalar, intr. Trabajar. || 2. En América, particularmente en Guatemala, "emprender la marcha." (*América,* II, 137; *Americanismos,* p. 484.) || 3. En la América Central, "hacer el amor." (*Ibid.; ibid.; Criollo,* p. 143.) || 4. En Bolivia, Puerto Rico, Querétaro (Méjico) y Venezuela, "largarse, irse." (*América,* II, 137; *Americanismos,* p. 484.) || 5. En Colombia y Méjico, "halar." (*Colombiano,* p. 140; *Mexicanismos,* p. 318.) || 6. En Nuevo Méjico, *jale* significa, "trabaje." (*New Mexican,* p. 22.) || 7. En el

Perú, "reprobar en examen." (*América*, II, 137; *Americanismos*, p. 484.) || 8. En Santo Domingo, "enflaquecer." (*Americanismos*, p. 484.) || 9. r. En la América Central, Colombia, Cuba, Ecuador, Méjico, Perú, Puerto Rico y Venezuela, "emborracharse." (*América*, II, 137; *Americanismos*, p. 484.) || 10. p. p. En la América Central, Ríohacha (Colombia) y Puerto Rico, "el que está demacrado, con señales en la cara de cansancio y hambre." (*Americanismos*, p. 484.)

jalón, m. Estirón. || 2. Con el mismo significado en América, particularmente en Argentina. (*América*, II, 138; *Argentinismos*, p. 232.) || 3. En la América Central, "novio, galán." (*América*, II, 138; *Americanismos*, p. 484.) || 4. En Bolivia, Chile, Méjico, Perú, Puerto Rico y Venezuela, "trecho largo, jornada." (*Ibid.; ibid.*) || 5. En Guatemala y Méjico, "trago de licor." (*Ibid.; ibid.*)

jamaica, f. Fiesta pública en que se establece una venta de artículos, o hay juegos que se pagan, con el objeto de reunir dinero para la beneficencia pública. V. *quermés.* || 2. Con el mismo significado en Méjico. (*América*, II, 138; *Americanismos*, p. 484; *Mexicanismos*, p. 319.) || 3. En la América Central, Cuba y Méjico, "planta muy común en el interior del país." (*América*, II, 138.) || 4. En Costa Rica, "la pimienta de Tabasco." (*América*, II, 138.) || 5. En Méjico, "refrescante, bebida." (*Ibid.*) || 6. "Planta malvácea." (*Ibid.*)

jambar, tr. Robar. || 2. En Honduras y Méjico, "comer en exceso." (*Americanismos*, p. 484; *Mexicanismos*, p. 319.) || 3. En Zacatecas (Méjico), "molestar." (*Americanismos*, p. 484.) || 4. r. En Centro América y Tabasco (Méjico), "hartarse." (*América*, II, 138.)

jambórguer (del inglés *hamburger*), m. Comida compuesta de carne, cebolla, lechuga y pepino entre dos rebanadas de pan redondo.

jando, m. Dinero. || 2. Con el mismo significado en el caló del hampa de Méjico, y también en Nuevo Méjico. (*América*, III, 336; *New Mexican*, p. 22.)

jarabe, m. Baile típico mejicano. || 2. Con el mismo significado en Méjico. (*Americanismos*, p. 485.) || 3. En América, "baile popular típico de los diversos pueblos de América." (*América*, II, 140.) || 4. "Música del baile, y aun tonada, copla y cantar que lo acompaña." *(Ibid.)*

jardín-infantil (del inglés *kindergarten*), m. Escuela para niños que no han cumplido aún la edad escolar. V. *quinder*. || 2. En Argentina se dice *jardín de infantes* y significa "colegio de párvulos de ambos sexos." (*América*, II, 141.)

jaripeo, m. Fiesta en la cual compiten algunos jinetes en el manejo de caballos y ganado. || 2. Con el mismo significado en Bolivia y Méjico. (*América*, II, 141; *Americanismos*, p. 486; *Criollo* p. 144; *Mexicanismos*, p. 320.) || 3. En la América Central y la América del Sur, "suerte de montar un toro." (*América*, II, 141; *Criollo*, p. 144.)

jefa, f. Mamá.

jefe, m. Papá. || 2. Con el mismo significado en Nuevo Méjico. (*New Mexican*, p. 22.) || 3. En América, "tratamiento de subordinación y respeto, o de consideración por humildad, que la gente del pueblo da al individuo en quien reconoce superioridad social o de otra naturaleza." (*América*, II, 143.) || 4. En Méjico, "señor, caballero." (*Mexicanismos*, p. 320.)

jerol, m. Golpe.

jicotera, f. Nido de jicotes. || 2. Con el mismo significado en América y especialmente en Venezuela. (*América*, II, 148.) || 3. En América, "ruido sordo, zumbido formado por las avispas." *(Ibid.)*

¡jijo!, interj. Expresión de sorpresa. Es corrupción de *hijo*. A veces se dice *¡Jijo de la guayaba! ¡Jijo de la tiznada! ¡Jijo de la china Hilaria!*

jincar, tr. Asestar, descargar un golpe. || 2. Con el mismo significado en Méjico. (*Mexicanismos*, p. 322.)

jira (del inglés *heater*), m. Calentador de gas o petróleo.

jiriolo, -la, adv. Se dice de la persona que anda muy satisfecha de sí misma, a pesar de que las circunstancias no le
son muy propicias. V. *jorongo, horongo.*

jocoque, m. Nata de leche que se ha hecho agria. || 2. Con el
mismo significado en América. (*América*, II, 164; *Ameri-
canismos*, p. 491; *Mexicanismos*, p. 323.) || 3. En Cuba,
con el mismo significado se dice *boruga* (*Americanismos*,
p. 491.)

jolino, -na, adj. Rabo corto o sin rabo. || 2. Vestido corto. || 3.
Con el mismo significado en Méjico y Nuevo Méjico.
(*América*, II, 155; *Americanismos*, p. 491; *New Mexican*,
p. 22.) || 4. En Méjico, "cuchillo de hoja gastada por el
uso." (*América*, II, 155.)

jom (del inglés *home*), m. En el juego de beisbol, el vértice
donde se para el que le va a pegar a la pelota. V. *beisbol.*

jomrón (del inglés *home run*), m. En el juego de *beisbol,*
hacer carrera completa alrededor de los vértices. V. *beisbol.*
|| 2. Lo mismo en Nuevo Méjico. (*New Mexican*, p. 63.)

jondeón, m. Vuelta rápida y corta que se da a alguna cosa.
|| 2. En América, "tirón, el hecho de empujar o lanzar con
brusquedad." (*América*, II, 156.)

jonuco, m. Casa vieja, choza. || 2. En Méjico y el Salvador,
"chiribitil, covacha." (*América*, II, 156; *Americanismos*,
p. 492; *Mexicanismos*, p. 323.)

joronche, adj. Jorobado. || 2. Lo mismo en Méjico. (*América*,
II, 156; *Americanismos*, p. 492.)

jorongo, -ga, adv. Se dice de la manera con que una persona
se aleja o pasa, muy satisfecha de sí misma, a pesar de que
las circunstancias no le son muy propicias. V. *jiriolo, ji-
riolo, horongo.* || 2. m. En la América Central y la América
del Sur, "gringo, extranjero." (*América*, II, 156; *Americanismos*, p. 492; *Mexicanismos*, p. 323.)

josco, -ca, adj. Hosca, color oscuro del ganado. || 2. Lo mismo
en Michoacán (Méjico). (*América*, II, 156; *Mexicanismos*,

p. 324.) ‖ 3. En Guatemala, "color perlado claro o blanquecino del ganado." (*América*, II, 156.) ‖ 4. En Méjico, "espantadizo, hablando de caballerías." *(Ibid.)* ‖ 5. En Puerto Rico, "se dice de personas, como equivalente de moreno, prieto, negro." *(Ibid.)*

joto, -ta, m. y f. Hermafrodita. ‖ 2. Con el mismo significado en Méjico. (*América*, II, 157; *Americanismos*, p. 493; *Mexicanismos*, p. 324.) ‖ 3. m. En Colombia, "maleta, lío." (*América*, II, 157; *Americanismos*, p. 493.)

juait sos (del inglés *white sauce*), m. Salsa blanca que se hace de harina, leche, crema y mantequilla.

juanita, f. Yerba que al fumarse en cigarrillos enloquece. V. *marihuana*. ‖ 2. Con el mismo significado en Méjico. (*América*, II, 158.) ‖ 3. En Colombia, "una planta bignoniácea." *(Ibid.)* ‖ 4. En Costa Rica, "una variedad de frijol." *(Ibid.)* ‖ 5. En Méjico, "planta de propiedades medicinales." *(Ibid.)*

jué, 3ª persona, singular, pretérito de indicativo del verbo *ir*. V. *ir*. ‖ 2. Lo mismo en Méjico y Nuevo Méjico. (*Mexicanismos*, p. 325; *New Mexican*, p. 36.)

juereño -ña, adj. Se aplica a personas que vienen del interior de Méjico. V. *fuereño*.

jueron, 3ª persona de plural, pretérito de indicativo del verbo *ir*. V. *ir*. ‖ 2. Lo mismo en Méjico y Nuevo Méjico. (*Mexicanismos*, p. 325; *New Mexican*, p. 36.)

juí, 1ª persona, singular, pretérito de indicativo del verbo *ir*. V. *ir*. ‖ 2. Lo mismo en Méjico y Nuevo Méjico. (*Mexicanismos*, p. 325; *New Mexican*, p. 36.)

juimos, 1ª persona, plural, pretérito de indicativo del verbo *ir*. V. *ir* ‖ 2. Lo mismo en Méjico. (*Mexicanismos*, p. 325.)

julia, f. Coche en que la policía carga con los presos. ‖ 2. Con el mismo significado en Méjico y el sur de los Estados Unidos. (*América*, II, 161.) ‖ 3. En Nuevo Méjico, "la policía." (*New Mexican*, p. 22.) ‖ 4. En Méjico, "ómnibus, automóvil." (*Mexicano*, II, 85.) ‖ 5. m. En Colombia, "llaman así a algunas blaceas ornamentales." (*América,* II, 161.) || 6. En el Salvador, "planta que en Méjico se llama chichinguaste." (*Ibid.*) || 7. "En el Sureste del país una acantácea cultivada." (*Ibid.*)

jumate, m. Cucharón con mango largo que sirve para tomar agua. V. *dipa.* || 2. Con el mismo significado en Méjico y Nuevo Méjico. (*América,* II, 162; *Mexicanismos,* p. 326; *New Mexican,* p. 22.) || 3. En Nuevo Méjico, "bandeja para hacer caldo." (*New Mexican,* p. 22.)

jurgunear, tr. Trastornar, estrujar. || 2. En Méjico "hurgonear." (*América,* II, 163; *Mexicanismos,* p. 326.)

L

laberintazo, m. Ruido y voces de personas que disputan.

laberinto, m. Ruido de muchas personas que disputan todas al mismo tiempo. || 2. Con el mismo significado en América, particularmente en Perú. (*América,* II, 167; *Americanismos,* p. 498.)

laberintoso, -sa, adj. Se dice de la persona ruidosa que habla y disputa mucho. U. t. c. s. || 2. Con el mismo significado en América, particularmente en Guanajuato (Méjico) y Perú. (*América,* II, 167; *Americanismos,* p. 498.)

labioso, -sa, adj. Adulador, lisonjero. U. t. c. s. || 2. Lo mismo en la América Central, Ecuador, Méjico y Puerto Rico. (*América,* II, 167; *Americanismos,* p. 498; *Ecuador,* p. 165.)

labor, m. Terreno preparado para la agricultura. || 2. Con el mismo significado en Méjico. (*Mexicano,* II, 39.) || 3. En el centro y norte de Méjico, "un zontle de sembradura, más o menos." (*América,* II, 166.) || 4. En parte de los Estados Unidos que antes fué territorio mejicano, "superficie de terreno laborable de un millón de varas cuadradas." (*Ibid.*) || 5. f. En Guatemala y El Salvador, "finca rústica pequeña." (*Americanismos,* p. 498.)

ladino, -na, adv. Denota el hablar con voz aguda. || 2. Adj. Se dice del animal salvaje. || 3. Con el primer significado en Méjico. (*Americanismos,* p. 498.) || 4. m. y f. y adj. En América, "persona de habla castellana." (*América,* II, 168.) || 5. "Indio o negro africano que no habla con propiedad el castellano." (*Ibid.; Ríoplatense,* p. 253.) || 6. "En lo antiguo decíase del indio o negro que se hacía a las costumbres del español." (*América,* II, 168.) || 7. En la América Central y Tabasco (Méjico), "mestizo." (*América,* II, 168; *Americanismos,* p. 498.) || 8. En Colombia y Santo Domingo, "parlanchín, charlatán." (*Ibid.; ibid.*)

|| 9. En la América Central, Argentina, Colombia, Ecuador y Perú, "dícese del indio de habla castellana." (*Americanismos*, p. 498.) || 10. En Cuba, "dícese del negro africano bastante civilizado." *(Ibid.)* || 11. En Méjico, "nombre que dan los indios al mestizo o blanco." *(Ibid.)* || 12. En Nuevo Méjico, "salvaje." (*New Mexican*, p. 22.) || 13. adj. En Argentina, "dícese del que es muy inteligente e insinuante." (*Argentinismos*, p. 127.)

ladrío, m. Ladrillo.

lamber, tr. Lamer. || 2. Lisonjear con el propósito de obtener algún beneficio. || 3. Con el primer significado en la América Central, la América del Sur, y particularmente en Argentina, Colombia, Chile, Méjico y El Salvador, también en Galicia (España). (*América*, II, 170; *Argentinismos*, p. 127; *Colombiano*, p. 149; *Criollo*, p. 147; *Chilenismos*, p. 89; *Mexicanismos*, p. 330.) || 4. Con el significado segundo en Argentina. (*América*, II, 170.)

lambiache, com. Halagador fingido, adulador odioso. || 2. Lo mismo en América. (*América*, II, 170.) || 3. En Méjico, "lameplatos." (*Americanismos*, p. 499.)

lambeta, m. Lisonjero odioso. U. t. c. adj. || 2. Con el mismo significado en Argentina. (*América*, II, 170; *Americanismos*, p. 499.)

lambuzco, -ca, m. y f. Lisonjero odioso. || 2. Con el mismo significado en América. (*América*, II, 170.)

lambuzquear, tr. Tratar de agradar con halagos fingidos. || 2. Comer algo fuera de tiempo. || 3. Con el primer significado en América. (*América*, II, 170.)

lamparear, tr. Mirar. || 2. En Guatemala (Méjico), "azotar." (*América*, II, 171.)

lampreado, -da, adj. Manera de cocinar en la cual se usa el huevo batido para cubrir ciertos guisos de carne, pescado, papas, etc. || 2. m. En América y especialmente en Chile, "guiso especial chileargentino." (*América*, II, 171; *Chilenismos*, p. 41.)

lamprear, tr. Cubrir un guiso con huevo batido. || 2. En la América Central, "azotar." (*Americanismos,* p. 501.)

lana, f. Dinero. || 2. Con el mismo significado en Méjico. (*Americanismos,* p. 501.) || 3. En Argentina, "pendejo." (*América,* II, 171.) || 4. "La fruta del *Genipa caruto.*" (*Ibid.*) || 5. En el Brasil, "lama." (*Ibid.*) || 6. En Costa Rica, "musgo de los árboles silvestres." (*Ibid.*) || 7. En Méjico, "mentira." (*Americanismos,* p. 501.) || 8. m. En la América Central, "tramposo, bandido." (*Ibid.*) || 9. "Persona de ínfima clase social." (*América,* II, 171; *Americanismos,* p. 501.)

lanero, m. Joven que, en la trasquila del ganado menor, junta la lana para empacarla. || 2. En Cuba, "planta del corcho." (*América,* II, 171.)

lángara, com. Persona astuta, falsa y sinvergüenza. U. t. c. adj. || 2. Con el mismo significado en Méjico. (*América,* II, 172; *Americanismos,* p. 501; *Mexicanismos,* p. 330.) || 3. adj. En Argentina, "larguirucho." (*América,* II, 172.) || 4. En Colombia, "holgazán." (*Ibid.*) || 5. "Hambriento, necesitado." (*Ibid.*)

lanudo, -da, adj. Persona adinerada. || 2. En Ecuador y Venezuela, "rústico, grosero, tosco." (*América,* II, 172; *Americanismos,* p. 501.) || 3. En Argentina, "persona que se enreda en el vestido y no puede andar, o en obstáculos nimios y no acierta a proceder." (*América,* II, 172.) || 4. "Lerdo, pesado, de poca voluntad." (*Ibid.*)

lapicero, m. Lápiz cuya punta sale automáticamente. || 2. En Argentina y el Perú, "portaplumas." (*América,* II, 172; *Americanismos,* p. 501; *Argentinismos,* p. 127.)

largo, -ga, adj. Se dice del mañoso. || 2. m. adv. Argentina, "largamente." (*Argentinismos,* p. 78.)

largucho, -cha, adj. Larguirucho. || 2. Con el mismo significado en Argentina, Colombia, Chile, Méjico, Perú, Puerto Rico y Uruguay. (*América,* II, 173; *Americanismos,* p. 502; *Colombiano,* p. 150.) En Colombia se dice *largu-*

rucho. (*Colombiano,* p. 150.) ‖ 3. En Nuevo Méjico, *largucha* quiere decir "mujer alta." (*New Mexican,* p. 22.)

lastimada, f. Acción y efecto de lastimar. ‖ 2. En Colombia Guatemala y Méjico se dice *lastimadura.* (*Americanismos,* p. 502; *Colombiano,* p. 150.) ‖ 3. En América, "comunísimo, por herida." (*América,* II, 173.)

lastimón, m. Acción y efecto de lastimar. ‖ 2. Con el mismo significado en Colombia, Cuba, Guatemala, Méjico, Perú, Puerto Rico y Venezuela. (*Americanismos,* p. 502; *Colombiano,* p. 150.) ‖ 3. En Puerto Rico, "matadura, magulladura." (*América,* II, 173.)

latinoamericano, -na, m. y f. Persona de origen mejicano o hispánico. U. t. c. adj. ‖ 2. En Argentina, "concerniente a los países de esa América o a sus habitantes." (*Argentinismos,* p. 234.)

lavadero, m. Utensilio que usan las mujeres para restregar la ropa al lavarla. V. *tallador.* ‖ 2. Trabajo que consiste en lavar cierta cantidad de ropa para alguna persona. ‖ 3. Con el primer significado en Nuevo Méjico. (*New Mexican,* p. 53.) ‖ 4. En América, particularmente en Argentina, Guatemala y Querétaro (Méjico), "paraje a orillas de un río que arrastra pepitas de oro donde éstas se lavan o benefician." (*América,* II, 175; *Americanismos,* p. 503; *Argentinismos,* p. 127.) ‖ 5. En la America del Sur y Méjico, "depósito de sustancias metálicas, principalmente si es en arenas o terrenos de acarreo." (*América,* II, 175.)

lavadora, f. Máquina eléctrica para lavar ropa. ‖ 2. En Colombia, "lavandera." (*Americanismos,* p. 503; *Colombiano,* p. 151.)

lavandería, f. Establecimiento donde se lava la ropa con máquinas. ‖ 2. Con el mismo significado en América, particularmente en Colombia, Méjico, Perú, Uruguay y Venezuela. (*América,* II, 175; *Americanismos,* p. 503; *Colombiano,* p. 151; *Chilenismos,* p. 198; *Mexicanismos,* p. 332.) ‖ 3. En Colombia, "lavadero de oro." (*Americanismos,* p. 503.)

lavaplatos, m. Persona que trabaja en un restaurante lavando platos. ‖ 2. En América, "fregadero." (*América*, II, 175; *Chilenismos*, p. 198.) ‖ 3. En la América tropical, "algunas plantas de las solanáceas conocidas también con los nombres de *tomatillo, berenjena, cimarrón, guistomate, pendejera*, etc., según cada lugar." (*América*, II, 175.) ‖ 4. En la América Central, "la planta más conocida por *friega-platos.*" (*Ibid.*)

leche, f. Buena suerte. ‖ 2. Con el mismo significado en Costa Rica y Méjico. (*América*, II, 176.) ‖ 3. En Bolivia, "goma elástica." (*Americanismos*, p. 504.) ‖ 4. m. En las Antillas, "el lecherón." (*América*, II, 176.) ‖ 5. En Venezuela, "planta común." (*Ibid.*)

lechudo, -da, adj. Se dice de la persona que tiene mucha suerte. U. t.c. s. ‖ 2. Con el mismo significado en Argentina y Venezuela, pero se dice *lechoso.* (*América*, II, 177; *Americanismos*, p. 504; *Argentinismos*, p. 235.) ‖ 3. m. En Argentina, "animal que da mucha leche." (*América*, II, 177.) ‖ 4. f. En Argentina, "planta o frutos que tienen jugos blancos." (*Ibid.*)

léido, p. p. de *leer*. Leído.

lencho -cha, adj. Tonto. U. t. c. s.

lengón, -na, adj. Que dice mentiras. ‖ 2. Que habla con malicia. ‖ 3. Con los mismos significados en América y Nuevo Méjico. (*América*, II, 178; *New Mexican*, p. 22.) ‖ 4. En Méjico, "lenguón, lenguaraz." (*Americanismos*, p. 505.)

lengoniar, intr. Platicar, charlar.

lengudo, -da, adj. Deslenguado. ‖ 2. Con el mismo significado en Oajaca (Méjico). (*Mexicanismos*, p. 333.)

lenguón, -na, adj. Deslenguado. U. t. c. s. ‖ 2. Con el mismo significado en América, particularmente en Colombia, Ecuador y Méjico. (*América*, II, 181; *Americanismos*, p. 505; *Colombiano*, p. 152; *Ecuador*, p. 173.) ‖ 3. En Nuevo Méjico, "chismoso." (*New Mexican*, p. 22.)

leontina, f. Faltriquera pequeña de reloj. ‖ 2. Con el mismo

significado en América, particularmente en Argentina.
(*América,* II, 181; *Argentinismos,* p. 79.)

lep (del inglés *lap*), m. Una vuelta, corriendo alrededor de
la pista o redondel.

ler, tr. Leer. || 2. Lo mismo en Méjico. (*Mexicanismos,* p.
333.)

ley, f. La policía.

liacho, m. Bulto mal arreglado y liado con cuerda.

librero, m. Armario para libros. || 2. Con el mismo significa-
do en América, particularmente en Méjico. (*América,* II,
184; *Americanismos,* p. 506.)

licar, tr. Ver. || 2. Con el mismo significado en Méjico.
(*América,* III, 336.)

licorear, tr. Ver; divisar.

líder (del inglés *leader*), m. Jefe, caudillo, cabecilla. || 2. Lo
mismo en América. (*América,* II, 184; *Argentinismos,* p.
398; *Chilenismos,* p. 277; *New Mexican,* p. 64.)

liebre, f. Trabajo, empleo. Se usa mucho *liebrita.*

lima, f. Camisa. || 2. En la América Central y la América del
Sur, "el fruto del limonero." (*Criollo,* p. 150.) || 3. En
Argentina, "limero, el árbol." (*Argentinismos,* p. 236.)

limosnero, -ra, m. y f. Mendigo. || 2. Con el mismo signifi-
cado en América, particularmente en Argentina y Chile.
(*América,* III, 186; *Argentinismos,* p. 236; *Chilenismos,* p.
201.) || 3. En Méjico, "el que da las limosnas." (*Mexi-
cano,* I, 47.)

línea, f. Hilera. || 2. Mentira. || 3. Explicación que se da para
hacer buena impresión en otros. || 4. En Argentina, "rasgo
visible o imaginario que separa dos cosas contiguas." (*Ar-
gentinismos,* p. 30.) || 5. "Hablando de conducta, regla a
que uno se ajusta." (*Ibid.*) || 6. "Servicio de transportes
entre dos puntos." (*Ibid.*) || 7. En Chile y Puerto Rico,
"excelente, el número uno en su clase. *Fulano es una
línea.*" (*Americanismos,* p. 508.)

linterna, f. Luciérnaga. || 2. Cualquier negocio pequeño. || 3. Lámpara. || 4. En Río de la Plata, "nombre de una especie de cocuyo." (*América*, II, 187.)

lipistic (del inglés *lipstick*), m. Lápiz para los labios.

liquear (del inglés *leak*), tr. Gotear. || 2. Lo mismo en Nuevo Méjico. (*New Mexican*, p. 64.)

lira, f. Guitarra. || 2. En Chile, Cuba y Puerto Rico, "pieza de metal, en forma de instrumento músico de su nombre, que sirve en las casas para sostener el quinqué." (*América*, II, 187.) || 3. En Guatemala, "caballo flaco." *(Ibid.)* || 4. En Puerto Rico, "nombre que se da al tulipán." *(Ibid.)*

lisa, f. Camisa. V. *lima*. || 2. En América, particularmente en Perú, "descarado, desvergonzado, atrevido." (*América*, II, 188; *Peruanismos*, p. 263.)

listerina (del inglés *listerine*), f. Solución antiséptica. || 2. Con el mismo significado en Nuevo Méjico. (*New Mexican*, p. 64.)

listones, m. pl. Juego de niños en el cual se les da los nombres de varios colores y luego viene "el ángel con sus alas de oro" y "el diablo con sus dos cuernos" a tratar de adivinarlos, y así tener el mayor número de niños en su bando.

liviano, *-na*, adj. Persona de mala reputación. || 2. f. En Santo Domingo, "*mixta*, plato de comida." (*Americanismos*, p. 509.) || 3. m. "Plato hecho con pedazos de bofes y otras vísceras de vaca o de cerdo, en caldo." *(Ibid.)*

lonchar (del inglés *to lunch*), tr. Comer ligeramente al mediodía. || 2. Lo mismo entre la gente de habla española de los Estados Unidos. (*América*, II, 191; *New Mexican*, p. 64.)

lonch beg (del inglés *lunch bag*), m. Fiambrera.

lonche (del inglés *lunch*), m. Comida. || 2. Con el mismo significado en América, particularmente en Argentina, Méjico y Nuevo Méjico. (*América*, II, 191; *Argentinismos*, p. 398; *Mexicano*, II, 40; *New Mexican*, p. 64.) En Argentina usan *lunch*. (*Argentinismos*, p. 398.)

lonchera (del inglés *lunch*), f. Fiambrera, portaviandas.

lonchería (del inglés *lunch*), f. Lugar donde venden platos ligeros, como tacos, tortas, etc. || 2. Lo mismo en Méjico y Nuevo Méjico. (*América*, II, 191; *New Mexican*, p. 64.)

londre (del inglés *laundry*), f. Tienda donde lavan y planchan ropa. || 2. Lo mismo en Nuevo Méjico. (*New Mexican*, p. 64.)

los, pron. Nos. Como "ya los vamos," en lugar de, "ya nos vamos." || 2. Lo mismo en San Luis Potosí (Méjico). (*Mexicanismos*, p. 338.)

lote (del inglés *lot*), m. Solar de terreno. || 2. Lo mismo en Nuevo Méjico. (*New Mexican*, p. 64.) || 3. En Argentina, "incapaz, imbécil." (*América*, II, 192; *Americanismos*, p. 512.) || 4. En Colombia, "trago grande de licor." (*América*, II, 192.) || 5. En Méjico, "campo de 50 a 150 hectáreas de terreno." *(Ibid.)* || 6. "Resto de mercaderías que se venden a bajo precio para realizarlas fácilmente." *(Ibid.)*

lucario, adj. Tonto. || 2. En Colombia, *locario* significa "atolondrado." (*Colombiano*, p. 155.)

luenga, f. Lengua.

lumbriz, f. Lombriz.

luna, f. Menstruación.

lunada, f. Fiesta a la luz de la luna.

llamarse, r. Retractarse. V. *rajarse, cuartearse.* || 2. Con el mismo significado en Méjico. (*América*, II, 196; *Americanismos*, p. 515.) || 3. En Méjico, "acobardarse." (*Americanismos*, p. 515.) || 4. En Veracruz (Méjico), "quejarse de alguno, acusarlo." (*Mexicanismos*, p. 340.)

llamón, -na, adj. Se dice de la persona que se retracta. U. t. c. s. || 2. Cobarde. || 3. Con el segundo significado en Méjico. (*Americanismos*, p. 315.)

llantas, f. pl. Regalos en un casamiento. || 2. f. En la América Central y la América del Sur, "sombra." (*Criollo*, p. 153.) || 3. En Perú y Puerto Rico, "sortija mucho más ancha que gruesa." (*América*, II, 196; *Americanismos*, p. 515.)

llave de agua, f. Canilla con una válvula para regular la salida de agua.

llaves, f. pl. Los cuernos del toro. V. *cuaco.* || 2. Con el mismo significado en Méjico. (*América*, II, 197; *Americanismos*, p. 516.)

llevarse, r. Hablar y jugar uno con otro sin enojarse, a pesar de que a veces los juegos o palabras lleguen a ser ofensivos.

lloviznoso, adj. Se dice del tiempo de mucha llovizna. || 2. Con el mismo significado en América, particularmente en Cuba, Perú, Puerto Rico y Venezuela. (*América*, II, 199; *Americanismos*, p. 517.)

M

macalililiá, f. Juego cantado de niños en el cual se ponen los niños en dos filas, y cogidos de la mano, se confrontan; sustentan un diálogo cantado en el cual se pide algo a uno de los niños del bando opuesto, y éste contesta.

macánico, m. Mecánico.

macano, -na, adj. Mezquino. || 2. m. En América, particularmente en las Antillas, Argentina, Colombia, Ecuador y Méjico "garrote, maza, arma de policía y de los indios antiguos." (*América,* II, 202; *Americanismos,* p. 518; *Criollo,* p. 154; *Mexicanismos,* p. 343; *Ríoplatense,* p. 263.) || 3. En la América Central, Bolivia y Venezuela, "tejido de algodón. (*América,* II, 201; *Americanismos,* p. 518; *Criollo,* p. 154.) || 4. En la América Central y Méjico, "instrumento agrícola, a modo de rastrillo, cuadrangular, con reja en uno de los lados, que sirve también para abrir la tierra." (*América,* II, 202; *Criollo,* p. 154.) || 5. En Argentina, "conversación latosa." (*Americanismos,* p. 518.) || 6. "Cosa mal hecha." *(Ibid.)* || 7. En Argentina, Bolivia, Chile, Panamá y Uruguay, "disparate, tontería." (*Ibid.; Argentinismos,* p. 238.) || 8. En Colombia, "un helecho arborescente." (*Criollo,* p. 154.) || 9. En Colombia, Chile y Río de la Plata, "embuste, mentira." (*América,* II, 201; *Criollo,* 154.) || 10. En Colombia y Venezuela, "palmera de madera muy resistente y fina." (*América,* II, 201.) || 11. En Costa Rica y Méjico, "cualquiera cosa cilíndrica, tosca, gruesa." (*América,* II, 201.) || 12. "Diente grande y feo." *(Ibid.)* || 13. En Chile, "color oscuro que se usa para teñir lana." (*Americanismos,* p. 518.) || 14. En Ecuador, "especie de mantelete o chal que usan los indígenas." *(Ibid.)* || 15. En Méjico, "duro, peso fuerte." *(Ibid.)* || 16. f. En el interior del Perú, "piedra gruesa atada al extremo de un palo, que se destina a desmenuzar los terrenos de un campo dedicado al cultivo." *(Ibid.)*

macuache, adj. Persona que no sirve para nada. U. t. c. s. || 2. En Méjico, "indio despreciable." (*América*, II, 206; *Americanismos*, p. 520; *Mexicanismos*, p. 344.)

macuco, -ca, adj. Viejo. || 2. En Argentina, Chile y Venezuela, "macanudo, notable por cualquier concepto." (*América*, II, 207; *Americanismos*, p. 520.) || 3. En Argentina, Bolivia y Venezuela, "muchacho grandullón." (*Ibid.; ibid.; Criollo*, p. 154.) || 4. En Ecuador, "viejo inútil." (*América*, II, 207; *Americanismos*, p. 520.) || 5. m. En Bolivia, "el ave conocida por martineta." (*América*, II, 207.) || 6. En el Brasil, "nombre de una ave de las gallináceas." (*Ibid.*) || 7. En Tabasco (Méjico), "mazo de panela que puede contener cuatro u ocho; o de cal; hecho de la hoja de la caña de azúcar, en el primer caso, y de yagua en caso de contener cal." (*Ibid.*)

machetón, -na, adj. Perezoso, negligente. || 2. f. Marimacho. || 3. Travieso. || 4. f. Con los primeros dos significados en Guatemala y Jalisco (Méjico). (*Americanismos*, p. 522.) || 5. En Colombia, "navaja grande." (*Ibid.*) || 6. m. En la América Central, "militar rudo y autoritario." (*América*, II, 209; *Americanismos*, p. 522.) || 7. En Chiapas (Méjico), "nombre popular de jinicuil." (*América*, II, 209.) || 8. En Hidalgo (Méjico), "travieso, inquieto." (*Americanismos*, p. 522.)

machiguar, tr. Manejar, manipular.

macho, adj. Muy hombre. || 2. m. Asado de hígados, mollejas y carnes, enrollados y liados con tripas. || 3. m. En América, "la cosa o planta que es de grande tamaño." (*América*, II, 210.) || 4. En América, particularmente en Colombia, Guatemala y Cuba, "grano de arroz sin descascarar." (*América*, II, 210; *Americanismos*, p. 523; *Colombiano*, p. 159.) || 5. En Costa Rica, "individuo de rostro rubicundo y cabello rubio." (*América*, II, 159; *Americanismos*, p. 523.) || 6. "Individuo de raza sajona. Se usa también el femenino." (*Americanismos*, p. 523.) || 7. En Cuba, "jugada de billar, en que dos bolas juntas están enfiladas

con una tronera." (*América*, II, 210.) || 8. "En el oriente
cubano, el tasajo." *(Ibid.)* || 9. En Guatemala, "meretriz."
(*Americanismos*, p. 523.) || 10. En Honduras, "pedazo de
tortilla con queso." (*América*, II, 210; *Americanismos*, p.
523.) || 11. En Puerto Rico, "pasatiempo." *(Ibid.; ibid.)*
|| 12. "Modorra." *(Ibid.; ibid.)* || 13. adj. En América, par-
ticularmente en Ecuador, "varonil, hombre de grandes
energías." (*América*, II, 210; *Ecuador*, p. 181.)

madama (del inglés *madam*), f. Título que dan las sirvientas
a sus amas angloamericanas. || 2. En Bolivia y Río de la
Plata, "partera." (*América*, II, 211; *Americanismos*, p.
523.) || 3. En Colombia, "señora extranjera." (*Colom-
biano*, p. 159.) || 4. En Cuba, "nombre de una planta de
adorno." (*América*, II, 211.)

maderear, tr. Halagar.

maderera, f. Maderería.

madrota, f. Mujer que está a cargo de una casa de prosti-
tución. || 2. Con el mismo significado en Méjico. (*Ameri-
canismos*, p. 524.)

madrugadita, f. Algo más temprano que la madrugada.

magacín (del inglés *magazine*), m. Revista. || 2. En Nuevo
Méjico se dice *magazina* con el mismo significado. (*New
Mexican*, p. 64.)

maistro, -ra, m. y f. Maestro. || 2. Lo mismo en Méjico.
(*Mexicanismos*, p. 346.)

maiz, m. Maíz. || 2. Lo mismo en Nuevo Méjico. (*Mexicanis-
mos*, p. 346; *New Mexican*, p. 37.)

malagradecido, -da, adj. Desagradecido. || 2. Con el mismo
significado en la América Central, las Antillas, Colombia,
Chile, Ecuador, Méjico, Perú, Uruguay y Venezuela.
(*América*, II, 219; *Americanismos*, p. 526; *Chilenismos*,
p. 289; *Mexicanismos*, p. 346.)

¡malajos!, interj. Denota impaciencia.

malanco, -ca, adj. Se usa para describir la fruta que no está del todo sana. || 2. También para describir a las personas que no son del todo honradas.

malancón, -ona, adj. Se usa para describir a las personas poco honradas. V. *malanco.*

malaveriguado, -da, adj. Desobediente. || 2. Que dice maldiciones.

mal de arco, m. Tétanos.

maldiciento, -ta, adj. Maldiciente. || 2. Con el mismo significado en América, particularmente en Méjico. (*América,* II, 229; *Mexicanismos,* p. 347; *Mexicano,* p. 48.)

maleta, adj. Se dice de la persona que no sirve para hacer algún trabajo. U. t. c. s. || 2. f. En América, particularmente en Colombia y Ecuador, "lío de ropa." (*América,* II, 220; *Americanismos,* p. 258; *Criollo,* p. 157.) || 3. En la América Central, Méjico, Perú y Puerto Rico, "travieso, perverso, bribón." (*América,* II, 220; *Americanismos,* p. 528; *Mexicanismos,* p. 347.) || 4. En Argentina, Chile, Guatemala y Nuevo Méjico, "alforja." (*América,* II, 220; *Americanismos,* p. 528; *Argentinismos,* p. 437; *New Mexican,* p. 23.) || 5. En Colombia, Cuba y Puerto Rico, "joroba." (*América,* II, 220; *Americanismos,* p. 528.) || 6. En Chile "estúpido." (*Americanismos,* p. 528.) || 7. En Cuba, Guatemala y Honduras, "un cualquiera, persona despreciable." (*América,* II, 220; *Americanismos,* p. 528.) || 8. adj. En Méjico, "perezoso." (*América,* II, 220.) || 9. pl. En Trujillo (Venezuela), "grandes moles de pantano." (*Americanismos,* p. 528.)

malpasado, -da, p. p. de *malpasar.* || 2. adj. Que no ha sido alimentado debidamente.

malpasar, intr. No comer con regularidad. U. t. c. r.

mallugar, tr. Magullar. || 2. Lo mismo en América, especialmente en Guatemala, Honduras y Yucatán (Méjico). (*América,* II, 223; *Americanismos,* p. 529; *Mexicanismos,* p. 349.)

mamador, -ra, adj. Persona que está recibiendo beneficios

gratuitos. || 2. m. En Colombia, "garrapata casi circular, de tres a cuatro milímetros de diámetro, de color amarillento y con mancha encarnada en el dorso." (*Colombiano*, p. 161.) || 3. m. y f. En Perú, "borrachín." (*América*, II, 223.)

mamagrande, f. Abuela. || 2. Con el mismo significado en Méjico y Nuevo Méjico. (*América*, II, 223; *New Mexican*, p. 231.)

mamalón, -na, m. y f. Ganguero, amigo de buscar ventajas. || 2. En Antillas y Venezuela, "mangazón, holgazán." (*América*, II, 223; *Americanismos*, p. 531.)

mamón, m. Pieza pequeña de goma en forma de pezón que se da a los niños para que chupen. V. *chupón*. || 2. En la América Central, Colombia y Venezuela, "el mamoncillo." (*América*, II, 225.) || 3. En la América del Sur, "el papayo y principalmente su fruto." (*Ibid.*) || 4. En las Antillas y Río de la Plata, "árbol de las anonáceas." (*América*, II, 225; *Rioplatense*, p. 268.) || 5. "Fruto de este árbol." (*América*, II, 225.) || 6. En Colombia, "nombre de una planta." (*Colombiano*, p. 161.) || 7. En Cuba, "el tabaco proveniente de la segunda cosecha." (*Americanismos*, p. 531.) || 8. En Guatemala y Honduras, "garrote, palo." (*Ibid.*) || 9. En Méjico, "biscocho blando de harina y huevo." (*América*, II, 225; *Americanismos*, p. 531.) || 10. "Retoño." (*América*, II, 225.) || 11. "Panetela." (*Mexicanismos*, p. 348.)

manada, f. Un macho y 25 yeguas. || 2. En Argentina, "hato de cabras, cerdos, burros, pavos, y especialmente una porción de yeguas que están servidas por un semental. Estas son ordinariamente de 30 a 40." (*Argentinismos*, p. 437.) || 3. En Cuba, "por antonomasia, gavilla de tripa de tabaco que cabe en un puño." (*América*, II, 226; *Americanismos*, p. 532.) || 4. En Chile, "hato de ganado lanar." (*Chilenismos*, p. 206.) || 5. En Durango (Méjico), "bandada." (*Mexicanismos*, p. 348.)

manca de caballo, f. Planta de la familia de los cactos, de forma semiesférica, con espinas gruesas y punzantes, que se llama así porque el caballo que la pisa queda manco.

mancilla de reloj, f. Manecilla de reloj.

mancornilla, f. Juego de dos botones iguales para la manga de la camisa. || 2. En América, especialmente en la América Central, se dice *mancuernillas;* en Ecuador, *mancornas;* en Yucatán, Puebla y el Distrito Federal (Méjico), *mancuernas.* (*América,* II, 227; *Americanismos,* p. 532; *Ecuador,* p. 184; *Mexicanismos,* p. 348.)

manchicueca, f. El acto de volcarse un carruaje o automóvil.

manea, f. Freno de un automóvil o de cualquier vehículo.

manejador, m. Gerente.

manflor, -ra, adj. Hermafrodita. U. t. c. s. || 2. Con el mismo significado en América, particularmente en Argentina y Méjico. (*América,* II, 229; *Americanismos,* p. 534; *Argentinismos,* p. 240; *Criollo,* p. 159; *Mexicanismos,* p. 348.)

mangonear, tr. Robar, rapiñar. || 2. Con el mismo significado en Méjico, Perú, Puerto Rico y Uruguay. (*Americanismos,* p. 535. || 3. En Cuba, "realizar alguna gestión abusiva en asuntos ajenos." *(Ibid.)* || 4. En Santo Domingo, "aplazar la ejecución de algo." *(Ibid.)* || 5. intr. En Cuba y Méjico, "lucrar por medios ilícitos." (*América,* II, 231.) || 6. En Chile, "trabajar con maña y disimulo en la consecución de un propósito." (*Americanismos,* p. 535.)

manicurista, f. Manicura.

manijar, tr. ant. Manejar. || 2. Lo mismo en América. (*América,* II, 232; *Chilenismos,* p. 33.)

manito, -ta, adj. Se aplica a la persona de habla española de Nuevo Méjico. U. t. c. s. || 2. Se dice de dos personas que tienen gran amistad. || 3. m. y f. "Descendiente de mejicano que habita el territorio de Arizona y habla inglés al mismo tiempo que pésimo español." (*América,* II, 233.) || 4. En Colombia, Méjico y Nuevo Méjico, "hermanito." (*América,* II, 233; *Colombiano,* p. 164; *New Mexican,* p. 23.) || 5. f. En América, "diminutivo de mano." (*Amé-*

rica, II, 233; *Argentinismos,* p. 129.) ‖ 6. m. En las Antillas y Argentina, "maná convertido en un cuerpo muy blanco y muy ligero usado como purgante para los niños." (*América,* II, 233; *Argentinismos,* p. 129.)

manta trigueña, f. Tela de algodón de color moreno.

mantilla, f. Pañal. ‖ 2. En Honduras, "hombre cobarde." (*América,* II, 236; *Americanismos,* p. 538.)

manzanear, tr. Halagar con regalos. ‖ 2. Lo mismo en Venezuela. (*Americanismos,* p. 539.) ‖ 3. En Guatemala y Méjico, "dividir un lote de terreno en manzanas." *(Ibid.)*

mañanear, tr. Robar. ‖ 2. Ganarle a uno en alguna empresa.

maraca, f. Dólar. ‖ 2. En Cuba, "moneda de plata de un peso." (*América,* II, 214.) ‖ 3. En Chile, "mujer pública." (*Ibid.; Americanismos,* p. 540.) ‖ 4. En Chile y Perú, "juego de azar con tres dados que tienen figurados un sol, un oro, una copa, una estrella, una luna y una ancla." (*Ibid.; Ibid.; Criollo,* p. 161; *Rioplatense,* p. 273.) ‖ 5. En Panamá, Puerto Rico, Santo Domingo y Venezuela, "instrumento músico popular hecho de *higuera,* o calabazo seco lleno de pedrezuelas y un palo que lo atraviesa por el mango." *(Ibid.; ibid.; ibid.; ibid.)*

marcha de daimes (del inglés *march of dimes*), f. Colecta que se hace en enero de cada año para combatir la parálisis infantil.

margarina (del inglés *oleomargarine*), f. Substancia alimenticia que se usa en vez de mantequilla. V. *oleo.*

margayates, m. Revoltura, desorden. ‖ 2. Con el mismo significado en Méjico. (*América,* III, 338.) ‖ 3. En América, "indios que viven en la capitanía del Espíritu Santo, en Brasil." (*Ibid.,* II, 245.)

mariachi, m. Persona que toca en una orquesta típica. ‖ 2. pl. La orquesta misma. ‖ 3. Con el mismo significado en América, particularmente en Méjico. (*América,* II, 245; *Americanismos,* p. 541.) ‖ 4. En Jalapa (Méjico), "baile de la gente del pueblo." (*Mexicanismos,* p. 350.)

marihuana, f. Yerba que se usa, cuando seca, en cigarrillos y tiene cualidades narcóticas que perturban hasta enloquecer. V. *grifa, juanita.* || 2. En América, se escribe *mariguana.* (*América,* II, 247.) || 3. En Veracruz (Méjico) se escribe *mariguana* y quiere decir "cañamazo." (*Mexicanismos,* p. 350.)

marihuano, -na, m. y f. El que fuma marihuana, o padece los efectos de ella. V. *marihuana.* || 2. Con el mismo significado en América, especialmente en Méjico. (*América,* II, 247; *Americanismos,* p. 542; *Mexicanismos,* p. 350.)

maroma, f. Salto mortal y cualquier voltereta que da una persona. || 2. En América, "función de acróbatas." (*América,* II, 248; *Americanismos,* p. 543; *Colombiano,* p. 169; *Mexicano,* I, 49; *Peruanismos,* p. 278.) || 3. En América "voltereta, pirueta hecha por el maromero." (*América,* II, 248.) || 4. En Chilili (Nuevo Méjico), "ejercicio gimnástico." (*New Mexican,* p. 89.) || 5. En América, "voltereta política." (*América,* II, 258.) || 6. En la América Central y la América del Sur, "tarabita." (*Criollo,* p. 161.) || 7. En Argentina, "columpio." (*América,* II, 248.) || 8. "La cuerda tensa de los volatines o volatineros." (*Argentinismos,* p. 82.) || 9. En Bolivia, "oroya." (*América,* II, 248.) || 10. En el Distrito Federal (Méjico), "paseo que se da, con música, para anunciar la función de acróbatas." (*Mexicanismos,* p. 350.) || 11. En el norte de Méjico, "lugar del campo en que se guarda por las noches la maquinaria del trabajo diario." (*América,* II, 248.)

maromear, tr. Hacer una trampa; robar. || 2. En América, "bailar el volatinero en la maroma, o hacer en ella volatines." (*América,* II, 248; *Americanismos,* p. 543.) || 3. "Inclinarse, según los sucesos, a uno u otro bando." (*Ibid.; ibid.*) || 4. En América y Nuevo Méjico, "practicar ejercicios acrobáticos." (*América,* II, 248; *New Mexican,* p. 23.) || 5. En Argentina, "andar, saltar, voltear en una maroma." (*Argentinismos,* p. 130.) || 6. "Conservar el equilibrio físico y moral en cicunstancias ocasionadas a darse un porrazo." *(Ibid.)* || 7. En Chile y Perú, "contemporizar." *(América,* II, 248.) || 8. En Tabasco (Méjico), "atar con cuerda o soga un animal a un poste." *(Ibid.)* || 9. r. En América, "encaramarse a un palo o a un lugar alto, principalmente aprisa o en circunstancias apuradas." *(Ibid.)* || 10. En Argentina, "columpiarse." *(Ibid.)*

marota, adj. f. Muchacha sin juicio y brincadora. U. t. c. s. || 2. f. En Méjico, "marimacho." *(América,* II, 249; *Americanismos,* p. 543; *Mexicanismos,* p. 350.) || 3. En Puerto Rico, "plato a base de maíz." *(Americanismos,* p. 543.) || 4. En Venezuela, "soga con que se enlazan las patas delanteras de la bestia." *(América,* II, 249; *Americanismos,* p. 543;) || 5. "Vara corta que se afianza de través a los cuernos de una res para impedir que se escape." *(Americanismos,* p. 543.)

marqueta (del inglés *meat market*), f. Carnicería. || 2. Con el mismo significado en Nuevo Méjico. *(New Mexican,* p. 64.) || 3. En el sur de los Estados Unidos y Méjico, "mercado." *(América,* II, 249; *Mexicanismos,* p. 350; *Mexicano,* I, 49.) || 4. En la América Central y la América del Sur, "pasta de chocolate sin labrar." *(América,* II, 249; *Criollo,* p. 161.) || 5. En Chile, "fardo de tabaco en rama, o de chancaca." *(América,* II, 249; *Americanismos,* p. 544.) || 6. En Tabasco (Méjico), "el hule, el chicle y la panocha en bruto." *(América,* II, 249.) || 7. "Forma prismática que se da a ciertas pastas." *(Americanismos,* p. 544.)

marquetero (del inglés *meat market*), m. Persona que vende carne.

marquiset, m. Tela fina de mayas.

marrullero, -ra, adj. Perezoso; tardo en las operaciones. || 2. m. En Cuba, "un bejuco." *(América,* II, 251.)

masaje, m. El acto de sobar cualquier parte del cuerpo por higiene o por remedio. || 2. Con el mismo significado en América. *(América,* II, 251; *Argentinismos,* p. 399.)

mascada, f. Pañuelo de seda. || 2. Con el mismo significado en Méjico. (*América*, II, 253; *Americanismos*, p. 545; *Mexicanismos*, p. 350; *Mexicano*, I, 49.) || 3. En América, particularmente en Río de la Plata, "porción de tabaco negro entero que de una vez se toma en la boca para mascarlo." (*América*, II, 253; *Argentinismos*, p. 241; *Ríoplatense*, p. 275.) || 4. En la América Central y el Ecuador, "tesoro escondido, ganancia." (*América*, II, 253; *Americanismos*, p. 545.) || 5. En Argentina y Uruguay, "utilidad, cosa que se aprovecha." (*Americanismos*, p. 545.) || 6. En Ríohacha (Colombia) y Ecuador, "el dinero." (*América*, II, 253; *Americanismos*, p. 545.)

mascota (del inglés *mascot*), f. Nombre que en los deportes se le da a alguna persona, o animal, que es de suponerse traerá la buena suerte. || 2. En América, "persona a quien se atribuyen virtudes de buen agüero." (*América*, II, 252.) || 3. En América, particularmente en Argentina y Chile, "amuleto, talismán." (*América*, II, 252; *Argentinismos*, p. 241; *Chilenismos*, p. 290.) || 4. En Méjico, "tela de vestidos de dibujo de cuadros negros y blancos." (*Americanismos*, p. 546.)

masero, m. Hombre que vende masa de maíz molido para tortillas. V. *tortillas*.

mataburros, m. pl. Diccionario. || 2. m. En la América Central, Colombia y Ecuador, "ron." (*Americanismos*, p. 346.)

matagusanos, m. pl. Medicina para curar las bestias gusanosas. || 2. En Argentina, "yerba de hojas ásperas que, machacadas, se usan para impedir que los gusanos se formen en las heridas de los animales." (*Argentinismos*, p. 562.) || 3. m. En Guatemala y Honduras, "conserva que se hace de corteza de naranja y miel." (*Americanismos*, p. 547.)

matalote, m. Nombre que se le da a un pez de unos 30 a 35 centímetros, muy espinoso. || 2. Con el mismo significado en el norte de Méjico. (*América*, II, 254.) || 3. En las

Antillas, "nombre con que se designa la yerba o pasto." *(Ibid.)*

matancero, m. Persona que tiene por oficio matar reses. ‖ 2. Lo mismo en Chile, Perú y Tabasco (Méjico). *(América, II,* 255; *Criollo,* p. 163; *Chilenismos,* p. 290; *Peruanismos,* p. 278.) ‖ 3. En América, "natural o vecino de Matanzas (Cuba) o relativo a esta ciudad. U. t. c. adj." *(América, II,* 255.) ‖ 4. En Colombia, Chile, Ecuador, Méjico y Panamá, "persona que tiene venta pública de carne." *(América, II,* 255; *Americanismos,* p. 547; *Argentinismos,* p. 241.)

matanza, f. Lugar donde se mata el ganado para el consumo. ‖ 2. Lo mismo en América. *(América, II,* 255; *Americanismos,* p. 547.) ‖ 3. En América Central, "carnicería." *(Ibid.; ibid.)*

matatena, f. Juego de niños en el cual se tiran piedrecitas al aire. ‖ 2. Con el mismo significado en Méjico. *(América, II,* 256.) ‖ 3. "Piedra redonda." *(América, II,* 256; *Americanismos,* p. 547.)

material bordado, m. Tela con agujeros pequeños y redondos que se usa para vestidos de mujer.

matiné (del inglés *matinee*), m. Cine que se exhibe por la tarde. ‖ 2. En América, "función que se celebra durante el día, por la mañana o por la tarde." *(América, II,* 258.) ‖ 3. En Argentina, "espectáculo dado generalmente por la tarde." *(Argentinismos,* p. 399.) ‖ 4. En Chile, "representación teatral y fiesta de sociedad de día." *(Chilenismos,* p. 290.) ‖ 5. f. En Argentina, "bata suelta, adornada." *(Argentinismos,* p. 242.)

mayate, com. El negro. V. *tinto.* ‖ 2. m. En Méjico, "escarabajo de bellos colores." *(América, II,* 262.) ‖ 3. "Denominación genérica de insectos coleópteros." *(Ibid.)* ‖ 4. "Insecto de color negro." *(Mexicanismos,* p. 251.)

mayestro, -ra, m. y f. Maestro.

mayordomo, m. Capataz. ‖ 2. En Argentina, "administrador de una *estancia,* finca rural destinada a la ganadería." *(Ar-*

gentinismos, p. 440.) || 3. "Persona que costea los gastos
de una celebración religiosa." (*América,* II, 263.) || 4. En
Cuba y Méjico, "empleado que en las haciendas sigue en
categoría al administrador o jefe; es superior al capataz y
dirige las labores y vigila los trabajadores. En Cuba tam-
bién dicen *mayoral.*" (*Ibid.*) || 5. En Chile, "sobrestante."
(*Ibid.*) || 6. En Perú, "sirviente." (*Ibid.; Americanismos,*
p. 550; *Peruanismos,* p. 279.)

mayoreo, m. Venta al por mayor. || 2. Con el mismo signifi-
cado en América. (*América,* II, 263.)

mazuma, f. Dinero. V. *clavos, pastilla.*

mecanear, intr. Trabajar en la mecánica.

meco, -ca, adj. Se dice de la persona de bajo nivel social. || 2.
Con el mismo significado en Méjico. (*Mexicanismos,* p.
351.) || 3. En América, "se dice de la persona que tiene la
piel obscura." (*América,* II, 266.) || 4. En la América Cen-
tral y Méjico, "calamocano." (*Ibid.; Americanismos,* p.
552.) || 5. En Méjico, "dícese del color amarillito con pelos
negros de ciertos animales." (*Ibid.; ibid.*) || 6. "Que no
está bautizado." (*Americanismos,* p. 552.) || 7. "Rubio."
(*Ibid.*) || 8. f. En Nuevo Méjico, "mano izquierda." (*New
Mexican,* p. 23.) || 9. m. En Méjico, "pájaro negro pare-
cido por su forma al carnal." (*América,* II, 266.) || 10.
m. y f. En Méjico, "indio salvaje." (*Ibid.; Americanismos,*
p. 552; *Mexicanismos,* p. 351.)

mecha (del inglés *match*), f. Fósforo. || 2. f. pl. Cabellos.
|| 3. En el norte de Méjico también significa "fósforo."
(*Mexicano,* II, 41.) || 4. En América, "parte o punta delga-
da en que termina un látigo o azote." (*América,* II, 266.)
|| 5. En la América del Sur, particularmente en Bolivia,
Colombia, Ecuador, Perú y Venezuela, "chanza, burla,
broma." (*América,* II, 266; *Americanismos,* p. 553.) || 6.
En Argentina y Chile, "rosca de taladro o barreno, o espiga
de éstos." (*Ibid.; ibid.; Argentinismos,* p. 242.) || 7. En
Colombia, "mercancía de poco valor." (*América,* II, 266.)
|| 8. "Andrajo, harapos." (*Ibid.*) || 9. En Costa Rica, "men-

tira." *(Ibid.)* || 10. En Cuba, "nombre de una planta de maguey." *(Ibid.)* || 11. "Molestia, calilla." *(Ibid.)* || 12. En Méjico, "miedo, susto." *(Ibid., Americanismos,* p. 553.) || 13. pl. En Colombia, "el cabello revuelto y desordenado." *(América,* II, p. 266.) || 14. En Venezuela, "gangas, economías." *(Americanismos,* p. 553.) || 15. interj. En Méjico, "se usa para expresar asombro." *(América,* II, 266.)

mechar (del inglés *to match*), tr. Armonizar objetos, como el vestido y los zapatos. || 2. En América, "pringar, aplicar el castigo de echar a uno pringas hirviendo en el cuerpo desnudo." *(América,* II, 267.) || 3. En Argentina, "tirar de las mechas." *(Ibid.)* || 4. En Perú, en germanía limeña, "conseguir." *(Americanismos,* p. 553.)

mechera (del inglés *match*), f. Encendedor de bolsillo. || 2. En Venezuela, "mujer bromista, burlona. U. t. c. adj." *(América,* II, 267.)

mechero, m. Cabello despeinado y revuelto. || 2. Lo mismo en Guatemala y Méjico. *(América,* II, 267; *Americanismos,* p. 553.) || 3. En Argentina, "en los aparatos de alumbrado de gas, parte de los mismos donde sale este fluído." *(Argentinismos,* p. 83.) || 4. En Colombia, "vaso de aceite en que arde una mecha torcida que la gente pobre pone ardiendo en un plato con aceite o cebo." *(América,* II, 267.) || 5. En Querétaro (Méjico), "tedero." *(Mexicanismos,* p. 352.) || 6. En Venezuela, "bromista, burlón. U. t. c. adj." *(América,* II, 267; *Americanismos,* p. 553.)

mechudo, -da, adj. Dícese de la persona que trae los cabellos desordenados. || 2. Con el mismo significado en América, particularmente en Argentina. *(América,* II, 267; *Argentinismos,* p. 130.)

mediagua, adv. En estado de embriaguez. || 2. En la América Central, Argentina, Colombia, Chile, Ecuador, Perú, Puerto Rico y Venezuela, "edificio de un agua o la vertiente de un tejado." *(Americanismos,* p. 553; *Argentinismos,* p. 130; *Chilenismos,* p. 290.)

medio, m. Moneda de los Estados Unidos de cinco centavos. V. *nicle.* || 2. En Cuba, "moneda de níquel de a cinco centavos." (*América*, II, 268.) || 3. En el Perú, "moneda de cinco centavos de sol." (*Americanismos*, p. 554.) || 4. En Cuba y Puerto Rico, "moneda de plata equivalente al real de vellón de España." (*América*, II, 268.) || 5. En Méjico, "antigua moneda, mitad de un real fuerte." (*Ibid.*) || 6. En Cuba, Ecuador y Venezuela, "obsequio de una moneda que se hace en un bautizo." (*Americanismos*, p. 554; *Ecuador*, p. 194.)

melitar, adj. Militar. U. t. c. s. || 2. Lo mismo en Aguascalientes (Méjico). (*Mexicanismos*, p. 353.)

melón, -na, adj. Con referencia a las vacas o toros que no tienen cuernos.

membrecía, f. El conjunto de miembros de una comunidad.

méndigo, -ga, adj. Pícaro, bribón. || 2. m. y f. En Méjico, "mendigo." (*Mexicanismos*, p. 353.)

menjurge, m. Conjunto o compuesto de muchas cosas sin orden ni método. V. *mingongo, mindongo.*

menorar, tr. ant. Minorar.

menso, -sa, adj. Se dice de la persona que tiene poca inteligencia. || 2. Con el mismo significado en Méjico. (*América*, II, 272; *Americanismos*, p. 556; *Mexicanismos*, p. 354.) || 3. En Méjico, "tratándose de animales, mandero o semental." (*América*, II, 272.)

mensual, adj. Tonto, disparatado. || 2. m. En Argentina, "peón, obrero a quien se paga por mes." (*América*, II, 272; *Americanismos*, p. 556.)

mentolato (del inglés *mentholatum*), m. Medicina impregnada de mentol que sirve para mitigar un catarro.

menudo, m. Platillo mejicano hecho de la panza de la res, cocida en caldo y bien sazonada. || 2. Con el mismo significado en Méjico y Nuevo Méjico. (*Mexicano*, I, 51; *New Mexican*, p. 54.) || 3. En Colombia, "monedas varias que suelen traerse sueltas." (*Colombiano*, p. 173.) || 4. En

Cuba, "moneda fraccionaria." (*América*, II, 272.) || 5. m. pl. En Argentina, "las entrañas de todas las aves." (*Argentinismos*, p. 243.)

mercurocromo (del inglés *mercurochrome*), m. Medicina roja que se aplica en las cortaduras para prevenir la infección. V. *sangre de chango*.

mesero, -ra, m. y f. Persona que sirve las mesas en un restaurante. || 2. Con el mismo significado en América, particularmente en Méjico. (*América*, II, 274; *Mexicano*, II, 42.) || 3. En la América Central y la América del Sur, "mozo encargado de limpieza de la casa y del establo." (*Criollo*, p. 166.) || 4. adj. En la América Central y la América del Sur, "bestia menor de un año." (*América*, II, 274; *Americanismos*, p. 557; *Criollo*, p. 166.)

mesmo, -ma, adj. ant. Mismo. || 2. Lo mismo en Guerrero y Colima (Méjico) y en Nuevo Méjico. (*Mexicanismos*, p. 354; *New Mexican*, p. 43.)

¡métele!, interj. ¡Dale golpes! || 2. ¡A trabajar! || 3. En América, "usada para excitar a uno a que se dé prisa o trabaje con más ahinco." (*América*, II, 275.) || 4. En Argentina, Cuba, Chile y Puerto Rico, "¡Ea! ¡Adelante!" (*Americanismos*, p. 558.)

metiche, adj. com. Entremetido. U. t. c. s. || 2. Con el mismo significado en Méjico. (*América*, II, 275; *Americanismos*, p. 558; *Mexicanismos*, p. 356.)

miguel, pron. Yo. *Con miguel*, conmigo. || 2. m. En el Paraguay, "reptil parecido al lución." (*América*, II, 279.)

milonga, adv. Seguro, indudable. || 2. f. En Argentina, Bolivia, Brasil y Chile "enredo, chisme, habladuría." (*América*, II, 280; *Americanismos*, p. 560.) || 3. En Argentina, Bolivia y Chile, "fiesta familiar con baile." (*Americanismos*, p. 560.) || 4. En Argentina, Bolivia, Paraguay y Uruguay "baile popular que se canta en versos octosílabos y se acompaña monótonamente a la guitarra en compás de 2 por 4." (*Ibid.*)

mimeógrafo (del inglés *mimeograph*), m. Aparato para sacar múltiples copias de lo escrito a mano o a máquina. ‖ 2. Con el mismo significado en Argentina. (*Argentinismos*, p. 83.)

mindongo, m. Conjunto de muchas cosas sin orden ni método. V. *mingongo, menjurge.*

mingongo, m. Conjunto de muchas cosas sin orden ni método. V. *mindongo, menjurge.*

mira, f. Medidor, aparato que mide el número de galones de agua, la corriente eléctrica, el tiempo que hay que pagar en un lugar de estacionamiento del automóvil. ‖ 2. En Nuevo Méjico se dice *míter* con el mismo significado. (*New Mexican,* p. 64.) ‖ 3. En Chile, "nombre que dan a un género de plantas compuestas." (*América,* II, 283.)

mireles, pron. Yo. *Con mireles,* conmigo.

mistear (del inglés *to miss*), intr. Errar. ‖ 2. Con el mismo significado en Nuevo Méjico. (*New Mexican,* p. 64.)

misterio, m. Cine que se presenta en partes. V. *episodio.* ‖ 2. En Méjico, "en una fiesta o reunión, es el trozo de música que se oye, se canta o se baila." (*Americanismos,* p. 563.) ‖ 3. En Yucatán (Méjico) "la Trinidad." (*Mexicanismos,* p. 358.)

mitote (del mejicano *mitotl*), m. Fiesta, celebración. ‖ 2. En América, "especie de baile que usaban los indios." (*América,* II, 285; *Americanismos,* p. 564.) ‖ 3. "Fiesta casera." (*Ibid.; ibid.*) ‖ 4. "Melindre." (*Ibid.; ibid.*) ‖ 5. "Chisme." (*Americanismos,* p. 564.) ‖ 6. "Pendencia, alboroto." (*Ibid.; Mexicanismos,* p. 358.)

mixteado, -da, adj. Mixto, mezclado.

moca, f. Bote pequeño de hoja de lata. ‖ 2. En El Ecuador, "atascadero, atolladero." (*América,* II, 286; *Americanismos,* p. 564.) ‖ 3. En Honduras, "en el juego infantil de pacones, suerte que consiste en meter en el hoyo todos los pacones que se tiran de una vez." (*Ibid.; ibid.*) ‖ 4. En Puerto Rico, "árbol de color negro en varios tintes."

(*América*, II, 286.) || 5. En Tampico (Méjico), "vaso de - tomar vino." (*Mexicanismos*, p. 358.)

mocha, f. Nombre que se da a la locomotora que sirve para enlazar vagones antes de su partida. || 2. En Nuevo Méjico, "máquina de vapor," y también "muleta." (*New Mexican*, p. 23.) || 3. En Argentina y Colombia, "cabeza con el pelo cortado a rape." (*América*, II, 288.) || 4. En Cuba y Santo Domingo, "machete que se ensancha hacia al extremo opuesto al mango, terminando en punta redonda o cuadrada." (*América*, II, 288; *Americanismos*, p. 564.) || 5. En Tampico (Méjico), "soldadera." (*Mexicanismos*, p. 359.)

mochar, tr. desus. Desmochar, cortar, amputar. || 2. Con el mismo significado en Argentina, Colombia, Méjico, Perú y Puerto Rico. (*América*, II, 288; *Americanismos*, p. 565.) || 3. En Argentina, "hurtar." (*Americanismos*, p. 565.) || 4. En Colombia y Méjico, "se dice del individuo suprimido en una nómina por privación de un empleo." (*América*, II, 288.) || 5. r. En Argentina, "quedarse con parte de lo ajeno, que debió entregarse íntegro." *(Ibid.)*

mochera, f. Mujer que tiene amistad con soldados.

mocho, -cha, m. y f. Apodo que dan al católico. U. t. c. adj. || 2. m. y f. Soldado. || 3. adj. En Chile, "dícese del religioso de órdenes menores." (*Americanismos*, p. 565.) || 4. En Guatemala y Méjico, "católico." *(Ibid.)* || 5. En Guatemala y Chile, "lego de convento." (*América*, II, 288; *Americanismos*, p. 565; *Chilenismos*, p. 34.) || 6. En Nuevo Méjico, "hipócrita." (*New Mexican*, p. 54.) || 7. En Colombia y Puerto Rico, "animal que carece de una oreja o de un rabo." (*América*, II, 288; *Colombiano*, p. 176.) || 8. m. y f. En la América Central, "abuelo, ascendiente, antecesor." (*América*, II, 288; *Americanismos*, 565; *Criollo*, p. 169.) || 9. En Colombia, Puerto Rico y Venezuela, "rocín, caballo malo." (*América*, II, 288; *Americanismos*, p. 565.) || 10. En Colombia, Méjico, Perú, Puerto Rico y Venezuela, "mutilado." (*Americanismos*, p. 565.) || 11. En Guatemala y Méjico, "conservador en política." (*Americanismos*, p. 565; *Criollo*, p. 169.) || 12. En Méjico, "soldado." (*Mexicanismos*, p. 359.) || 13. adj. En Méjico y Venezuela, "que carece de un órgano saliente cualquiera." (*América*, II, 288.) || 14. En Méjico, "sin rabo." (*Mexicanismos*, p. 359.) || 15. En Nuevo Méjico, "desmolado." (*New Mexican*, p. 24.)

mofle (del inglés *muffler*), m. Pieza del automóvil que sirve para aminorar el ruido del motor. || 2. Con el mismo significado en Colombia. (*Colombiano*, p. 176.)

mogote, m. Grupo de arbustos muy juntos y aislados de otros. || 2. Con el mismo significado en Méjico. (*América*, II, 289; *Mexicano*, II, 58.) || 3. En Colombia, "trozo de césped." (*Americanismos*, p. 566.) || 4. En Puerto Rico, "montón, lío." (*América*, II, 289; *Americanismos*, p. 566.)

mojado, -da, m. y f. Se dice de los mejicanos que cruzan la frontera de Méjico a los Estados Unidos ilegalmente. || 2. adj. En Argentina, "húmedo." (*Argentinismos*, p. 84.) || 3. En Puerto Rico, "se llamó así a los partidarios de la soberanía de España en la época de la independencia." (*América*, II, 290.)

mojarra, com. Persona que cruza el Río Grande sin pagar el impuesto de immigración. V. *mojado*. || 2. f. En América, "nombre genérico vulgar de peces de agua dulce, semejantes al marino del mismo nombre por la forma del cuerpo, de varios colores, frecuentemente vívidos, bellísimos." (*América*, II, 291.) || 3. En la América Meridional (no en Perú, ni en Chile), "cuchillo ancho y corto." (*Ibid.; Americanismos*, p. 567; *Argentinismos*, p. 130; *Chilenismos*, p. 77.)

mojo, m. Moho. || 2. Lo mismo en América. (*América*, II, 290; *Mexicanismos*, p. 359.) || 3. En Argentina se dice *moje*. (*Argentinismos*, p. 245; *Rioplatense*, p. 285.) || 4. En Cuba, "bebida de ron, azúcar, limón y agua gaseosa." (*Americanismos*, p. 566.) || 5. En Tabasco (Méjico), "cierto guiso a manera de rebozado con el cual se aderezan principalmente las carnes." (*América,* II, 290; *Americanismos,* p. 566.) || 6. En Venezuela, "gachos de huevo, revueltos con tomate." (*Criollo,* p. 169.)

mojoso, -sa, adj. Mohoso. || 2. m. En Bolivia, "el cuchillo grande del gaucho." (*América,* II, 290; *Americanismos,* p. 567.)

molde, m. Patrón para hacer vestidos. || 2. En Chile, "garrafa o alcarraza para enfriar la bebida." (*Criollo,* p. 169.)

molón, -na, adj. Dícese de la persona molesta o fastidiosa. || 2. Con el mismo significado en Méjico. (*América,* II, 291; *Americanismos,* p. 567; *Mexicanismos,* p. 360.)

molote, m. Moño. || 2. Con el mismo significado en Méjico. (*América,* II, 292; *Americanismos,* p. 568; *Mexicanismos,* p. 360; *New Mexican,* p. 54.) || 3. En la América Central, Cuba, Méjico y Santo Domingo, "tumulto, escándalo, bochinche." (*América,* II, 202; *Americanismos,* p. 568.) || 4. En Colombia y Méjico, "engaño, chanchullo." (*Ibid.; ibid.; Colombiano,* p. 177.) || 5. En Méjico, "ovillo de hilo." (*América,* II, 292; *Americanismos,* p. 568.) || 6. "Cierta especie de enchilada o empanada." (*Ibid.; ibid.*) || 7. "Lío o envoltura, en forma alargada, para llevar en el anca del caballo." (*América,* II, 292.)

monarco, m. Cine. V. *vistas, mono.*

mono, m. Cine. V. *vistas, monarco.* || 2. En Cuba, "nombre que se da a un roedor." (*América,* II, 295.) || 3. "Arbol." (*Ibid.*) || 4. En Chile, "pila o montón de frutas o de otras cosas vendibles que se hacen en los mercados." (*América,* II, 295; *Americanismos,* p. 569.) || 5. "Pedazo o trozo de fruta tempranera que se vende de esta manera." (*América,* II, 295.) || 6. "Pieza cóncava de tablas o de duelas para transportar la uva." (*Ibid.*) || 7. "En algunas poblaciones mineras, lulo, el pedazo de metal envuelto en trapo, pabilo y sebo que roban los mineros introduciéndoselo en el recto." (*Ibid.*) || 8. En Ecuador y Perú, "en lenguaje familiar, el bacín." (*Americanismos,* p. 569.) || 9.

En Guatemala, "el saraguato," y también en Méjico, "algunos cuadrumanos del género Ateles." (*América*, II, 295.) || 10. En Méjico, "el conjunto de mieses de maíz en forma de pilón." (*América*, II, 295; *Americanismos*, p. 569.) || 11. "La vulva de la mujer." (*América*, II, 295.) || 12. "Las figuras del naipe." *(Ibid.)* || 13. En Venezuela, "individuo que se tiene en los garitos como señuelo para atraer a los buenos tercios." (*Americanismos*, p. 569.) || 14. m. y f. En América, "persona que remeda a otra." (*América*, II, 295.) || 15. "Figura humana o de animal hecha de cualquier materia, o pintada." || 16. En Jalapa (Méjico), "muñeco de barro." (*Mexicanismos*, p. 360.) || 17. En Nuevo Méjico, "persona que le gusta darse importancia en público." (*New Mexican*, p. 24.) || 18. En Perú, "individuo de nacionalidad china." (*Americanismos*, p. 569.) || 19. "Apodo que dan a los ecuatorianos." (*Ecuador*, p. 201.) || 20. m. pl. En Colombia, "baile y aire antioqueños." (*Americanismos*, p. 569.) || 21. En Chile, "tratos, instrumentos, utensilios." (*América*, II, 295.) || 22. adj. En América, "dícese de la persona bonita, especialmente de muchachas o niños." *(Ibid.)* || 23. En Colombia, "bermejo, hablando del pelo." (*Americanismos*, p. 569.) || 24. "Alazán dorado." (*América*, II, 295.) || 25. "Rubio, de cabellos color de oro." *(Ibid.)* || 26. En Santo Domingo, "envanecido." (*Americanismos*, p. 569.)

mono de agua, m. Boca de un cañón por el cual, con una válvula, se saca el agua que usan los bomberos en un incendio.

mordida, f. La dádiva que espera el empleado o agente del gobierno por algún beneficio que ha concedido o que está para conceder. || 2. Con el mismo significado en América. (*América*, II, 299.) || 3. "El producto de la prevaricación." *(Ibid.)* || 4. En Méjico, "lo que se paga por cohechar y eludir una multa." (*Americanismos*, p. 571.) || 5. pl. "Buscas, raterías." *(Ibid.)* || 6. En América, "mordedura." (*América*, II, 299; *Colombiano*, p. 179.)

moreteado, -da, adj. Que tiene muchos moretones producidos con golpes. || 2. Con el mismo significado en Chile, Honduras y Méjico. (*América,* II, 299; *Chilenismos,* p. 290.) || 3. En Argentina, Costa Rica y Puerto Rico, "amoratado, lívido." (*América,* II, 299; *Argentinismos,* p. 607.)

mormación, f. El estado de la nariz cuando está obstruída por mucosidad.

mormado, p. p. de *mormar.* || 2. adj. Estado de la nariz, obstruida a causa del catarro. || 3. En Guanajuato (Méjico), "amormado, que tiene muermo el cabello." (*Mexicanismos,* p. 361.)

mormarse, r. Obstruírse la nariz de mucosidad a causa de un catarro.

mosquerío, m. Abundancia de moscas. || 2. Lo mismo en Argentina, Colombia, Guatemala y Méjico. (*América,* II, 302; *Americanismos,* p. 574; *Argentinismos,* p. 440.) || 3. En Chile, con el mismo significado, se dice *mosquero.* (*Chilenismos,* p. 57.)

moteado, -da, adj. Goteado. || 2. En Chile, "lleno de motes. Se aplica al escrito que tiene muchos errores o erratas." (*América,* II, 304.)

moyote, m. Mosquito, zancudo. || 2. Con el mismo significado en Chihuahua (Méjico). (*Mexicanismos,* p. 362.) || 3. En Méjico, "nombre genérico que se da a los escarabajos voladores." (*América,* II, 310.)

muéramos, 1ª persona, plural, presente de subjuntivo del verbo *morir.* Es casi regla general ese acento prosódico en la primera persona, plural, del presente de subjuntivo de todos los verbos. || 2. Lo mismo en Nuevo Méjico. (*New Mexican,* p. 33.)

mugrero, m. Sitio donde hay mucha mugre o cosas que no sirven para nada. || 2. Lo que se hace cuando no está bien hecho.

mujerero, adj. Mujeriego. || 2. Lo mismo en América Central, Colombia, Chile, Ecuador, Méjico, Perú y Venezuela.

(*América,* II, 313; *Americanismos,* p. 578; *Chilenismos,* p. 216.)

mujeringo, adj. Se aplica a los muchachos que gustan mucho de jugar con las muchachas. || 2. En Costa Rica y Honduras se dice *mujerengo* y quiere decir "afeminado." (*América,* II, 313.)

muncho, -cha, adj. ant. Mucho.

muremos, 1ª persona, plural, presente de indicativo del verbo *morir.* Se usa esta forma en casi todos los verbos que terminan en *ir.* Por ejemplo, *siguemos, muremos, pidemos, consiguemos, durmemos,* etc.

música de boca, f. Instrumento musical, de unos quince centímetros de largo, que se toca soplándolo y moviéndolo a través de los labios. || 2. En la América Central y la América del Sur se llama *piano de boca.* (*Criollo,* p. 193.)

N

nacionales, m. pl. Fríjoles.

nadien, pron. indet. Nadie. || 2. Lo mismo en Colombia, Campeche y Michoacán (Méjico). (*Colombiano,* p. 182; *Mexicanismos,* p. 366.)

naide, pron. indet. ant. Nadie. || 2. Lo mismo en el Distrito Federal y Veracruz (Méjico). (*Mexicanismos,* p. 366.)

naiden, pron. indet. Nadie.

nailón (del inglés *nylon*), m. Tela sintética que se asemeja a la seda.

nalguear, tr. Pegar con la mano abierta en las nalgas. || 2. Con el mismo significado en América. (*América,* II, 323; *Ecuador,* p. 209.)

naranja dulce, f. Juego cantado de niños: se cogen de la mano varios niños formando un círculo, con un niño en el centro, y éste, al cantar, cambia lugar con otro de los que están en el círculo.

naranjiles, adv. Nada.

navajero, -ra, adj. Adulador. || 2. m. y f. En Ecuador, "persona que maneja una navaja y que se vale de ella en sus reyertas, y que ataca navaja en mano." (*América,* II, 326; *Ecuador,* p. 211.)

neil polich (del inglés *nail polish*), m. Esmalte para las uñas.

nejo, -ja, adj. Se dice de las personas sucias. || 2. También, de las tortillas de maíz que quedan amarillentas. || 3. Con el primer significado en Guerrero (Méjico). (*América,* II, 328.) || 4. f. En Méjico, "tortilla de maíz cocido cuando tiene un color ceniciento." (*Americanismos,* p. 585.) || 5. f. En Chile, "tira de lienzo o paño, la cual se añade a las ropas." (*Chilenismos,* p. 42.) || 6. f. pl. En el Distrito Federal (Méjico), "tortillas de maíz." (*Mexicanismos,* p.

367.) || 7. m. En Sonora y Sinaloa (Méjico), "tamal regional pintado." (*América*, II, 328.)

nel, adv. No. || 2. Con el mismo significado en Nuevo Méjico. (*New Mexican*, p. 24.)

nicle (del inglés *nickle*), m. Moneda de los Estados Unidos que equivale a cinco centavos. V. *medio*. || 2. Con el mismo significado en Méjico y Nuevo Méjico. (*Mexicano*, I, 56; *New Mexican*, p. 64.) || 3. En Ecuador, "níquel." (*Americanismos*, p. 586.)

niguesura (del inglés *nigger's shooter*), f. Juguete hecho de un pedazo de hule en forma de horqueta y que se usa para tirar piedras, una especie de honda.

nieve, f. Helado. || 2. En Cuba y Puerto Rico, "planta como de medio metro de altura." (*América*, II, 330.) || 3. En Cuba, "planta de hojas grandes y gruesas que, como sus tallos, se cubren de gotitas cristalinas que deslumbran con el sol." (*Ibid.*) || 4. "Sorbete helado." (*Ibid.*)

nievero, m. Nevero.

nievería, f. Nevería.

nijayote, m. El agua turbia amarillenta donde se coció el maíz para las *tortillas* y que contiene mucha cal. V. *tortilla*. || 2. Lo mismo en Méjico. (*América*, II, 328; *Americanismos*, p. 585; *Mexicanismos*, p. 367.)

ningunear, tr. Eliminar a una persona matándola. || 2. En Méjico, "hacer menos a uno; desairarle; no tomarle en cuenta." (*América*, II, 339.)

nixtamal, m. Maíz cocido en agua cal que, después de lavado y molido, queda convertido en masa para hacer *tortillas*. V. *tortilla*. || 2. Con el mismo significado en América Central y Méjico. (*América*, II, 332; *Americanismos*, p. 587; *Mexicanismos*, p. 368; *New Mexican*, p. 47.) || 3. En América Central, con el mismo significado, también se dice *nistayol* o *nixtayol*. (*América*, II, 332; *Criollo*, p. 175.) || 4. En el Salvador, "nombre vulgar de una planta silvestre." (*América*, II, 332.)

nocaut (del inglés *knock-out*), m. Golpe que deja a uno in-
consciente, como en el pugilato.

nochebuena, f. Planta que crece en tallos de tres o cuatro
metros de altura, cuyas hojas son anchas, y en la copa
produce en diciembre flores de centro verduzco y pétalos
rojos. ‖ 2. En Méjico, "planta enforbiácea, también conocida por Pascua o Flor de Pascua. También la flor." (*América,* II, 333.) ‖ 3. En Cuba, "*nochebuena chiquita* es la
noche víspera de la Purísima Concepción." (*Americanismos,* p. 587.)

nochecita, f. Poco después de haber obscurecido. ‖ 2. Con el
mismo significado en América, particularmente en Bolivia,
Ecuador, Guatemala, Nuevo Méjico, Perú y Puerto Rico.
(*América,* II, 333; *Americanismos,* p. 587; *New Mexican,*
p. 54.)

nochecito, adv. Ya bastante entrada la noche.

¡*nodigo!,* interj. Expresa satisfacción e ironía, que aumenta al
decir: ¿Pues no decías, ¡nodigo!, que sólo tú podías hacer
eso? ‖ 2. Con el mismo significado en América. (*América,*
I, 558.)

nopalero, m. Persona empleada para cortar nopales.

noquear (del inglés *knock-out*), tr. Poner fuera de combate
con un golpe. ‖ 2. Lo mismo en Nuevo Méjico. (*New
Mexican,* p. 64.)

nota de banco, f. Letra de cambio, deuda al banco.

¡*no te dejes!,* interj. Palabras de ánimo que significan: "No
dejes que te peguen, o que te digan, o que te hagan."

noviero, -ra, adj. Enamoradizo. ‖ 2. Con el mismo significado
en América. (*América,* II, 335; *Americanismos,* p. 588.)

nublazón, m. Nublado. ‖ 2. Con el mismo significado en
América. (*América,* II, 335; *Americanismos,* p. 588.)

nublina, f. Neblina. ‖ 2. Con el mismo significado en Nuevo
Méjico. (*New Mexican,* p. 37.)

Ñ

ñango, -ga, adj. Flaco, delgado, anémico. || 2. Lo mismo en Méjico. (*América,* II, 339; *Americanismos,* p. 591; *Mexicanismos,* p. 370.) || 3. En Argentina y Chile, "de miembros flojos o torcidos, especialmente las piernas, que oscilando, flaquean al caminar." (*América,* II, 339.) || 4. En Argentina y Uruguay, "desairado." (*Americanismos,* p. 591; *Ríoplatense,* p. 296.) || 5. En Colombia, "el hueso humano, sacro o el cócex." (*Ibid.; ibid.*) || 6. En Chile, "patojo." (*América,* II, 339; *Americanismos,* p. 591.) || 7. En Ecuador, "dícese de la cosa inútil." (*Ecuador,* p. 216.) || 8. En Puerto Rico, "quisquilloso." (*Americanismos,* p. 591.) || 9. "Mentecato." (*Ibid.*)

O

oceáno, m. Océano. || 2. Lo mismo en Méjico. (*Mexicanismos,* p. 375.)

ofecina, f. Oficina. || 2. Lo mismo en Nuevo Méjico. (*New Mexican,* p. 37.)

oido, p. p. Oído. || 2. Lo mismo en Yucatán (Méjico). (*Mexicanismos,* p. 375.)

¡ojála!, interj. ¡Ojalá! || 2. Lo mismo en Méjico y Nuevo Méjico. (*Mexicanismos,* p. 378; *New Mexican,* p. 37.)

ojo de agua, m. Agua manantial. || 2. Con el mismo significado en América. (*América,* II, 350.) || 3. En Argentina, "fuente." (*Argentinismos,* p. 251.) || 4. "Lugar donde ésta existe." (*Ibid.*)

ojo de hacha, m. Agujero por donde entra el mango en el hacha.

oleo (del inglés *oleomargarine*), m. Mantequilla sintética. Se usa también *oleomargarina.* || 2. En Chile, "gratificación." (*Chilenismos,* p. 391.)

olote, m. La parte de la mazorca de maíz que queda después de ser desgranada. || 2. Con el mismo significado en Méjico. (*América,* II, 353; *Americanismos,* p. 599; *Mexicanismos,* p. 380.)

onde, adv. ant. Donde; adonde; en donde. || 2. Con el mismo significado en América y Nuevo Méjico. (*América,* II, 354; *New Mexican,* p. 38.) || 3. En Zacatecas (Méjico), "como." (*Mexicanismos,* p. 380.)

optometrista (del inglés *optometrist*), m. Optico.

oquis (de), adv. Desocupado, sin tener que hacer. || 2. En Méjico y Nuevo Méjico, "de balde, gratuitamente." (*América,* II, 355; *Americanismos,* p. 600; *New Mexican,* p. 20.)

¡órale-pues!, interj. ¡Qué hay! ¡Qué pasa!

orita, adv. Ahorita.

ormi (del inglés *army*), m. Ejército.

orutar, intr. Eructar.

oruto, m. Eructo.

orzuela, f. Enfermedad del cabello, el cual se abre en dos o tres puntas. V. *urzuela.* || 2. Lo mismo en Méjico. (*Americanismos,* p. 601.) || 3. "Horquilla para el pelo." (*América,* II, 360.)

otate, m. Especie de carrizo que se usa para pescar. || 2. En América, "planta gramínea de Méjico, de corpulencia arbórea, cuyos recios tallos nudosos sirven para bastones." (*América,* II, 361.) || 3. "La industria del tejido de los famosos rebozos nacionales." (*Ibid.*) || 4. En Méjico, "el bastón flexible y resistente hecho de caña de este nombre, la *Bambusa arundinácea.*" (*Americanismos,* p. 602.)

overol (del inglés *overalls*), m. Pantalón y camisa de una sola pieza. || 2. En Nuevo Méjico, con el mismo significado, se dice *overjoles.* (*New Mexican,* p. 64.)

P

pa, contracc., prep. Para. || 2. Lo mismo en Méjico y Nuevo Méjico. (*América*, II, 365; *Mexicanismos*, p. 384; *New Mexican*, p. 58.)

pacencia, f. Paciencia. || 2. Lo mismo en Veracruz (Méjico). (*Mexicanismos*, p. 384.)

pachón, -na, adj. Dícese del hombre o animal que tiene mucho pelo. || 2. Lo mismo en Chile, Honduras y Méjico. (*América*, II, 369; *Americanismos*, p. 605; *Mexicanismos*, p. 385.) || 3. En Huanaco (Perú), "regordete; de escasos alcances intelectuales." (*Americanismos*, p. 605.) || 4. m. En Chile y Honduras, "capote de palma que usan los indios." (*América*, II, 369.) || 5. En Méjico, "plaga de frijol." (*Ibid.*)

pachuco, -ca, m. y f. Designación que se les da a ciertos jóvenes que han adoptado un exagerado modo de vestir y un degenerado modo de hablar. || 2. f. En América, "en el juego de pócar, cinco cartas en mano, todas de distinto palo, de distinta figura y de distinto valor." (*América*, II, 370.)

pachuquismo, m. El lenguaje de los *pachucos*. V. *pachuco*.

pader, f. Pared. || 2. Lo mismo en Méjico y Nuevo Méjico. (*Mexicanismos*, p. 385; *New Mexican*, p. 38.)

padrote, m. Nombre que se le da al hombre que está a cargo de una casa de prostitución y sirve de alcahuete. || 2. Lo mismo en Méjico. (*América*, III, 370; *Americanismos*, p. 605; *Mexicanismos*, p. 385.) || 3. En América Central y América del Sur, particularmente en Colombia, Panamá y Venezuela, "caballo, asno, toro, etc., semental." (*América*, II, 370; *Americanismos*, p. 605.) || 4. En Méjico, "individuo que vive con una prostituta, mantenido por ésta." (*América*, II, 370.)

paipa (del inglés *pipe*), f. Tubo de gas o de agua.

paisano, m. Especie de faisán indígena. || 2. Lo mismo en Méjico y Nuevo Méjico. En Méjico también le llaman *correcaminos. (América*, II, 372; *New Mexican*, p. 28.) || 3. En Chile, "el chino." (*Ecuador*, p. 228.) || 4. En Ecuador y Perú, "serrano, especialmente, si es indio." (*Americanismos*, p. 606; *Ecuador*, p. 228.) || 5. En Río de la Plata, "persona de campo. Su prototipo es el gaucho." (*Argentinismos*, p. 443; *Rioplatense*, p. 301.) || 6. m. y f. En Méjico, "nombre familiar que se da a los españoles." (*Americanismos*, p. 606.) || 7. En Santo Domingo, "nombre genérico que se da a los extranjeros, especialmente a los de Siria y Palestina." (*Ibid.*)

paiste, m. Una planta parasitaria, especie de heno, que cuelga de los árboles; es de hebras largas, gruesas, de un verde ceniciento; se usa mucho para adornar los Nacimientos y árboles de Navidad. || 2. Lo mismo en Méjico. (*América*, II, 372.)

pajarear, tr. Ver; cuidar. || 2. En Bolivia, Colombia, Chile, Ecuador, Guatemala y Santa (Perú), "oxear, ahuyentar los pájaros de los sembrados." (*América*, II, 373; *Americanismos*, p. 606.) || 3. En América, particularmente en Colombia, Ecuador, Méjico y Perú, "espantarse una caballería." (*Ibid.; ibid.*) || 4. En Argentina, "hacer vida dudosa o de pájaro." (*América*, II, 373.) || 5. En Colombia, "acechar." (*Americanismos*, p. 606.) || 6. "Asesinar." (*América*, II, 373; *Americanismos*, p. 606.) || 7. En Chile, "estar distraído." (*Ibid.; ibid.*) || 8. En Guatemala, "vagar uno sin ton ni son." (*Americanismos*, p. 606.) || 9. En Méjico, "advertir, oír, poner atención." (*América*, II, 373; *Americanismos*, p. 606.)

pajuela, f. Muchacha que observa una conducta deshonesta en sus relaciones con el sexo masculino. || 2. En América del Sur, "escarbaorejas." (*América*, II, 375; *Colombiano*, p. 194.) || 3. En Bolivia, Colombia y Chile, "mondadientes." (*América*, II, 375; *Americanismos*, p. 607.) || 4. En Bolivia y Méjico, "punta de cordel entretejido del látigo que usan los arrieros." *(Ibid.; ibid.)* ‖ 5. En Cuba y Méjico, "masturbación." *(América,* II, 375; *Mexicanismos,* p. 386.) ‖ 6. En Méjico, "barrita de combustible especial al que se pone a arder sin llama para ahuyentar zancudos." *(América,* II, 375.) ‖ 7. En Venezuela, "plectro para tocar el bandolín." *(América,* II, 375; *Americanismos,* p. 607.)

pajuelazo, m. Latigazo, azote. ‖ 2. Golpe que se recibe por una caída. ‖ 3. Con el primer significado en Méjico. *(América,* III, 339.)

pajueleada, f. Latigazos; azotaina.

pajueliar, intr. Pasear. ‖ 2. Andar sin rumbo.

pal, contracc. Para el. ‖ 2. Lo mismo en Nuevo Méjico. *(New Mexican,* p. 38.)

¡*palabra!,* interj. De cierto. Y a veces se dice ¡*Palabra de honor!* ‖ 2. En Argentina, con el mismo significado. *(Argentinismos,* p. 88.)

pale, m. Amigo, íntimo.

palero, -ra, adj. Se dice de la persona que encubre las faltas o errores de otro. U. t. c. s. ‖ 2. m. y f. En América, "jugador que en conivencia con el banquero o tallador, juega o gana partiendo después con él, para hacer entrar a los demás, a quienes roban entre los dos." *(América,* II, 377.) ‖ 3. "El que trabaja con la pala." *(Ibid.)*

paleta, f. Helado con un palito insertado en su centro. ‖ 2. En América, "dulce helado o golosina." *(América,* II, 377.) ‖ 3. "Artefacto de madera, que sirve para mover el contenido de la olla." *(Ibid.)* ‖ 4. En Puerto Rico y en toda la región platense, "especie de palmeta grande con que las lavanderas golpean la ropa al lavarla." *(Ibid.; Americanismos,* p. 609.) ‖ 5. En Cuba, "cada una de las piernas delanteras del cerdo." *(Ibid.; ibid.)* ‖ 6. En Chile, "ñereo, cierto instrumento de tejer." *(Ibid.; ibid.)* ‖ 7. "El paletón de la llave." *(América,* II, 377.) ‖ 8. En la región platense, "pescado del Chaco boliviano, de carne exquista." *(Ibid.)*

¡palo!, interj. ¡Zas! Expresa el golpe que se ha dado. || 2. m. Árbol. || 3. Con el segundo significado en América, particularmente en Colombia y Ecuador. (*América,* II, 382; *Colombiano,* p. 196; *Ecuador,* p. 232.) || 4. En América, "madera." (*América,* II, 382; *Criollo,* p. 183.) || 5. En Argentina y Puerto Rico, "reprimienda fuerte, reproche." (*América,* II, 382.) || 6. En Cuba y Méjico, "coito, acto de fornicación." *(Ibid.)* || 7. "Poste para sujetar animales." *(Ibid.)* || 8. "El palo de tinte o de tinto." *(Ibid.)* || 9. En Ecuador, "polución." (*Ecuador,* p. 232.) || 10. "Mango de escoba." *(Ibid.)* || 11. En Puerto Rico y Venezuela, "trago de licor." (*América,* II, 382.)

palomilla, f. Comparsa de amigos íntimos. || 2. Lo mismo en Guatemala, Méjico y Perú. (*América,* II, 390; *Americanismos,* p. 611.) || 3. En América Central y Chile, "vulgo, plebe, gentuza." *(Ibid.; ibid.)* || 4. En Cuba, "una euforbiácea de casi un metro de altura, con hojas alternas, ovales, terminadas en punta y flores en racimo que contiene miel." (*América,* II, 390.) || 5. "Carne de res, de la parte del lomo, poco estimada a causa de que es dura." *(Ibid.)* || 6. En Méjico, "la región del anca en las caballerías." *(Ibid.)* || 7. m. y f. En Chile, "el ratero; *la palomilla,* la clase ladronesca. Tanto en Chile, como en Perú, *el palomilla* es el muchacho mataperros." (*Americanismos,* p. 611; *Chilenismos,* p. 107.)

pallamas (del inglés *pajamas*), f. pl. Pijama. || 2. Lo mismo en Nuevo Méjico. (*New Mexican,* p. 65.)

pana acordonada, f. Tela gruesa que en su tejido tiene líneas abultadas del mismo material.

panasco, -ca, adj. Gordo. U. t. c. s.

pana lisa, f. Tela gruesa cuyo tejido es semejante al terciopelo.

pandearse, r. Retractarse. || 2. Lo mismo en Méjico. (*Americanismos,* p. 616.) || 3. En Durango, "dar calabazas, arrepentirse." (*Mexicanismos,* p. 387.)

pan de maíz, m. Pan hecho de harina de maíz con mucha manteca. || 2. Baile antiguo y la música con que se baila. || 3. En Colombia, "rosca asada hecha de harina de maíz con miel y queso." (*Colombiano,* p. 197.)

pando, -da, adj. Borracho, ebrio. V. *cuete, jalado, pedo.* || 2. Lo mismo en Méjico. (*Americanismos,* p. 616.) || 3. En Bolivia, "llano, de poco fondo." (*América,* II, 396; *Americanismos,* p. 616.) || 4. En Colombia y Guatemala, "jorobado, encorvado." (*Ibid.; Ibid.; Colombiano,* p. 198.) || 5. En Guatemala y Nuevo Méjico, "lleno, harto." (*América,* II, 396; *Americanismos,* p. 616; *New Mexican,* p. 24.) || 6. En Guatemala, "la res que tiene hundido el lomo." (*América,* II, 396.) || 7. En Venezuela, "aplanado, corto." (*Criollo,* p. 184.)

panecito, m. Panecillo. || 2. En Colombia, "nombre vulgar de una planta malvácea." (*América,* II, 396.)

pantaletas, f. pl. Calzón interior de mujer. || 2. Lo mismo en América Central, Colombia, Méjico, Perú, Puerto Rico y Venezuela. (*Americanismos,* p. 618; *Criollo,* p. 185; *Mexicanismos,* p. 388.)

panteón, m. Cementerio. || 2. Lo mismo en América. (*América,* II, 399; *Chilenismos,* p. 291.) || 3. En Chile, "entre mineros, mineral." (*Americanismos,* p. 618.) || 4. En el Distrito Federal (Méjico), "cenotafio." (*Mexicanismos,* p. 388.)

pantera, adj. f. Vestido elegantemente. || 2. Lo mismo en Nuevo Méjico. (*New Mexican,* p. 91.) || 3. f. En Venezuela, "tigre mejicano." (*América,* II, 399.) || 4. "Individuo de valor temerario; de malos instintos; atrevido para los negocios." (*Ibid.)*

pantomina, f. Pantomima. || 2. En Argentina, "zanco." (*América,* II, 399.)

panza mojada, m. Mejicano que cruza a los Estados Unidos ilegalmente.

papa, f. Mentira. U. t. en pl. || 2. Lo mismo en Méjico.

(*América,* II, 400; *Mexicanismos,* p. 388.) ‖ 3. En América Central y América del Sur, "la patata." (*América,* II, 400; *Criollo,* p. 185.) ‖ 4. En Costa Rica, "árbol maderable." (*América,* II, 400.) ‖ 5. En Cuba, "ganga, botella." (*Ibid.*) ‖ 6. En Chile, "mineral en que la veta se presenta abundante y el metal abandonado." (*América,* II, 400; *Americanismos,* p. 620.) ‖ 7. "Bulbo comestible." (*América,* II, 400.) ‖ 8. En Perú, "pedazos de plata que se hallan entre los arenales desiertos." (*Ibid.*) ‖ 9. "Los dedos del pie que se asoman por las roturas de los zapatos." (*Ibid.*) ‖ 10. "Nombre que algunos cronistas dieron al sacerdote mejicano." (*Ibid.*) ‖ 11. adj. En Argentina y Chile, "muy bueno, excelente." (*Americanismos,* p. 620.)

papachar, tr. Consentir, mimar demasiado. ‖ 2. Lo mismo en Méjico. (*Americanismos,* p. 620.) ‖ 3. En Méjico, "acariciar." (*Mexicanismos,* p. 389.) ‖ 4. "Sobar el cuerpo aplicando una especie de masaje suave." (*América,* II, 400.) ‖ 5. "Hacer cariños con las manos." (*Ibid.*)

papagrande, m. Abuelo. ‖ 2. Lo mismo en Nuevo Méjico.

papalote, m. Molino de viento; oreja. ‖ 2. Lo mismo en Nuevo Méjico. (*New Mexican,* p. 54.) ‖ 3. En las Antillas, Guatemala y Méjico, "cometa o volantín." (*América,* II, 402; *Americanismos,* p. 620; *New Mexican,* p. 54.) ‖ 4. En Costa Rica, Cuba y Yucatán (Méjico), "mariposa." (*América,* II, 402; *Mexicanismos,* p. 389.) ‖ 5. En Méjico, "planta ulmácea de los trópicos y la flor de ella." (*América,* II, 402.)

papasote, m. Hombre que es simpático.

papel, m. Periódico. ‖ 2. Lo mismo en Nuevo Méjico. (*New Mexican,* p. 65.) ‖ 3. En Argentina, "títulos o valores fiduciarios, acciones, cheques, etc." (*Argentinismos,* p. 89.) ‖ 4. "Función que le toca desempeñar a una persona en un acto." (*Ibid.,* p. 254.) ‖ 5. En Colombia, "el billete de 100 pesos." (*Criollo,* p. 185.) ‖ 6. En Méjico, "durante el régimen porfirista, un documento que el amo extendía al peón, en el cual contaba la liquidación del adeudo a éste." (*América,* II, 404.) || 7. "Envoltura cuadrangular con que despachan en las boticas polvos medicinales." *(Ibid.)* || 8. "Albarán." (*Mexicanismos,* p. 389.) || 9. "Papel que se pone en las puertas de alguna casa como señal que se alquila." *(Ibid.)*

papelero, -ra, adj. Uno que con vanas apariencias finge lo que no siente o pretende pasar por lo que no es. || 2. m. Vendedor de periódicos. || 3. m. Lo mismo en Méjico. (*América,* II, 404; *Americanismos,* p. 621.) || 4. adj. En América, "que sabe o gusta de hacer papeles." (*América,* II, 404.) || 5. "Lo relativo al papel." *(Ibid.)* || 6. m. y f. En Argentina, "que acostumbra a hacer *papeles,* todos los efectos públicos o privados que representan la moneda." (*Argentinismos,* p. 89.) || 7. En Chile, "partidario del exceso de papel moneda." (*América,* II, 404; *Chilenismos,* p. 291.) || 8. f. En Nuevo Méjico, "el cesto de los papeles." (*New Mexican,* p. 25.)

papero, -ra, adj. Mentiroso. || 2. En Chile y Méjico, "se dice de un individuo que acostumbra mentir, esparciendo noticias falsas y desatinadas." (*América,* II, 405; *Chilenismos,* p. 223.) || 3. m. y f. En Argentina, "el que cultiva, siembra o vende papas." (*América,* II, 405; *Argentinismos,* p. 254.)

papiro, m. Papel. || 2. En Cuba, "billete de banco, papel moneda." (*América,* II, 405.)

paposa, f. Muchacha.

paquetudo, -da, adj. Muy bueno. || 2. En Méjico, "bien vestido o empaquetado." (*Americanismos,* p. 622.) || 3. "Orgulloso." *(Ibid.)*

parabrisas, m. Cristal delantero del automóvil para que el viento no moleste a los pasajeros. || 2. Lo mismo en Cuba, Chile y Puerto Rico. (*América,* II, 406; *Americanismos,* p. 622.) || 3. En Chile, con el mismo significado, se dice *guardabrisas.* (*Chilenismos,* p. 223.)

parada, f. Acción buena o mala que se le hace a alguna persona. || 2. En América Central y Méjico, "conjunto de cartuchos de rifle o fusil." (*América,* II, 407; *Americanismos,* p. 623.) || 3. En America Central, Méjico, Perú y Puerto Rico, "procesión cívica." (*Ibid.; ibid.*) || 4. En Argentina, "actitud o porte vanidoso." (*América,* II, 407.) || 5. "Lo que no anda o está en movimiento, pudiendo estarlo; quieto, quedo, inmóvil, vil." (*Argentinismos,* p. 134.) || 6. En Argentina, Bolivia y Chile "fanfarronada." (*América,* II, 407; *Americanismos,* p. 623.) || 7. En Argentina, Bolivia, Chile, Uruguay y Venezuela, "empaque, apostura." (*Americanismos,* p. 623.) || 8. En Chile, "caldera abierta de hierro forjado donde se disuelve el *caliche.*" (*América,* II, 407; *Americanismos,* p. 623.) || 9. "Orgulloso, arrogancia." (*Chilenismos,* p. 292.) || 10. En Méjico, "lugar en que se apostan los tiradores, en cacería." (*América,* II, 407.) || 11. En Perú, "número de puestos de vendedores ambulantes; mercado al aire libre con carácter temporal, es decir, durante ciertas horas." (*Americanismos,* p. 623.) || 12. En Venezuela, "acto de tomar una resolución muy arriesgada o asumir una grave responsabilidad." (*América,* II, 407.) || 13. adj. En Argentina, "aplícase a la persona que está de pie parada, y se hace extensivo a los animales y cosas inanimadas." (*Argentinismos,* p. 134.)

parche, m. Se dice de la persona cuya compañía no es agradable. V. *encimoso.* || 2. En América, "remiendo en forma de sobrepuesto." (*América,* II, 411.) || 3. En Cuba, "nombre que se le da a un pez marino." (*Ibid.*) || 4. En Chile, "nombramiento que se hace en un ministerio para que un puesto no esté acéfalo." (*Ibid.*) || 5. En Nuevo Méjico, "remiendo que se hace a los tubos que van dentro de la llanta de una rueda de automóvil." (*New Mexican,* p. 25.)

parián, m. Mercado. || 2. Lo mismo en Méjico y en el sur de los Estados Unidos. (*América,* II, 41.) || 3. En Méjico, D.F., "mercado público, no de comestibles, pero de cosas de uso, como ropa, zapatos, guarniciones, etc." (*Mexicanismos*, p. 393.)

parientes (del inglés *parents*), m. pl. Padres de familia.

párparo, m. Párpado. || 2. Lo mismo en Nuevo Méjico. (*New Mexican*, p. 38.)

parna (del inglés *partner*), m. Compañero.

parqueadero (del inglés *park*), m. Lugar para estacionar los automóviles.

parquear (del inglés *to park*), tr. Estacionar el automóvil. U. t. c. r. || 2. Lo mismo en los Estados Unidos y Méjico. (*América*, II, 414; *New Mexican*, p. 65.) || 3. En América, "aprovisionar con parque." (*América*, II, 414.)

parranda, f. Grupo de personas en borrachera. || 2. Lo mismo en Nuevo Méjico. (*New Mexican*, p. 25.) || 3. En América, "fiesta, jaranga, por lo común con bebidas y mujeres por la noche." (*América*, II, 415; *Peruanismos*, p. 307.) || 4. "Multitud de cosas." (*América*, II, 415; *Americanismos*, p. 625.)

parrandear, intr. Ir de borrachera con un grupo de amigos. || 2. En América, "pasearse, por lo común de noche, con mujeres y bebiendo." (*América*, II, 415; *Argentinismos*, p. 134; *Peruanismos*, p. 307.) || 3. En gallego, "es andar dando serenata por las calles." (*Argentinismos*, p. 134.)

parrandero, -ra, adj. Se dice de la persona que le gusta andar en la borrachera. U. t. c. s. || 2. En América, "amigo de parrandas; disipado; vicioso." (*América*, II, 415; *Argentinismos*, p. 134.) || 3. m. y f. En América, "paseador." (*América*, II, 415.)

pasajero, m. Tren de pasajeros, y no mercancías. || 2. En Venezuela, "ración de queso o mantequilla que se da a los trabajadores de una hacienda para su desayuno." (*América*, II, 416; *Americanismos*, p. 626.) || 3. m. y f. En Tabasco (Méjico), "remero que en una canoa se encarga

de cruzar a los viajeros de un lado a otro de un río."
(*América*, II, 416.)

¡pásale!, interj. ¡Entra!

paseado, -da, adj. Dícese de la persona que ha visto mucho
mundo y que está moralmente en un nivel muy bajo.

pasito, adv. Se dice del río que no es hondo y en el cual puede
la gente andar sin necesidad de quitarse la ropa. || 2. En
América, "despacio, o muy despacio." (*América*, II, 417.)
|| 3. m. En Colombia, "nombre vulgar con que se conoce
la planta del *chirriador* y su fruto dulce y sabroso. (*Ibid.*)

pasguato, -ta, adj. Torpe, tonto.

pasta, f. Pasto, terreno abundante en pasto. || 2. Lo mismo en
Méjico. (*América*, II, 419.) || 3. En América, "galletitas o
cosas semejantes hechas de pasta seca de harina." (*Ibid.*)
|| 4. "Flema, pachorra, socarronería." (*Ibid.*) || 5. En
América del Sur, "lingote pasado de contrabando." (*Ibid.*)

pastero, m. El hombre cuyo empleo consiste en dar vuelta a
los confines de un rancho para ver que todo esté en orden.
|| 2. m. y f. En Chile, "persona que vende pastura para las
caballerías." (*América*, II, 420.) || 3. "Dícese de la caba-
llería o bestia misma que carga el pasto que el yerbatero
vende." (*Ibid.*)

pastilla, f. Dinero. V. *mazuma, bicoca*. || 2. Lo mismo en
América. (*América*, III, 340.) || 3. En Nuevo Méjico,
"dinero que da el padrino en un bautizo." (*New Mexican*,
p. 25.) || 4. "Dulce de chocolate." (*Ibid.*)

pastorela, f. Festejo nocturno por tiempo de la Navidad en
que se repasa el nacimiento de Cristo. V. *pastores*. || 2. Lo
mismo en Méjico. (*América*, III, 421.) || 3. En América
Central y América del Sur, "canto de Navidad con que los
pastores cantan sonetitos o villancicos." (*Criollo*, p. 186.)

pastores, m. pl. Personas que toman parte en una *pastorela*.
V. *pastorela*. || 2. En Méjico, "los *pastores* son pastorelas
al aire libre frente a una imagen del Niño Dios." (*Ameri-*

canismos, p. 628.) ‖ 3. "Nombre que también se da a la pastora o flor del pastor." *(Ibid.)*

pastura, f. Tabaco.

patada, f. Reacción fuerte que recibe la persona al tomar licor. ‖ 2. Con el mismo significado en Méjico. (*América*, II, 423.) ‖ 3. "El licor espiritoso, que se sube fácilmente." *(Ibid.)* ‖ 4. En América, "ingratitud, acción innoble y desleal." *(Ibid.)* ‖ 5. "Golpe que se da con la culata al disparar el arma de fuego." *(Ibid.)* ‖ 6. En Perú, "coz que larga o dispara un cuadrúpedo." (*Peruanismos*, p. 308.)

patero, m. Persona que opera un *pato* o lanchita para pasar personas a través del Río Grande sin pagar el impuesto de inmigración. V. *pato*. ‖ 2. En Perú, "embustero." (*América*, II, 424.) ‖ 3. En Río de la Plata, "sitio del corral de una casa donde se encarama la volatería doméstica." *(Ibid.; Americanismos*, p. 630.) ‖ 4. adj. En Chile, "adulador." *(Ibid.; ibid.; Chilenismos*, p. 227.)

patín, m. Pie. ‖ 2. En Chile, "voz que usan para llamar a los patos, repitiéndola." (*América*, II, 425.) ‖ 3. En Méjico, "entre charros, querido o querida." (*Americanismos*, p. 630.)

pato, m. Lanchita de lona para pasar personas a través del Río Grande sin pagar el impuesto de inmigración. ‖ 2. Chata o bacín. ‖ 3. Con este último significado en Colombia, Cuba, Guatemala, Méjico, Puerto Rico y Venezuela. (*Americanismos*, p. 631; *Colombiano*, p. 202.) ‖ 4. En Argentina, "antiguo juego de fuerza o destreza entre los gauchos." (*América*, II, 425.) ‖ 5. En Barranquilla (Colombia), "polizón, el que viaja clandestinamente." (*Americanismos*, p. 631.) ‖ 6. En Cuba, "tasajo de pura fibra." (*América*, II, 425.) ‖ 7. "En lenguaje de imprenta, pastel." *(Ibid.)* ‖ 8. En Ecuador, "víctima a quien se explota." (*América*, II, 425; *Americanismos*, p. 631.) ‖ 9. En Méjico, "variedades del ave común de este nombre." (*América*, II, 425.) ‖ 10. "Pintor de rótulos." (*Mexicanismos*, p. 395.) ‖ 11. En Nuevo Méjico, "vasija para calentar agua."

(*New Mexican*, p. 55.) || 12. En Venezuela, "bujarra, marica." (*Americanismos*, p. 631.) || 13. "Aire popular en el que entra un estribillo relativo al animal cuyo es el nombre." (*Ibid.*) || 14. m. y f. En Argentina y Colombia, "mirón en una casa de juego." (*América*, II, 426; *Americanismos*, p. 631.) || 15. adj. En Argentina, "arrancado, sin dinero." (*Americanismos*, p. 631.) || 16. En Puerto Rico, "dícese de la persona sin opinión fija." (*América*, II, 425; *Americanismos*, p. 631.)

patuleco, -ca, adj. Patojo. || 2. Lo mismo en Colombia, Chile, y Perú. (*América*, II, 428; *Americanismos*, p. 632; *Chilenismos*, p. 292; *Peruanismos*, p. 309.)

paulear, tr. Pagar.

pediche, adj. Pedigüeño. || 2. En Méjico, con el mismo significado, se dice *pidiche*. (*Americanismos*, p. 654.)

pedo, -da, adj. Borracho. V. *jalado, pando*. U. t. c. s.

pediórico, m. Periódico.

pegadura, f. Cola, pasta pegajosa. || 2. En Ecuador y Colombia, "pegate, burla, jugarreta, broma." (*América*, II, 435.)

pegoste, m. y f. Pegote. V. *encimoso*. || 2. Lo mismo en América Central, Colombia, Méjico, Perú y Venezuela. (*América*, II, 436; *Americanismos*, p. 636; *Colombiano*, p. 204; *Mexicanismos*, p. 396.)

pegostear, tr. Embadurnar con alguna substancia pegajosa. U. t. c. r. || 2. En Tabasco (Méjico) tiene el mismo significado. (*América*, II, 436.) || 3. En Méjico, "pegostrar, pegarse algo." (*Americanismos*, p. 636.) || 4. En Guatemala, "salpicar de agua, de lodo, etc. U. t. c. r." (*Ibid.*)

pelado, -da, m. y f. Persona que pertenece a lo ínfimo de la plebe. || 2. Lo mismo en Méjico. (*América*, II, 437; *Americanismos*, p. 637.) || 3. En Argentina, "persona con el pelo cortado más o menos a rape." (*América*, II, 437.) || 4. "Persona o animal de la carne sin piel o descubierta al vivo, por estar lucida la piel." (*Ibid.*) || 5. En Colombia y Panamá, "rapazuelo." (*Americanismos*, p. 637.) || 6. En

Méjico, "grocero, lépero." *(Ibid.)* || 7. En Chile, "eclesiástico que tiene corona o cerquillo, y la religiosa que tiene cortado el pelo." *(América,* II, 437.) || 8. f. En Argentina y Chile, "calvicie, peladera, pelona." *(Argentinismos,* p. 258; *Chilenismos,* p. 292.) || 9. En Colombia, Ecuador, Guatemala, Panamá y Venezuela, "equivocación." *(Americanismos,* p. 637.) || 10. En Chile, "carrera de caballos a la ligera." *(Ibid.)* || 11. "Breve y de poco precio en la apuesta." *(Ibid.)* || 12. m. En Argentina y Chile, "borrachera." *(Ibid.)* || 13. "Variedad de perro que carece pelo." *(Ibid.)* || 14. En Colombia, "el maíz descortezado para alguna preparación alimenticia." *(Ibid.)* || 15. adj. En América, "que se usa como sustantivo familiar, sin recursos." *(Ibid.; Argentinismos,* p. 134.) || 16. En América Central, Argentina y Puerto Rico, "descarado." *(América,* II, 437; *Americanismos,* p. 637.) || 17. En Argentina, "desnudo." *(Ibid.; ibid.)* || 18. En Ecuador, "quien sufre de calvicie." *(Ecuador,* p. 243.) || 19. En Méjico, "belitre." *(Americanismos,* p. 397.)

pelarse, r. Irse. || 2. Lo mismo en Nuevo Méjico. *(New Mexican,* p. 55.) || 3. En Hidalgo (Méjico), "perderse." *(Mexicanismos,* p. 398.) || 4. En América Central, Colombia, Ecuador y Venezuela, "equivocarse." *(Americanismos,* p. 637; *Ecuador,* p. 244.) || 5. En América Central y América del Sur, "salir el tiro por la culata, desafinar." *(Criollo,* p. 190.) || 6. En Méjico, "descargarse." *(América,* II, 438.) || 7. "Descuidarse." *(Ibid.)* || 8. "Resbalarse del punto de apoyo por efecto de presión." *(Ibid.)* || 9. En Venezuela, "embriagarse." *(Americanismos,* p. 637.) || 10. intr. En América Central y Antillas, "no conseguir lo que se desea." *(América,* II, 428.) || 11. "Proceder sin pudor." *(Ibid.)* || 12. En Colombia, Méjico y Venezuela, "morir." *(Ibid.)* || 13. En América, "azotar." *(Ibid.)* || 14. "Criticar." *(Ibid.)* || 15. En Chile, "quemar el mate la lengua por estar muy caliente." *(Ibid.)*

película doblada, f. Película de cine en lengua inglesa a la que se le ha puesto el diálogo en español.

pelionero, -ra, adj. Pendenciero. || 2. Lo mismo en Colombia, Guatemala y Méjico. (*América,* II, 439; *Americanismos,* p. 638; *Colombiano,* p. 205; *Mexicanismos,* p. 398.)

peliscar, tr. Pellizcar. || 2. Lo mismo en América y Nuevo Méjico. (*América,* II, 439; *Americanismos,* p. 135; *New Mexican,* p. 38.)

pelo liso, m. Pelo lacio.

pelota, f. Pasión que atrae un sexo hacia el otro. || 2. Lo mismo en Méjico. (*América,* II, 440.) || 3. En América, particularmente en Argentina, Bolivia, Chile y Uruguay, "batea de piel de animal vacuno que sirve para transportar objetos o personas de una orilla a otra de un río." (*Ibid.; Americanismos,* p. 639; *Argentinismos,* p. 445; *Criollo,* p. 190; *Chilenismos,* p. 79; *Ríoplatense,* p. 314.) || 4. En Cuba, "la persona que se quiere pasionalmente." (*Americanismos,* p. 639.) || 5. En Cuba y Méjico, "deseo vehemente." (*Ibid.*) || 6. m. pl. En Ecuador, "tonto, falto de juicio." (*Ibid.*)

pelotero, -ra, m. y f. Pelotari. || 2. Lo mismo en América. (*América,* II, 440; *Americanismos,* p. 639.) || 3. En América Central, "novelero alborotador." (*Ibid.; ibid.*) || 4. f. En Colombia, "desorden de gente." (*Colombiano,* p. 205.)

pelusa, f. Gentualla, gente de humilde condición. V. *palomilla.* || 2. Lo mismo en Méjico. (*América,* II, 441.)

penco, m. Potro brioso. || 2. En América Central y Colombia, "campesino." (*Criollo,* p. 191.) || 3. En Argentina y Honduras, "hombre rústico, palurdo, grosero." (*América,* II, 442.) || 4. En Chile, "nombre que se da al ave más conocida por pihuel." (*Ibid.*) || 5. En Méjico, "entre campesinos, nombre que se da al caballo." (*Ibid.*) || 6. En Nuevo Méjico, "un becerro que ha perdido a su mamá." (*New Mexican,* p. 25.) || 7. En Panamá y Santo Domingo, "pedazo, trozo." (*Americanismos,* p. 640.) || 8. f. En Colombia, "planta cactácea." (*América*, II, 442.) || 9. En Argentina, "zopenco." (*Argentinismos*, p. 135.) || 10. En Méjico, "contracción eufémica de pendejo." (*América*, II, 442.) || 11. En Veracruz (Méjico), "inútil, imbécil." (*Mexicanismos*, p. 398.)

pendejada, f. Tontería, majadería. || 2. Lo mismo en Colombia, Cuba, Ecuador, Guatemala, Méjico, Puerto Rico y Santo Domingo. (*América*, II, 443; *Americanismos*, p. 640; *Colombianq*, p. 205.)

pendejear, intr. Tontear. || 2. Lo mismo en Colombia, Méjico y Puerto Rico. (*Americanismos*, p. 641; *Colombiano*, p. 205.)

pendejo, -ja, adj. Tonto, bobo, insensato. U. t. c. s. || 2. Lo mismo en América. (*América*, II, 443; *Criollo*, p. 191; *New Mexican*, p. 55.) || 3. En América, "cobarde." (*América*, II, 443.) || 4. En Colombia, "estar *pendejo* para una cosa quiere decir: estar apropiado." (*Colombiano*, p. 205.) || 5. "Hacerse el zorro, aparentar ignorancia." (*Ibid.*, p. 206.) || 6. En Ecuador, "es el hombre cojudo y güebón." (*Ecuador*, p. 246.)

penicilina (del inglés *penicillin*), f. Droga que sirve para remediar una infección, especialmente la interna.

penitencia, f. Penitenciaría. || 2. Lo mismo en Méjico. (*Mexicanismos*, p. 63.)

pepena, f. Recolección de los restos de la cosecha, especialmente de la cosecha de algodón. || 2. Lo mismo en Méjico. (*América*, II, 445.) || 3. En América Central y Méjico, "rebusca." (*Americanismos*, p. 642.) || 4. En Colombia, "el abanico ordinario, principalmente el que se hace de palma tejida." (*América*, II, 445.) || 5. En Michoacán y Zacatecas (Méjico), "algunas vísceras de puercos y borregos o res." (*Ibid.*; *Americanismos*, p. 642.) || 6. En Tabasco (Méjico), "la operación de cosechar ciertos frutos, como el nance, recogiéndolos del suelo cuando han caído por maduros." (*América*, II, 445.) || 7. "Acto de recoger la partera al recién nacido." (*Ibid.*)

pepenar, tr. Recoger, levantar algo del suelo. ‖ 2. Lo mismo en América Central, Colombia y Méjico. (*América,* II, 446; *Americanismos,* p. 642.) ‖ 3. En Méjico, "separar en las minas el metal bueno del malo o del cascajo." (*América,* II, 446; *Americanismos,* p. 642.) ‖ 4. "Asir o coger alguno y darle una entrada de golpes." *(Ibid.; ibid.)* ‖ 5. En Tabasco (Méjico), "recibir la partera el recién nacido; recoger a un huérfano adoptándolo." (*América,* II, 446.)

perfilado, m. Costura deshilada. U. t. c. adj.

perico, -ca. m. y f. Persona que habla mucho o tiene facilidad para hablar. ‖ 2. Lo mismo en América. (*América,* II, 449; *Americanismos,* p. 644; *Mexicanismos,* p. 400.) ‖ 3. m. En América, "papagallo mediano." (*América,* II, 449.) ‖ 4. En América Central, "requiebro, piropo." (*América,* II, 449; *Americanismos,* p. 644.) ‖ 5. En Colombia y Ecuador, "borracho." *(Ibid.; ibid.)* ‖ 6. "La borrachera." (*América,* II, 449.) ‖ 7. En Colombia, "navaja grande." *(Ibid.)* ‖ 8. "Huevos revueltos." (*Colombiano,* p. 207.) ‖ 9. En Ecuador, "planta olorosa." (*América,* II, 409.) ‖ 10. En Tabasco (Méjico), "el periquito." *(Ibid.)* ‖ 11. "Planta mejicana del género *pedilanthus.*" *(Ibid.)* ‖ 12. En El Salvador, "planta herbácea con flores de color." *(Ibid.)* ‖ 13. En Venezuela, "tortillas de huevos con cebollas." (*Americanismos,* p. 644.)

periquera, f. Lugar elevado donde se sienta la gente para presenciar algún espectáculo. ‖ 2. En Méjico, "sitio encumbrado." (*Americanismos,* p. 644.) ‖ 3. "Carro del ferrocarril en que se halla el ganado." (*América,* II, 450.) ‖ 4. "Jaula de perico." *(Ibid.)* ‖ 5. En Venezuela, "algarabía." (*Americanismos,* p. 644.)

permanente, m. Ondulado permanente que se le hace al cabello lacio.

personal, m. Impuesto personal que pagan los ciudadanos de los Estados Unidos de 21 años o más para tener derecho a votar en las elecciones.

perrero, m. Persona empleada para recoger los perros desca-
rriados en la ciudad. || 2. En Colombia, "zurriago." (*Amé-
rica,* II, 452; *Americanismos,* p. 645; *Colombiano,* p. 207.)

perrilla, f. Tumor inflamatorio que nace en el borde de uno
de los párpados. || 2. En Nuevo Méjico, con el mismo sig-
nificado, se dice *chile perro.* (*New Mexican,* p. 19.) || 3.
En Méjico, "orzuelo." (*América,* II, 452; *Mexicanismos,* p.
401.)

perrito, m. Flor de semilla de muchos colores.

perrusquía, f. Borrachera. U. t. c. adj.

peseta, f. Moneda de a veinticinco centavos de dólar. V. *sura.*
|| 2. adj. Persona molesta o pesada. || 3. adj. Lo mismo en
Cuba y Méjico. (*América,* II, 450; *Americanismos,* p. 646.)

pespunte (a), m. adv. A pie.

pesudo, -da, adj. Adinerado.

petaquilla, f. Cofre, baúl. || 2. Lo mismo en Colombia y
Méjico. (*América,* II, 456; *Americanismos,* p. 648.) || 3.
En Nuevo Méjico, "cofre pequeño." (*New Mexican,* p.
25.) || 4. En América, "cestito tejido de hojas de palma
usado para llevar frutas de venta." (*América,* II, 456.)
|| 5. En Colombia, "buhonería." (*América,* II, 456; *Ameri-
canismos,* p. 648.) || 6. En Tabasco (Méjico), "planta as-
lepiadácea." (*América,* II, 456.) || 7. ant. En Argentina,
"cierto petardo a la criolla, que hacían envuelto en naipes
y atado a un hilo, cargado con pólvora." (*Ibid.*)

petatearse, r. Morirse. || 2. Lo mismo en Méjico. (*América,*
II, 456; *Mexicanismos,* p. 401.)

pétera, f. Esposa. || 2. En Cuba, "borrachera." (*Americanis-
mos,* p. 648.)

piano de cola, m. Piano de grandes dimensiones y cuyas cuer-
das están horizontales y no verticales como en los otros
pianos. || 2. Lo mismo en Argentina. (*Argentinismos,* p.
260.)

¡pícale!, interj. ¡Ándale! Denota deseo de que cierta persona
se mueva y ande con más rapidez.

picante, m. Ají molido y hecho salsa. || 2. Lo mismo en Méji-
co. (*Americanismos,* p. 650; *Mexicanismos,* p. 402.) || 3.
En América, "cierto guiso que tiene mucho ají." (*América,*
II, 461; *Americanismos,* p. 650; *Criollo,* p. 194; *Peruanis-
mos,* p. 317.)

picar, intr. Comer poco. || 2. tr. En América Central y Améri-
ca del Sur, "llamar a la puerta." (*Criollo,* p. 194.) || 3. En
Chile y Puerto Rico, "cargar el macho a la hembra."
(*América,* II, 146.) || 4. "Dividir la leña en rajas." (*Ibid.*)
|| 5. En Ecuador, "hablar dos enamorados." (*Americanis-
mos,* p. 650.) || 6. En Méjico, "morder a uno cualquier ani-
mal ponzoñoso." (*América,* II, 461.) || 7. "Jugar la última
salida de cualquier juego." (*Ibid.*) || 8. En Perú, "comer
picantes." (*Mexicano,* II, 60.) || 9. En Puerto Rico, "jugar
a la ruleta." (*América,* II, 461; *Americanismos,* p. 650.)
|| 10. "Intervenir, arriesgarse." (*Americanismos,* p. 650.)
|| 11. En Venezuela, "conducir el ganado por una vía."
(*América,* II, 461.) || 12. En América, "enojar, moles-
tar." (*Ibid.*) || 13. En Antillas y Méjico, "abrir en un
bosque o manigua una senda o picada." (*Ibid.*) || 14. En
Chile, "leer rápida y superficialmente." (*Ibid.*) || 15. En
Chile y Puerto Rico, "matar ganado para el abasto públi-
co." (*Ibid.*) || 16. En Méjico, "castrar el hule, chicle o ár-
boles semejantes haciendo incisiones en el tallo para que
mane el látex, savia o resina." (*Ibid.*) || 17. r. En América
Central, Argentina, Chile, Ecuador, Perú, Puerto Rico,
Uruguay y Venezuela, "embriagarse." (*Ibid.; Americanis-
mos,* p. 650.)

¡*pícate!,* interj. Significa: ¿Qué tal envidia tienes?

picle (del inglés *pickle*), m. Pepino en escabeche. || 2. Lo
mismo en Méjico. (*Mexicanismos,* p. 64.)

picón, -na, adj. Se dice del que le gusta hacer enojarse a otros.
U. t. c. s. || 2. adj. En América Central, Puerto Rico y
Venezuela, "burlón." (*Americanismos,* p. 650.) || 3. En
Colombia y Puerto Rico, "respondón." (*Ibid.*) || 4. m. En

Méjico, "fiero desaire, acto ejecutado con el fin de dar pique, de provocar celos." (*América*, II, 463.)

picoso, -sa, adj. Se dice de las comidas que enardecen el paladar. || 2. En Méjico, "picante." (*Mexicano*, I, 61.)

picote, adj. Se dice de la persona que habla mucho o que hace muchas preguntas.

picotear, tr. Comer poco y despacio. || 2. En Argentina, "dejar la viruela señales en la piel." (*América*, II, 463.) || 3. "Aplicar l'as aves el pico repetidas veces con objeto de comer o beber." (*Argentinismos*, p. 91.) || 4. En Cuba y Méjico, "matar con crueldad." (*América*, II, 463.) || 5. "Picar una cosa en pedacitos." (*Ibid.*)

picudo, m. Insecto parásito de la planta de algodón, del chile y otras. || 2. Lo mismo en Méjico. (*América*, II, 464.) || 3. En Costa Rica, "pajarillo de bonito plumaje, pero que no canta." (*Ibid.*) || 4. "Nombre que se da al tucán." (*Ibid.*) || 5. adj. En Cuba, "cursi." (*América*, II, 464; *Americanismos*, p. 651.) || 6. En Méjico, "audaz, hábil, malicioso." (*Ibid.; ibid.; Mexicanismos*, p. 402.)

pichar (del inglés *to pitch*), tr. En el juego de *beisbol*, tirar la pelota. V. *beisbol.* || 2. r. En Argentina, "acobardarse." (*Argentinismos*, p. 261.)

pícher (del inglés *pitcher*), m. El que tira la pelota en el juego de *beisbol;* se la tira al que tiene el garrote. V. *beisbol.* || 2. Lo mismo en América. (*América*, II, 465.) || 3. En Nuevo Méjico, "cuadro, que viene de la palabra inglesa *picture*." (*New Mexican*, p. 65.)

pichicata, adj. Avaro, ruin. || 2. En Méjico, con el mismo significado, se dice *pichicate*. (*América*, II, 465; *Americanismos*, p. 652.)

pichicuate, m. Reptil del agua. || 2. Lo mismo en Nuevo Méjico. (*New Mexican*, p. 25.) || 3. En Sinaloa (Méjico), "una serpiente común." (*América*, II, 466.)

pichonear, tr. Besarse o abrazarse dos enamorados. || 2. En Colombia, "matar, asesinar." (*América*, II, 467; *America-*

nismos, p. 653.) || 3. En Chile, "herir con punta."
(*América,* II, 467.) || 4. En Colombia, "sorprender en
alguna falta o travesura." (*Americanismos,* p. 653.) || 5.
En Méjico, "enamorar." *(Ibid.)* || 6. intr. En América,
particularmente en Colombia y Méjico, "ganarle a alguno
con facilidad en el juego por ser menos hábil." (*América,*
II, 467; *Americanismos,* p. 653.) || 7. En América, par-
ticularmente en Méjico, "permitir que en los salones de
billar se juegue un rato sin pagar." *(Ibid.; ibid.)* || 8. En
Argentina y Méjico, "engañar." (*Americanismos,* p. 653.)
|| 9. En Ecuador, "gozar." *(Ibid.)* || 10. En Panamá, "acción
de pedir *pichones* o ayuda, a la pareja en un baile." *(Ibid.)*
|| 11. r. En Colombia, "embolsarse, ensuciarse." *(Ibid.)*

pidemos, 1ª persona, plural, presente de indicativo de *pedir.*
Se usa esta forma en todos los verbos que terminan en *-ir.*
Por ejemplo, *siguemos, muremos, consiguemos, durmemos,*
etc.

piélago, m. La parte muy honda de un río o de un lago.

pieses, m. pl. Pies.

pieza, f. Música de fonógrafo. || 2. Lo mismo en Nuevo
Méjico. (*New Mexican,* p. 25.) || 3. En Cuba, "concu-
bina." (*América,* II, 470.) || 4. En Méjico, "pan." (*Méxi-
canismos,* p. 403.)

pilmama, f. Mujer encargada de cuidar a un niño. || 2. m. En
broma, se designa también al hombre. || 3. Con el primer
significado en Méjico. (*América,* II, 473; *Americanismos,*
p. 657; *Mexicanismos,* p. 404.)

pinchurriento, -ta, adj. Se dice de la persona que no tiene
carácter fuerte, que vacila. Ú. t. c. s.

pingo, -ga, m. y f. Nombre que se da a una persona que es
muy alegre y traviesa. || 2. En Argentina, Bolivia y Uru-
guay, "caballo vivo, corredor." (*América,* II, 478; *Americanismos,* p. 659; *Argentinismos,* p. 446; *Rioplatense,* p.
319.) || 3. En Argentina, Chile y Perú, "caballejo, rocín."
(*América,* II, 478; *Americanismos,* p. 446; *Argentinismos,*

p. 446; *Chilenismos*, p. 293.) || 4. En Argentina, "mujer inclinada a la vida alegre." (*Argentinismos*, p. 446.) || 5. En Ecuador, "madero delgado y recto que se coloca en las casas." (*América*, II, 478; *Americanismos*, p. 659.) || 6. "Organos sexuales." (*Ecuador*, p. 253.) || 7. En Méjico, "el diablo." (*América*, II, 478; *Americanismos*, p. 659; *Mexicanismos*, p. 405.)

pinino, m. Çhiste o gracia que hace el niño que apenas empieza a andar. U. m. en pl. || 2. Lo mismo en América. (*América*, II, 478; *Peruanismos*, p. 320.) || 3. En Argentina, "primer paso del niño o del convaleciente." (*Argentinismos*, p. 90.)

pinta, f. La penitenciaría. V. *penitencia*. || 2. Lo mismo en Nuevo Méjico. (*New Mexican*, p. 25.) || 3. En América, "predicción que se hace del año, de acuerdo con el tiempo de los doce primeros días de enero." (*América*, II, 479; *Americanismos*, p. 659.) || 4. "Casta, linaje." *(Ibid.; ibid.)* || 5. En Argentina, Méjico, Perú y Puerto Rico, "color de los animales." *(Ibid.; ibid.)* || 6. En Argentina, "capa o pelo del ganado vacuno." (*Argentinismos*, p. 446.) || 7. En Bolivia, Chile y Perú, "juego de dados." (*Americanismos*, p. 659; *Criollo*, p. 198.) || 8. En Chile, "es la clase de mineral que tiene ley más subida." (*Americanismos*, p. 659.) || 9. En Méjico, "faltar a la escuela los muchachos, por irse de paseo." (*América*, II, 479). || 10. En Santo Domingo, "nombre que se da a la raza negra." (*Americanismos*, p. 659.)

pintarse, r. Irse. || 2. Lo mismo en Nuevo Méjico. (*New Mexican*, p. 55.) || 3. En Argentina, "alabarse." (*América*, II, 480.) || 4. "Deshacerse en requiebros a una chica." *(Ibid.)* || 5. En Méjico, "hacer una cosa muy bien por tener aptitudes o vocación como nadie." *(Ibid.)* || 6. intr. En América Central y Antillas, "hacer zalamerías con algún designio oculto." *(Ibid.)* || 7. En Chile y Perú, "fantasear." *(Ibid.)* || 8. En Chile y Méjico, "dícese de las reses por empezar a engordar." *(Ibid.)* ‖ 9. En Méjico, "faltar los muchachos de la escuela por irse de paseo." *(Ibid.)*

piñata, f. Jarro lleno de dulces, decorado con papel de colores, que en los días de su santo, los niños, con los ojos vendados, tratan de romper con un palo, al tiempo que los otros están listos para recoger los dulces que caigan. ‖ 2. En Chile, "arrebateña." *(América,* II, 481; *Americanismos,* p. 661.) ‖ 3. "Abundancia." *(Americanismos,* p. 661.)

piocha, f. Barba recortada en punta. ‖ 2. Lo mismo en Méjico. *(América,* II, 483; *Americanismos,* p. 661; *Mexicanismos,* p. 405.) ‖ 3. En América, "enredadera primorosa." *(América,* II, 483.) ‖ 4. En Méjico, "entre charros, buen mozo, hablando de personas; excelente, hablando de cosas." *(América,* II, 483; *Americanismos,* p. 661.) ‖ 5. "El azadón, zapapico." *(América,* II, 483.)

pior, adv. m. comp. Peor. ‖ 2. Lo mismo en Guanajuato (Méjico). *(Mexicanismos,* p. 405.)

pipa (del inglés *pipe*), f. Tubo de agua o de gas. ‖ 2. Manguera de agua. ‖ 3. En Bolivia, Colombia, Ecuador, Panamá, Perú y Puerto Rico, "barriga." *(América,* II, 484; *Americanismos,* p. 661.) ‖ 4. En Costa Rica, Esmeraldas (Ecuador) y Panamá, "el fruto del coco verde y tierno." *(Americanismos,* p. 661.) ‖ 5. En Perú, "la papa, la patata." *(América,* II, 484.) ‖ 6. En Venezuela, "rana verdosa cuya metamórfosis se efectúa en el dorso verrugoso de la hembra, en donde, fecundada la fresa, deposita el macho los huevos, produciéndose entonces celdillas en que se alojan los renacuajos." *(Ibid.)*

pipilín, m. Comida.

pipilisco, -ca, adj. Corto de vista, que frunce el entrecejo para mirar.

pipirín, m. Comida. V. *pipilín.*

pipitoria, f. Dulce de leche cocida con corazones de nuez.

piquetear (del inglés *to picket*), intr. Estar en huelga.

piquinic (del inglés *picnic*), m. Día que se pasa en el campo.

|| 2. En Argentina y Nuevo Méjico, con el mismo significado, se dice *pic-nic.* (*Argentinismos,* p. 409; *New Mexican,* p. 65.) || 3. En Chile, "jira." (*Chilenismos,* p. 292.)

pisón, m. Pisotón. || 2. Lo mismo en América Central, Colombia, Ecuador, Méjico, Puerto Rico y Venezuela. (*América,* II, 491; *Americanismos,* p. 666.)

pisporria, f. Chichón que se levanta a resultas de un golpe. || 2. En Guatemala y Honduras, *pisporra* quiere decir "verruga grande." (*Americanismos,* p. 666.)

piste, m. Licor. || 2. En América, "variante de pizte, la semilla del zapote." (*América,* II, 492.) || 3. En Colombia, "el maíz preparado para hacer mazamorra." (*América,* II, 492; *Americanismos,* p. 666.)

pistear, tr. Tomar licor.

pisto, m. Algo muy pequeño; cantidad muy pequeña. Se usa mucho *pistito.* || 2. En América Central y Perú, "dinero en general." (*América,* II, 492; *Americanismos,* p. 666.) || 3. En Colombia, "chimenea de las armas de fuego." (*Ibid.; ibid.*) || 4. En Méjico, "trago de licor." (*Ibid.; ibid.*)

piyido, m. Grito agudo, chillido.

pizarrón, m. Pizarra, la que se usa en la escuela. || 2. Lo mismo en Antillas y Río de la Plata. (*Americanismos,* p. 669.)

pizca, f. Recolección de frutos. || 2. Lo mismo en Méjico. (*América,* II, 498; *Americanismos,* p. 669.)

pizcador, -ra, m. y f. Segador. || 2. Lo mismo en América. (*América,* II, 498.) || 3. m. "Instrumento de labranza, a manera de punzón, con que se rompe la envoltura de la mazorca de maíz para arrancarla." (*Ibid.*)

pizcar, tr. Recoger el algodón, chile, fruta, etc. || 2. Lo mismo en Méjico. (*América,* II, 498.) || 3. En Yucatán (Méjico), "pellizcar." (*Mexicanismos,* p. 407.)

planchar, intr. Quedarse sentada una mujer en un baile por no invitarla nadie a bailar. || 2. Lo mismo en Argentina y Chile. (*América,* II, 499; *Argentinismos,* p. 293; *Chilenismos,* p. 293.) || 3. En Argentina, Bolivia, Chile, Perú,

Puerto Rico y Uruguay se dice *planchar el asiento*. (*Americanismos*, p. 669.) || 4. En Chile, "meter la pata." (*Ibid.*) || 5. tr. En Méjico, "dejar a uno esperando." (*América*, II, 499.) || 6. En Perú, Puerto Rico y Uruguay, "adular." (*Ibid.; Americanismos*, p. 669.)

plantilla, f. Guante que usa el pelotari. || 2. En Argentina, Bolivia, Cuba y Puerto Rico, "especie de bizcocho delgado." (*América*, II, 500; *Americanismos*, p. 670.) || 3. En Argentina, "masita chata a modo de plancha." (*Argentinismos*, p. 263.) || 4. En Colombia, "sebo con rasuras de corteza que se aplica a las plantas de los pies de un enfermo." (*Colombiano*, p. 215.) || 5. En Cuba, Puerto Rico y Venezuela, "pies de cañas que nacen después de la primera cosecha." (*América*, II, 500; *Americanismos*, p. 670.) || 6. En Cuba, "fanfarronada." (*América*, II, 500.) || 7. En Cuba y Méjico, "fingimiento, farsa, afectada cortesía." (*Americanismos*, p. 670.) || 8. En Guatemala, "cafetal que principia a florecer." (*América*, II, 500.) || 9. En Perú, "biscotela." (*Ibid.*) || 10. m. En Ecuador, "fanfarrón." (*Americanismos*, p. 670; *Ecuador*, p. 257.)

plantón, m. La acción de suspender relaciones amorosas. || 2. La acción de dejar a uno esperando. || 3. Lo mismo en América. (*América*, II, 500.) || 4. En Guatemala, "planta, traza, facha." (*Americanismos*, p. 670.)

plataforma, f. Lugar donde se empacan frutas y hortalizas. || 2. En Antillas, Argentina, Chile, Ecuador, Méjico y Perú, "programa de un partido político." (*América*, II, 500; *Americanismos*, p. 670; *Argentinismos*, p. 136.) || 3. En Argentina, "tablado." (*Argentinismos*, p. 136.) || 4. En Méjico, D.F., "tarima donde está el asiento del maestro de escuela." (*Mexicanismos*, p. 407.)

platillo volador, m. Artefacto redondo que ciertas personas creen ver volar en el cielo, como si fuese un avión.

plasta, f. Persona perezosa que se mueve muy despacio. || 2. En América, "cagada en forma aplastada; dícese de la del ganado vacuno." (*América*, II, 500.)

pley sut (del inglés *play suit*), m. Traje de playa que consiste en un pantalón corto y blusa.

plomería, f. Tienda donde se vende toda clase de artículos para bañeras, lavatorios, etc.

plomero (del inglés *plumber*), m. La persona que instala baños, lavatorios y compone toda clase de desagües. ‖ 2. Lo mismo en Colombia. (*Colombiano,* p. 216.)

pluma fuente (del inglés *fountain pen*), f. Pluma estilográfica.

plumo, -ma, m. y f. Persona que tiene mala reputación, que no tiene escrúpulos. Ú. t. c. adj. ‖ 2. f. En Argentina y Méjico, "prostituta, ramera." (*Argentinismos,* p. 264; *Mexicanismos,* p. 408.) ‖ 3. adj. En Argentina, "el término se aplica al hombre de amores pasajeros." (*América,* II, 503.) ‖ 4. En Venezuela, "sereno, sosegado." (*Ibid.; Americanismos,* p. 672.) ‖ 5. adj. m. En América Central, Argentina, Chile, Ecuador, Méjico y Perú, "aplomado, plomizo." (*Americanismos,* p. 672.)

plujear (del inglés *to plunge*), tr. Sumergir, zambullir.

pocho, -cha, adj. Palabra que se aplica a las personas de descendencia mejicana nacidas en Texas. ‖ 2. En Chile, "rechoncho." (*América,* II, 505; *Americanismos,* p. 672.) ‖ 3. "Truncado, falto de punta." (*Americanismos,* p. 672.) ‖ 4. "Torpe, cerrado de mollera." (*Ibid.*) ‖ 5. m. y f. En Colombia, "variante de *popoche,* nombre de un plátano bruto." (*América,* II, 505.)

polecía, f. Policía.

polich remuver (del inglés *polish remover*), m. Líquido para quitar el esmalte de las uñas.

polio (del inglés *poliomyelitis*), m. Parálisis infantil.

politiquero, m. Persona activa en la política. ‖ 2. En América, "industrial de la política; politicastro." (*América,* II, 507; *Argentinismos,* p. 264.) ‖ 3. En Chile, "el que frecuenta más de lo necesario los cuidados de la política o introduce fuera de razón en la plática asuntos y noticias políticas."

(*Chilenismos*, p. 237; *Ecuador*, p. 259.) || 4. adj. En Puerto Rico, "demasiado cortés." (*América*, II, 507; *Americanismos*, p. 673.)

polvadera, f. Polvareda. || 2. Lo mismo en América. (*Argentinismos*, p. 609; *Chilenismos*, p. 304; *Mexicanismos*, p. 410.)

polvera, f. Guardapolvo en los automóviles. || 2. En América, "polvareda." (*América*, II, 502.)

polvoso, -*sa*, adj. Polvoroso. || 2. Lo mismo en la América Central, Colombia, Méjico y Venezuela. (*América*, II, 508; *Americanismos*, p. 675.) || 3. En Honduras, "nombre que también se da al insecto del *telepate*." (*América*, II, 508.)

pompa (del inglés *pump*), f. Grifo, llave de bronce colocada en la boca de un cañón para dejar correr el agua; bomba. || 2. Lo mismo en el norte de Méjico, Nuevo Méjico y el sur de los Estados Unidos. (*América*, II, 509; *Mexicanismos*, p. 411; *Mexicano*, I, 62; *New Mexican*, p. 55.)

ponchar (del inglés *punch*), tr. Picar, punzar, especialmente una llanta. || 2. Lo mismo en Méjico y Nuevo Méjico. (*América*, II, 510; *New Mexican*, p. 65.) || 3. r. En Cuba "chasquearse, darse un trastazo." (*América*, II, 510.)

pope (del inglés *puppy*), m. Perro. || 2. Lo mismo en Nuevo Méjico. (*New Mexican*, p. 65.)

popote, m. Paja cilíndrica y hueca que se usa para sorber bebidas. || 2. Lo mismo en Méjico. (*América*, II, 516; *Americanismos*, p. 677; *Mexicanismos*, p. 411.) || 3. En Méjico, "planta cuyos tallos endebles se usan para hacer escobas." (*América*, II, 516; *Americanismos*, p. 677.) || 4. "Cualquier tallo delgado." (*América*, II, 516.)

pore (del inglés *party*), m. Fiesta, como la de cumpleaños. || 2. En Nuevo Méjico, con el mismo significado, se dice *pare*. (*New Mexican*, p. 65.)

poro, conj. Pero. || 2. m. En Méjico, "planta comestible de la familia del ajo, usual en comida familiar para tomarla en sopa." (*América*, II, 517.) || 3. En Río de la Plata, "calaba-

cita que sirve de vasija." (*Ibid.; Americanismos*, p. 678.)
|| 4. En el Valle del Mantaro (Perú), "calabacita que llena
de piedrecitas, se agita al compás de la música, como la
maraca musical antillana." (*Americanismos*, p. 678.)

pos, conj. Pues. || 2. Lo mismo en Nuevo Méjico. (*New
Mexican*, p. 38.)

prender, tr. Encender, dar luz. || 2. Lo mismo en América.
(*América*, II, 523; *Americanismos*, p. 681.) || 3. En Argen-
tina, "apurar, dar, pegar." (*América*, II, 523.) || 4. En
Colombia, "embastar." (*Ibid.*) || 5. En Honduras, "armarse
de lo que uno necesita, especialmente dinero." (*Ibid.*)

pretensión, f. Orgullo, vanidad. || 2. Lo mismo en las Anti-
llas, Argentina, Chile, Méjico, Perú, Uruguay y Venezuela.
(*Americanismos*, p. 682; *Chilenismos*, p. 294.)

pretensioso, -sa, adj. Orgulloso, vanidoso. || 2. Lo mismo en
América. (*América*, II, 524; *Argentinismos*, p. 267; *Chilenismos*, p. 294.)

pricula (del inglés *pre-cooler*), f. Lugar donde se empacan
frutas y hortalizas.

priculero, -ra (del inglés *pre-cooler*), m. y f. Persona que trabaja donde se empaca la fruta y la hortaliza.

principal, com. Director de una escuela. || 2. m. En Chile,
Méjico y Puerto Rico, "capital, importe de una deuda."
(*América*, II, 525.) || 3. "Interés fundamental o cuantía
de una reclamación." (*Ibid.*) || 4. pl. En Argentina, "es-
tacas verticales o jambas de las puertas rústicas, de cercas
o corrales, gruesas, altas y afirmadas arriba por una ma-
roma." (*Ibid.*) || 5. adj. En Sinaloa y Chihuahua (Méjico),
"caballero." (*Mexicanismos*, p. 417.)

probe, adj. Pobre. || 2. Con el mismo significado en América.
(*Argentinismos*, p. 611; *Mexicanismos*, p. 417; *New Mexican*, p. 38.)

profesionista, adj. Profesional. || 2. Lo mismo en América.
(*América*, II, 526; *Mexicano*, I, 64.)

protestanta, f. Mujer que pertence a alguna secta de la iglesia protestante. || 2. Lo mismo en Guerrero (Méjico). (*Mexicanismos,* p. 418.)

proyector (del inglés *projector*), m. Aparato de una luz muy brillante con que se proyecta un cuadro o fotografía en una pantalla. || 2. Cinematógrafo.

puchar (del inglés *push*), tr. Empujar. || 2. En Argentina, "pujar, forcejar." (*Argentinismos,* p. 269.) || 3. En Colombia, "en el juego de trompos, servir el que ha de sufrir los miretes." (*Americanismos,* p. 684.) || 4. r. En Colombia, "humillarse." (*Ibid.*) || 5. "Arrimarse al enemigo en la lucha o arriesgar la vida." (*Ibid.*)

¡puchi!, interj. Expresa el mal olor. || 2. En América, "¡pucha! se usa para denotar asombro o asco y repugnancia." (*América,* II, 527). || 3. f. En Colombia, "la cuarta parte del cuartillo." (*Ibid.*) || 4. "Porción mínima." || 5. En Cuba, "un ramillete." (*Ibid.*) || 6. En Méjico, "pieza de pan en forma de rosquilla." (*Ibid.*) || 7. "La puta." (*Ibid.*)

pueblucho, m. Pueblo pequeño o aldea.

puédamos, 1ª persona, plural, presente de subjuntivo, en vez de *podamos.* || 2. Lo mismo en Méjico y Nuevo Méjico. (*Mexicanismos,* p. 419; *New Mexican,* p. 38.)

puertero, -ra, m. y f. Portero.

pugilista, m. El que se dedica al boxeo. || 2. Lo mismo en América. (*América,* II, 530.)

pujar, intr. Gruñir, refunfuñar. || 2. tr. En Perú, "despedir a alguno con cajas destempladas." (*América,* II, 530; *Peruanismos,* p. 332.) || 3. m. En América, "hacer ademanes y aun ruido como de querer hablar, sin prorrumpir en la elocución." (*América,* II, 530.)

pujido, m. Quejido que se da al hacer una gran fuerza o al padecer un sufrimiento. || 2. Lo mismo en las Antillas, Colombia, Chile, Méjico y Perú. (*América,* II, 530; *Americanismos,* p. 685; *Colombiano,* p. 223.)

pul (del inglés *pull*), m. Influencia. || 2. Lo mismo en Puerto

Rico. (*Americanismos*, p. 686.) ‖ 3. En América, "nombre de un juego de billar muy conocido." (*América*, II, 530.)

pulguiento, -ta, adj. Pulgoso. ‖ 2. Lo mismo en América. (*América*, II, 530; *Americanismos*, p. 686; *Argentinismos*, p. 137; *Chilenismos*, p. 241.)

pulman (del inglés *pullman*), m. Vagón de pasajeros que se convierte en dormitorio. ‖ 2. Lo mismo en América. (*América*, II, 531.) ‖ 3. En Méjico, D.F., "vaso grande de pulque." (*Mexicanismos*, p. 419.)

puntada, f. Algún chiste o cuento muy apropiado a la ocasión. ‖ 2. Lo mismo en Méjico. (*América*, II, 533; *Americanismos*, p. 687; *Mexicano*, II, 68.) ‖ 3. En Argentina, Puerto Rico y Venezuela, "punzada." (*América*, II, 533; *Americanismos*, p. 687.) ‖ 4. pl. En Méjico, "ideas tontas, descabelladas." (*Americanismos*, p. 687.)

punto, m. Trabajo desagradable. ‖ 2. "Cierto baile popular de América Central." (*América*, II, 533.)

puro, m. Cigarro puro. ‖ 2. Lo mismo en América. (*América*, II, 535.) ‖ 3. En Colombia y Ecuador, "vasija del epicarpo de ciertos frutos." (*Ibid.*) ‖ 4. En Chile, "juego de muchachos, semejante al de pares y nones." (*Ibid.*) ‖ 5. "El aguardiente blanco." (*Ibid.*) ‖ 6. En Méjico, D.F., "tabaco." (*Mexicanismos*, p. 421.)

Q

quebrazón, f. Quebramiento violento. || 2. Lo mismo en América. (*América*, II, 539; *Americanismos*, p. 691; *Chilenismos*, p. 294.)

quécher (del inglés *catcher*), m. Parador de pelota en el juego de beisbol; está situado detrás del que tiene el garrote. También se dice *queche*. V. *beisbol*.

quedré, futuro del verbo *querer*. V. *querer*. || 2. Lo mismo en Argentina, Guerrero (Méjico) y Nuevo Méjico. (*Argentinismos*, p. 610; *Mexicanismos*, p. 424; *New Mexican*, p. 38.)

quedría, condicional del verbo *querer*. V. *querer*.

quehaceroso, -sa, adj. Industrioso, trabajador.

¡quehúbole!, interj. Significa: ¿Cómo estás? || 2. Lo mismo en Nuevo Méjico. (*New Mexican*, p. 55.) || 3. En Colombia, con el mismo significado, se dice *¿Qué hubo?* (*Colombiano*, p. 226.)

quejón, -na, adj. Quejumbroso. || 2. Lo mismo en América. (*América*, II, 341; *Americanismos*, p. 691.)

quelite, m. Planta silvestre semejante a la espinaca. || 2. Lo mismo en América Central, Méjico y Nuevo Méjico. (*América*, II, 541; *New Mexican*, p. 26.)

quemador, m. Mechero. || 2. Lo mismo en América. (*América*, II, 543; *Americanismos*, p. 692; *Mexicanismos*, p. 425.) || 3. En América Central y América del Sur, "lámpara de petróleo o de alcohol." (*Criollo*, p. 207.) || 4. En Méjico, "las ortigas y otra plantas de propiedades semejantes a las de éstas." (*América*, II, 543.)

quemadora, f. Lugar donde se queman los desperdicios de la ciudad. || 2. En Méjico, "la ortiga o quemadora y plantas análogas a ella por sus propiedades irritantes." (*América*, II, 543.) || 3. En Puerto Rico, "nombre vulgar de una planta silvestre." (*Ibid.*)

queque (del inglés *cake*), m. Una especie de bollo hecho de azúcar, harina, mantequilla, huevos, vainilla y levadura. || 2. Lo mismo en América Central, Colombia, Méjico, Nuevo Méjico, Perú y Venezuela. (*América*, II, 544; *Americanismos*, p. 692; *New Mexican*, p. 65.) || 3. En Cuba y Méjico, "cierta especie de galleta ordinaria, dulzona, de color ocre o chocolate; circular, con los bordos ondulados, y que se hace con restos de pan viejo." (*América*, II, 544.) || 4. "Anglicismo generalizado por torta endulzada." (*Ibid.*) || 5. En Guatemala, "nombre vulgar de la moneda llamada quetzal." (*Americanismos*, p. 692.)

quer, intr. Caer. || 2. Lo mismo en Guerrero (Méjico). (*Mexicanismos*, p. 426.)

querer, futuro de indicativo: *quedré, quedrás, quedrá, quedremos, quedrán;* condicional: *quedría, quedrías, quedría, quedríamos, quedríais, quedrían.*

quermés, f. Fiesta que se celebra con el propósito de reunir fondos para la beneficencia pública; se ponen allí toda clase de juegos de azar y se venden también toda clase de confituras. V. *jamaica.* || 2. En Chile, con el mismo significado, se dice *kermesse.* (*Chilenismos*, p. 288.)

quesadilla, f. Empanada de queso envuelto en una tortilla de maíz. || 2. En Ecuador, Guatemala, Honduras y Méjico, "empanada con queso, con carne o picadillo de pollo." (*Americanismos*, p. 693.) || 3. En la América Central, Ecuador y Méjico, "pan de maíz relleno de queso y azúcar, cocido en comal o frito en manteca." (*América*, II, 544.) || 4. En Colombia, "panecillo de harina relleno de pasta de coco, con queso y dulce." (*Colombiano*, p. 226.) || 5. En Argentina, "alfajor." (*América*, II, 544.) || 6. En Méjico, D.F., "especie de pastel." (*Mexicanismos*, p. 425.)

queso de tuna, m. Dulce hecho de la tuna del nopal. || 2. En Méjico, "dulce en pasta, hecho por lo común en bloques cilíndricos." (*América*, II, 545.)

quínder (del inglés *kindergarten*), m. Escuela para niños que no han llegado aún a la edad escolar. V. *jardín infantil.*

|| 2. En Argentina y Chile, con el mismo significado, se dice *kindergarten*. (*Argentinismos*, p. 397; *Chilenismos*, p. 288.)

quiote, m. Bohordo del maguey; es un tallo de unos cuatro pies de alto; los capullos se comen cocidos, asados o con huevos. || 2. Lo mismo en Méjico. (*América*, II, 554; *Americanismos*, p. 696; *Mexicanismos*, p. 426.) || 3. "Nombre vulgar que se da también al jiote o palo mulato." (*América*, II, 554.)

quire (del inglés *kitty*), m. Gatito.

R

rabón, -na, adj. Dícese de las cosas que son cortas, v. gr., las colas de los animales, las faldas, los pantalones, etc. || 2. Lo mismo en América. (*América*, III, 8.) || 3. En Argentina y Venezuela, "dícese del cuchillo que perdió las cachas." (*Americanismos*, p. 699.) || 4. En Colombia, "rabilargo, rabudo." (*América*, III, 8; *Colombiano*, p. 229.) || 5. En Chile, "desnudo." (*América*, III, 8; *Americanismos*, p. 699.) || 6. En Méjico, "mezquino, ruin." (*América*, II, 8.) || 7. m. En Ecuador, "machete corto." (*Americanismos*, p. 699.) || 8. m. pl. En Argentina y Chile, "novillos." (*Argentinismos*, p. 271.) || 9. f. En América, "mujer que acompaña a los soldados en las marchas." (*Criollo*, p. 212; *Chilenismos*, p. 80.) || 10. En Perú, "india de raza pura." (*Peruanismos*, p. 340.)

radiodifusora, f. Las instalaciones mecánicas que transmiten noticias, música, comedias, canto y otras cosas. || 2. Lo mismo en Méjico. (*Mexicanismos*, p. 427.)

raiz, f. Raíz. || 2. Lo mismo en Argentina y Méjico. (*Argentinismos*, p. 610; *Mexicanismos*, p. 429.)

radodería (del inglés *radiator*), f. Lugar donde componen radiadores de automóviles.

rajarse, r. Faltar a lo ofrecido; ir a contarle a otro lo que uno ha dicho. || 2. En America, "partirse o abrirse la piel por el frío." (*Americanismos*, p. 701.) || 3. En América Central, Chile, Perú y Puerto Rico, "gastar mucho dinero en fiestas y obsequios." (*América*, III, 10; *Americanismos*, p. 701.) || 4. En Colombia, "equivocarse." *(Ibid.; ibid.)* || 5. En Cuba, Guatemala y Méjico, "acobardarse." (*Ibid.; ibid.; Mexicanismos*, p. 429.) || 6. tr. En América, "hablar mal de uno." (*América*, III, 10.) || 7. En Argentina, Bolivia, Cuba y Santo Domingo, "huir." (*Ibid.; Americanismos*, p. 701.) || 8. En Colombia, Perú y Puerto Rico, "vencer."

(Ibid.; ibid.) || 9. "Fastidiar, arruinar." (*Americanismos*, p. 701.)

rajeta, adj. com. Dícese de la persona que se retracta. U. t. c. s.

rajolearse, r. Retractarse.

rajón, -na, adj. Dícese de la persona que se retracta. || 2. Lo mismo en Cuba y Méjico. (*América*, III, 10; *Americanismos*, p. 10.) || 3. En América Central y Méjico, "fanfarrón." *(Ibid.; ibid.)* || 4. En América Central y Puerto Rico, "dadivoso, pródigo, obsequioso." (*América*, III, 10.) || 5. En América Central, "ostentoso, esplendido." (*Americanismos*, p. 701.) || 6. m. En Colombia, Cuba, Chile, Guatemala, Puerto Rico y Uruguay, "raja, rasgón." (*América*, III, 10; *Americanismos*, p. 701.) || 7. En Cuba, "ripios." *(Ibid.; ibid.)*

ramfla, f. Automóvil.

ranchero, -ra, adj. Tímido. || 2. m. Campesino, labriego, agricultor. || 3. m. Lo mismo en Antillas y Méjico. (*América*, III, 12.) || 4. adj. En Méjico, "entendido de las faenas del campo." (*Americanismos*, p. 702.) || 5. "Ridículo, charro." *(Ibid.)* || 6. En Argentina, "uno que es amigo de visitar a las mujeres que viven en los ranchos." (*Argentinismos*, p. 449.) || 7. "Aplícase también al caballo que durante el viaje quiere ir a todas las casas próximas al camino." *(Ibid.)* || 8. "Querencioso del rancho o que hace ranchos." (*América*, III, 12.) || 9. m. y f. "Persona de hábitos sencillos e incultos semejantes a los del campesino." *(Ibid.)*

rascarrabias, com. Persona que se encoleriza fácilmente. || 2. Lo mismo en América. (*América*, III, 14; *Argentinismos*, p. 139; *Chilenismos*, p. 304; *Mexicanismos*, p. 429.)

rascuache, adj. com. Persona cursi. || 2. Lo mismo en Méjico. (*Americanismos*, p. 704.) || 3. En Guatemala y Méjico, "miserable, ruin, pobre." (*Americanismos*, p. 704; *Mexicanismos*, p. 429.) || 4. En Méjico, "corriente, vulgar, de condición mediocre." (*América*, III, 14.)

raspa, f. Hielo raspado con jugo de fruta o esencias, especie de sorbete. ‖ 2. Persona de clase baja. ‖ 3. En América Central, Argentina y Méjico, "gente maleante o de poca educación, afecta a las bromas." (*América,* III, 14.) ‖ 4. En Antillas y Méjico, "raspadura." *(Ibid.)* ‖ 5. En Argentina, Colombia, Chile, Ecuador, Panamá, Perú y Puerto Rico, "reprimenda." *(Ibid.; Americanismos,* p. 139; *Chilenismos,* p. 243.) ‖ 6. En Argentina y Uruguay, "ladrón, ratero." (*América,* III, 14; *Americanismos,* p. 704; *Argentinismos,* p. 274.) ‖ 7. En Cuba, "residuo de la olla." (*América,* III, 14; *Americanismos,* p. 704.) ‖ 8. En Cuba, Méjico y Puerto Rico, "azúcar moreno." (*Americanismos,* p. 704.) ‖ 9. En Méjico, "chanza, burla." (*América,* III, 14; *Americanismos,* p. 704.) ‖ 10. "La operación de raspar la penca del maguey, en el beneficio del henequén." (*América,* III, 14.) ‖ 11. En Nuevo Méjico, "helado de fresa." (*New Mexican,* p. 26.) ‖ 12. En Venezuela, "se usa en señal de exhortación." (*Americanismos,* p. 274.)

raspón, m. Raspadura. ‖ 2. Lo mismo en América. (*América,* III, 15; *Argentinismos,* p. 139.) ‖ 3. En América Central, Argentina, Colombia, Cuba, Méjico, Puerto Rico y Venezuela, "desolladura." (*Americanismos,* p. 705.) ‖ 4. En Colombia, "sombrero de paja que usa el campesino. Llamado en Bogotá, *corrosca,* y en Costa Rica, *tule." (Ibid.)* ‖ 5. En Colombia, Chile, Honduras y Méjico, "reprimenda." (*América,* III, 15; *Americanismos,* p. 139.) ‖ 6. En Chile y Méjico, "participación que uno tiene en el mal de otro." (*América,* III, 15.)

rasposo, -sa, adj. Se dice de cualquier objeto que no está liso. ‖ 2. En América, "áspero al paladar." (*América,* III, 15.) ‖ 3. En Argentina, "tacaño, miserable." (*Americanismos,* p. 705.) ‖ 4. En Méjico, "bromista." *(Ibid.)*

rastrillo, m. Peine. ‖ 2. En Colombia, "permuta." (*América,* III, 16.) ‖ 3. "Negocio, propuesta." *(Ibid.)* ‖ 4. En Chile, "aparato para amontonar el heno." (*Chilenismos,* p. 243.) ‖ 5. En Yucatán (Méjico), "la narria." (*Mexicanismos,* p. 430.)

ratonera, f. Casa vieja; vivienda de la última clase; habitación llena de cosas viejas. || 2. Lo mismo en Argentina, Chile y Perú. (*Americanismos,* p. 706; *Argentinismos,* p. 272; *Chilenismos,* p. 295.) || 3. En Puerto Rico, "tienda de una hacienda donde los peones gastan su jornal." (*América,* III, 17; *Americanismos,* p. 706). || 4. En Puerto Rico y Venezuela, "nombre burlesco del tenducho." (*Ibid.; ibid.)* || 5. En Río de la Plata, "pajarillo de color pardo, que acostumbra andar por los cercados, corriendo por los de material como un ratoncito." (*América,* III, 17; *Rioplatense,* p. 340.)

raya, f. Sueldo, jornal, pago en efectivo. || 2. Lo mismo en Méjico. (*América,* III, 17; *Americanismos,* p. 706.) || 3. En América Central, Cuba, Perú y Puerto Rico, "juego de tirar monedas a una raya hecha en el suelo." (*Americanismos,* p. 706.) || 4. En Colombia, "rasqueta; regla para rasar las medidas de granos." (*América,* III, 17.) || 5. En Chile, "especie de rompimiento en los mares." (*Americanismos,* p. 706.) || 6. "Término de la concha o parte abierta por donde salen las bolas." (*América,* III, 17.) || 7. En Méjico, "paso del arado, por alusión a la señal que éste deja, se dice *primera raya, segunda raya,* etc." (*Ibid.)* || 8. En Tamaulipas (Méjico), "pequeño canal de riego." (*Ibid.)* || 9. En Veracruz (Méjico), "arroyuelo." (*Mexicanismos,* p. 430.)

rayador (del inglés *radiator*), m. Radiador del automóvil. || 2. En América del Sur, "ave marina de pico aplanado, muy delgado, con la mandíbula superior mucho más corta que la inferior. También le dicen *pico de tijera.*" (*América,* III, 16.) || 3. En Argentina, "ralla o rallador." (*Argentinismos,* p. 611.) En Méjico, "pagador, el que paga el jornal." (*América,* III, 17; *Americanismos,* p. 706; *Mexicanismos,* p. 430.) || 5. m. y f. En Chile, "persona que hace de juez en un juego." (*América,* II, 17.)

rayar, tr. Escribir. || 2. Pagar sueldos, cobrarlos o recibirlos. || 3. Lo mismos significados en Méjico. (*América,* III, 17;

Americanismos, p. 706; *Mexicanismos*, p. 430.) ‖ 4. En Chile "pedir fiado." (*Americanismos*, p. 706.) ‖ 5. En América Central, América del Sur y Cuba, "espolear la cabalgadura." (*América*, III, 174; *Americanismos*, p. 706.) ‖ 6. En Argentina, "hacer rayas." (*Argentinismos*, p. 611.) ‖ 7. En Argentina y Méjico, "detener el caballo rápidamente haciéndole girar sobre las patas." (*América*, III, 174; *Americanismos*, p. 706; *Argentinismos*, p. 611.) ‖ 8. En Chile, "rasar." (*Chilenismos*, p. 295.) ‖ 9. "Anotar una falta." (*América*, III, 18.)

rayón (del inglés *rayon*), m. Tela sintética parecida a la seda. ‖ 2. Lo mismo en Nuevo Méjico. (*New Mexican*, p. 66.)

raza, f. Persona de origen hispano-americano.

real, m. Doce centavos y medio de dólar. ‖ 2. En América, "valor equivalente a la octava parte de un peso o sea doce centavos y medio del peso." (*América*, III, 18.) ‖ 3. "Moneda de plata con tal valor que se acuñaba hasta hace poco en diversos países." (*Ibid.*) ‖ 4. En Perú, "moneda de diez centavos. En Uruguay se llama *real* a la moneda de diez céntimos, hoy de bronce, ayer de plata." (*Americanismos*, p. 707.)

¡reata!, interj. ¡Zas! Expresa el golpe que se ha dado. ‖ 2. f. En América Central, "la sobrecarga." (*Criollo*, p. 214.) ‖ 3. En Ecuador, "cinta de algodón." (*América*, III, 18; *Criollo*, p. 214.) ‖ 4. En Honduras, "borrachera." (*América*, III, 18.) ‖ 5. En Méjico, "soga de fibra torcida." (*Ibid.*) ‖ 6. "Cualquier soga en general." (*Ibid.*) ‖ 7. "Arriate." (*Ibid.*) ‖ 8. "El miembro viril." (*Ibid.*)

reatazo, m. Golpe con la mano o con algún azote.

reatiza, f. Conjunto de golpes con la mano o con el azote.

rebotar, intr. No ser aceptado por la gente de la comarca.

rebotazo, m. Rebotada. ‖ 2. Lo mismo en Puerto Rico. (*Americanismos*, p. 707.)

recámara, f. Alcoba. ‖ 2. Lo mismo en Colombia y Méjico. (*América*, III, 20; *Americanismos*, p. 708; *Mexicanismos*,

p. 431.) || 3. En Costa Rica, "sala de la casa." (*Americanismos*, p. 798.) || 4. "Motorete, cámara para salvas." (*América*, III, 20.)

recamarera, f. Criada que limpia las alcobas. || 2. Lo mismo en Méjico. (*Americanismos*, p. 708; *Mexicanismos*, p. 432.) || 3. m. y f. En Méjico, "mozo o criado encargado del aseo y arreglo interior de la casa o cuartos en los hoteles." (*América*, III, 20.)

recargarse, r. Jactarse, fanfarronear.

recle, m. Rato. *Al recle*, al rato.

récord (del inglés *record*), m. Registro; datos; hoja de servicios. || 2. En Argentina, "límite máximo de velocidad o esfuerzo." (*Argentinismos*, p. 404; *Chilenismos*, p. 278.)

recortar, intr. Censurar las acciones o la conducta de otros.

rechancho, -cha, adj. Egoísta.

rechincho, -cha, adj. Apto; útil.

reditir, tr. Derretir. También se usa *redetir*. || 2. En América, también *redetir*. (*América*, III, 22; *Mexicanismos*, p. 433.)

referir, tr. Recordarle a uno algún beneficio que se le ha hecho. || 2. Lo mismo en Méjico. (*Americanismos*, p. 709.) || 3. En América Central, "decir una injuria." (*Americanismos*, p. 709.) || 4. En Méjico, "echar en cara." (*América*, III, 23.)

refín, m. Comida.

refinar, intr. Comer.

refundir, tr. Guardar una cosa tan cuidadosamente que después no puede encontrarse. Ú. t. c. r. || 2. Lo mismo en América. (*América*, III, 24.) || 3. En América, "perder una cosa." *(Ibid.)* || 4. r. En América Central, Colombia y Méjico, "perderse, extraviarse." (*Americanismos*, p. 710.) || 5. En Guatemala y Méjico, "guardar algo con mucho ahinco." *(Ibid.)*

reganchar, tr. Contratar a un trabajador. Ú. t. c. r.

reganche, m. Dinero que se anticipa a un trabajador al tiempo de reengancharse.

reganchista, m. El que entrega el dinero al trabajador que se contrata.

reír, pretérito de indicativo: *ri, riste, rió, rimos, risteis, rieron.* || 2. Lo mismo en Oajaca (Méjico). (*Mexicanismos,* p. 443.)

reja, f. Cárcel. || 2. Lo mismo en América. (*América,* III, 25.) || 3. En América, "enrejado." *(Ibid.)* || 4. En América Central y América del Sur, "calabozo del cepo en los corregimientos." (*Criollo,* p. 216.) || 5. En Chile, "carro cerrado con rejas, en que se transportan animales." (*América,* III, 25.) || 6. En Méjico, "cancilla." (*Mexicanismos,* p. 435.) || 7. "Corsursido." *(Ibid.)* || 8. "Zurcido en la ropa." (*Americanismos,* p. 711.) || 9. En Perú, "habitación lateral al zaguán, que tiene ventana a la calle." *(Ibid.)*

relación, f. Tesoro escondido, generalmente enterrado. || 2. Lo mismo en Méjico. (*América,* III, 26; *Americanismos,* p. 711; *Mexicano,* p. 70.) || 3. En América Central y América del Sur, "décima cantada." (*Criollo,* p. 216.) || 4. En Argentina y Uruguay, "verso que se recita recíprocamente la pareja, en ciertos bailes populares." (*América,* III, 26; *Americanismos,* p. 711.) || 5. En Argentina, "comedia indígena tradicional." (*América,* III, 26.) || 6. En Argentina, "persona con quien se tiene relaciones de amistad." (*América,* III, 26; *Argentinismos,* p. 95.)

relajado, -da, adj. Disoluto, disipado.

relajarse, r. Rebajarse del nivel social donde está uno. || 2. tr. En Cuba y Puerto Rico, "hacer mofa." (*América,* III, 27; *Americanismos,* p. 711.) || 3. intr. En Chile y Puerto Rico, "tener alguna cosa sabor desagradable por el mucho azúcar que contiene." *(Ibid.; ibid.)*

relaje, m. Burla; tormento.

relajo, m. Desprestigio; depravación de costumbres. || 2. Lo mismo en Cuba, Méjico y Puerto Rico. (*América,* III, 27.)

|| 3. "Acción deshonesta." *(Ibid.)* || 4. "Barulla, baile, desordenado, mitote." *(Ibid.)* || 5. En Santo Domingo, "entre campesinos, empache gástrico." *(Americanismos, p. 712.)*

relance, m. Regaño. || 2. En Chile, "requiebro o piropo." *(América, III, 27.)*

relativo (del inglés *relative*), m. Pariente.

relís, m. Precipicio. || 2. Lo mismo en Méjico y Nuevo Méjico. *(Mexicano, II, 70; New Mexican, p. 55.)*

remple, m. Automóvil.

remuda, f. Manada de caballos. || 2. En América, "animal de tiro, bestia de carga, caballería que releva en el trabajo a la cansada. En América del Sur también se dice *remonta*, y en Argentina, *muda*." *(América, III, 28.)*

remudera, f. La yegua que lleva el cencerro en una manada de yeguas.

remudero, m. El vaquero que vigila a los caballos de noche.

remueques, m. pl. Adornos excesivos que no son de buen gusto.

rendido, -da, adj. Fatigado. || 2. Lo mismo en Argentina. *(Argentinismos, p. 275.)* || 3. En América, "aumentar una cosa al ser elaborada." *(América, III, 29.)* || 4 "Tratándose del trabajo, suspenderlo dando por terminada la tarea." *(Ibid.)* || 5. "Arrendar, conceder, otorgar." *(Ibid.)* || 6. m. En Argentina, "el que se declara vencido y entrega las armas." *(Argentinismos, p. 275.)*

repelar, intr. Hablar mucho objetando a alguna cosa que no se quiere hacer. || 2. Lo mismo en Méjico. *(Mexicano, II, 70.)* || 3. En Colombia, "repelar, rechazar." *(Colombiano, p. 233.)* || 4. En Ecuador, "pastar el ganado en un prado en que han pacido antes otros animales." *(América, III, 29; Americanismos, p. 713.)* || 5. tr. En Méjico, "exasperar." *(Americanismos, p. 713.)* || 6. "Resongar, murmurar." *(Ibid.)* || 7. r. En Chile, "arrepentirse." *(América, III, 29; Americanismos, p. 713.)*

repelido, m. Acto de hablar mucho objetando a alguna cosa.

repelón, -na, adj. Dícese de la persona que habla mucho objetando. Ú. t. c. s. || 2. En Méjico se usa con el mismo significado. (*América,* III, 29.) || 3. m. En Méjico, "resongón, respondón." (*Americanismos,* p. 714.) || 4. En Colombia, "parte trasquilada de la cabeza." (*Colombiano,* p. 234.) || 5. "Porción de terreno raspado en el que no nace yerba." *(Ibid.)* || 6. "Sofión, regaño grande, pero rápido y pasajero." (*América,* III, 29; *Mexicanismos,* p. 438.)

repuñoso, -sa, adj. Egoísta. || 2. En Nuevo Méjico, "provocativo." (*New Mexican,* p. 27.)

réquer (del inglés *wrecker*), m. Camión grúa.

resaca, f. Lago grande hecho por mano del hombre. || 2. En América Central, Colombia y Méjico, "el aguardiente de la mejor calidad; o de lo contrario, el inferior." (*América,* III, 31; *Americanismos,* p. 715; *Criollo,* p. 217.) || 3. En Argentina y Uruguay, "tierra fértil mezclada con residuos vegetales que las aguas dulces amontonan en las costas." (*América,* III, 31; *Americanismos,* p. 715; *Argentinismos,* p. 277.) || 4. En Cuba y Puerto Rico, "paliza." (*América,* III, 31; *Americanismos,* p. 715.) || 5. En Chile, "segunda trilla que se da a la míes o tendida que de ésta se hace para la remolienda." (*América,* III, 31.) || 6. En Méjico, "lo mejor de una cosa." (*Americanismos,* p. 715.) || 7. "La quintaesencia." (*América,* III, 31.) || 8. En Santo Domingo, "malestar después de una borrachera." (*Americanismos,* p. 715.)

rescoldar, tr. Calentar en brasas revueltas entre ceniza.

resolana, f. Irradiación del sol que se siente aún bajo la sombra de un árbol. || 2. Lo mismo en América. (*América,* III, 32; *Americanismos,* p. 716; *Argentinismos,* p. 277; *Colombiano,* p. 234; *Chilenismos,* p. 295.) || 3. En Argentina y Chile, "resistero." (*Argentinismos,* p. 277.) || 4. En Cuba, "regaño." (*Americanismos,* p. 716.) || 5. m. y f. En América, "sitio donde se toma el sol." (*América,* III, 32; *Colombiano,* p. 234; *Ecuador,* p. 289.)

respaldar, tr. Ayudar, resguardar. || 2. Lo mismo en América. (*América*, III, 33; *Americanismos*, p. 716.) || 3. "Afianzar el cumplimiento de una obligación." (*Americanismos*, p. 716.) || 4. r. "Guardarse las espaldas." (*América*, III, 33.)

retacado, -da, p. p. de *retacar*. Repleto.

retacar, tr. Llenar una cosa bien apretada hasta la tapa; colmar; rellenar.

retacarse, r. Hartarse. || 2. En Chile, "esparrancarse." (*América*, III, 33.) || 3. "Remolonearse, mostrarse reacio." (*Ibid.*) || 4. "Quedarse atrás." (*Chilenismos*, p. 295.)

revancha, f. Desquite. || 2. Lo mismo en Argentina, Colombia, Chile y Méjico. (*Argentinismos*, p. 95; *Colombiano*, p. 235; *Chilenismos*, p. 295; *Mexicanismos*, p. 441.)

reversa (del inglés *reverse gear*), f. Palanca de automóvil que lo mueve hacia atrás. || 2. En Panamá, "vuelta de un río, y la corriente de agua que en ella se forma." (*Americanismos*, p. 718.)

revoltura, f. Revoltijo; enredo. || 2. Lo mismo en Cuba, Chile, Méjico y Santo Domingo. (*Americanismos*, p. 719; *Mexicano*, II, 71.) || 3. En América, "mezcla, confusión, mezcla desordenada de ideas o asuntos." (*América*, III, 36.)

rezongar, intr. Querellarse, murmurar en objeción a algo. || 2. Lo mismo en América. (*Criollo*, p. 216.) || 3. En América Central, "reprender, regañar." (*América*, III, 33.) || 4. En Tabasco (Méjico), "hacer burla." (*Ibid.*)

riatazo, m. Golpe violento en el cuerpo.

rielote, m. Pierna.

rifarse, r. Lucirse; se refiere a personas que sobresalen en algo. || 2. En Méjico, "sobresalir, distinguirse." (*Americanismos*, p. 719.) || 3. En Ríohacha (Colombia), "cubrir el animal macho a la hembra, sobre todo en los cuadrúpedos." (*Ibid.*)

rimos, 1ª persona, plural, del pretérito indicativo, en vez de *reímos*. V. *reír*. || 2. Lo mismo en Méjico. (*Mexicanismos*, p. 443.)

rin (del inglés *rim*), m. Aro en donde va la llanta del vehículo. || 2. En Chile, "baile popular entre dos personas con escobillado al compás de polka." (*América*, III, 38.)

rinche (del inglés *ranger*), m. Policía del Estado de Texas. || 2. adj. En Chile, "lleno hasta el borde." (*América*, III, 38; *Americanismos*, p. 720.)

riley (del inglés *relay*), m. Carrera entre grupos de competidores, en la cual cada uno cubre una parte del recorrido.

rillo, m. Río. Intercalando una *ll* entre la *i* y la *o* en las palabras que terminan en *ío*, v. gr., *frío, tío lío*, se pronuncian *frillo, tillo, lillo*. || 2. Lo mismo en Nuevo León (Méjico). (*Mexicanismos*, p. 442.)

risión, adj. Irrisorio. || 2. Lo mismo en Méjico. (*Mexicano*, I, 66.)

risionada, f. Hecho que causa risa.

robón, -na, m. y f. Ladrón.

rogón, -na, adj. Persona que ruega mucho. || 2. Lo mismo en Méjico. (*América*, III, 41; *Americanismos*, p. 722.)

rolante, m. Automóvil.

rolar, intr. Dormir. Ú. t. c. r. || 2. Lo mismo en Nuevo Méjico. (*New Mexican*, p. 26.) || 3. tr. En América, "figurar." (*Criollo*, p. 219.) || 4. En América, Bolivia y Chile, "conversar." (*América*, III, 41; *Americanismos*, p. 722; *Criollo*, p. 219.) || 5. En Argentina, Bolivia, Chile y Perú, "tener trato o relaciones, buenas o malas." (*América*, III, 41; *Americanismos*, p. 722; *Argentinismos*, p. 279; *Peruanismos*, p. 348.) || 6. En Argentina, "andar en compañía de alguien, ser su amigo." (*Americanismos*, p. 722.) || 7. "Figurar en tal o cual grupo social." (*América*, III, 41.) || 8. En Chile, "alternar." (*Chilenismos*, p. 296.)

role, m. Automóvil.

roleta, f. Ruleta. || 2. Lo mismo en América (no en Perú). (*América*, III, 43; *Americanismos*, p. 722.)

roliar, tr. Hacer rodar, voltear, enrollar.

romance (del inglés *romance*), m. Intriga amorosa.

romo, -ma, adj. Bajo de estatura. || 2. Lo mismo en Méjico. (*América*, III, 43; *Mexicanismos*, p. 444; *Mexicano*, I, 67.)

rompope, m. Rompopo. || 2. Lo mismo en Costa Rica, Ecuador y Méjico. (*América*, III, 43; *Americanismos*, p. 722.)

roncón, -na, adj. Persona que ronca mucho. || 2. En Colombia y Venezuela, "que echa roncas o amenazas; fanfarrón." (*América*, III, 43; *Americanismos*, p. 722.)

rorro, -rra, m. y f. Muñeco. || 2. Lo mismo en Méjico. (*América*, III, 44; *Mexicanismos*, p. 444.)

rosa, f. La señorita que acompaña a un joven en el desfile de una ceremonia nupcial. || 2. En América, "el rosal." (*América*, III, 44; *Argentinismos*, p. 280.) || 3. En Argentina, "color encarnado." (*Argentinismos*, p. 280.) || 4. En el norte de Cuba, "medida superficial." (*América*, III, 44.) || 5. En Chile, "monja del convento de Santa Rosa." (*Ibid.*) || 6. En Durango y Jalisco (Méjico), "la flor." (*Mexicanismos,* p. 445.)

rosas, f. pl. Esquite, granos de maíz tostado, rosetas.

rost (del inglés *roast*), m. Budinera grande de aluminio para asar gallinas o jamón. || 2. Carne asada en esta vasija.

rosticería (del inglés *roast*), f. Lugar donde venden carnes asadas o comidas que consisten principalmente en cosas tostadas. || 2. Lo mismo en Méjico. (*América*, III, 46.)

rozón, m. Rozadura. || 2. En Méjico, "chasponazo." (*Americanismos*, p. 724.)

ruca, f. Esposa; amiga; muchacha. || 2. En la América Central y la América del Sur, "choza de los indios, cabaña, casucha." (*América*, III, 47; *Americanismos*, p. 724; *Criollo*, p. 220.) || 3. m. En Costa Rica "rocín, jamelgo." (*América*, III, 47.) || 4. adj. En Honduras, "inútil, ruin y feo." (*América*, III, 47.) || 5. "Dícese del cuchillo gastado." (*Ibid.*) || 6. En Nuevo Méjico, "fuera de estilo." (*New Mexican,* p. 27.)

rucaiba, f. Mamá.

rucailo, -la, m. y f. Viejecito. || 2. En Nuevo Méjico, con el mismo significado, se dice *ruquito.* (*New Mexican,* p. 27.)

rueda de San Miguel, f. Juego de niños.

rueda de la fortuna, f. Aparato de grandes dimensiones con una gran rueda que da vueltas, llevando en varios cestos a los que quieren recrearse en ella.

rueda, f. Moneda. || 2. En Cuba, "figura de las damas que consiste en girar en círculo dos o más parejas cogidas de las manos o por las cinturas y colocados los bailadores por sexos, alternativamente." (*América,* III, 47.)

rufa, f. Tren de pasajeros. || 2. En Perú, "traílla, instrumento agrícola." (*Americanismos,* p. 725; *Criollo,* p. 220.)

rufo, m. Tren de mercancías. || 2. En Cuba, "moneda de un centavo." (*América,* III, 47.) || 3. f. En Perú, "instrumento agrícola." (*Peruanismos,* p. 349.)

ruina, f. Sal.

rula (del inglés *ruler*), f. Regla para medir. || 2. En Nuevo Méjico, con el mismo significado, se dice *rúlar* o *rule.* (*New Mexican,* p. 66.) || 3. En Colombia y Panamá, "cuchillo del monte, machito recto y angosto." (*Americanismos,* p. 725.)

ruñir, tr. Roer. || 2. Lo mismo en Colombia, Puerto Rico, Venezuela y Zacatecas (Méjico). (*América,* III, 49; *Americanismos,* p. 726.)

S

¡sácale!, interj. ¡Zas! Expresa el golpe que se ha dado.

sacapuntas, m. Aparato para sacarle punta al lápiz. || 2. Lo mismo en América. (*América*, III, 53.) || 3. En Chile, "muchacho que en la carpintería saca las puntas de los clavos." (*Ibid.*) || 4. "En el femenino es la mujer que admite a muchos hombres." (*Ibid.*)

sacatear, intr. Buscar la manera de no confrontarse con cierto problema o con cierta persona.

sacudida, f. Vencida.

sainear (del inglés *to sign*), tr. Firmar.

sal, f. Mala suerte. || 2. Lo mismo en América. (*América*, III, 57; *Americanismos*, p. 729.) || 3. En Argentina, "garbo, donaire." (*Argentinismos*, p. 96.)

salado, -da, adj. Que tiene mala suerte, infortunado. || 2. Lo mismo en América. (*América*, III, 57; *Americanismos*, p. 729; *Ecuador*, p. 294.) || 3. En Argentina y Chile, "caro, costoso." (*Americanismos*, p. 729; *Argentinismos*, p. 96.)

salarete, m. Bicarbonato de soda. || 2. En Nuevo Méjico, con el mismo significado, se dice *salarata*. (*New Mexican*, p. 27.)

saludes, f. pl. Saludos, memorias. Se dice: "Déle muchas saludes a su mamá." || 2. Lo mismo en Chiapas, Chihuahua, Distrito Federal, Sinaloa y Tabasco (Méjico). (*Mexicanismos*, p. 450.)

sancho, -cha, adj. Animal criado con tetera. || 2. m. En Méjico, "carnero." (*América*, III, 64; *Americanismos*, p. 732.) || 3. "Cabro manso amaestrado para servir de guía al hato." (*Americanismos*, p. 732.) || 4. "Todo animal manso y domesticado." (*Ibid.*) || 5. "Entre cazadores, caballo adiestrado que no se espanta de tiros, en que el cazador monta o con el cual se tapa, yendo a pie, para poner a su alcance la pieza con mayor facilidad o tirarle con más seguridad." (*América*, III, 64.) || 6. "Cualquier animal criado por hembra que no es la madre." *(Ibid.)*

sangre de chango, f. Medicina roja que se aplica en las cortaduras para prevenir infección. V. *mercurocromo.*

sangrón, -na, adj. Antipático, pesado. || 2. Lo mismo en Cuba y Méjico. (*América*, III, 66; *Americanismos*, p. 733.)

sángüich (del inglés *sandwich*), m. Porción pequeña de jamón, queso u otra vianda entre dos rebanadas de pan. || 2. Lo mismo en Argentina y Chile. (*Argentinismos*, p. 406; *Chilenismos*, p. 279.) || 3. En Nuevo Méjico, con el mismo significado, se dice *sanhuichi*. (*New Mexican*, p. 66.)

sardera, f. Mujer que tiene amistad con soldados.

sardina, f. Nombre que se le da a la persona que, en los negocios, está muy debajo de los que verdaderamente mandan. || 2. En América, "nombre de numerosos pececillos." (*América*, III, 72.) || 3. En Hidalgo (Méjico), "entre carpinteros, sierra grande." (*Americanismos*, p. 735.)

sardo, m. Soldado; militar. || 2. En Argentina y Méjico, "se dice del soldado de vigilancia." (*América*, III, 72.) || 3. adj. En Méjico, "se dice del ganado vacuno." *(Ibid.)*

sastrería, f. Tienda donde limpian, lavan y planchan trajes.

sastrero, m. Sastre.

satín de seda, m. Tela brillante que usan las mujeres para vestidos y para forros de abrigo.

séamos, 1ª persona, plural, del presente de subjuntivo, en vez de *seamos*. || 2. Lo mismo en Méjico, D.F. (*Mexicanismos*, p. 454.)

secador, m. Lienzo para secar los platos. || 2. En Argentina, "toalla." (*América*, III, 76.) || 3. En Argentina y Chile, "aparato para secar y calentar la ropa." (*Ibid.; Argentinismos*, p. 282.)

secadora, f. Máquina eléctrica para secar el cabello; máquina eléctrica para secar la ropa.

seda china, f. Tela de tejido muy fino que se usa para hacer ropa de dormir.

seguro, m. Imperdible, alfiler que se abrocha quedando su punta dentro de un gancho, para que no pueda abrirse fácilmente. || 2. Lo mismo en Nuevo Méjico. (*New Mexican,* p. 27.)

semáfaro, m. Aparato que está en las bocacalles para señalar cuando deben pararse y pasar los automóviles; tiene una luz verde, otra amarilla y otra roja. || 2. En Argentina, "aparato de señales que se fijan en la proximidad de las estaciones de los caminos de fierro." (*Argentinismos,* p. 283.)

semblantear, tr. Mirar fijamente a una persona para cerciorarse de lo que siente o piensa. || 2. Lo mismo en Chile, Guatemala y Méjico. (*Americanismos,* p. 737; *Chilenismos,* p. 253.) || 3. En Argentina, "acción de descubrir en el compañero jugador sus intenciones." (*Ibid.*)

semos, 1ª persona, plural, del presente de indicativo, en vez de *somos.* || 2. Lo mismo en Nuevo Méjico. (*New Mexican,* p. 39.)

semita, f. Acemita. || 2. Lo mismo en América. (*Americanismos,* p. 737; *Criollo,* p. 226.) || 3. En Bolivia y Durango (Méjico), "granza del trigo." (*América,* III, 78; *Mexicanismos,* p. 455.) || 4. En Colombia, "mestiza," y en Chile "mestizo." (*Criollo,* p. 226.)

sensén, m. Juego de canicas; se ponen las canicas en un círculo, y se trata de sacarlas fuera del círculo tirándoles con otra canica.

sentido, -da, adj. Levemente disgustado. || 2. En América, "que tiene afinada la facultad de percibir." (*América,* III, 79.) || 3. En Guatemala, Méjico y Perú, "susceptible, delicado, sensiblero." (*Americanismos,* p. 738; *Peruanismos,* p. 355.) || 4. En Guatemala y Méjico, "dícese de los utensilios cuando tienen una ligera rajadura." (*Americanismos*, p. 738.) ‖ 5. En Tabasco (Méjico), "que resiente o menoscaba." (*América*, III, 79.) ‖ 6. m. En América, "oreja, oído, sien." (*América*, III, 79; *Americanismos*, p. 456.)

serenatear, tr. Dar serenata.

serenatero, -ra, adj. Que da serenatas. Ú. t. c. s.

¡sésgale!, interj. Significa: ¡No estés ya molestando!

sesión (del inglés *section*), m. Lugar en un línea férrea situado entre pueblos, donde vive la persona encargada del mantenimiento de cierto trayecto del ferrocarril.

setear (del inglés *set*), tr. Peinar el pelo con agua, dejándolo prendido hasta que se seque.

setí (del inglés *settee*), m. Canapé, sofá. ‖ 2. En Puerto Rico, "pez de unos veinte centímetros; cola larga, rematada en punta; lleva en el interior de la boca una pelotilla que de noche parece una esmeralda." (*América*, III, 82.)

siguemos, 1ª persona, plural, del presente de indicativo de *seguir;* se usa esta forma en todos los verbos que terminan en *ir;* por ejemplo, *siguemos, muremos, pidemos, consiguemos, durmemos.*

silabario, adv. afirm. Sí.

silla eléctrica (del inglés *electric chair*), f. Sillón que tiene conectadas corrientes eléctricas para ejecutar a los condenados a muerte.

simón, adv. afirm. Sí. ‖ 2. Lo mismo en Méjico, D.F., y en Nuevo Méjico. (*Mexicanismos*, p. 458; *New Mexican*, p. 27.)

simpletón, -na, adj. Loco.

sinc (del inglés *sink*), m. Lavadero de platos en la cocina. ‖ 2. En Nuevo Méjico, con el mismo significado, *sinque.* (*New Mexican*, p. 66.)

sinsontle, m. Sinsonte. ‖ 2. En Méjico, con el mismo significado, *cenzontle.* (*América*, III, 346.)

sintarazos, adv. afirm. Sí.

¡síquele! (del inglés *sick 'em*), interj. Expresión con la cual se incita a un perro a morder o atacar. ‖ 2. m. En Honduras, "sique es cierto baile popular antiguo, todavía usado en ocasiones entre la gente campesina." (*América*, III, 89.)

sirol, adv. afirm. Sí.

sirre, m. Estiércol de ganado vacuno. ‖ 2. Lo mismo en Sonora (Méjico). (*América*, III, 90.)

sista, f. Hermana.

social (del inglés *social*), m. Fiesta que da un club para agasajar a sus miembros.

socroso, -sa, adj. Sucio, manchado.

soda (del inglés *soda water*), f. Bebida azucarada refrescante de agua gaseosa, de diferentes sabores. ‖ 2. En América, "agua mineral efervescente; ácido carbónico disuelto en agua." (*América*, III, 95; *Argentinismos,* p. 285.) ‖ 3. "Bebida refrescante de agua con ácido carbónico y algún jarabe." (*América*, III, 95.)

sodería (del inglés *soda water*), f. Lugar donde embotellan *sodas.*

sodero (del inglés *soda water*), m. Hombre que embotella o vende *sodas.*

sofacear, tr. Hacer.

sofoque, m. Regaño.

solano, -na, adj. Solo, persona sin compañía. ‖ 2. En Chile, "animal o vehículo que por un defecto funcional caminan ladeados." (*América*, III, 96.) ‖ 3. m. En Honduras, "el camarón." (*Ibid.*)

soldadera, f. Mujer que es cortejada por un soldado. ‖ 2. En Méjico, "la mujer concubina del soldado." (*América*, III, 96; *Mexicanismos,* p. 461.) ‖ 3. "Barbacanera." (*Mexicanismos,* p. 461.) ‖ 4. "Mujer de baja condición y malas maneras." (*América*, III, 96.)

solecito, m. Calor del sol más intenso que de costumbre.

sololói, m. Celuloide.

soltura, f. Diarrea. || 2. Lo mismo en América. (*América*, III, 97; *Americanismos*, p. 746; *Colombiano*, p. 250.)

sombrearse, r. Ponerse en la sombra. || 2. Lo mismo en Argentina. (*América*, III, 97.)

sonajear, tr. Dar una zurra, castigar con azotes.

sonar, tr. Pagar.

sonsear, intr. Tontear. || 2. Lo mismo en Argentina, Chile y Uruguay. (*Americanismos*, p. 747.)

sonso, -sa, adj. Se dice de la persona que tiene poca inteligencia. Ú. t. c. s. || 2. En Méjico, con el mismo significado, se dice *zonzo*. (*Mexicano*, II, 74.) || 3. f. En América, "gramínea de gran talla, originaria y propia del Perú, útil como forrajera." (*América*, III, 99.)

sopear, tr. Usar la tortilla o el pan en vez de cuchara o tenedor. || 2. Lo mismo en Méjico. (*América*, III, 99; *Americanismos*, p. 747.)

soplar, tr. Castigar con azotes o golpes. || 2. En Argentina, "delatar secreta y cautelosamente." (*Argentinismos*, p. 98.) || 3. En América, "enderezar." (*América*, III, 99.) || 4. En América Central y Ecuador, "en los teatros, apuntar a los actores en las representaciones drámaticas." (*Ibid.*; *Americanismos*, p. 747.)

soplete, m. Un regaño áspero. || 2. En Argentina y Chile, "soplón, colegial que apunta a otro lo que debe decir." (*América*, III, 99; *Americanismos*, p. 748; *Chilenismos*, p. 297.)

sopletón, m. Castigo de azotes o golpes.

soplón, m. Castigo de azotes o golpes. || 2. En América Central y Perú, "miembro de la policía secreta." (*Americanismos*, p. 748.) || 3. En Méjico, "gendarme." (*América*, III, 99; *Americanismos*, p. 748; *Mexicanismos*, p. 462.) || 4. m. y f. En América Central, "apuntador." (*América*, III, 99.) || 5. adj. En Méjico, "chismoso. U. t. c. s." (*Ibid.*)

soponcio, m. Inquietud, desesperación.

soportar, tr. Ayudar con votos para la política. || 2. Lo mismo en Nuevo Méjico. (*New Mexican,* p. 27.)

sorrastro, -ra, adj. Bajo de costumbres, disipado.

stepiar (del inglés *step*), intr. Plantar o afirmar el pie.

suadero, m. Sudadero, manta pequeña que se pone a las caballerías debajo de la silla. || 2. En Argentina, con el mismo significado, se dice *sudadera,* y en Méjico y Nuevo Méjico, *sudador.* (*América,* III, 102; *Argentinismos,* p. 413; *New Mexican,* p. 27.) || 3. En la Ciudad de Méjico, "pedazo de carne." (*América,* III, 102.)

suato, -ta, adj. Tonto, mentecato. Ú. t. c. s. || 2. Lo mismo en Méjico. (*América,* III, 102; *Americanismos,* p. 749.)

sube y baja, m. Consiste en un madero puesto sobre otro, en el cual se suben dos niños, uno en cada punta, y luego se mecen.

sucirio, m. Susidio. || 2. Lo mismo en Tabasco (Méjico). (*América,* III, 342.)

suelazo, m. Porrazo, golpe dado en el suelo. || 2. Lo mismo en Argentina, Colombia, Chile, Ecuador y Venezuela. (*América,* III, 103; *Americanismos,* p. 750; *Chilenismos,* p. 297.)

sueñal, m. Mucho sueño.

suera (del inglés *sweater*), f. Chaqueta elástica de punto de lana o algodón. || 2. Lo mismo en el sur de los Estados Unidos. (*América,* III, 104; *New Mexican,* p. 66.)

sufrido, -da, adj. Buena persona, apta.

suiche (del inglés *switch*), m. Botón que conecta cualquier corriente eléctrica; en el ferrocarril, un empalme. || 2. Con este último significado, en Colombia. (*Colombiano,* p. 252.)

suidad, f. Ciudad. || 2. Lo mismo en Veracruz (Méjico). (*Mexicanismos,* p. 465.)

suidadanía, f. Ciudadanía.

suidadano, -na, m. y f. Ciudadano. || 2. Lo mismo en Veracruz (Méjico). (*Mexicanismos,* p. 466.)

sumbar, tr. Ganar, vencer; comer con gusto; pegar; ser superior en el arte de hacer algo.

supcio, -cia, adj. Sucio.

súpito, -ta, adj. Se dice de la persona que está muy bien dormida. || 2. Lo mismo en Méjico. (*América,* III, 106; *Mexicano,* II, 74.) || 3. En América, "alelado, atontado." (*América,* III, 106.) || 4. En Morelos (Méjico), "súbito." (*Mexicanismos,* p. 467.)

sura, f. Moneda de los Estados Unidos que equivale a veinticinco centavos. || 2. En América, "la hembra del suri." (*América,* III, 106.) || 3. En Bolivia y Perú, "dícese de la mujer que no atiende a sus hijos o que, por callejera, abandona su casa." (*Ibid.*)

suramericano, -na, adj. Sudamericano. U. t. c. s.

T

ta, contracc. Está. || 2. Lo mismo en Nuevo Méjico. (*New Mexican,* p. 39.)

tabique, m. Cárcel. V. *bote, tabiro.* || 2. Lo mismo en Nuevo Méjico. (*New Mexican,* p. 27.) || 3. En Ecuador, "alero de un tejado." (*América,* III, 112.) || 4. En Honduras, "tabica." (*Ibid.*) || 5. En Méjico, "ladrillo de bases cuadrangulares." (*América,* III, 112; *Mexicanismos,* p. 468.)

tabiro, m. Cárcel. V. *bote, tabique.*

tacotillo, m. Tumor doloroso que sale en el cuerpo y se llena de pus y a su tiempo revienta. || 2. En Méjico, "planta borráginea." (*América,* III, 115.) || 3. "Planta compuesta." (*Ibid.*)

tacuache, m. Borracho. Ú. t. c. adj. V. *perrusquía.* || 2. En Cuba, "mentira." (*Americanismos,* p. 754.) || 3. "Especie de tejón." (*América,* III, 115.) || 4. En Méjico, "la zarzaparrilla." (*Ibid.*) || 5. En Tabasco (Méjico), "especie de jicotea pequeña." (*Mexicanismos,* p. 469.)

tacuachita, f. Paso de baile, modo de bailar la polka.

tacuche, m. Pantalón; traje. || 2. Lo mismo en Méjico. (*América,* III, 116.) || 3. En algunas partes de Méjico, "envoltorio de trapos,lío." (*Ibid.*) || 4. "Despreciable, de ningún valor." (*Ibid.*)

tacucho, m. Casaca.

taipiar (del inglés *type*), tr. Escribir a máquina. || 2. Lo mismo en Nuevo Méjico. (*New Mexican,* p. 66.)

taipiado, -da (del inglés *type*), adj. Escrito a máquina.

talache, m. Azada, talacho. || 2. Lo mismo en América. (*América,* III, 120; *Americanismos,* p. 756; *New Mexican,* p. 66.)

talco (del inglés *talcum*), m. Polvo perfumado que se usa después del baño. || 2. En Córdoba, "hojas de mica." (*Argentinismos,* p. 288.)

talonear, tr. Apurar. U. t. c. r. ‖ 2. En Argentina, Chile, Ecuador, Guatemala, Panamá, Perú, Uruguay y Venezuela, "golpear con el tacón." (*América,* III, 122; *Americanismos,* p. 757.) ‖ 3. En Argentina, Chile y Méjico, "incitar el jinete a la caballería golpeándola con los talones." (*Ibid.; ibid.; Argentinismos,* p. 455; *Chilenismos,* p. 256.) ‖ 4. intr. "Caminar mucho, y a veces sin objeto determinado o sin provecho." (*América,* III, 120.)

talla, f. Travesaño del ferrocarril. ‖ 2. Chiste o chascarillo. ‖ 3. Con el primer significado, en Méjico. (*América,* III, 122; *Mexicanismos,* p. 470.) ‖ 4. En América, "el hecho de llevar la baraja en el juego de la banca y otros." (*Ibid.*) ‖ 5. En América Central, "embuste." (*Americanismos,* p. 757.) ‖ 6. En Argentina y Chile, "palique." (*América,* III, 122; *Americanismos,* p. 757; *Chilenismos,* p. 256.) ‖ 7. En Colombia, "zurra." (*América,* III, 122; *Americanismos,* p. 757.) ‖ 8. En Costa Rica, "droga, trácula." (*América,* III, 122.) ‖ 9. En el sur de los Estados Unidos y Méjico, "llanta." (*Ibid.*) ‖ 10. En Méjico, "festín." (*Mexicanismos,* p. 470.) ‖ 11. En Santo Domingo, "cierto juego de naipes." (*Americanismos,* p. 757.) ‖ 12. En Tabasco (Méjico), "la operación de curar con sebo la soga o tira de piel de res." (*América,* III, 122.) ‖ 13. "Pedazo de palo rollizo que sirve para tallar la soga y otros cueros." (*Ibid.*)

tallador, m. Un aparato de zinc con canalitos donde se friega la ropa cuando se lava. ‖ 2. En Argentina, "afecto a formar corrillos y perder el tiempo en ellos." (*América,* III, 122.) ‖ 3. En Argentina y Tabasco (Méjico), "persona cuyo oficio es el raspar o tallar henequén." (*Ibid.*) ‖ 5. m. y f. En América, "persona que en las jugadas de naipes, talla la baraja o la lleva." (*Ibid.*)

tallar, tr. Fregar, estregar, frotar. ‖ 2. En Colombia, "molestar, zurrar." (*América,* III, 122; *Americanismos,* p. 757.) ‖ 3. En Tabasco (Méjico), "pasar por la *talla* un cuero untándolo con sebo crudo hasta ablandarlo." (*América,* III, 122.) ‖ 4. En Yucatán (Méjico), "raspar el maguey para obtener la fibra." *(Ibid.)* || 5. intr. En Argentina y Chile, "charlar, conversar." *(Americanismos,* p. 757; *Argentinismos,* p. 455.) || 6. En Chile, "hablar de amores." *(América,* III, 123; *Americanismos,* p. 757.) || 7. r. En el Valle del Cauca (Colombia), "escaparse, escurrirse." *(América,* III, 122.)

tallarín, adj. Cansado.

talludo, -da, adj. Correoso; dícese también de los viejos que son muy resistentes a la enfermedades. || 2. Lo mismo en América Central y en Tabasco (Méjico). *(América,* III, 123; *Criollo,* p. 240.) || 3. "Difícil de pelar, peliagudo." *(América,* III, 123.) || 4. m. En Cuba, "masa hecha de maíz con carne de puerco, envuelta en hoja de plátano y cocida." *(Ibid.)*

tamalada, f. Comida de tamales. || 2. Lo mismo en Méjico. *(América,* III, 123; *Mexicanismos,* p. 470.)

tamboreteado, -da, adj. Cansado.

tamboretear, intr. Golpear. || 2. En América, "frecuentativo de tamborear, poco usado." *(América,* III, 126.)

tamién, adv. También.

tando, m. Sombrero. || 2. Lo mismo en Nuevo Méjico. *(New Mexican,* p. 28.)

taquería, f. Lugar donde venden tacos de comer. || 2. Lo mismo en Méjico. *(América,* III, 135.) || 3. En Cuba, "acción de taquear, costumbre de ser afectado en el vestido." *(Ibid.)* || 4. "Charranda, mala pasada, acción indecente." *(Ibid.; Americanismos,* p. 763.)

taquero, -ra, m. y f. Persona que hace tacos de comer para la venta. || 2. Lo mismo en Méjico. *(América,* III, 135.) || 3. m. En Chile, "posero que destaca las alcantarillas." *(Ibid.; Americanismos,* p. 763.)

taris, m. Cárcel.

tarjea, f. Artesa para dar agua a los animales.

tarlango, m. Sombrero.

tartana, f. Automóvil viejo cuyas partes todas ya están en mal estado.

tarugada, f. Acto de mentecatos. ‖ 2. Lo mismo en Argentina y Méjico. (*América*, III, 141; *Americanismos*, p. 765.) ‖ 3. En Méjico, "jugada, diablura, mala acción." *(Ibid.)*

tarugo, -ga, m. y f. Tonto, torpe. ‖ 2. Lo mismo en Guatemala y Méjico. (*América*, III, 141; *Americanismos*, p. 765; *Mexicanismos*, p. 472.) ‖ 3. En Cuba y Santo Domingo, "mozo, sirviente en escenarios y circos." *(Ibid.; ibid.)* ‖ 4. adj. En Méjico, "endiablado, travieso, malpensado." (*América*, III, 141.) ‖ 5. En Santo Domingo, "adulón." (*Americanismos*, p. 765.)

tasajear, tr. Tajar, destazar. ‖ 2. Lo mismo en América. (*Americanismos*, p. 765.) ‖ 3. "Inferir muchas heridas en el cuerpo de una persona o un animal." *(Ibid.)*

tasajillo, m. Planta de la familia de los cactos que crece en varios ramos cilíndricos muy espinosos; crece hasta cerca de dos metros de altura. ‖ 2. En Méjico, "genéricamente, varias plantas cactáceas y especialmente la *Opuntia leptocaulis*." (*América*, III, 142.)

tascalcuán, m. Cucaracha.

tasinque, m. Esquilador.

tatema, f. Carne cocida al rescoldo de las brasas; se dice de las cabezas de chivo que así se cuecen. ‖ 2. En Méjico, *tatemar* quiere decir "asar carnes, raíces o frutas." (*América*, III, 142.)

taxa (del inglés *tax*), f. Impuesto.

taxi, m. Automóvil de alquiler. ‖ 2. Lo mismo en Chile. (*Chilenismos*, p. 297.)

tecla, f. Colilla de cigarillo. ‖ 2. Lo mismo en Nuevo Méjico. (*New Mexican*, p. 28.)

tecol, m. Desinfectante que evita se críen gusanos en los borregos recién esquilados. ‖ 2. En Méjico, "gusano que se cría en el maguey." (*América*, III, 147.)

tecolero, m. Persona que está a cargo de aplicar el desinfectante en las heridas de los borregos después de ser esquilados. || 2. Lo mismo en Méjico. (*América*, III, 147; *Americanismos*, p. 767.) || 3. En Méjico, "ayudante de establo." (*Ibid.; ibid.*) || 4. m. y f. En California (Estados Unidos), "maestro de ceremonias en los bailes." (*América*, III, 147.)

tecolota, f. Colilla de cigarro. V. *vieja, bachicha*. || 2. Lo mismo en Méjico. (*América*, III, 147; *Americanismos*, p. 767.) || 3. En América, "la hembra del tecolote." (*América*, III, 147.)

tecolote, m. Policía, gendarme. || 2. Lo mismo en Guatemala y Méjico. (*América*, III, 147; *Americanismos*, p. 767; *Mexicanismos*, p. 473.) || 3. En Guatemala y El Salvador, "borracho." (*Americanismos*, p. 767.) || 4. "Borrachera." (*América*, III, 147.) || 5. En Méjico, "lance en el juego de los albures." (*Ibid.; Americanismos*, p. 767.) || 6. En Nuevo Méjico, "lechuza." (*América*, III, 147; *Mexicanismos*, p. 473; *New Mexican*, p. 56.) || 7. adj. En Costa Rica, "color acanelado." (*Americanismos*, p. 767.)

tecorucho, m. Casa vieja y pequeña.

teipiar, tr. Pegar cinta de papel o de metal.

tejabán, m. Casa vieja y pequeña. || 2. En Méjico, "tejavana, cobertizo." (*América*, III, 150; *Americanismos*, p. 767.) || 3. En Méjico, D.F., "pérgula." (*Mexicanismos*, p. 473.)

tejano, -na, adj. Se dice del mejicano natural del estado de Texas. Ú. t. c. s. || 2. "El idioma que hablaban las tribus aborígenes de las antiguas provincias de Coahuila y Tejas." (*Mexicanismos*, p. 473.) || 4. "Sombrero de fieltro." (*Ibid.*)

tejas, f. pl. Juego de discos de hierro pequeños. || 2. En Perú, "cierto dulce de toronjas en almíbar." (*Americanismos*, p. 767.)

tejolote, m. Piedra ovalada que se usa para moler cualquier substancia en el molcajete. || 2. Lo mismo en Méjico.

(*América,* III, 150; *Americanismos,* p. 768; *Mexicanismos,* p. 473.)

telefón but (del inglés *telephone booth*), m. Casilla para teléfonos públicos.

telefonazo, m. Llamada telefónica. ‖ 2. Lo mismo en América. (*América,* III, 151.)

temolote, m. Piedra ovalada que se usa para moler cualquiera substancia en el molcajete. V. *tejolote.* ‖ 2. Lo mismo en Méjico. (*América,* III, 152; *Mexicanismos,* p. 474.)

templete, m. Construcción o armazón pequeña mal hecha y que parece se va a caer a cada momento.

tendajero, -ra, m. y f. Dueño de una tienda de comestibles.

tendajo, m. Tienda de comestibles.

tenis (del inglés *tennis*), m. Zapato alto, con suela de hule, que se usa para deportes.

tenista (del inglés *tennis*), com. Jugador de tenis.

tepalcates, m. pl. Trastes y muebles de poco valor, cachivaches. ‖ 2. Lo mismo en Méjico y El Salvador. (*Americanismos,* p. 770.) ‖ 3. m. En Guatemala, Méjico y El Salvador, "pedazo de cualquier vasija de barro." (*América,* III, 156; *Americanismos,* p. 770; *Mexicanismos,* p. 476.) ‖ 4. En Guatemala y Méjico, "cacharro, trasto de barro inútil." (*América,* III, 156.)

tepocate, m. Renacuajo. ‖ 2. Lo mismo en Guatemala. (*América,* III, 159.) ‖ 3. "Apodo que se aplica a las personas cabezonas." (*Ibid.*) ‖ 4. adj. En Méjico, "rechoncho." (*Americanismos,* p. 770.)

tequilero, -ra, m. y f. Persona que vende tequila.

terregal, m. Polvo menudo de la tierra muy seca que se levanta al aire con cualquier movimiento. ‖ 2. Lo mismo en Méjico y Nuevo Méjico. (*América,* III, 163; *New Mexican,* p. 28.) ‖ 3. En Méjico, "polvareda." (*Americanismos,* p. 772.)

terrero, m. Polvareda. || 2. En Honduras, "sitio donde abunda el salitre y lame el ganado." (*América,* III, 163.) || 3. En Méjico, "sitio donde se echan la tierra y desperdicios diversos de minerales en las labores mineras." (*Ibid.*)

terroso, -sa, adj. Polvoriento, lleno o cubierto de polvo.

testal, m. Pequeña masa que se redondea para hacer las tortillas de harina o de maíz. V. *tortilla.* || 2. Lo mismo en Méjico. (*América,* III, 164; *Americanismos,* p. 772.)

testear (del inglés *test*), tr. Examinar, hacer la prueba de algo. || 2. Lo mismo en Nuevo Méjico. (*New Mexican,* p. 67.)

testo, -ta, adj. Lleno, colmado. || 2. Lo mismo en Méjico. (*Americanismos,* p. 772.) || 3. En Méjico, "atentado." (*América,* III, 164.) || 4. "Cansado, aburrido." (*Ibid.*)

tetera, f. Biberón. || 2. El acto de tomar licor. || 3. Con el primer significado en América Central, Méjico y Puerto Rico. (*América,* III, 165; *Mexicanismos,* p. 478.) || 4. En Colombia, "cafetera." (*América,* III, 165.) || 5. Allí también, "pistero." (*Ibid.*) || 6. En Puerto Rico, "tetilla." (*Ibid.*)

tiatro, m. Teatro.

ticurucho, m. Casa vieja y necesitada de reparación.

tichar (del inglés *teach*), tr. Enseñar.

tiempecito, m. Tiempo de sobra. || 2. Estado atmosférico malo.

tierno, -na, adj. Bonito, lindo. || 2. En América, "dícese del fruto en agraz o muy verde que no ha llegado a sazón." (*América,* III, 168.)

tildillo (voz onomatopéyica), m. Pájaro natural de esta región. || 2. En Nuevo Méjico, con el mismo significado, se dice *teldillo.* (*New Mexican,* p. 28.) || 3. En Méjico, "ave ribereña." (*América,* III, 170.) || 4. En Chihuahua (Méjico), "ave conocida por chichicuilote." (*Mexicanismos,* p. 482.)

tiliches, m. pl. Muebles viejos. || 2. Lo mismo en Méjico. (*Mexicanismos*, p. 482.) || 3. En América Central y Méjico, "baratija o cachivache." (*América*, III, 170; *Americanismos*, p. 775.) || 4. adj. En Veracruz (Méjico), "tonto." (*América*, III, 171.)

tiltiar (del inglés *tilt*), tr. Inclinar, ladear.

tinto, -ta, adj. De raza negra. U. t. c. s. V. *mayate*. || 2. adj. En Méjico, "de color de vino, rojo encendido." (*América*, III, 175.) || 3. m. En Colombia, "café tinto." (*Colombiano*, p. 261.) || 4. En Méjico, "el palo de Brasil y el palo de campeche." (*América*, III, 175.)

tipo, -pa, adj. Elegantemente vestido. || 2. m. y f. En América, "persona que tiene ciertas buenas cualidades o, por lo contrario, ciertos defectos que la ridiculizan." (*América*, III, 176.) || 3. "Tanto por ciento de interés." *(Ibid.)* || 4. "Equivalente en el cambio de moneda." *(Ibid.)* || 5. "Se usa para llamar a un prójimo cualquiera." *(Ibid.)* || 6. f. En Argentina, "especie de bolso o cesta hecha de cuero." (*Argentinismos*, p. 144.) || 7. "Un gran árbol de América." *(Ibid.)*

tíquete (del inglés *ticket*), m. Boleta de entrada, billete de teatro, tranvía o tren. || 2. En América Central, Colombia y Méjico, con el mismo significado, se dice *tiquete*. (*Americanismos*, p. 778.) || 3. En el sur de los Estados Unidos, Perú y Puerto Rico, con el mismo significado, se dice *tíquet*. (*América*, III, 177; *Americanismos*, p. 778.)

tiquetero, -ra (del inglés *ticket*), m. y f. Taquillero.

tirecutear, intr. Hablar.

tirón, m. Novia. || 2. En Argentina, "cadena y manubrio para tirar algo." (*Argentinismos*, p. 292.) || 3. En Colombia, "tirada: distancia que hay de un lugar a otro." (*Colombiano*, p. 262.)

tironear, tr. Hacer el amor. V. *vacilar*. || 2. En América, particularmente en Argentina, Chile, Guatemala, Méjico y Uruguay, "dar tirones." (*América*, III, 179; *Americanismos*, p. 780; *Argentinismos*, p. 292; *Chilenismos*, p. 298.)

tocadiscos, m. Combinación de radio y fonógrafo.

tocador, m. Paño que se pone sobre la cómoda. || 2. En Puerto Rico, "planta silvestre de hojas elegantes de colores diversos, y que sirve de adorno." (*América,* III, 189.)

tofudo, -da (del inglés *tough*), adj. Vigoroso. || 2. Difícil.

toitito, -ta, adj. Todito. || 2. En Morelos (Méjico) se dice *toíto.* (*Mexicanismos,* p. 487.)

toleco, m. Moneda de cincuenta centavos de dólar.

tololoche, m. Violón. || 2. Lo mismo en América. (*América,* III, 193; *Americanismos,* p. 783.) || 3. En América, "planta cucurbitácea." (*América,* III, 193.)

tomate, m. Ojo. || 2. Lo mismo en Méjico. (*Mexicanismos,* p. 75.)

tomatear, intr. Observar para poder criticar.

tomate de fresadilla, m. Especie de tomate pequeño que es verde cuando está maduro.

tomatera, f. Lugar donde se empacan y envasan tomates. || 2. En Chile, "borrachera." (*Americanismos,* p. 783.) || 3. "Fiesta desordenada en que se abusa del alcohol." (*Ibid.*) || 4. "Planta herbácea anual originaria de América. Su fruto es el tomate." (*Chilenismos,* p. 83.) || 5. En Méjico, "mujer que vende tomate, verdulera." (*América,* III, 198.)

tontarreaje, m. Nombre general despectivo que se le da a un grupo de personas que no saben pensar, ni juzgar por sí mismos.

torcido, -da, adj. Enojado. || 2. Lo mismo en América. (*América,* III, 203.) || 3. En América Central, "desafortunado." (*América,* III, 203; *Americanismos,* p. 785.) || 4. En Méjico, "gafo." (*Mexicanismos,* p. 489.) || 5. En Nuevo Méjico, "vergonzoso." (*New Mexican,* p. 28.) || 6. m. En América, "gesto de desdén." (*América,* III, 203.) || 7. "Acción de torcer." (*Ibid.*) || 8. En Cuba, "planta de la yaya." (*Ibid.*)

torearse, r. Probarse; se dice de la persona que necesita entrar en cierta actividad o empeño para saber si puede con él o no. || 2. tr. En Argentina y Chile, "provocar." (*Argentinismos*, p. 457; *Chilenismos*, p. 298.) || 3. En Argentina, "ladrar un perro con insistencia." (*Argentinismos*, p. 457.)

tortera, f. Hoja de lata vieja y pisoteada. || 2. En América, "la planta ojo de buey." (*América*, III, 206.) || 3. En Argentina, "mujer que hace tortas." (*Argentinismos*, p. 292.) || 4. "La que las vende." (*Ibid.*) || 5. adj. m. y f. En Bolivia, "se dice de todo objeto en forma de disco." (*Americanismos*, p. 787.)

tortilla, f. Torta de masa cocida al rescoldo.|| 2. *Tortilla de masa*, f. Torta de masa de maíz. || 3. *Tortilla de harina*, f. Torta de harina, manteca, sal y agua. || 4. *Tortilla de azúcar*, f. Torta de harina, azúcar, canela, manteca y agua. || 5. En América Central y Méjico, "por antonomasia, la que se hace de maíz." (*América*, III, 206; *Americanismos*, p. 787.) || 6. En Chile, "torta de masa de harina, cocida al rescoldo con o sin azúcar." (*Ibid.; ibid.; Criollo*, p. 247; *Chilenismos*, p. 298.) || 7. En Nuevo Méjico, "una especie de pan muy delgadito." (*New Mexican*, p. 56.) || 8. En Santo Domingo, "la alforja que se lleva en los viajes." (*Americanismos*, p. 787.)

tortillera, f. Fábrica de tortillas de maíz. V. *tortilla*. || 2. En América, "mujer que tiene el vicio de tortillear o echar tortillas con otra mujer." (*América*, III, 206.)

tortillero, -ra, m. y f. Uno que hace o vende tortillas de maíz. || 2. Lo mismo en América. (*América*, III, 206.) || 3. adj. En América, "relativo a la tortilla en general." (*Ibid.*)

tostón, m. Moneda de cincuenta centavos de dólar. || 2. En Colombia, Guatemala y Méjico, "moneda de plata de cincuenta centavos." (*América*, III, 208; *Americanismos*, p. 787; *Mexicanismos*, p. 489.) || 3. En Bolivia, "moneda de tres reales." (*Americanismos*, p. 787.) || 4. En Colombia, "nombre de la memispermácea medicinal." (*América*, III, 208.) || 5. En Puerto Rico y Santo Domingo, "pedazo de plátano tostado." (*América*, III, 208; *Americanismos*, p. 787.) || 6. En Puerto Rico, "trasquiladura." (*Ibid.; ibid.*)

|| 7. En Santo Domingo, "sacudida que se da al papalote o cometa para evitar la culebrilla." (*Americanismos*, p. 787.)

totacha, f. El lenguaje que hablan los pachucos. V. *pachucos*.

totachar, intr. Hablar el lenguaje de los pachucos.

totorusco, -ca, adj. Grueso de facciones; sin gracia.

trabajador, -ra, m. y f. Mozo de pie. || 2. m. En Chile, "el totorero." (*América*, III, 211.) || 3. adj. En Argentina, "por extensión se aplica a la persona aplicada y que se dedica con ahincos al trabajo. U. t. c. s." (*Argentinismos*, p. 101.)

trabuco, m. Pantalón. || 2. En Cuba, "puro o tabaco tosco." (*América*, III, 211.) || 3. En Chile, "rincón." (*Ibid.*) || 4. En Méjico, "juguete de muchachos." (*Ibid.*) || 5. En Guanajuato (Méjico), "rasgón hecho en el vestido." (*Mexicanismos*, p. 490.) || 6. adj. En Méjico, "estrecho, reducido." (*Americanismos*, p. 789.)

trácala, f. Deuda que incurre uno al comprar algo a crédito. || 2. En Cuba y Ecuador, "agrupación de individuos, multitud." (*América*, III, 211; *Americanismos*, p. 789.) || 3. En Méjico, Puerto Rico y Venezuela, "trampa, ardid, engaño." (*Ibid.; ibid.; Mexicanismos*, p. 490.) || 4. adj. En Méjico, "dícese de la persona que es tramposa." (*América*, III, 211; *Americanismos*, p. 789.)

tracalada, f. Ruido, turbación, conmoción. || 2. Lo mismo en América. (*Americanismos*, p. 789.) || 3. En América Central y América del Sur, "montón." (*América*, III, 211; *Criollo*, p. 247; *Peruanismos*, p. 375; *Ríoplatense*, p. 376.) || 4. En Méjico, "trampa, fullería." (*Americanismos*, p. 789.)

tracalero, -ra, adj. Se dice del que tiene muchas deudas y no las paga. || 2. En Méjico, Puerto Rico y Venezuela, "tramposo." (*América*, III, 211; *Americanismos*, p. 789; *Mexicanismos*, p. 490.) || 3. En Nuevo Méjico, "muy astuto." (*New Mexican*, p. 56.)

traco, m. Zapato.

traer, tr. Imperfecto de indicativo: *tráiba, tráibas, tráiba, tráibamos, tráibais, tráiban.* Pretérito de indicativo: *truje, trujiste, trujo, trujimos, trujisteis, trujeron.* || 2. Lo mismo en Méjico, (*Mexicanismos*, p. 491.)

tráido, p. p. *de traer.* Traído. V. *traer.*

trajiado, -da, adj. Estar vestido de una manera elegante.

trajieron, 3ª persona, plural, del pretérito. Se usa también *trujieron.* V. *traer.* || 2. En Argentina, *trajieron.* (*Argentinismos*, p. 614.)

trama, m. Pan de harina de trigo. || 2. f. En Chile, "la lana importada de Europa, de hebra gruesa y floja." (*América*, III, 212.)

tramado, m. Pantalón. || 2. En Venezuela, "joropo que se acostumbra bailar en la Pascua." (*Americanismos*, p. 789.) || 3. adj. m. y f. En la América Central, "valiente (las personas); mañoso (los animales)." (*Ibid.*) || 4. "Morrocotudo, difícil, intricado." (*Ibid.*)

trampa (del inglés *tramp*), m. Villano en las películas de cine; ladrón; hombre sin empleo u oficio. || 2. Con este último significado en Méjico. (*Mexicano*, II, 76.)

trampear, tr. Ir a cazar animales por medio de artificios mecánicos que los aprisionan.

trancazo, m. Golpe que se da una persona o que le dan. || 2. En Colombia, "trancada." (*América*, III, 213; *Americanismos*, p. 790.)

traque (del inglés *track*), m. Vía de ferrocarril. || 2. Lo mismo en el sur de los Estados Unidos, en el norte de Méjico y en Nuevo Méjico. (*América*, III, 214; *New Mexican*, p. 67.)

traste, m. Vasija. || 2. Lo mismo en Méjico. (*Mexicanismos*, p. 494.) || 3. En América, "trasto." (*América*, III, 215; *Argentinismos*, p. 145.) || 4. En Perú, "mueble de una casa." (*Peruanismos*, p. 376.)

trastornado, -da, adj. Se dice de la persona que ha perdido el equilibrio mental por enfermedad o sufrimiento. || 2. Lo mismo en Argentina. (*Argentinismos,* p. 294.)

treila (del inglés *trailer*), f. Camión de remolque. || 2. Lo mismo en Nuevo Méjico. (*New Mexican,* p. 67.)

treiler (del inglés *trailer*), m. Camión de remolque.

treintatreinta (del inglés *thirty-thirty*), f. Arma de fuego de este calibre.

trer, tr. Traer. || 2. Lo mismo en Morelia (Méjico). (*Mexicanismos,* p. 495.)

¡tres piedras!, interj. Expresión que significa: ¡Está muy bien! || 2. Lo mismo en Nuevo Méjico. (*New Mexican,* p. 56.)

trilazo, m. Emoción viva; felicidad.

tripa, f. Manguera. || 2. En Argentina, "las hojas de tabaco que sirven de alma al cigarro, que por eso se llama *de tripa,* para envolverlas y formar así el cigarro; se eligen las mejores hojas." (*Argentinismos,* p. 145.)

tristona, f. Pimienta. || 2. adj. En Argentina, "algo triste." (*Argentinismos,* p. 295.)

troca (del inglés *truck*), f. Autocamión de carga. || 2. Lo mismo en el sur de los Estados Unidos y en Méjico. (*América,* III, 219; *Mexicano,* I, 77; *New Mexican,* p. 67.) || 3. En Chile, "prenzón de acero que se emplea para hacer punciones en la panza de las reses." (*América,* III, 219.)

trola, f. Fósforo; cigarrillo. || 2. Con el mismo primer significado en Nuevo Méjico. (*New Mexican,* p. 29.) || 3. En Colombia, "rebanada de jamón." (*América,* III, 220; *Americanismos,* p. 795.) || 4. En Chile, "cualquier cosa colgante: un pedazo de corteza, una tira de cuero, etc." (*Ibid.; ibid.*) || 5. adj. En Chile, "se usa para apodar al simple, necio, bellaco." (*América,* III, 220.)

trompa, f. Labios gruesos y salientes. || 2. Lo mismo en América. (*América,* III, 220; *Argentinismos,* p. 102.) || 3. "Hocico de puerco." (*América,* III, 220.) || 4. En América

Central y América del Sur, "instrumento metálico en forma de herradura con lengüeta suelta que se hace sonar con el índice de la mano derecha, en tanto que se aspire el aire, puesto el aparato en los labios." || 5. En Colombia y Chile, "botavaca." (*Americanismos,* p. 795.) || 6. En Cuba, "pez del género fistulario." (*América,* III, 220.) || 7. "Reja angular de hierro." *(Ibid.)* || 8. En Chile, "trompo de dos púas." *(Ibid.)* || 9. En Nuevo Méjico, "boca." (*Mexicanismos,* p. 496; *New Mexican,* p. 29.)

trompezar, intr. Tropezar. || 2. Lo mismo en Argentina y Guerrero (Méjico). (*Mexicanismos,* p. 497.)

trompudo, -da, adj. Jetudo, persona de labios gruesos. || 2. Lo mismo en América Central, Argentina, Puerto Rico y Santo Domingo. (*América,* III, 221; *Americanismos,* p. 795; *Chilenismos,* p. 263.) || 3. En Chile, "el animal de alargada trompa." (*Chilenismos,* p. 263.) || 4. m. En Méjico, "el peso fuerte." (*América,* III, 221.)

tronar, tr. Matar a tiros, fusilar. || 2. Lo mismo en Guatemala y Méjico. (*América,* III, 221.)

tronado, -da, adj. Cansado; enfermo; golpeado. || 2. En América, "pobre." (*América,* III, 221.)

troque (del inglés *truck*), m. Autocamión de carga. || 2. Lo mismo en Nuevo Méjico. (*New Mexican,* p. 67.)

trostear (del inglés *to trust*), tr. Hacer confianza de alguien.

troquero (del inglés *trucker*), m. Chófer de autocamión de carga.

trueno, m. Arbusto que, recortado, se usa como cerca alrededor de las casas. || 2. En Colombia y Venezuela, "petardo, cohete." (*América,* III, 223.) || 3. En Honduras, "pajarillo negro." *(Ibid.)* || 4. En Méjico, "arbolillo de bella fronda." *(Ibid.)* || 5. En Jalisco (Méjico), "pistola." (*Americanismos,* p. 796.) || 6. En Venezuela, "fiesta escandalosa." *(Ibid.)* || 7. m. pl. En Venezuela, "zapatos groseros y chillones." (*América,* III, 223; *Americanismos,* p. 796.)

truje, 1ª persona, singular, del pretérito de indicativo, en vez de *traje.* V. *traer.* || 2. Lo mismo en Méjico y Nuevo Méjico. (*Mexicanismos,* p. 492; *New Mexican,* p. 39.)

trunquis, adj. Borracho.

tubo, m. Neumático de la rueda del automóvil o la bicicleta. || 2. Lo mismo en Nuevo Méjico. (*New Mexican,* p. 67.) || 3. En América Central, "cápsula del antiguo fusil y de la escopeta." (*América,* III, 224.) || 4. "Uno de los nombres que daban al oro, sobre todo de baja ley, los indios primitivos antillanos." *(Ibid.)* || 5. En Argentina, "persona a quien se hace servir de instrumento de divulgación de una especie cualquiera, como pudiera valerse de un tubo o bocina." (*Argentinismos,* p. 296.)

tusol, m. Tela de tejido tupido y muy fuerte que se usa para hacer camisas y otras prendas de vestir.

U

¡újule!, interj. Expresa frustación, contratiempo.

uña de gato, f. Arbusto cuyas espinas tienen la forma de la uña del gato. || 2. En América, "planta leguminosa del género acacia." (*América*, III, 241; *Colombiano*, p. 293.) || 3. "Enredadera." (*América*, III, 241.) || 4. En Ecuador, "planta silvestre." (*Ecuador*, p. 320.)

urzuela, f. Se dice cuando las puntas de los cabellos se dividen en dos partes. || 2. En Méjico, con el mismo significado, se dice *orzuela*. (*Americanismos*, p. 601; *Mexicanismos*, p. 383.)

usté, pron. Usted. || 2. Lo mismo en Nuevo Méjico. (*New Mexican*, p. 39.)

V

vaca lechera, f. Vaca que da mucha leche. || 2. Lo mismo en Argentina, Perú y Puerto Rico. (*América,* III, 246; *Americanismos*, p. 806; *Argentinismos*, p. 382.) || 3. En Argentina, "persona o cosa de que se saca continuamente provecho." (*Argentinismos*, p. 382.)

vacilada, f. Diversión; burla. || 2. En Méjico, "juerga." (*Americanismos*, p. 806.) || 3. "Borrachera." (*Ibid.*)

vacilar, intr. Divertirse; coquetear, jugar al amor. || 2. Con el primer significado en Méjico. (*Mexicano*, II, 76.) || 3. Con el segundo significado en Nuevo Méjico. (*New Mexican*, p. 29.) || 4. En Guatemala y Méjico, "emborracharse." (*Americanismos*, p. 806.) || 5. En Méjico, "parrandear." (*Ibid.*) || 6. En Puerto Rico, "estar medio ebrio." (*Ibid.*)

vagonero, m. Hombre que trabaja cargando los vagones del ferrocarril.

valedor, m. Compañero, camarada, amigo íntimo. || 2. En Méjico, con el mismo significado, se dice *vale*. (*América,* III, 249; *Americanismos*, p. 807.)

vaquetón, -na, adj. Descarado, atrevido. || 2. Lo mismo en Cuba y Méjico. (*América,* III, 251; *Americanismos*, p. 809.) || 3. En Méjico, "calmado, tardo y pesado." (*América,* III, 251.)

varaña, f. Mañana.

várvula, f. Válvula.

vascoso, -sa, adj. Tonto, disparatado.

vejetal, m. Legumbre.

veliz, m. Maleta de mano. || 2. Lo mismo en Méjico. (*América,* III, 254; *Americanismos*, p. 810.)

ver, tr. Imperfecto de indicativo: *vía, vías, vía, víamos, víais, vían*. En el pretérito de indicativo se dice: *vide, vites, vido, vimos, visteis, vieron*.

239

vía, 1ª y 3ª persona, singular, del imperfecto de indicativo, en vez de *veía*. V. *ver*.

victrola (del inglés *victrola*), f. Fonógrafo. ‖ 2. En Argentina y Nuevo Méjico, con el mismo significado, se dice *vitrola*. (*Argentinismos*, p. 300; *New Mexican*, p. 67.)

viajear, intr. Viajar. ‖ 2. Lo mismo en Nuevo Méjico. (*New Mexican*, p. 40.)

vide, 1ª persona, singular, del pretérito de indicativo, en vez de *vi*. ‖ 2. Lo mismo en Nuevo Méjico. (*New Mexican*, p. 40.)

viejo, -a, m. y f. Esposo. ‖ 2. f. Colilla de cigarrillo. V. *bachicha, tecolota*. ‖ 3. f. pl. Prostitutas. ‖ 4. f. En Méjico, "colilla de cigarro." (*América*, III, 261; *Americanismos*, p. 815; *Mexicanismos*, p. 511.) ‖ 5. En Argentina, "la esposa." (*Argentinismos*, p. 300.) ‖ 6. En Méjico, D.F., "concubina." (*Mexicanismos*, p. 511.) ‖ 7. En América, "pez de los silúridos." (*América*, III, 261.) ‖ 8. En Argentina, "la madre o dueña de casa que ha llegado a la vejez." (*Argentinismos*, p. 300.) ‖ 9. En Cuba, "la última mano del juego." (*América*, III, 261; *Americanismos*, p. 815.) ‖ 10. "El hambre." (*América*, III, 261.) ‖ 11. En Chile, "buscapiés, cohete." *(Ibid.)* ‖ 12. En Tabasco (Méjico), "una hormiga negra." *(Ibid.)* ‖ 13. En Venezuela, "plátano asado y frito con manteca de cerdo." *(Ibid.)*

vigueta, f. Madero de cuatro pulgadas de ancho por dos de grueso y de longitud varia. ‖ 2. En Cuba, "árbol silvestre de madera dura destinado para viguetas." (*América*, III, 261.) ‖ 3. En Cuba y Tabasco (Méjico), "alfajía que va de la solera a la cumbrera." *(Ibid.)*

villa, f. Vía, como la vía del ferrocarril.

vinagrón, m. Escorpión grande que se encuentra en esta región.

virgüela, f. Viruela. ‖ 2. Lo mismo en Argentina y Michoacán (Méjico). (*Argentinismos*, p. 615; *Mexicanismos*, p. 511.)

virulo, m. Ojo.

visitanta, f. Visitante.

viscónsul, m. Vicecónsul.

vistas, f. pl. Cine. || 2. Con el mismo significado en Nuevo Méjico. (*New Mexican,* p. 29.) || 3. f. En Cuba, "derecho curial, que devenga el asesor, abogado, etc., a razón de tanto por foja del proceso que por primera vez examina." (*América,* III, 265.)

vistear, intr. Chocar. || 2. En Argentina, "ejercitarse en juegos de esgrima criolla." (*América,* III, 265.) || 3. En Argentina y Uruguay, "ejercitar la vista en quites rápidos de manos y arma blanca." (*Americanismos,* p. 817.) || 4. "Simular una lucha entre dos personas." (*Ibid.; Argentinismos,* p. 301.) || 5. En Venezuela, "tener amenazada a una persona." (*Americanismos,* p. 817.)

vites, 2ª persona, singular, del pretérito de indicativo, en vez de *viste.* V. *ver.*

vivemos, 1ª persona, plural, presente de indicativo, del verbo *vivir.* Se usa en todos los verbos que terminan en *ir,* y a veces con cambios más radicales: *siguemos, muremos, pidemos, consiguemos, durmemos,* etc.

vocal, f. Cantante de una orquesta.

voceador, m. Muchacho que vende periódicos. || 2. Con el mismo significado en Colombia, Ecuador y Méjico. (*América,* III, 266; *Americanismos,* p. 818; *Ecuador,* p. 330.)

volado, -da, adj. Enamorado. || 2. En Guatemala y Méjico, "de genio violento." (*América,* III, 266.) || 3. En Chile, "distraído." (*Chilenismos,* p. 299.) || 4. m. En América Central y Méjico, "rumor, dicho, cuento." (*América,* III, 266.) || 5. "Lance en el juego." (*Ibid.*) || 6. En Méjico, "lance o aventura amorosa." (*Ibid.*) || 7. "Juego de cara o cruz." (*América,* III, 266; *Mexicanismos,* p. 514.) || 8. En Venezuela, "faralá, adorno mujeril." (*América,* III, 266.) || 9. adv. m. En Guatemala y Méjico, "aprisa, con premura." (*Ibid.*)

volantín, m. El tíovivo. ‖ 2. Lo mismo en Méjico y Nuevo
Méjico. (*Americanismos,* p. 819; *Mexicano,* II, 78; *New
Mexican,* p. 29.) ‖ 3. En América, "voltera, vuelta, volan-
tín." (*América,* III, 267; *Americanismos,* p. 819; *Argen-
tinismos,* p. 146; *Mexicanismos,* p. 514; *Peruanismos,* p.
385.) ‖ 4. En Argentina, Bolivia, Cuba, Chile, Puerto
Rico y Uruguay, "cometa, juguete." (*Americanismos,* p.
819; *Argentinismos,* p. 146.) ‖ 5. En Bolivia, "cohete."
(*América,* III, 267; *Americanismos,* p. 819.) ‖ 6. En
Méjico, "cierto juego simbólico heredado de los aztecas."
(*Americanismos,* p. 819.)

volcano (del inglés *volcano*), m. Volcán.

voltiar, tr. Voltear.

Y

yaque (del inglés *jack*), m. Gato para levantar el automóvil. || 2. Lo mismo en Nuevo Méjico. (*New Mexican*, p. 67.) || 3. En Ríohacha (Colombia), "vestido de niñito." (*Americanismos*, p. 823; *Colombiano*, p. 284.) || 4. En Chile, "arbusto espinoso." (*América*, III, 286.) || 5. En Venezuela, "nombre de varios peces de cuero." *(Ibid.)* || 6. "Un árbol de los leguminosos." *(Ibid.)*

yarda (del inglés *yard*), f. Patio. || 2. Lo mismo en Nuevo Méjico. (*New Mexican*, p. 29.)

yec (del inglés *jack*), m. Gato para levantar el automóvil. || 2. En Nuevo Méjico, con el mismo significado, se dice *yaque*. (*New Mexican*, p. 67.)

yerbera, f. Bruja, mujer que cura brujerías con yerbas. || 2. En Argentina y Uruguay, "vasija para poner el *mate*, bebida hecha de hojas del árbol del Paraguay *(Ilex)*." (*América*, III, 298; *Americanismos*, p. 825.)

yes (del inglés *jazz*), m. Música sincopada discordante.

yin de algodón (del inglés *gin*), m. Máquina que se usa para despepitar el algodón.

yiri (del inglés *jitterbug*), m. Baile moderno.

yompa, f. Chaqueta de piel, algodón, lana o lona para hombre.

yoyo (del inglés *yoyo*), m. Especie de trompo con dos tapas redondas pegadas y un cordón que se enrolla en medio; con el enrolle y desenrolle, asciende y desciende el juguete. || 2. Lo mismo en Puerto Rico. (*Americanismos*, p. 825.)

yuque, m. Refresco de hielo machacado con agua azucarada. V. *raspa*. || 2. En Colombia, "árbol de la ceiba." (*América*, III, 303.)

Z

zafado, -da, adj. Tonto; alocado. Ú. t. c. s. || 2. Lo mismo en Colombia. (*América,* III, 308.) || 3. En América, "desvergonzado, descarado." (*América,* III, 308; *Argentinismos,* p. 147; *Rioplatense,* p. 399.) || 4. En Argentina, "vivo, despierto, despejado y gracioso." (*América,* III, 308.)

zafo, adv. Salvo, excepto. || 2. Lo mismo en América. (*América,* III, 308.)

zambutir, tr. Zambullir, introducir. || 2. Con el mismo significado en América y especialmente en la América Central. (*América,* III, 310; *Americanismos,* p. 830; *Mexicanismos,* p. 522.)

zancudero, m. Nube de zancudos. || 2. Lo mismo en América. (*América,* III, 310; *Americanismos,* p. 830.)

zanoria, f. Zanahoria.

zarza, f. Salsa. || 2. En América Central, "planta esterculiácea que forma intricados matorrales en los campos." (*América,* III, 318.) || 3. En Cuba, "planta ulmácea y también una nictagínea." *(Ibid.)* || 4. En Méjico, "la zarzaparilla, planta de raíz medicinal y la raíz misma." *(Ibid.)* || 5. "Nombre genérico de plantas mimosas y acacias espinosas." *(Ibid.)*

zigzaquear, intr. Zigzaguear, caminar en línea ondulada.

zoquete, m. Lodo, barro. || 2. Lo mismo en América Central, Antillas y Méjico. (*América,* III, 322; *Mexicanismos,* p. 523.) || 3. "Cochambra de cuerpo humano formado por tierra y sudor." (*América,* III, 322.) || 4. En Argentina, "excremento humano." *(Ibid.)* || 5. En Cuba y Méjico, "guantada, pescozón." *(Ibid.)* || 6. "Pedazo de madera saliente de la tierra y que puede servir de estante." *(Ibid.)* || 7. En Nuevo Méjico, "gruñón, persona de mal humor." (*New Mexican,* p. 27.) || 8. adj. En América Central, Antillas y Méjico, "mentecato, bellaco." (*América,* III, 322.)

zoquetera, f. Pieza de hule o vaqueta que se pone cerca de las ruedas de un automóvil para guardarlo del lodo; guardafango.

zoquetoso, -sa, adj. Lodoso.

zumbido, m. Gente de casa de prostitución. || 2. En América, "sonido despacible y confuso que se percibe al oído." (*América,* III, 325; *Argentinismos,* p. 147.)

zumbarse, r. Comerse. || 2. En Cuba, "desmedirse, propasarse." (*Americanismos,* p. 835.) || 3. En Puerto Rico, "tirarse, arrojarse, abalanzarse." (*América,* III, 325; *Americanismos,* p. 835.) || 4. intr. En Colombia y Cuba, "marcharse, irse ocultamente." (*América,* III, 325.) || 5. tr. En América "zurrar, dar azotes." (*Ibid.*) || 6. En Colombia, Chile, Méjico y Puerto Rico, "arrojar, echar fuera." (*Ibid.*) || 7. En Colombia, "espantar perros." (*Ibid.*) || 8. En Méjico y Puerto Rico, "dar, aplicar, descargar." (*Ibid.*)

zurdazo, m. Golpe que se da con el puño izquierdo.|| 2. Lo mismo en América. (*América,* III, 326.)

Sección II
Modismos, locuciones y refranes

A

Estar como el *abeja,* que volando pica. Se dice de la persona que en su conversación dice algo de modo indirecto y ofensivo. También se usa: "Ya te conozco mosco, volando picas."

Goza de *abril* y mayo, que agosto se te llegará. Aconseja ser feliz en tiempos prósperos, pues ya llegarán los días de la escasez. || 2. En Méjico, "que se haga lo que se quiere, en tanto que llegue el momento en que hay que hacer lo que se debe; o pagar lo que se ha hecho, si castigo se merece." (*México,* I, 245.)

Para *acabar* de amolarla.* Denota disgusto.

Por los *acciones* se juzgan los corazones. Los hechos demuestran los sentimientos interiores.

El que es tonto, toca la *acordión,* come mucho pan y escribe buena letra. El mentecato cree que todo lo sabe.

El que *adelante* no ve, atrás se queda. *Dicc. Acad.:* "El que adelante no cata, atrás se halla."

Dar una *agarrada.* Dar un regaño. || 2. En América, con el mismo significado, se dice *dar un agarrón.* (*Americanismos,* p. 66.)

Dar un *agarrón.* Regañar. || 2. Lo mismo en América. (*Americanismos,* p. 66.)

Agua que no has de beber, déjala correr.* *Dicc. Acad.:* "Lo que no has de comer, déjalo cocer." || 2. Lo mismo en

---

*Indica el asterisco que la frase se usa también en España, en la misma forma o con ligera variante, aunque no esté registrada en el *Diccionario* académico. (R.–N.)

América y Chile. (*América*, I, 54; *Chilenismos*, p. 325.) || 3. En Méjico, se dice: "No debe moverse el agua, cuando no se ha de beber." (*México*, I, 18.)

¡Al *agua* patos (ranas) que no hay culebras! Se usa para incitar a otros, y aun a sí mismo, a dar principio a cualquier obra. || 2. En Argentina, con el mismo significado, se dice: "¡Al agua patos!"* (*Argentinismos*, p. 639.)

Darle *agua* a la gorila. Hacer como que se trabaja en las horas de trabajo, pero estar descansando.

Dicen que del *agua* fría nacen los tepocates. Indica el deseo de intentar alguna cosa que será difícil de llevar a feliz término. || 2. En Méjico se dice: "A ver si del agua fría nace un borbollón caliente." (*México*, I, 62.) También: "Quien quita del agua fría nazcan los caracolitos." (*México*, II, 129.)

Estar como *agua* para chocolate. Estar muy enojado. || 2. Lo mismo en América Central, Méjico y Puerto Rico. (*América*, I, 55; *Americanismos*, p. 73; *México*, I, 233.)

Lo del *agua* al agua. Se usa refiriéndose a quien ha perdido algo que obtuvo de mal modo, como robado. || 2. Lo mismo en Méjico. (*México*, I, 293.) || 3. En Argentina se dice: "Lo que es del agua, el agua se lo llevó." (*Argentinismos*, p. 831.)

Moverle el *agua* a uno. Enamorar a uno. || 2. Lo mismo en Méjico. (*Americanismos*, p. 73; *México*, I, 18.)

No le da *agua* ni al gallo de la pasión. Uno que es ruin, mezquino y egoísta a más no poder. || 2. Lo mismo en América. (*América*, I, 55; *Argentinismos*, p. 642; *México*, I, 17.)

Trabajar por debajo del *agua*. Trabajar ilegalmente.

¡*Aguila* con los velises! ¡Cuidado!

¿Eres *águila* que vuela o gusano que se arrastra por el suelo? Palabras de aliento para aquél que ha perdido la esperanza en el éxito.

Hay que jugarse muy *águila*. Hay que estar muy listo.

Jugarse *águila*. Tener mucho cuidado.

Ponerse *águila*. Hacerse listo.

Ser muy *águila*.* Ser muy listo.

Se acabó el *ahijado*, se acabó al compadrazgo. *Dicc. Acad.:* "Quitósele el culo al cesto, y acabóse el parentesco." || 2. En Méjico se dice: "Muerto el ahijado, se acabó el compadrazgo." (*México*, I, 334.)

Dar *aire*. Cesar de tener relaciones amorosas.

Hacerle a uno lo que el *aire* a Juárez. Bravata que demuestra que nada ni nadie podrá evitar conseguir el éxito que se persigue. || 2. En Tabasco (Méjico) se dice: "Hacerle a uno lo que el sol al güero: sacarle lustre." (*América*, II, 82.)

El que al *alba* se levanta, pierde una hora más de sueño, pierde estar con su dueño, y cualquier bulto lo espanta. Dicen los perezosos que recomiendan dormir tarde.

Ponerse al *alba*. Ponerse alerta.

¿Para qué te inflas, si *al cabo* al morir te enjutas? Demuestra la insensatez del orgullo.

Dos *alesnas* no se pican, nomás se contrapuntean. *Dicc. Acad.:* "Dos alesnas no se pican."

No caber ni un *alfiler*.* Se dice de un local donde hay mucha gente. || 2. Lo mismo en Chile. (*Chilenismos*, p. 325.)

¡Confórmate *alma* de cántaro, que te abrazan de caridad! Se dice de la persona que, no estando satisfecha con algún favor que se le hace, pide otro. || 2. En América, "alma de cántaro" se dice del "buenazo."* (*América*, I, 83.)

Solo y su *alma*. Estar enteramente solo. || 2. Lo mismo en Méjico. (*América*, I, 83.)

Pegársele a uno las *almohadas*. Levantarse tarde; quedarse dormido. || 2. En Argentina se dice: "Pegársele a uno las sábanas."* (*Argentinismos*, p. 905.) || 3. En Méjico, "pegársele a uno el petate." (*América*, II, 436.) También: "Pegársele a uno las cobijas." (*Ibid.*)

Amigo en la adversidad, amigo de verdad. Su significado es evidente. || 2. En Méjico se dice: "Amigo en la adversidad, amigo de realidad." (*México*, I, 44.)

Amigo hasta la muerte. Se dice del que es gran amigo. || 2. Lo mismo en Argentina. (*Argentinismos*, p. 647.)

A tu *amigo* pélale el higo y a tu enemigo el durazno. Dícese que el bien que se hace debe ser al amigo, y no al enemigo. || 2. Lo mismo en Méjico. (*América*, I, 95.)

El más *amigo* es el más traidor, y el más verdadero miente. Aconseja no poner uno su entera confianza en la naturaleza humana. || 2. Lo mismo en Méjico. (*México*, I, 173.)

Al platicar, como *amigos*, y al tratar, como enemigos. Indica que no se debe tener entera confianza en los amigos. || 2. En Méjico, "cuando entre amigos hay interés de por medio, debe hacerse a un lado la amistad cuando de tales intereses se trata." (*México*, I, 39.)

Amigos al prestar, enemigos al pagar. Afirma que el prestar dinero tiene a veces resultados perjudiciales para el prestador.

Amor de lejos, amor de pendejos. El amante distante, fácilmente se olvida. || 2. En Méjico se dice: "Amores de lejos es de pendejos." (*México*, I, 45.)

Amor de un día. Amoríos que duran muy poco. || 2. En América, "planta malvácea del norte de Méjico cuyas flores se machitan el día en que se abren, a lo cual debe su nombre popular." (*América*, I, 97.)

Amor viejo, ni te olvido ni te dejo. Es imposible olvidar los amores pasados por los recuerdos que éstos dejan. || 2. Lo mismo en Méjico. (*México*, I, 45.)

Cargar el *amor* en chiquigüites. Se dice de la persona que se enamora seguidamente de otra diferente.

De *amor* a amor. De balde, sin retribución alguna. || 2. En Méjico se dice: "De amor y amor, sólo amor." (*Americanismos*, p. 93; *México*, I, 129.)

El *amor* y el interés salieron al campo un día, y pudo más el interés que el amor que le tenía.* Más poderosa que el amor es la conveniencia personal. || 2. Lo mismo en América, particularmente en Méjico. (*América*, I, 97; *México*, II, 26.)

El *amor* y el melón no pueden ser ocultos. El amor, por los sentimientos, y el melón, por el olor, no pueden ser escondidos. || 2. En Méjico se dice: "Amor, dinero y riqueza no pueden ser disimulados." (*México*, I, 44.)

Es poco el *amor* para gastarlo en celos. Se dice cuando se emplea inopinadamente y sin la debida economía lo que es escaso. || 2. Lo mismo en Méjico. (*México*, I, 157.)

No hay *amor* como el primero. Su significado es evidente; se dice con tristeza cuando se está haciendo recuerdo de esos tiempos. || 2. En Méjico se dice: "No hay como el primero, ni luna como en enero." (*México*, I, 26.)

¿Qué piensas *amor* engreído, que yo te he de ver la cara, si tanto me has ofendido, que me tienes agraviada? Resentimiento de enamorados.

Quien vive entre *amor* y vino, que no se queje al destino. Significa que uno es responsable de los males resultados si vive una vida desordenada. || 2. Lo mismo en Méjico. (*México*, I, 131.)

Secar el *amor*. Hacer algo por lo cual otra persona le ame a uno menos.

El que a dos *amos* sirve, con uno queda mal. *Dicc. Acad.:* "Quien a muchos sirve, a alguno o algunos otros, ha de hacer falta." || 2. Lo mismo en Méjico. (*México*, I, 80.)

El *anda* con ella. Hombre que enamora o es novio de una muchacha.

Andar que se pela. Estar muy ansioso de hacer algo.

Tragarse el *anzuelo*.* Caer en el engaño.

El *año* de la hebra. *Dicc. Acad.:* "El año de la nanita."

Aplanador de calles. Azotacalles. || 2. Lo mismo en América.

(*América*, I, 116; *Americanismos*, p. 102.) ‖ 3. En Perú se dice: "Aplanacalles." (*Peruanismos*, p. 77.)

Donde *aprieta,* no chorrea. Todo camina rectamente donde hay formalidad.

Todo tiene su hasta *aquí.* La paciencia tiene su fin. ‖ 2. Lo mismo en Méjico. (*Americanismos*, p. 104.)

Ser muy picado de la *araña.* Enojarse por insignificancias. ‖ 2. En Chile, "adolecer de alguna afección física o moral." (*Chilenismos*, p. 308.) ‖ 3. En Méjico, "se dice de la persona a quien le salen incordios, porque cojea como el caballo picado de ese animal." (*América*, I, 123.)

Estar como el *arco* iris, que sale después de la tempestad. Se dice la persona que se presenta en algún lugar después de que ya no se le necesita.

De *ardor* mueren los quemados, y de frío los encuerados. Se le dice al que siente envidia del bien que otro ha recibido.

Tanto va de *arena* como va de cal. Se dice de dos personas que tienen dos defectos distintos, pero que aún así, tan mala es la una como es la otra.

No necesito *aretes* y por eso no los uso. Indica que la compañía de alguien no es agradable.

Tener uno sus *arranques.** Tener la costumbre de enojarse repentinamente.

Arrastrarle a alguien. Da a entender que alguien tiene mucha habilidad para hacer algo. Se usa también: *Chicotearle, pajuelearle, papalotearle, rezumbarle, zumbarle.* A veces se le agrega a esta expresión la palabra *aparato* o *mango.* ‖ 2. En Méjico, "zumbarle el mango a una persona" es frase que "pondera la valentía de alguien." (*Americanismos*, p. 835.)

No todos los que chiflan son *arrieros.* Da a entender que el conocer algo del manejo de un trabajo, no es suficiente para convertirlo en experto. ‖ 2. Lo mismo en Méjico. (*México*, II, 64.)

Las *arrugas* sacan de dudas. Las arrugas demuestran la edad de la persona. También se usa: "Las canas salen de ganas, pero las arrugas sacan de dudas."

Lo poco *asusta* y lo mucho amansa.* Cuando primero pasa una cosa, todos se escandalizan; pero cuando vuelve a pasar o sigue pasando, nadie se fija. ‖ 2. En Méjico, "cuando los contratiempos son ligeros, causan alguna irritación; pero cuando son grandes, enseñan y corrigen." (*México*, I, 295.)

Al que te da el *atole,* no le niegues el cedazo. Amonesta a la persona que recibe favores que no los pague con un daño. ‖ 2. En Méjico se dice: "Al que te dé la gallina, no le niegues el alón." (*México*, I, 43.)

Después de *atole*. Fuera de tiempo. ‖ 2. Lo mismo en Méjico. (*América*, I, 154; *Americanismos*, p. 119.)

Salir del *atolladero*.* Salir de alguna dificultad o problema. ‖ 2. Lo mismo en Argentina. (*Argentinismos*, p. 943.)

Hacerse para *atrás*. Retractarse. Se usa también: *Hacerse pato* con el mismo significado. ‖ 2. En América se dice: "Echarse para atrás."* (*América*, I, 155.)

Caerle *atravesado* a uno.* Caerle mal a uno.

Ave de mucha pluma, poca carne. Lo exterior de las personas o cosas es generalmente engañoso. ‖ 2. Lo mismo en Argentina. (*Argentinismos*, p. 665.)

Quieres como el *azadón,* todo para adentro y nada para afuera. Demuestra el egoísmo de la persona.

B

No es lo mismo *bacín* que jarro, aunque todo es del mismo barro. Indica la diferencia que hay entre dos personas de distinta clase social, o entre dos cosas. ‖ 2. En Cuba se dice: "Si todos somos de barro, no es lo mismo cantina que cacharro." (*América*, III, 80.) ‖ 3. En Méjico, hablando de personas, se dice: "Aunque todos somos del mismo barro, no es lo mismo bacín que jarro." (*Ibid.; México,* I, 60.)

Habiendo *bagres* de comer los viernes, aunque no sea cuaresma. Mientras haya tontos se puede conseguir algo de ellos.

Pareces *bailarina* de teatro, que no pierdes pisada. Con que se admira la actividad y agudeza de las muchachas.

Bailarse a uno. Pegarle, maltratarle o matarlo.

Ni a *balas.* De ninguna manera. ‖ 2. Lo mismo en América. (*América,* I, 179.)

Darse *baños* de pureza. Se dice del que trata de justificar sus hechos y dichos alabándose a sí mismo.

Barájala más despacio. Pedir más detalles o que se repita lo dicho. ‖ 2. Lo mismo en Méjico. (*México,* I, 185.)

Comer una *barbaridad.** Dícese del que come mucho. ‖ 2. Lo mismo en América. (*América,* I, 187.)

Estar *barrido.* Estar enamorado.

El que nace *barrigón,* aunque lo fajen. *Dicc. Acad.:* "Genio y figura hasta la sepultura." ‖ 2. Lo mismo en Antillas, Colombia, Méjico, Perú y el Río de la Plata. (*Americanismos,* p. 139.) ‖ 3. En Argentina y el Río de la Plata se dice: "Al que nace barrigudo es al ñudo que lo fajen." (*América,* I, 192; *Americanismos,* p. 139; *Argentinismos,* p. 644.) ‖ 4. En Méjico se dice: "El que ha de ser barrigón, aunque lo fajen." (*América,* I, 192; *México,* I, 188.)

Mandar al otro *barrio.* Conseguir ventaja a costa de otra persona.

El que con *bebés* se acuesta, es muy fácil la respuesta. *Dicc. Acad.:* "Quien con niños se acuesta, cagado amanece." Se usa también: "El que se acuesta con niños, ya sabes como amanece." ‖ 2. En Méjico se dice únicamente la primera parte: "Quien con muchachos se acuesta. . . ." (*México,* II, 124.)

Estar *berrenga.* Estar loca.

Ni *besos* ni apachurrones son amores. Las acciones, y no las caricias, indican el amor que se le tiene a una persona. || 2. En Méjico se dice: "Acciones son amores, no besos ni apachurrones." (*México*, I, 9.)

Caerle *bien* a uno.* Se dice de la persona que le es simpática a uno. || 2. En Argentina, "caer bien a una persona,"* significa, "caer en gracia, ser simpática a los demás." (*Argentinismos*, p. 673.)

Lo que *bien* se aprende, jamás se olvida. || 2. Lo mismo en Méjico. (*México*, I, 9.)

Poner en *bien*. Decir algo favorable de alguien.

Quedar *bien* con alguien.* Hacer una impresión favorable. También significa el acto de pretender a una señorita para novia. || 2. En Argentina, "dejarla complacida por haber cumplido el deber que tenía con ella." (*Argentinismos*, p. 924.)

Quien *bien* ama, nunca olvida.* Referencia al verdadero amor. || 2. Lo mismo en Méjico. (*México*, II, 123.)

Hacer *bilis*. *Dicc. Acad.:* "Exaltársele a uno la bilis."

Hacerse *biscorneta*. No estar uno dispuesto a hacer algo o a ir a alguna parte con otro.

A *boca* de jarro.* Desde muy cerca. || 2. Lo mismo en América. (*América*, I, 216; *Argentinismos*, p. 627.)

El que *boca* tiene, a Roma va. *Dicc. Acad.:* "Quien tiene lengua, a Roma va." || 2. En América se dice: "Preguntando se llega a Roma." (*América*, III, 42.) || 3. En Argentina: "Quien boca tiene, a Roma va." (*Argentinismos*, p. 933.) || 4. En Chile: "Quien boca tiene, a Roma llega." (*Chilenismos*, p. 311.)

Boda de arrancados, fábrica de encuerados. Cuando se casan dos pobres, los hijos sufren por no tener siempre lo necesario. || 2. En Méjico se dice: "Casamiento de pobres, fábrica de limosneros." (*México*, I, 83.)

Chepa la *bola*. Quiere decir que nadie sabe.

Dar con *bola*. Acertar en cosa determinada. || 2. Lo mismo en Argentina, Ecuador y Méjico. (*América*, I, 219; *Argentinismos*, p. 710; *Ecuador*, p. 101.) || 3. En Cuba se dice: "Darle a la pelota." (*Americanismos*, p. 639.)

Dar *bola* negra. Dejar a alguien fuera de algún puesto o empleo.

Meterse a la *bola*. Tomar parte en el pleito. || 2. En Cuba, "tomar parte en lo que hacen los otros." (*América*, I, 219; *Americanismos*, p. 152.)

Ser *bolado*. Uno que cree fácilmente lo que le dicen.

Hacerse *boruca*. Aturdirse con una cosa u ocupación. || 2. Lo mismo en América. (*América*, I, 227; *Americanismos*, p. 160.)

No es *borracho* el que ha bebido, sino el que sigue bebiendo. || 2. Lo mismo en Méjico. (*México*, II, 19.)

No hay *borracho* que coma lumbre. Cada uno sabe lo que hace y obra según su conciencia. || 2. Lo mismo en Méjico. (*México*, I, 27.) || 3. En Méjico y Puerto Rico se dice también: "No hay loco que coma lumbre." (*Americanismos*, p. 510.) || 4. En Perú: "No hay loco que coma candela." *(Ibid.)*

Por un *borrego* no se juzga la manada. No se debe juzgar a un grupo entero por una parte de él. || 2. Lo mismo en Méjico. (*México*, II, 106.)

Soltar un *borrego*. Esparcir una noticia falsa. || 2. Lo mismo en Méjico. (*América*, I, 224.)

Dar *bote*. Dejar de amar a alguien.

En el *bote*. En la cárcel.

Estar como la *brasa* del telolote: apagada por fuera, pero ardiendo por dentro. Describe a la persona que aparenta estar satisfecha cuando en su interior encierra un gran disgusto.

Estar con los *brazos* cruzados.* Dícese del que no hace nada mientras los otros trabajan. || 2. Lo mismo en Argentina. (*Argentinismos*, p. 787.)

Brincarle a uno. Atacarlo con insultos. || 2. En Colombia, *"brincarse a alguno* quiere decir ganarle la mano y por extensión *matarlo."* (*América,* I, 233.)

¿Para qué son tantos *brincos,* estando el suelo tan parejo? Se le dice a la persona que hace objeciones o argumenta enfadosamente, cuando todo puede arreglarse amistosamente. || 2. Lo mismo en la América Central y Méjico. (*América,* I, 234; *Americanismos,* p. 165; *México,* II, 87.)

Venirle con *brincos.* Venir con habladurías.

No hay *broma* que con el tiempo no sirva. Con el tiempo todo da servicio.

¡Está *bruto!* Denota aprobación de algo.

El que nació para *buey,* del cielo le caen las llaves. Se dice del hombre que permite que su esposa le engañe sin hacer él nada. || 2. En Méjico se dice: "El que nació para buey, de arriba le caen las llaves." (*Americanismos,* p. 169; *México,* I, 192.)

El que por su gusto es *buey,* hasta la coyunda lambe. El que se conforma con su situación económica sin hacer nada para mejorarla. || 2. También se dice del que acepta que su esposa le deshonre. || 3. Lo mismo en Méjico. (*América,* I, 237; *Americanismos,* p. 169; *México,* I, 198.)

El que nace para *buey,* desde la cuna da topes. Las tendencias e inclinaciones de una persona son según su naturaleza. || 2. También tiene significado grosero: el destino decide que un hombre sea engañado por su esposa.

Cuando digo que la *burra* es pinta (parda), es porque traigo los pelos en la mano. Afirma que se tiene las prueba de algo que se ha dicho. || 2. Lo mismo en Méjico. (*México,* I, 108.)

Cabalgar en la *burrita* de aquí-mi-chubo. El que aun no ha formado opinión y está en dudas.

Andar como *burro* sin mecate. No saber lo que está haciendo. || 2. Lo mismo en Méjico. (*América,* I, 214; *Americanis-*

mos, p. 552; *México*, I, 47.) ‖ 3. En América Central y América del Sur se dice: "Como bola sin manija." (*Criollo*, p. 628.) También: "Como tren sin freno." (*Ibid.*)

El *burro* en el día se asusta con papeles, y en la noche se los come. Se dice de la persona farsante que pretende asustarse con las faltas de otra, pero que encubiertamente, o sin darse cuenta de ello, ella misma las comete.

Este *burro* es mi macho. El que es obstinado. ‖ 2. Lo mismo en Méjico. (*América*, I, 241.)

Estás como el *burro*, deseando morder lo verde. Indica el deseo de poseer algo que no se puede o debe obtener.

Más vale tener mal *burro* que no tener ninguno. Es mejor tener algo, por muchos defectos que padezca, que no tener nada.

¡Qué sabe el *burro* de freno! Del que habla de lo que no sabe. ‖ 2. Lo mismo en Méjico. (*Americanismos*, p. 172.) También: "Qué sabe el burro de freno ni el caballo de aparejo." (*México*, I, 121.)

Subirse en el *burro*.* Aferrarse a una opinión de la cual nadie puede cambiarlo.

Los *burros* no nacen ariscos, los hacen. Da a entender que la malicia no es natural en las personas, sino que se debe a que, habiendo tropezado con muchas dificultades, ahora no hacen sino defenderse. Se usa también: "La burra no era arisca, la hicieron." ‖ 2. En Méjico se dice: "La burra no era arisca, los palos la hicieron." (*México* I, 272.)

Mientras menos *burros* más elotes. Al repartir algo y uno no quiere nada. ‖ 2. Lo mismo en Méjico. (*América*, I, 241; *Americanismos*, p. 599; *Mexicanismos*, p. 541; *México*, I, 328.) ‖ 3. En Costa Rica se dice: "Perros menos, torta más." (*América*, II, 453.) ‖ 4. En Chile: "Mientras menos bocas, más nos toca." (*Ibid.*, I, 216; *Chilenismos*, p. 327.)

C

A *caballo* dado, no se le ve colmillo. A las cosas regaladas no hay que ponerles defectos. || 2. En Méjico se dice: "A caballo dado, no se le busque colmillo." (*México,* I, 6.)

Cuando ve *caballo* ensillado, se le ofrece viaje. Se dice de una persona fastidiosa. || 2. En Méjico: "Apenas ven caballo, se les ofrece viaje." (*México,* I, 52.)

Guardar uno *caballo.* Reservar uno sus energías o su argumento. || 2. Lo mismo en Chile. (*Americanismos,* p. 175; *Chilenismos,* p. 329.)

Ser un *caballo.* Ser estúpido. || 2. Lo mismo en las Antillas, Guatemala, Perú y Río de la Plata. (*Americanismos,* p. 169.) || 3. En Argentina se dice: "Es un cerdo." (*Argentinismos,* p. 797.)

Cabeza de agua. De poco juicio, que todo lo olvida.

Cabeza de alcornoque.* Se dice de uno que es caprichoso.

Echar de *cabeza.* Descubrir la parte que uno ha tenido en algún asunto. || 2. Lo mismo en Méjico. (*América,* I, 246; *Americanismos,* p. 175.)

Irsele a la *cabeza.* Hacerse uno egoísta. || 2. En Argentina, "subir al cerebro los vapores de una bebida o substancia espirituosa." (*Argentinismos,* p. 827.)

Dicen que la *cabra* da leche y también topes. Se dice de aquel que rinde beneficios, teniendo así el derecho de reprender.

Por donde brinca la *cabra,* brinca el cabrito. *Dicc. Acad.:* "Cabra por viña, cual la madre tal la hija."

No valer tres *cacahuates. Dicc. Acad.:* "No valer un comino." || 2. En Méjico se dice: "No valer un cacahuate." (*Américanismos,* p. 177.)

Ser de malas *cachas.* Ser persona mala.

El otro *cachete.* Al otro lado del río.

Ser muy *cafecero.* Uno que toma mucho café.

Una vez nomás se dice que la *calabaza* es buena. Indica que los elogios no deben hacerse más de una vez. || 2. Lo mismo en América. (*América*, I, 270; *Americanismos*, p. 189; *Argentinismos*, p. 189.)

Ser muy *caldera*. Se dice de la muchacha coqueta.

Echarse el *caldo*. Jactarse.

Andar *caliente*. Andar enojado.

Hacer un *calis*. Probar o intentar algo.

El *camarón* que se duerme (aploma), se lo lleva la corriente. Aconseja diligencia para evitar un fracaso. || 2. Lo mismo en las Antillas, Argentina, Chile y Méjico. (*América*, I, 280; *Argentinismos*, p. 675; *Chilenismos*, p. 329.)

El que habla del *camino* es porque andado lo tiene. Se dice del que censura ciertas faltas en otros, mostrando así que él también las ha cometido.

En un *camino* largo, un santo estorba. A lo largo todo cansa.

No dejar *camino* por vereda. Aconseja escoger siempre lo ya conocido, en lugar de lo incierto y desconocido.

Perder una la *camisa*.* Arruinarse. || 2. Lo mismo en Chile. (*Chilenismos*, p. 330.)

El *campo* empobrece, embrutece y envilece. Crítica de la vida del campo. || 2. Lo mismo en Argentina y Puerto Rico. (*América*, I, 286; *Americanismos*, p. 200.)

El que por su gusto muere, ni el *camposanto* merece. El que por su gusto sufre algún mal, o alguna deshonra, no merece consideración alguna. || 2. En Méjico se dice: "Al que por su gusto muere, la muerte le sabe dulce." (*América*, I, 237.)

Las *canas* salen de ganas. Aconseja la actividad para conseguir algo que no se obtendrá con sólo desearlo.

Sacar *canas* verdes. *Dicc. Acad.*: "Cercar de trabajos a uno." || 2. Lo mismo en Chile. (*Chilenismos*, p. 330.)

Levantarle a alguien la *canasta*. Dejar de ayudarle financieramente. || 2. En Méjico se dice: "Alzarle o tumbarle la canasta a alguno." (*Americanismos,* p. 220.) También: "Suspender o alzar a uno la canasta" quiere decir "dejarle sin sueldo, sin empleo." (*América,* I, 288.)

Tener la *canasta* baja. No tener que preocuparse por la manutención, pues hay alguien que le dé de comer. || 2. En Méjico: "Tener la canasta baja y el riñón bien cubierto." (*Mexicanismos,* p. 543; *México,* II, 191.)

Hacer un *cancón.* Explorar el ánimo de otro sobre algún asunto. || 2. En Méjico, "amenzar en vano." (*Americanismos,* p. 201.)

Candil de la calle y obscuridad de su casa. Se dice del que fuera de la casa es risueño, o dadivoso o servicial, y en su casa es todo lo contrario. || 2. Lo mismo en América. (*América,* I, 291; *México,* II, 145.) || 3. En Argentina: "El varón es luz de afuera y obscuridad de su casa." (*Argentinismos,* p. 759.)

Tanto va el *cántaro* al agua, hasta que se quiebra. *Dicc. Acad.:* "Cantarillo que muchas veces va a la fuente, o deja el asa o la frente." || 2. En Argentina: "Tanto va el cántaro al agua, que al cabo se rompe." (*Argentinismos,* p. 965.) || 3. En Chile: "Tanto va el cántaro al agua que al fin se quiebra." (*Chilenismos,* p. 312.)

Puro *canto* y nada de ópera. Significa que lo que aparenta algo muy bueno tiene en realidad poco valor.

¡Me *canso*! Indica que se tiene el propósito de hacer algo determinado. A veces se agrega algo más en relación con el propósito, pero a menudo basta con dichas palabras. || 2. Lo mismo en Méjico. (*Americanismos,* p. 206.)

Donde manda *capitán,* no manda marinero. *Dicc. Acad.:* "Donde hay patrón, no manda marinero." || 2. Lo mismo en América. (*América,* I, 304; *Chilenismos,* p. 317.)

Dar *capote* a alguien. En cualquier juego, cuando el partido opuesto no ha hecho un solo punto. También se dice: "Quitarse el capote," cuando se llega a hacer por lo menos un punto, aunque el juego esté perdido. Se usa también:

"Fué capote y hubo capote." || 2. En América, "dar capote a uno"* quiere decir "engañarle, burlarlo." (*América,* I, 305; *Chilenismos,* p. 308.) || 3. En América Central y América del Sur, "ponerse otro bailador frente a la mujer que acaba una pieza para que continúe el baile con él." (*Criollo,* p. 64.) || 4. En Cuba y Méjico, "ganarle la delantera, con especialidad en la comida, por haber llegado tarde." (*América,* I, 305.) || 5. En Méjico, "darse por vencido." (*Americanismos,* p. 212.)

Capoteárselas. Coger las indirectas. También se dice: "Capoteárselas en el aire." || 2. En Méjico, "defenderse o irla pasando." (*Americanismos,* p. 212.)

Cara de luna. Se dice de la persona que tiene la cara redonda. || 2. En Argentina: "Cara de luna llena." (*Argentinismos,* p. 677.)

Decírselo en su *cara.** Decir a alguno las verdades. || 2. En Argentina significa, "decir a alguien algo que es de mayor importancia para él." (*Argentinismos,* p. 677.)

Hacerle *cara* a alguien. Mostrar en las facciones el enojo que se tiene.

Poner *cara* de burro chiquito. Ponerse triste.

No tener *cara* para hablar. Indica que no se debe criticar las malas acciones de otros si uno es culpable de las mismas faltas. || 2. Lo mismo en Méjico. (*México,* II, 61.)

Ser *cara* de papa. Se usa despectivamente con quien se ha tenido un disgusto.

Tener *cara* de herrero mal pagado. *Dicc. Acad.:* "Cara de hereje." || 2. En Méjico se dice: "Cara de vinagre."* (*América,* I, 310; *Americanismos,* p. 213.)

Tener *cara* de luna llena. Tener la cara redonda y llena. || 2. Lo mismo en Argentina. (*Argentinismos,* p. 677.)

Traer *cara* larga.* Estar disgustado. || 2. Lo mismo en América. (*América,* I, 310.)

Hacer *carabana* (saludar) con sombrero ajeno. Que hace uso de los recursos ajenos como si fueran propios, para impresionar a otros. || 2. Lo mismo en Méjico. (*Americanismos,* p. 215; *México,* I, 248.)

Ser *carancho.* Ser bribón.

Caras vemos, corazones no sabemos. Es muy diferente lo que se manifiesta en la cara y lo que se siente. || 2. Lo mismo en Méjico. (*México,* II, 82.)

Dar *carita.* Aceptar los galanteos de un hombre. || 2. Lo mismo en América. (*América,* I, 310; *Americanismos,* p. 218.) || 3. En Guatemala, Honduras y El Salvador, "excitar el despecho, provocar la envidia." (*Americanismos,* p. 218.)

¡Ay, que *caray!** Denota disgusto. || 2. Lo mismo en Perú. (*Peruanismos,* p. 122.)

El *carbón* que ha sido brasa, con poquita lumbre tiene. Afirma que, el que antes ha sido esclavo de algún vicio, fácilmente volverá a serlo con poca tentación. || 2. En Méjico se dice: "El carbón que ha sido brasa, fácilmente vuelve a arder," y significa, "que de amores pasados hay siempre entre los recuerdos, entre las impresiones que se conservan, algo propicio para la reconciliación de los enamorados." (*México,* I, 163.)

En la *cárcel* y en la cama se experimentan los amigos. *Dicc. Acad.:* "La cama y la cárcel son prueba de amigos." || 2. Lo mismo en Méjico. (*México,* I, 215.)

Más bueno que la *carne* de puerco. Denota satisfacción.

Ser *carne* de cañón.* Los soldados que son mandados primero al frente en la guerra.

Ser *carne* de perro. Se dice de uno que no muy fácilmente se enferma. También se dice de las plantas. || 2. Lo mismo en Chile y Ecuador. (*Americanismos,* p. 219; *Chilenismos,* p. 331.)

Comerse la *cartas.* No contestar las cartas que se reciben.

Atorársele a uno la *carreta.* Cuando se presenta algún problema que por el momento no puede ser resuelto. || 2. En Méjico, "atorársele a uno el camote" quiere decir, "fracasar, errar el golpe." (*América,* I, 154.)

Me tocó la *carreta*, a arrastrarla. Hay que conformarse con la suerte o el destino.

Poner la *carreta* delante de los bueyes. Hacer algo antes de que se deba hacer. || 2. En Chile, "hacer una cosa disparatada." (*Chilenismos*, p. 331.)

Alzar la *casa*. Limpiar la casa.

Cuando pases por mi *casa*, fija bien no te resbales, busca para quien lo eres, que para mí ya no vales. Chascarrillo de un amante, que así le da ella calabazas.

Cuida tu *casa* y deja la ajena. Se le dice al entrometido para que atienda lo suyo y no se meta en lo que no le importa. || 2. Lo mismo en Méjico. (*México*, I, 119.) También: "Come camote y no te dé pena, cuida tu casa y deja la ajena." (*Americanismos*, p. 284.)

De tu *casa* a la ajena, con la barriga llena. Aconseja no abusar de la confianza o bondad de las amistades.

El que vive en *casa* de vidrio, no debe tirar piedras.* Aconseja a las personas con defectos que nunca los critiquen en otras personas.

En *casa* del jabonero, el que no cae resbala. Declara que la casualidad hará que las personas caigan con el tiempo en la misma falta que censuran en otros.

En su *casa* le conocen, y le hablan de tú. Se usa cuando se pregunta quién es el desconocido y no se sabe quién es. || 2. Lo mismo en Méjico. (*México*, I, 222.)

Los de *casa*.* Los de la familia.

Por ver la *casa* arder, le prenden fuego a la mía. Hay personas malas que no les preocupa perjudicarse a sí mismas con tal de perjudicar a los demás. || 2. Lo mismo en Méjico. (*México*, II, 107.)

Quien de su *casa* se aleja, no la halla como la deja. Dice que encuentran los intereses cambiados si uno los abandona por algún tiempo. || 2. Lo mismo en Méjico. (*México*, II, 125.)

Te *casaste*, te fregaste. Se alude a la falta de libertad y exceso de preocupaciones que trae el matrimonio. || 2. Lo

mismo en Méjico. (*México*, I, 189.) ‖ 3. En Argentina se
dice: "Cásate y verás." (*Argentinismos*, p. 678.)

La *cáscara* guarda el palo. Se aplica a quien se baña de tarde
en tarde. ‖ 2. Lo mismo en América. (*América*, I, 331;
Americanismos, p. 224.) ‖ 3. En Argentina significa que
"la buena reputación, el buen proceder y la circunspección
sirven de escudo en la vida." (*Argentinismos*, p. 831.)

Darse *catos*. Darse guantadas. ‖ 2. Lo mismo en Nuevo Méjico. (*New Mexican*, p. 20.)

Tener mucho *cebo*. Se dice de la persona que es indolente
para obrar.

Estar en la *cerca*. No haber todavía expresado decisión de-
finida sobre algún argumento o preferencias políticas.

Es mejor ir sólo al *cielo* que acompañado al infierno. Es mejor
andar sólo que acompañado de malos amigos.

Del *cielo* a la tierra no hay nada oculto. Con el tiempo todo
se sabe. ‖ 2. Lo mismo en Méjico. (*México*, I, 139.)

Juntarse el *cielo* con la tierra.* No saber como salir de una
situación difícil. ‖ 2. Lo mismo en América. (*América*, I,
350; *México*, I, 350.)

Querer tapar el *cielo* con un dedo. Querer ocultar una cosa
que es patente. ‖ 2. En Argentina se dice: "Querer tapar
el cielo con un hornero o con las manos." (*Americanismos*,
p. 235; *Argentinismos*, p. 931.) ‖ 3. En Colombia: "Tapar
el cielo con una mano." (*Americanismos*, p. 235.) ‖ 4. En
Méjico: "No se puede tapar el sol con un dedo." *(Ibid.)*

Estar *cincho*. Estar seguro de algo.

Lo más *claro* es lo más decente. Las cosas deben decirse con
absoluta claridad. ‖ 2. Lo mismo en Méjico. (*México*, I,
294.)

Hechar un *clavado*. Tirarse uno sobre algo, casi siempre en
el agua.

Le patina el *clotch*. A veces, parece que pierde el juicio.

Enseñar el *cobre*. Poner en evidencia su verdadero carácter vulgar o necio. ‖ 2. Lo mismo en América Central y Méjico. (*América*, I, 363; *Americanismos*, p. 241.)

Pegársele las *cobijas*. Quedarse dormido.

Taparse con la misma *cobija*. Se ayudan uno al otro encubriéndose las faltas. ‖ 2. En Méjico se dice: "Taparse con la misma frazada," y significa, "tener comunidad de ideas, de obras, dos o más personas." (*México*, I, 188.)

Hacer la *cocina*. Cocinar.

Le patina el *coco*. A veces, parece que pierde el juicio.

Yo ¡como ni *coche* tengo! Da a entender la persona que a ella no le importa, pues no tiene que ver nada en el asunto.

Darse *codazos*. Comunicar algo reservadamente. Lo mismo en Méjico. (*América*, I, 371; *Americanismos*, p. 244.)

De *codo*. A costa de otro. ‖ 2. En Méjico se dice: "De gorra."* (*Mexicano*, II, 29.) ‖ 3. En Méjico, "ser muy codo (codito)," significa "tacaño, mesquino." (*América*, I, 371; *Americanismos*, p. 244.)

Ser *codo*. Ser tacaño, ruin y mezquino. ‖ 2. En América Central se dice: "Ser del codo (o duro del codo)." (*Americanismos*, p. 244.)

Entrar de *cola*. Entrar en algún espectáculo sin pagar, sea por engaño o porque otro ha pagado por uno.

Levantarle la *cola* a uno. Ayudarle.

Retorcer la *cola*. Morirse.

Traer de la *cola* a uno. Traer a uno en aprietos por algún error que ha cometido.

Se admira *Colima* de ver a su prima. Demuestra la admiración que le causa a uno el ver a otra persona que se le semeja o que está en circunstancias semejantes.

Sana, sana, *colita* de rana, con un besito ⸱ara hoy y mañana. Se le dice al niño cuando se cae, al n smo tiempo que se le frota y besa la parte herida. ‖ 2. En Argentina: "Sana, sana, culito de rana, si no sanas hoy, sanas mañana." (*Argentinismos*, p. 945.) ‖ 3. En Chile: "Sana, sana, pocito de rana, si no sanas hoy, sanarás mañana." (*América*, III, 520.)

No te vayas al *color*, mira que el color engaña; no te vayas a quedar como jilote en la caña. Aconseja a la joven no fijarse en el color de sus pretendientes, sino en sus otras cualidades, o de lo contrario, quedará sin casarse. || 2. En Méjico se dice: "No te vayas al color, que también la vista engaña." (*México*, II, 63.)

Verse (estar) *color* de hormiga. Se dice de alguna situación crítica que ofrece muchas dificultades.

¡Loro, loro, a lo *colorado* se va el toro! Se usa para animar a otro a entrar en alguna contienda. A veces sólo se dice: "A lo colorado se va el toro."

Se enojaron las *comadres* y se dijeron las verdades. *Dicc. Acad.:* "Riñen las comadres y dícense las verdades." || 2. Lo mismo en Argentina. (*Argentinismos*, p. 947.)

El *comal* le dijo a la olla: que cola tan prieta tienes. *Dicc. Acad.:* "Dijo la sartén a la caldera: quítate allá culinegra." || 2. Lo mismo en Méjico (*México*, I, 164.) || 3. En América se dice: "La sartén le dijo a la olla: quítate allá no me tiznes." (*América*, II, 353.) || 4. En Chile: "La sartén le dijo a la olla: quítate no me tiznes." (*Chilenismos*, p. 322.)

Estás como el *comal* de la güera, a un leño y un elote. Se le dice al perezoso que trabaja lentamente y sólo piensa en comer.

Tener *comal* y metate. Se dice de dos personas que tienen mucha amistad. || 2. En Méjico, "tener todas las comodidades." (*Americanismos*, p. 248; *México*, II, 191.)

Salir lo *comido* por lo servido. *Dicc. Acad.:* "Comido por servido." || 2. Lo mismo en Argentina, Chile y Méjico. (*Argentinismos*, p. 839; *Chilenismos*, p. 313; *México*, II, 169.)

No tener *compadres* de pila. No favorecer a nadie en particular.

Si no *compra,* no mallugue. Si no está interesado en alguna cosa, no la toque. || 2. En Méjico se dice: "Si no compran, no malluguen, retírense al huacal." (*México,* II, 169.)

Después de *conejo* ido, garrotazo al chaparro. *Dicc. Acad.:* "Al asno muerto, la cebada al rabo." || 2. En Méjico se dice: "Después de conejo ido, pedradas al matorral." (*México,* I, 147.)

¿Usted *conejos?* Pregunta si se conoce a alguien.

Los *consejos* no pedidos los dan los entrometidos. Su significado es evidente. || 2. Lo mismo en Méjico. (*América,* I, 389.)

Para dar *consejos* todos; para tomarlos, pocos. También se usa: "Dar consejos es cosa fácil, lo difícil es tomarlos."

No es lo mismo decir el *Consulado* General de Chile, que el general con su chile de lado. Véase: "No es lo mismo decir préstame *Lino* el remo que préstame el remolino."

Ser de *contentío.* Hacer una cosa solamente cuando quiere hacerla.

Estar uno hasta el *copete.** Estar fastidiado o harto de una cosa o situación. || 2. Lo mismo en Méjico. (*Americanismos,* p. 240.) || 3. En América se dice: "Estar hasta el gollete." (*América,* I, 394.) || 4. En Colombia: "Estar hasta el hollita." *(Ibid.)*

No tentarse el *corazón.* No tener compasión de uno. || 2. En Méjico, "obrar con resolución temeraria." (*América,* I, 396; *Americanismos,* p. 258.)

El que *corre,* largar quiere. Muestra el interés personal de alguien por mejorar su estado y superar a otros.

Saber los *correderos* de una persona. Saber los lugares favoritos de una persona.

Correr a alguien. Despedirlo de mal modo. || 2. Lo mismo en Méjico, Nicaragua y Venezuela. (*Americanismos,* p. 261.)

Corriendo y llegando tarde. Se dice del que llega tarde por más prisa que se dé. || 2. En América, "el que por más que se muestre activo y diligente, siempre es inoportuno." (*América*, I, 404.)

De *corva*. Estar esperanzado en que otro pague la cuenta.

Entrarle *corvas*. Darle miedo. || 2. Lo mismo en Méjico. (*Americanismos*, p. 263.)

Cosa rara, cosa cara. Las cosas difíciles de conseguir son costosas.

Creerse la gran *cosa*. Ser orgulloso.

No hay *cosa* tan mala que para algo no valga. Todas las cosas tienen por lo menos alguna característica buena.

No picar una *cosa* (o persona). No conseguir lo que se deseaba.

Quitarse de una *cosa*. Dejar de hacerla. || 2. Lo mismo en Méjico. (*México*, II, 557.)

Una *cosa* es la cómoda de tu hermana, y otra cosa es acomódame con tu hermana. Véase: "No es lo mismo decir préstame *Lino* el remo que préstame el remolino."

Una *cosa* es tener guitarra, y otra es saber tocarla. Muestra la diferencia que hay entre poseer una cosa, negocio o asunto, y saber manejarlo.

Vender una *cosa* como pan caliente. Vender un artículo muy pronto. || 2. Lo mismo en Chile, Méjico y Perú. (*América*, II, 394; *Americanismos*, p. 615; *Chilenismos*, p. 350.)

No hay *cosas* más baratas que las buenas palabras.

No le confío ni un *costal* de alacranes de Durango. Muestra que a cierta persona no se le tiene ni un átomo de confianza.

Todo cabe en un *costal*, sabiendo acomodarlo. Hay que obrar ordenadamente y todo se arreglará a satisfacción. || 2. Lo mismo en Méjico. (*México*, II, 195.)

No salir de *cotón* azul. No mejorar de condición.

No pongas al *coyote* de pastor de las gallinas. Aconseja no emplear a uno que tiene mala reputación con las muchachas.

Ser más listo que un *coyote*. Se dice de la persona astuta e inteligente. || 2. Lo mismo en Méjico. (*México*, II, 155.)

Creerse mucho. Ser vanidoso.

Picar la *cresta*. Causar enojos. || 2. En Méjico, "provocar." (*América*, I, 412; *Americanismos*, p. 267.)

Primero es comer que ser *cristiano*. Primero se debe cumplir con las obligaciones contraídas, y después con las demás. || 2. Lo mismo en Méjico. (*México*, I, 108.)

Curarse la *cruda*. Quitarse el malestar que se siente después de una borrachera por medio de otra bebida, pero mucho más pequeña.

No *crujirse*. No hacer ningún movimiento ante el peligro.

Hacer la *cruz*. Se dice del dinero de la primera venta que se hace en una tienda todos los días.

Hacer la *cruz* con alguien. Empezar con alguien, y se dice así porque el resultado que se tenga con el primero, será un indicio del resultado que se obtendrá con los demás.

No poder negar la *cruz* de su parroquia. Nadie puede negar su origen, posición social o económica. || 2. Lo mismo en Méjico. (*México*, II, 50.)

No *cuajarla*. Exagerar con demasía.

Más largo que la *cuaresma*. Se le dice al que tiene muchas mañas. || 2. En Argentina, "dícese de la persona que es alta y delgada," también, "de lo que es largo o angosto." (*Argentinismos*, p. 850.)

Jugarle a uno un *cuatro*. Engañarle.

Ser como los *cubos* de noria. Se refiere a las mudanzas de la vida. Unas veces estamos en magníficas condiciones económicas, morales y sociales, y otras veces estamos padeciendo muchas estrecheces y amarguras. || 2. Lo mismo en Méjico. (*México*, I, 150.)

Cuchara de viernes. Persona entrometida. || 2. Lo mismo en Méjico. (*Americanismos*, p. 275.)

Nacer con *cuchara* de oro en la boca.* Se dice del hijo del rico que desde que nace tiene todas las comodidades.

Cuchillito de palo, no corta, pero incomoda. Aunque sean molestias leves, si son constantes, mortifican a uno.

Hacer de *cuenta*. Quiere decir que algo se supone. || 2. Lo mismo en Argentina. (*Argentinismos*, p. 809.)

Las *cuentas* claras hacen buenos amigos. *Dicc. Acad.:* "Cuenta y razón conserva o sustenta amistad." || 2. Lo mismo en Méjico y Chile. (*Chilenismos*, p. 313; *México*, I, 285.)

¡Está *cuerda!* Se dice de la muchacha bonita.

¡No te arrugues *cuero* viejo, que ya aparecerá tu correa! Hay que estar alerta porque ya habrá uno que le iguale o le supere.

¡No te arrugues *cuero* viejo, que te quiero para tambor! Se tiene que resistir a todas las dificultades que se presenten. || 2. Lo mismo en Méjico. (*México*, II, 60.) || 3. En Méjico y Perú, "frase con que se exagera el espíritu económico de resistencia que se juzga indispensable." (*Americanismos*, p. 113.)

Andar en *cueros*. Traer ropa muy vieja.

Cuerpo de tentación y cara de arrepentimiento. Se dice de la mujer con cuerpo bonito y cara fea.

Si quieres vivir sin *cuidado*, no pidas nunca prestado. Esto es claro, porque hay veces que el no poder pagar causa mortificación. || 2. Lo mismo en Méjico. (*México*, II, 175.)

Andar *culeca*. Se dice de la mujer que anda muy casera y hacendosa porque ha llegado su marido. || 2. En América Central, Antillas, Méjico y Perú, "estar uno culeco con algo quiere decir envanecido o muy contento." (*Americanismos*, p. 281.)

Son más las *culecas* que las que están poniendo. *Dicc. Acad.:* "Ser más el ruido que las nueces." || 2. Lo mismo en Méjico y Perú. (*América*, III, 80; *Americanismos*, p. 375.) || 3. En Colombia se dice: "Ser más las hojas que los

tamales." (*América,* III, 80.) || 4. En Tabasco (Méjico):
"Ser más las echadas que las que ponen." *(Ibid.)*

Andar *culeco.* Se dice del hombre que está muy contento
porque en su hogar ha nacido el primer niño.

No tiene la *culpa* el indio, sino el que lo hizo compadre. Se
queja uno de algún daño sufrido por haber confiado en
persona que no debía. || 2. Lo mismo en Méjico y Perú.
(*América,* I, 120; *Americanismos,* p. 479; *México,* I, 63.)

Ir al *culto.* Ir a una iglesia protestante.

Ora me *cumple* o me deja como estaba. Exige que no falte
a hacer lo prometido. || 2. Lo mismo en Méjico. (*México,*
I, 73.)

El que se *cura,* sanar quiere. Muestra el interés de una persona
por mejorar su estado, físico o moral.

CH

Caer la *chancla.* Regañar a uno.

Chancla tirada, no se levanta. Desprecio con que un amante
despide su novio o novia.

Tirar la *chancla.* Bailar.

Hacer *chancua.* Hacer pedazos. || 2. Lo mismo en América.
(*América,* I, 463; *Americanismos,* p. 301.)

Cada *chango* a su mecate. *Dicc. Acad.:* "Cada mochuelo a su
olivo." || 2. En Méjico se dice: "Cada perico a su estaca,
cada chango a su mecate." (*México,* I, 76.) También:
"Cada mochuelo a su olivo." (*Americanismos,* p. 300.)
|| 3. En América Central y América del Sur: "Cada chancho
a su estaca." (*Criollo,* p. 267.) || 4. En Chile: "Calabaza,
calabaza, cada perro para su casa." (*Chilenismos,* p. 321.)
|| 5. En Río de la Plata: "Cada carancho a su rancho."
(*América,* I, 466.)

Cada *chango* a su columpio, y a columpiarse luego. Ordena
a cada uno que atienda a su negocio. || 2. Con el mismo
significado en Méjico. (*América,* I, 466.)

Hacer *chango*. Aparentar no saber nada de lo que está sucediendo.

Ponerse *chango*. Tomar precauciones. || 2. Lo mismo en Méjico. (*América*, I, 466; *Americanismos*, p. 301.)

Hacer *chapuza*. Hacer trampa. || 2. Lo mismo en América. (*Americanismos*, p. 303.)

La *chapuza* en la cara se usa. Lo tramposo sale a la cara.

Ahogarse en un *charco* de agua. Se dice del que se aflige o se apura por causas muy insignificantes. || 2. En América, "ahogarse en poca agua (en un vaso de agua)," significa, "declararse vencido ante nimias dificultades." (*América*, I, 55.) || 3. En Argentina se dice: "Ahogarse en poca agua (en una gota de agua)."* (*Argentinismos*, p. 637.)

Brincar el *charco*. Cruzar el Río Grande ilegalmente.

Soy *chato*, pero las huelo. Se dice del que no entiende muy bien la situación, pero que presiente lo que puede pasar y está prevenido para ello.

Soltarse la *chaveta*. Actuar desjuiciado.

Darle su *cheque*. Ser despedido de un trabajo. || 2. Romper las relaciones amorosas. || 3. En Argentina, con el primer significado, se dice: "Darle el pasaporte."* (*Americanismos*, p. 712.)

Chicotearle a alguien. Véase "*Arrastrarle* a alguien."

No valer *chiches* de gallina. Una cosa no vale nada o no sirve para nada.

Andar *chicho*. Andar borracho.

Andar (estar) *chiflado* con alguien.* Estar locamente enamorado.

Tirar una *chifleta*. Insultar indirectamente.

¡Ay, *chihuahua!* ¡Ay, caramba! También se usa para substituir otra expresión más cruda. || 2. Lo mismo en Méjico. (*América*, I, 164; *América*, II, 490.)

¡Ahora es cuando *chile* verde (yerbabuena) le has de dar

sabor al caldo! Reta a una persona para que muestre lo que sabe, lo que puede hacer o la valentía que tiene.

Estar en la *chilla*. Estar en la miseria. || 2. Lo mismo en Méjico. (*América*, I, 496; *Americanismos*, p. 321.)

Ser pura *chimiscurria*. Persona de clase baja social.

Cobrarse a lo *chino*. Cobrar uno mismo una deuda, deduciéndola, cuando tiene que entregar una mayor al deudor. || 2. Lo mismo en Méjico. (*América*, I, 510; *Americanismos*, p. 328.) || 3, En Méjico también se dice: "Pagarse a lo chino." (*México*, II, 76.)

Estar en la *chirriona*. Estar en la cárcel.

No tener *chiste* algo. No tener alguna cosa o asunto importancia, o que no se necesita habilidad para hacerlo. Se usa también *tener chiste* con significado opuesto.

Pasarle el *chiste*. Se dice de la mujer embarazada sin haberse casado.

Meter las *chivas*. Regañar.

Estar de *chivo*. Dícese de un enamorado que está enojado con el otro. || 2. Lo mismo en Méjico. (*América*, I, 525; *Americanismos*, p. 336.) || 3. En Cuba: "Amarrar el chivo." (*América*, I, 525.)

Hacer de *chivo* los tamales. Engañar, especialmente una mujer a su esposo. || 2. Lo mismo en Méjico. (*Americanismos*, p. 337; *México*, I, 249.) También: "Darle gato por liebre.* Hacerle la tambora de lado. Alzarle la canasta. Jugarle una mala pasada."* (*América*, I, 535.)

Nadie quiere ser *chivo*, todos quieren ser matanceros. Censura a las personas que no quieren trabajar y sólo quieren mandar.

Meter el *choclo*. Equivocarse. También significa decir algo impropio. || 2. Lo mismo en Méjico. (*América*, I, 526; *Americanismos*, p. 337.)

Estar *chon*. Estar tonto.

Meter un *chopo*. Regañar.

Hacer *chorizo*. Apretarse junto a otros, al sentarse, por haber poco lugar.

Caerle a uno la *chota*. Sorprenderle en alguna falta, y por lo general regañarle.

Ser *chucho*. Ser cruel.

No llegar a la *chueca*. No llegar a conseguir lo que se desea.

Ser *chueco*. Una persona que no trabaja honradamente.

D

A lo *dado* no se le busca lado. *Dicc. Acad.:* "A caballo regalado, no hay que mirarle el diente." ‖ 2. Lo mismo en Méjico. (*México*, I, 38.)

Sacar *daga* con alguna cosa. Dar impresión de lujo con alguna prenda nueva de vestir.

Como todo me *dan*. Indica que nada es regalado.

Andar en la *danza*. Se dice de los objetos que se han prestado, o que alguien ha tomado sin acordarse de devolverlos.

¡Hasta lo que no comes te hace *daño!* Da a entender que aun lo que no concierne a una persona le enfada.

Darse por servido.* Estar satisfecho. ‖ 2. En Ecuador, Méjico y Perú, "recibir un beneficio sin creerse obligado a corresponder." (*Americanismos*, p. 356.)

Jugar el *dedo* en la boca a alguien. Embaucar a uno. ‖ 2. Lo mismo en Méjico. (*América*, I, 558; *Americanismos*, p. 358.)

Por no *dejar*. Por pasar el tiempo, por puro entretenimiento. ‖ 2. Lo mismo en Chile, Méjico y Santo Domingo. (*Americanismos*, p. 359.)

¡Pa *dentro!* Expresión que denota satisfacción de algo que se ha dicho o hecho.

El *derecho* nace del hecho. Los derechos que exige un individuo sólo los obtiene cuando ha contribuido algo para merecerlos.

¿Con qué silvas *desmolado?* Se le dice a la persona que no tiene ni recursos ni habilidad para cierta empresa. || 2. Lo mismo en Méjico. (*Americanismos,* p. 317.) También: "¿Con qué chiflas desmolado, si no tienes herramienta?" (*México,* I, 101.)

Venir *desnarizado.* Venir lo más pronto posible para dar una noticia.

El *día* del 'juicio. *Dicc. Acad.:* "Cuando la rana críe pelos." || 2. Lo mismo en América. (*América,* II, 160; *Argentinismos,* p. 751.)

Si cada *día* no sabes hacerte un poco mejor, poco vales. || 2. Lo mismo en Méjico. (*México,* II, 159.)

Aclarar el *día.* Clarear el día. || 2. Lo mismo en Argentina. (*Argentinismos,* p. 591.)

Apestar a *diablo.* Cosa o persona que tiene mal olor.

Bien sabe el *diablo* a quien se le aparece. Si una persona abusa de otra, es porque esta última está en situación de tener que sufrir todo cuanto se le haga. || 2. En Méjico se dice: "Bien sabe la zorra a qué palo se encarama." (*México,* I, 67.)

Como el *diablo* con San Miguel. Se responde esto cuando alguien pregunta, "¿Cómo te ha ido?," y a uno le ha ido mal.

El que da y quita, con el *diablo* se desquita. *Dicc. Acad.:* "A quien da y toma, Dios le da una corcova." || 2. En Argentina se dice: "Al que da y quita, se le cría una corcovita." (*Argentinismos,* p. 644.) || 3. En Colombia: "Dar y quitar derechito al infierno sin descansar." (*América,* I, 557.) || 4. En Chile: "Al que da y quita le sale una corcovita en la colita." (*Chilenismos,* p. 333.) || 5. En Méjico: "El que da y quita, con el diablo se desquita, y en la puerta de su casa le sale una corcovita." (*América,* I, 557; *México,* I, 182.)

Hablando del *diablo,* se aparece. *Dicc. Acad.:* "En nombrando al ruin de Roma, luego asoma."

Mirar al *diablo* por un agujero. Dícese del que tiene tantos apuros que no sabe qué hacer. || 2. Lo mismo en Méjico. (*México*, I, 329.)

La carne al *diablo* y los huesos a Dios. Se dice del que de joven lleva una vida licenciosa, y de viejo se arrepiente y no sale de la iglesia.

Llevar el *diablo* al demonio. Se dice de algo que se hace de mala manera. || 2. Lo mismo en Méjico. (*México*, I, 329.)

Si así fuera el *diablo,* aunque me llevare. Frase con que se alude a una mujer que gusta. || 2. Lo mismo en Méjico. (*México*, II, 310.)

Ver el *diablo* por un agujero. Encontrarse en una situación difícil. || 2. Lo mismo en Méjico (*México*, II, 217.)

No todos los *días* se muere un burro. Da a entender que la fortuna es antojadiza y la buena o mala suerte no se repite con frecuencia.

Pelar el *diente.* Sonreír por coquetería. || 2. Lo mismo en América Central, Méjico, Puerto Rico, Santo Domingo y Venezuela. (*América*, I, 576; *Americanismos,* p. 370.)

El *diez* y quince. Tienda de variedades, como las tiendas del Kress y Woolworth.

¡No me *diga!** Exclamación de duda o asombro. || 2. Lo mismo en Chile, Guatemala, Méjico, Perú, Puerto Rico y Santo Domingo. (*Americanismos,* p. 358.)

Dinero y santos hacen milagros. Indica el gran poder del dinero.

Con *dinero* no se olvidan los encargos. Se dice cuando se hace un encargo a otro sin darle dinero para comprarlo. || 2. Lo mismo en Méjico. (*México*, I, 97.)

Al que *Dios* le ha de dar, por la trasera le ha de entrar. El destino es gran poder en la vida del hombre y, aun sin buscarlos, puede recibir grandes beneficios. || 2. En Méjico se dice: "A quien Dios le ha de dar, por la trasera le ha de entrar." (*América*, I, 577; *México*, I, 41.)

Cuando *Dios* da, da a manos llenas; y de que quita, quita de a tiro. Se dice de las personas que tienen mucho y por todos lados les llueven beneficios, y de aquellos que no tienen nada y de todos lados les sobrevienen tribulaciones. || 2. En Méjico: "Cuando Dios da, da a manos llenas y cuando quita, quita parejo." (*México*, I, 108.)

Dios no cumple antojos, ni endereza jorobados. Dios no ayuda a los malignos. || 2. Lo mismo en Méjico. (*México*, I, 150.)

El que no habla, *Dios* no lo oye. La persona que no hace uso de la palabra para pedir o explicarse nunca conseguirá lo que desea.

Que *Dios* no quiera, pero ojalá. Se dice cuando uno quiere algo que no debe tener.

Saber lo que es amar a *Dios* en tierra ajena. Saber lo que es sufrir; pasar muchos trabajos. || 2. Lo mismo en América. (*América*, III, 51; *Americanismos*, p. 370.)

Sea por *Dios,* y no venga más. Se conforma uno con todo lo malo que le sucede, pero al mismo tiempo desea que terminen las dificultades. || 2. En Méjico: "Sea por Dios, y venga más." (*México*, I, 143.)

Diosito se lleva lo bueno. Se dice cuando se muere un amigo. || 2. En Méjico: "Lo bueno se va o se muere." (*México*, I, 292.)

Rayarse el *disco.** Se dice del disco de fonógrafo que, de tanto usarse, resulta defectuoso. || 2. También, de la persona que repite mucho la misma cosa en su conversación.

Sembrar la *discordia. Dicc. Acad.:* "Manzana de discordia." || 2. Lo mismo en Argentina. (*Argentinismos*, p. 948.)

Darle las *doce.* Mortificarse. || 2. En Colombia y Méjico, "hallarse en una situación comprometida, próxima a resolverse; estar en peligro de algo grave." (*América*, I, 579; *Americanismos*, p. 372.) || 3. En Colombia y Venezuela se dice: "Ir por lana y salir trasquilado."* *(Ibid.; ibid.)*

El *dolor* de Andrés, ¿cuál es? Expresión que se usa para afirmar la tristeza o pesar que siente uno del bien ajeno.

No hay *dolor* que al alma llegue que a los tres días no se quite. Las penas, por grandes que sean, con el tiempo se aminoran. || 2. Lo mismo en Méjico. (*México*, I, 30.)

Para el *dolor* de amores, no hay doctores. || 2. Lo mismo en Méjico. (*México*, II, 83.)

No es lo mismo decir ¡ay, qué *dolores* de piernas! que decir, ¡ay, qué piernas de Dolores! Aunque las cosas se parezcan, no por eso son iguales. Muestra el doble sentido del lenguaje popular.

Faltarle a uno un *domingo*. Ser un mentecato.

Salir con *domingo* siete. Decir una tontería; expresar una opinión que no tiene relación con lo que se habla. || 2. Lo mismo en Argentina. (*América*, I, 580; *Argentinismos*, p. 943.)

De *dos* que se quieren mucho, con uno que coma basta.* Se dice en sentido irónico cuando se aprovecha de algún beneficio que bien se podría repartir con otros. || 2. Lo mismo en Méjico. (*México*, I, 131.) || 3. En Argentina se dice: "Entre dos que bien se quieren, con uno que coma basta."* (*Argentinismos*, p. 770.)

Echar fuera con un par de *doses*. Asustar a una persona para que abandone cierta empresa. La expresión viene del juego de naipes, *poker*, en el cual un "par de doses" es la mano que menos vale.

Echarse uno *drogas*. Contraer deudas. || 2. Lo mismo en Méjico. (*México*, I, 583.)

Cada uno es muy *dueño* de su miedo. Cada uno tiene derecho a sentir miedo. || 2. Lo mismo en Méjico. (*América*, I, 279.)

E

Son más las *echadas* que las culecas. *Dicc. Acad.:* "Ser más el ruido que las nueces." || 2. En Colombia se dice: "Son

más las hojas que los tamales." (*América*, III, 80.) ‖ 3.
En Méjico: "Son más las echadas que las que están ponien-
do." (*Ibid.; Americanismos*, p. 375.)

Es bueno el *encaje*, pero no tan ancho. Reprueba el abuso.
‖ 2. Lo mismo en Méjico. (*América*, I, 227.) También:
"Es bueno comer, pero no patear el pesebre." (*Ibid.*)

Ser *encartado* de . . . Tener una persona dos sangres, como
"María es encartada de mejicana y norteamericana."

¿Qué ha de dar el *encino*, sino son bellotas?* Las personas de
baja condición siempre obrarán según su condición. ‖ 2.
Lo mismo en Méjico. (*América*, I, 599; *México*, II, 118.)

Estar *enchilado*. Estar enojado, encolerizado.

No ser lo mismo que *enchílame* otra. Significa que algo no
es tan fácil o sencillo como aparentaba serlo. ‖ 2. En Méjico se dice: "Eso no es cosa de enchílame otra." (*América*,
I, 602; *Americanismos*, p. 388.)

Irse de *espaldas*. Asustarse o sorprenderse. ‖ 2. Lo mismo en
Argentina. (*Argentinismos*, p. 827.)

Ser un *espejo*.* Ser muy limpia una mujer en su persona o en
su casa.

Estar *esperando*.* Estar embarazada.

Mata más una *esperanza* que un desengaño. Es mejor saber la
verdad que esperar lo que nunca sucede. ‖ 2. Lo mismo en
Méjico. (*México*, I, 324.)

¿Dónde *establas?* Palabras de saludo.

Estar en *estado* interesante.* Se dice de la mujer encinta.

¡Ahí se va *estufas!* ¡Está bueno!

La *experiencia* es gran maestro.*

F

Andar de *fachas*. Andar mal vestido.

De *favor* te abrazan, y quieres que te aprieten. Se dice de la
persona a quien se le hace un favor y espera otro. ‖ 2. Lo
mismo en Méjico. (*México*, II, 104.)

No volver ni por la *feria*. Quedar escarmentado. || 2. Lo mismo en Méjico. (*México*, I, 65.)

Ser alguien *ficha* lisa. De carácter débil o informal.

El que nace gordo, aunque lo fajen; y el *flaco*, aunque lo soplen.

El *flojo* y el mezquino andan dos veces el camino.* La persona indolente hace las cosas de mala gana y tiene que volver a hacerlas.

Prenderse el *foco*. Venirle a uno de pronto una idea con la que se soluciona su problema.

¡Qué *fonazo!* Denota gran gusto.

Fondo salido, busca marido. Se le dice a una muchacha cuando se le asoma el refajo por debajo del vestido.

Taparse con la misma *frazada*. Véase: "Taparse con la misma *cobija*."

Verle a uno la P en la *frente*. Juzgar tonto a uno.

Correr la *fruta*. Separar la fruta buena de la podrida.

Trabajar en la *fruta*. Recoger, separar o empacar la fruta.

Comen *frijoles* y repiten pollo. Se dice de la persona que aparenta más de lo que tiene.

A *fuerza*, ni la comida es buena. No se debe forzar a uno a hacer algo, sino dejarlo a su propia voluntad. || 2. Lo mismo en Méjico. (*México*, I, 17.)

Fulano y mangano.* Cuando hablando de ciertas personas no se quiere mencionar nombres. || 2. En Argentina: "Fulano, mangano y zutano."* (*Argentinismos*, p. 803.)

Hacer *furor*.* Tener mucho éxito. || 2. Lo mismo en América. (*América*, II, 88.)

G

Ir al *gajo*. Ir a recoleccionar el algodón.

Como los de *galeana*, cuando les da la gana. Indica que alguien hará esto o aquello cuando se le antoje, y no al momento.

La *gallina* más encopetada es la que se revuelca más. La mujer de más alto rango social es a veces la de más bajo nivel moral.

La *gallina* puso el huevo, cuando el huevo está en el nido. Se dice de algún hecho que sólo puede probarse con el mismo hecho.

¡Qué susto llevaron las *gallinas!* Expresión en forma de burla que se usa después que alguien ha recibido algún susto.

Recojan sus *gallinas,* que mis gallos andan sueltos. Los padres con hijos amonestan a los que tienen hijas para que cuiden de sus desvíos morales. || 2. En Méjico se dice: "Cuiden sus gallinas, que mi coyote anda suelto." (*México,* I, 119.)

Comer *gallo.* Se dice cuando una persona está agresiva. || 2. Lo mismo en Méjico. (*América,* II, 14; *Americanismos,* p. 429; *México,* I, 129.)

Dormírsele el *gallo* a uno. No haber estado listo para prevenir que algo sucediera.

El que es buen *gallo* donde quiera canta. *Dicc. Acad.:* "Cada gallo canta en su muladar, y el bueno en el suyo y ajeno." Se usa también: "El que es buen gallo en cualquier gallinero canta."

Ha de ganar su *gallo* aunque esté jolino. Se dice de la persona que persiste en sostener su argumento aunque tenga poco fundamento. || 2. En Méjico se dice: "Gane mi gallo, aunque sea rabón." (*América,* II, 14; *México,* I, 244.)

Llevar *gallo.* Dar una serenata.

Matarle el *gallo* en la mano. Refutarle inmediatamente un argumento. || 2. Lo mismo en Méjico. (*América,* II, 14; *Americanismos,* p. 429.)

Pelar *gallo.* Escaparse, huir. También se dice *pelarse.* || 2. Lo mismo en Méjico. (*América,* II, 438; *Americanismos,* p. 428.)

Sacarle a alguien *gallo.* Sangrarlo.

Ser *gallo.** Persona valiente. || 2. Lo mismo en América. (*América,* II, 14.)

Vestirse de *gallos.* Vestirse con ropa que es de otro, o que otro ha usado. || 2. Lo mismo en Méjico. (*Americanismos,* p. 428.)

Hacerle *ganga* a uno. Burlarse de uno.

Hacer *garras.* Despedazar. || 2. Lo mismo en Méjico. (*México,* I, 19.)

Tirar la *garra.* Platicar, conversar.

A *gatas.** Andar con las manos y las rodillas. || 2. Lo mismo en Argentina. (*Argentinismos,* p. 150.) || 3. En Méjico, "enamorar *gatas* o sirvientas." (*Americanismos,* p. 433.)

Andar a *gatas.* Apenas poder andar por lo apretado de los zapatos.

Gato que duerme, no caza ratones. Amonesta al indolente a mostrar más industria para evitar constantes fracasos.

Con el *gato* escondido, y la cola de fuera. Se describe a una persona que trata de encubrir una cosa sin darse cuenta de que algo la denuncia.

Echar el *gato* a retozar. Robar, ratear. || 2. Lo mismo en Méjico. (*América,* II, 22.) || 3. En Colombia se dice: "Soltar la gata." (*Ibid.,* I, 587.) || 4. En Costa Rica: "Echar el gato." *(Ibid.)*

Pura *gente* del Cura Hidalgo. Gentuza.

Hacer *gente* a uno. Ayudar a una persona a subir en la escala social. || 2. Lo mismo en Méjico. (*América,* II, 26.)

Entre las *gentes,* hay mil gustos diferentes. *Dicc. Acad.:* "De gustos no hay nada escrito." || 2. En Méjico se dice: "Por gustos se rompen géneros." (*América,* II, 86.)

A *golpe* de vista.** De una ojeada, de un vistazo. || 2. Lo mismo en América. (*América,* II, 29.)

Salir *gorda.* Salir embarazada.

Caer *gordo.* Se dice de uno que es antipático, enfadoso.

Más vale *gotera,* que aguacerazo. La constancia y continua-ción, por lenta que sea, es de más valor que la mucha actividad que sólo es pasajera. || 2. En Méjico se dice: "Más vale gotera, que chorrera." (*México,* I, 319.)

De que los hay, los hay; la *gracia* es dar con ellos. Hay en el mundo muchos mentecatos que pueden ser fácilmente explotados. || 2. Lo mismo en Méjico. (*México,* II, 160.) || 3. En Argentina se dice: "Todos los días amanece un zonzo, la cuestión es encontrarlo." (*Argentinismos,* p. 977.)

Gracia es andar entre las llamas y no quemarse. Significa lo importante que es salir ileso de un ambiente moral peli-groso.

Ser *grano* del mismo arroz. Expresión que minimiza un error cometido.

Chisquear la *greña.* Hacerse un corte de pelo.

Ir a toda *greña.* Ir muy aprisa.

Ponerse *grifo.* Enfadarse. || 2. En Ríohacha (Colombia), "tener el cuerpo grifo," quiere decir, "estar algo indispues-to." (*Americanismos,* p. 440.)

Acabar a *gritos* y sombrerazos. Terminar una cosa con mucho desorden. || 2. Lo mismo en Méjico. (*México,* I, 6.)

Alear la *grulla.* Hacer frío.

Ahí te *guacho.* Se dice al despedirse de alguien.

El que nace para *guaje,* hasta jícara no para. El destino rige los movimientos o la condición de cada persona. || 2. En Méjico se dice: "El que de chico es guaje, hasta acocote no para." (*Americanismos,* p. 446.)

Hacer *guaje* a uno. Hacer tonto a uno, engañarle. || 2. Lo mismo en Méjico. (*América,* I, 45; *Americanismos,* p. 446; *México,* I, 291.)

Dices que me quieres mucho, que no me lo andes platicando, porque me voy y te dejo como los *guajes* colgando. Entre amantes, se piden más pruebas de amor, o de lo contrario, se darán calabazas. || 2. En Méjico se dice: "Quedarse como los guajes, colgando," y significa, "en sentido figurado, frustrársele a la persona que así se queda lo que esperaba o lo que se le había ofrecido." (*México*, II, 114.)

No necesitar *guajes* para nadar. *Dicc. Acad.:* "No necesito de calabazas para nadar." || 2. En Méjico: "No necesito de vejigas para nadar." (*México*, II, 49.) También: "No necesito mates para nadar." (*América*, II, 257.)

Agarrarse a *guamazos*. Cogerse a golpes.

Venirle *guango*. No importarle a uno nada alguna cosa o persona. || 2. En Méjico, "no servir una persona o cosa para nada." (*Americanismos*, p. 450.)

Ser muy *guapo* para hacer algo. Ser muy hábil o diestro para hacerlo.

¡Ahora sí *guarache* viejo, ya apareció tu correa! Se usa para avisar a alguna persona o a algún partido que ya llegó otro más fuerte o de más habilidad. || 2. En Méjico se dice: "Ahora lo verás, huarache, ya apareció tu correa." (*América*, II, 60; *Americanismos*, p. 471; *México*, I, 20.)

Salir de *Guatemala* y meterse en Guatepeor.* *Dicc. Acad.:* "Salir del lodo y caer en el arroyo." || 2. En América se dice' "Salir de Guatemala y caer en Guatepeor." (*América*, III, 59; *Americanismos*, p. 729; *México*, I, 141.) || 3. En Argentina y Méjico: "Salir de Guatemala y entrar a Guatepeor." (*Argentinismos*, p. 943; *Mexicanismos*, p. 542.)

Pareces *guitarra* vieja, que se te salen las voces. Se dice de la persona que con sus palabras ofende sin quererlo o sin darse cuenta.

H

Echar *habladas*. Insultar indirectamente. || 2. Lo mismo en Méjico. (*Americanismos*, p. 464.)

Cae más pronto un *hablador* que un cojo. *Dicc. Acad.:* "Más presto se coge al mentiroso que al cojo." || 2. Lo mismo en

Méjico. (*México*, I, 79.) ‖ 3. En Chile se dice: "Más pronto se pilla a un mentiroso que a un ladrón." (*Chilenismos*, p. 318.)

Unos no *hablan* lo que piensan, y otros no piensan lo que hablan. Este refrán censura la falta de reflexión de los segundos. ‖ 2. Lo mismo en Méjico. (*México*, I, 206.)

Hablar a favor de uno.* Defenderlo. ‖ 2. Lo mismo en Argentina. (*Argentinismos*, p. 806.)

El que la *hace*, la paga.* El que le hace un daño a uno, otro se lo hará a él, o de alguna manera le irá mal.

Hacer menos.* Despreciar.

El *hambre* las tumba, y la vanidad las levanta. Se dice de las personas que se encuentran en difíciles circunstancias económicas, pero ante la sociedad aparentan lo opuesto. ‖ 2. Lo mismo en Méjico. (*México*, I, 170.)

El que *hambre* tiene, en tortillas piensa. Del que busca siempre una consecuencia de acuerdo con las causas que en él concurran. También se dice: "El que hambre tiene en tortas piensa." ‖ 2. Lo mismo en Méjico. (*América*, III, 206.)

No tener *hechura* alguien. No ser formal. ‖ 2. En Argentina se dice: "No tener hechura una cosa," y quiere decir, "no ser factible." (*Argentinismos*, p. 891.)

No cocerse del primer *hervor*. Da a entender que uno es viejo. ‖ 2. En Argentina y Méjico se dice: "No cocerse de un hervor." (*Argentinismos*, p. 886; *México*, I, 15.)

Tener el *hígado* muy negro. Tener mal corazón; ser mal intencionado; ser de mala entraña. ‖ 2. En Méjico se dice: "Tener un hígado de indio." (*América*, II, 95.)

Ahora sí baila mi *hija*. Se usa cuando hay concordancia en las ideas de dos personas. A veces se agrega *con el señor*. ‖ 2. En Méjico se dice: "Así, sí, que baila mi hija con el señor." (*México*, I, 55.)

Ser *hijo* de policía. Ser persona a quien no se le debe ninguna consideración. ‖ 2. En Méjico, "no ser hijo uno de gendarme" es "reproche amistoso contra la falta de equidad o por injusto olvido." (*América*, III, 80.)

O todos *hijos*, o todos entenados. Se usa para pedir igualdad en el tratamiento a los que tienen derechos iguales. ‖ 2. Lo mismo en Méjico. (*América*, II, 95; *México*, I, 74.) ‖ 3. En Argentina se dice: "Unos hijos y otros entenados." (*Argentinismos*, p. 984.)

El *hilo* se revienta por lo más débil. *Dicc. Acad.*: "Siempre quiebra la soga por lo más delgado." ‖ 2. En Argentina se dice: "El hilo se corta por lo más delgado." (*Argentinismos*, p. 752.) ‖ 3. En Méjico: "El hilo se revienta por lo más delgado." (*América*, II, 95; *México*, I, 170.)

¡Ay, que quita el *hipo!** Expresión que usan las mujeres para indicar que un hombre es simpático.

Las *hojas* en el árbol, no duran toda la vida. Indica que la prosperidad que ahora se tiene bien puede ser pasajera.

Emborracha al *hombre*, si lo quieres conocer. Significa que el borracho dice todo lo que piensa. ‖ 2. En Méjico se dice: "¿Quieres conocer a un hombre? Emborráchalo." (*México*, II, 131.)

De *hoquis*. De balde. ‖ 2. Lo mismo en Méjico y en Nuevo Méjico. (*América*, II, 255; *Americanismos*, p. 600; *New Mexican*, p. 20.)

Es la *hora* del martillo. Es la hora de comer.

Pareces *hueso* en olla grande. De una persona cuando ésta se encuentra en un ambiente extraño y no acostumbrado.

A *huevo*. Por la fuerza. ‖ 2. En Argentina, "por poco menos que de balde." (*Argentinismos*, p. 637.)

A *huevo* (fuerza), ni los zapatos entran.

Costar algo un *huevo*. Costar algo muy caro. ‖ 2. En las Antillas y Méjico tiene el mismo significado. (*América*, II, 108.)

Estar como el *huevo* de Colón.* Para describir a la persona que, después de que se le dice cómo solucionar un problema, se burla de lo fácil que fué.

Mandar a volar la *huila*. Desocupar de un empleo.

I

Que te *importa*, come torta de la mazorca. Se dice a la persona que pregunta por algo que no le importa.

En el quinto *infierno*.* Indica cierto lugar que está muy lejos de donde uno está. || 2. En Argentina: "En los quintos infiernos."* (*Argentinismos*, p. 765.)

Pasó con la *inquisición*. Se dice de algo que es pasado de moda.

Con la *intención* basta.* Cuando se debió hacer una cosa y no se hizo. || 2. Lo mismo en Méjico. (*México*, I, 99.)

J

Meter un *jabón*. *Dicc. Acad.*: "Dar a uno un jabón."

Al *jacal* viejo no le faltan goteras. La cosa o persona vieja no es como la joven o nueva.

Cantar un *jale*. Decir algo.

Puros *jalles*. Dícese de lo que es mentira.

Jamón tajado. Tocino.

Todo cabe en un *jarrito*, sabiéndolo acomodar. || 2. En Méjico: "Todo cabe en un costal, sabiéndolo acomodar." (*México*, I, 195.)

Vivir con el *Jesús* en la boca. *Dicc Acad.*: "Estar uno con el alma en un hilo." || 2. En América se dice: "Estar con el Jesús en la boca." (*Americanismos*, p. 487.) || 3. En Méjico: "Estar con el credo en la boca." (*América*, I, 412.)

Mover la *jicotera*. Alborotar. || 2. En Méjico: "Armar una jicotera." (*América*, II, 148.)

De *jilo*. *Dicc. Acad.:* "De hilo." ‖ 2. Lo mismo en Colombia, Méjico y Puerto Rico. (*América*, II, 149; *Americanismos*, p. 489.)

Irse a la *jiriola*. No ir los muchachos a la escuela, sino de paseo. ‖ 2. En Perú se dice: "Hacer vaca." (*Peruanismos*, p. 380.)

Andar *jolina*. Traer el vestido elevado en ciertas partes por estar mal hecho.

Quedarse sin *Juan* y sin las gallinas. Perderlo todo después de vacilar entre dos cosas que se podían conseguir. ‖ 2. En Argentina se dice: "Quedarse sin el pan y sin la torta." (*Argentinismos*, p. 926.)

El que *juega* aguanta, y el que no, se atiranta. De aquellos que se enfadan por alguna broma que se les dice o se les hace.

En el *juego* que hay desquite, ni quien se pique. No se debe enfadar uno por sufrir lo que se ha hecho sufrir a otros. ‖ 2. Lo mismo en Méjico. (*México*, I, 215.)

El que es buen *juez*, por su casa empieza. Al que pretenda juzgar o criticar a otros, que vea primero en que condiciones están los de su casa.

L

Al *lado* del amo, el caballo engorda.* Demuestra que uno que tiene la protección de una persona de importancia tiene éxito en la vida.

¿Conque al fin de mi *lado* te fuiste? Quiere decir: ¿Conque tienes dinero?

Dar por el *lado*. Favorecer a una persona, tenga razón o no.

¡Qué le hace la *lagaña* al güero, hasta le está cuando llora! Hay personas en quienes los defectos no sobresalen por la mucha virtud que poseen.

Ser *lagaña*. Ser un error.

Dar *lata*.* Dar molestia. ‖ 2. En Venezuela, "fustigar, castigar." (*Americanismos*, p. 502.)

El que se ha quemado con *leche,* hasta al jocoque le sopla. *Dicc Acad.:* "Gato escaldado, del agua fría huye." || 2. Lo mismo en Méjico. (*América,* II, 176; *México,* I, 201.)

La *leche* y la educación se maman.* La educación de una persona debe comenzar en la niñez. || 2. Lo mismo en Méjico. (*México,* I, 278.)

Que tiene más el *lechero* que el que vende jocoque. De dos personas iguales, no tiene una por qué presumir más que la otra.

Con la *lengua* de fuera. *Dicc. Acad.:* "Con la lengua de un palmo." || 2. En Argentina y Chile se dice: "Con la lengua afuera." (*Argentinismos,* p. 696; *Chilenismos,* p. 343.)

De *lengua* me pongo un plato. De la persona que habla mucho.

La *lengua* guarda al pescuezo. *Dicc. Acad.:* "No diga la lengua lo que pague la cabeza." || 2. Lo mismo en Méjico. (*México,* I, 278.)

El *león* cree que todos son de su condición. Un perverso juzga a todos por sus propios actos. || 2. Lo mismo en América. (*América,* II, 181.) || 3. En Argentina y Chile se dice: "El ladrón cree que todos son de su condición."* (*Argentinismos,* p. 752; *Chilenismos,* p. 316.)

No es el *león* como lo pintan, hasta que no le atientan el pelo. *Dicc. Acad.:* "No es el león como lo pintan." || 2. En Argentina se dice: "No es tan feo el diablo como lo pintan." (*Argentinismos,* p. 874.)

Volarle la *leva* a uno. Perder el empleo que uno tiene.

¿Eres de *ley,* o nomás tienes las patas prietas? ¿Eres valiente de verdad, o no más aparentas serlo?

¡Me admira que seas *liebre,* y no sepas correr en llano! De la persona que tiene experiencia en hacer cierta cosa, pero cuando se le pide que la haga por el momento no puede hacerla.

Unos corren a la *liebre,* y otros sin correr la alcanzan. Unos sin apurarse tienen gran éxito en la vida, mientras que otros nunca consiguen lo que desean por más esfuerzos que hagan.

Sombra de *lila*. Mala suerte.

Ni te compro *limas*, ni te compro peras, ni te comprometas en lo que no puedas. Aconseja a no prometer hacer aquello que está fuera del alcance de uno. ‖ 2. Lo mismo en Méjico.(*México*, I, 292.)

Pedir *limosna* para dar caridad. Cuando se da algo con mucho sacrificio. ‖ 2. Lo mismo en Méjico. (*México*, II, 93.)

No es lo mismo decir préstame *Lino* el remo, que préstame el remolino. Señala la gran diferencia que hay entre dos cosas u opiniones.

Hacerse un *lío*. Averiguación a causa de algún chisme.

Meterse uno en un *lío*.* Hallarse uno embrollado en algún argumento o en algún chisme.

Ser *liviano*. Ser ágil para coger lo ajeno.

El que come y canta, *loco* se levanta. Para amonestar a los niños que hablan o cantan cuando se sientan a la mesa a comer.

El que nunca ha tenido y llega a tener, *loco* se quiere volver. Con referencia al dinero, de significado evidente. ‖ 2. Lo mismo en Méjico. (*México*, I, 195.)

Loco rematado.* *Dicc. Acad.:* "Loco perenne." ‖ 2. Lo mismo en Méjico. (*América*, II, 189.)

Quedarse como el que chifló en la *loma*. Situación en que se encuentra una persona que desconoce las circunstancias que la rodean, y por ello queda desamparada. ‖ 2. En Méjico, "frustradas las esperanzas de lo que se deseaba o pretendía." (*México*, II, 114.) También: "Quedarse a la luna de Valencia."* (*Americanismos*, p. 317.) ‖ 3. En América, "salir frustrado en obtener algo." (*América*, I, 490.)

¡Cómo tiene *lomo* ese hombre! Persona perezosa. ‖ 2. En Méjico, "hacer lomo," quiere decir, "soportar con paciencia." (*América*, II, 190.)

Cuando no hay *lomo*, de todo como. Muestra que la persona no es muy particular en elegir lo que se le ofrece.

Meter un *lonche*. Regañar.

Hacerle la *lucha* a uno. Tratar de convencerle para conseguir algo que se desea.

No hay peor *lucha* que la que no se hace. Se usa para defender cualquier empeño en obtener lo que se quiere. || 2. Lo mismo en Méjico. (*México*, I, 35.)

Sentir uno la *lumbre* por las patas. Verse en apuros o en situación difícil. || 2. En Méjico se dice: "Llegarle a uno la lumbre a los aparejos." (*América*, II, 193.)

¡Ya porque me ves con mi *lumbre* apagada, ni leña me arrimas! Quiere decir: ¡Ya porque me ves en malas circunstancias ni siquiera te acuerdas de mí!

Tener *lumbrices* alguien. Moverse mucho en el asiento.

Estar uno en la *luna*.* *Dicc. Acad.*: "Estar uno en babia." || 2. Lo mismo en América. (*América*, II, 193; *Chilenismos*, p. 317.)

No porque veas la *luna* redonda, creas que es queso. No es bueno apresurarse a deducir de las apariencias. También se dice: "No creas que la luna es queso, porque la ves redonda."

Lunar en la boca, señal de loca. Dícese que las mujeres que tienen lunares en la boca son coquetas. || 2. Lo mismo en América. (*América*, II, 193; *Chilenismos*, p. 317.)

Lunar en la hollita, señal de bonita.

LL

Llamarada de petate. Acción brillante, pero de corta duración. || 2. Lo mismo en Méjico. (*América*, II, 456; *Americanismos*, p. 648; *México*, I, 309.)

Fletarse la *llanta*. Desinflarse o reventarse el neumático del automóvil.

Llevarse a uno de encuentro. Atropellar a uno. || 2. Lo mismo en Méjico. (*América*, II, 198.) || 3. En Argentina, Colombia, Chile, Puerto Rico y Venezuela: "Llevarse a uno por delante." (*Americanismos*, p. 516.)

No *llorar*, pero acordarse. Se dice cuando alguien trae recuerdos de amores viejos. || 2. Lo mismo en Méjico. (*México*, II, 44.)

Hacerle la *llorona* a uno. Rogarle mucho.

Cuando no me *llueve*, me llovizna. Da a entender que siempre le va a uno mal, a veces mucho y a veces poco. || 2. En Méjico: "Cuando no llueve, llovizna." (*México*, I, 113.)

M

El que nace para *maceta*, del corredor no pasa (sale). Cada uno obra según su capacidad. || 2. En Méjico: "El que nace pa maceta, no pasa del corredor." (*América*, II, 45.)

Andar en el *macho*. Estar de mal humor. || 2. En Chile: "Montar el macho." (*Americanismos*, p. 523.)

Dar *madera*. Adular, ensalzar de una manera no muy sincera.

Vender *madera*. Adular.

No tener uno ni *madre*. Se censura de un modo grosero al que carece de vergüenza. || 2. Lo mismo en América. (*América*, II, 212; *Americanismos*, p. 524.)

Echar *madres*. Decir obscenidades. || 2. En Chile, "sacar a uno la madre," significa, "insultarlo groseramente." (*Chilenismos*, p. 344.)

Para un *madrugador*, otro que no duerme. *Dicc. Acad.:* "Tal para cual." || 2. En Méjico se dice: "Para uno que madrugue, otro que no se acueste." (*México*, II, 91.)

¡No le hace que duerman altos, echándoles *maíz* se apean! La conveniencia propia es más poderosa que el alto puesto que se ocupa, y el orgullo personal de uno es fácil de vencer ofreciéndole algún beneficio. || 2. En Méjico significa: "Aun cuando la mujer sea orgullosa, desdeñosa, en materia de amores, con dinero se consigue hacerla variar de modo de ser." (*México,* II, 43.)

Se da como *maíz.* Se da en abundancia. || 2. Lo mismo en Sonora y Veracruz (Méjico). (*México,* I, 129.)

Caerle *mal* a uno.* Serle antipático. También se usa: "Caerle atravesado a uno;* caerle peseta a uno; caerle sura a uno." || 2. En América, "caer uno pesado"* tiene el mismo significado. (*América,* I, 263.)

Cuando el *mal* está en el hígado, todo es hígado. Cada cual está interesado en lo que más le atañe.

El que *mal* come, harto ayuna.* Evidente es su significado.

El que *mal* haga, bien no espere. *Dicc. Acad.:* "Haces mal, espera otro tal."

No hay *mal* que dure cien años, ni enfermo que lo resista. *Dicc. Acad.:* "No hay bien ni mal que cien años dure." || 2. En Méjico se dice: "No hay mal que dure cien años, ni enfermo que los aguante." (*México,* II, 32.)

Para todo *mal,* mezcal; para todo bien, también. Disculpa por el vicio de la bebida. || 2. Lo mismo en Méjico. (*Americanismos,* p. 559: *México,* II, 89.)

Poner en *mal.* Decir algo desfavorable.

Ponerse uno en *mal* con otro.* Enemistarse. || 2. Lo mismo en Chile, Méjico, Perú y Puerto Rico. (*Americanismos,* p. 526; *Chilenismos,* p. 355.)

Quedar *mal.** Hacer algo desfavorable; hacer una mala presentación en público. Se dice también *quedar bien** con significado opuesto.

Salir *mal.* Se dice de la mujer embarazada sin haberse casado. || 2. En Argentina, "no lograr su propósito, no sacar el partido que se prometía, no salir airoso en un examen, etc." (*Argentinismos,* p. 944.)

Si tu *mal* tiene remedio, ¿para qué te apuras?; y si no tiene remedio, ¿para qué te apuras? Expresión de consuelo que se ofrece a aquella persona que siente mucha inquietud por algo que ha resultado ser poco o nada satisfactorio.

Tener uno a *mal* algo.* Juzgar algo como malo.

A la *mala*.* De mala fe; por la mala. || 2. Lo mismo en Cuba, Chile, Méjico, Perú y Puerto Rico. (*Americanismos*, p. 528.) || 3. En Argentina se dice: "De a malas," y significa, "por la mala." *(Ibid.)*

Andar de *malas*.* Estar de mal humor.

El que solo se ríe, de sus *maldades* se acuerda. || 2. Lo mismo en América. (*América*, III, 250; *Argentinismos*, p. 754; *Chilenismos*, p. 358.)

Ser muy *maleta* para hacer algo.* No saber hacer algo bien.

Más vale *malo* por conocido que bueno por conocer.* *Dicc. Acad.:* "Por el alabado dejé el conocido y vime arrepentido." || 2. Lo mismo en Méjico. (*México*, I, 320.)

Robarle (comerle) a uno el *mandado*. Jugarle a uno una trampa. || 2. Lo mismo en Méjico. (*México*, I, 86.) También: "aprovecharse de una situación." (*Americanismos*, p. 533.)

Echarle a uno una *mangana*. Jugarle una trampa. || 2. En Méjico, "ponerle una celada." (*América*, II, 230.)

Estar más arrancado que las *mangas* de un chaleco. Estar uno sin un centavo. || 2. Lo mismo en América. (*América*, I, 232; *Americanismos*, p. 535.)

Estar como un *mango*. Se usa para describir una muchacha muy bonita.

Andar uno con una *mano* atrás y otra adelante.* En estado de gran pobreza. || 2. Lo mismo en América. (*América*, II, 234; *Americanismos*, p. 537; *Argentinismos*, p. 925; *Chilenismos*, p. 317; *México*, I, 48.) || 3. En Chile se dice: "Con una mano por delante y otra por detrás."* (*Chilenismos*, p. 317.)

Con la *mano* en la cintura. Sin dificultad alguna o con poco trabajo. ‖ 2. En Colombia, "de jarras, en jarra, o en jarras." (*Colombiano*, p. 108.)

Embarrar la *mano*. Pagar dinero por un favor.

Te dan la *mano* y quieres el pie. Se dice de la persona que abusa de la bondad de otras. También se dice: "Le dan la mano y se toma la pata." ‖ 2. En Argentina: "Darle el pie y tomarse la mano."* (*Argentinismos*, p. 712.)

Venirle a la *mano* a alguien. Disciplinar pegando o repren-diendo.

En buenas *manos*.* Estar bien cuidado. ‖ 2. Lo mismo en Argentina. (*Argentinismos*, p. 760.)

Estar (quedar) a *manos*. No deberse nada mútuamente. ‖ 2. Lo mismo en Argentina. (*América*, II, 234; *Argentinismos*, p. 784.)

El que no *mantiene*, no detiene. El que no trabaja para el sostenimiento de un hogar, no tiene derecho a mandar allí.

Una *manzana* perdida, echa a perder a las demás. *Dicc. Acad.*: "La manzana podrida pierde a su compañía."

No dejes para *mañana*, lo que puedas hacer hoy.* ‖ 2. Lo mismo en Argentina, Chile y Portugal. (*Argentinismos*, p. 841; *Chilenismos*, p. 344.)

Buscar por *mar* y tierra. Buscar por todas partes.

Sólo que la *mar* se seque, no me bañaré en sus olas. Propo-nerse conseguir algo a toda costa. ‖ 2. Lo mismo en Méjico. (*México*, II, 181.)

Está muy alta la *marea*. Se le dice a uno para que tenga cuidado de no ofender a su superior cuando éste está de mal humor.

Marido que no da, cuchillo que no corta; pues que se pierda poco importa. Se censura al esposo mezquino que no contri-buye para el sostén de su hogar, y por lo tanto no hay que sentir que se aleje para siempre.

¡Ser *marinero* y en el mar andar, y no conocer las ranas! Se le dice al que pretende tener experiencia en cierta actividad, pero no sabe contestar a la pregunta más sencilla.

Al *marrano* más trompudo, le toca la mejor mazorca. *Dicc. Acad.*: "Al puerco más ruin, la mejor bellota." || 2. En Méjico se dice: "El puerco más flaco es el que se lleva la mejor mazorca." (*México*, I, 179.)

Andar de *martigón* y cola amarrada. Andar vestido lujosamente.

Hacer a uno la *masa* aguada. Jugarle a uno una mala parada. || 2. Lo mismo en América. (*América*, I, 251.)

Tirar una *mascada*. Comer. || 2. En América Central, "reprender." (*Americanismos*, p. 546.)

¿Quién te la *mató* que no te la guisó? Significa: ¿Quién te hizo enojar que no te contentó? || 2. En Méjico se dice: "No busco a quien me la mate, sino a quien me la guise." (*México*, II, 15.)

Dar el *mate*. Terminar de tomar algo.

Comenzar a desgranar la *mazorca*. Comenzar a emparentarse con familia. || 2. En Méjico: "Desgranarse la mazorca," y significa, "acabarse una familia por muerte o ausencia de los miembros de ella." (*América*, I, 147.)

Darle a uno el *mecate* por las patas. Empezar a encontrarse con varias dificultades.

No le aflojes al *mecate*, aunque te muerda el cochino. Aunque la suerte no sea muy propicia, hay que seguir trabajando hasta conseguir lo que se desea. || 2. En Méjico se dice: "Aunque te chille el cochino, no le aflojes al mecate." (*México*, I, 60.) También, "no aflojar el mecate," quiere decir, "no perderle de vista ni dejarlo desmandarse." (*América*, II, 266.)

Encender la *mecha* que comienza el fuego. Comenzar el disgusto.

Ir hecho la *mecha*. Correr apresuradamente.

¡Pa la *mecha*! Interjección de enfado leve por no haber obtenido el resultado que se deseaba. || 2. En Tabasco (Méjico), "pa su mecha" se usa "para rechazar con enojo algo que admira y sorprende o que disgusta." (*América,* II, 267.)

Las *medias,* ni en las piernas son buenas. Denota la inconveniencia de entrar en compañía con alguien en un negocio. || 2. En Costa Rica se dice: "No querer puercas a medias." (*América,* II, 529.) || 3. En Chile: "Medias, en los pies." También: "Las medias sólo en las piernas son buenas." (*Chilenismos,* p. 345.) || 4. En Méjico: "Las medias, ni en los pies son buenas." (*América,* II, 266; *México,* I, 287.)

Más *mejicano* que el pulque. Se dice de lo que es típicamente mejicano.

¡Pobre *Méjico!,* qué falta le hace su inteligencia. Dicho irónico que indica desagrado con las palabras o las acciones de alguien.

De aquella *melaza.* Muy buena, muy bonita.

¡Aquí le hago la *memela* con azúcar y canela! Se usa para provocar otra persona, causándole enfado. || 2. En Méjico, "hacer la memela" se dijo en lo antiguo "de una maroma que hacían en las corridas de toros," y hoy es "un juego infantil." (*América,* II, 271.)

Echar *menos.** Hacer falta algo o alguien. || 2. Lo mismo en Argentina. (*Argentinismos,* p. 749.)

Dura la *mentira,* mientras la verdad llega. La mentira no puede perdurar, pues tarde o temprano se descubre la verdad. || 2. En Méjico se dice: "La mentira dura mientras la verdad aparece." (*México,* I, 279.)

Lo que no es *merecido,* no es apetecido.

Si quieres saber quien es, vive con él un *mes.* || 2. Lo mismo en Méjico. (*México,* I, 174.)

Quedar por debajo de la *mesa.* Quedar uno mal en lo que hizo o quedar humillado. || 2. En Argentina se dice: "Meterse debajo de la mesa." (*Argentinismos,* p. 856.)

Salir por debajo de la *mesa*. Salir mal en una empresa; quedar en ridículo.

Lloverle en la *milpa*. Prosperar; irle muy bien. || 2. Lo mismo en América Central y Méjico. (*Americanismos*, p. 560.)

Clavar la *mirada*.* Mirar con marcada atención. || 2. Lo mismo en Argentina. (*Argentinismos*, p. 681.)

Lo *mismo* es irse que juirse. Irse sin avisar. || 2. En Méjico se dice: "Lo mismo es irse, que juirse, que irse sin pedir licencia." (*México*, I, 295.)

No es lo *mismo* decir que aren que decir qué haremos. Véase: "No es lo mismo decir préstame *Lino* el remo, que decir préstame el remolino."

No es *moco* de guajolote. *Dicc. Acad.:* "No ser una cosa moco de pavo." || 2. En Argentina se dice: "No es moco de pavo." (*Argentinismos*, p. 872.)

Ir hecho la *mocha*. Ir corriendo apresuradamente. || 2. En Méjico, "llegar hecho la mocha" significa "llegar muy deprimido y agobiado." (*Americanismos*, p. 564.)

Pagarse a la *moda* china. Véase: "Cobrarse a lo *chino.*"

Querer ponerle *mofle*. Querer poder callar a una persona que habla mucho.

Darse un *mojón*.* Mojarse en la lluvia.

Uno viste la *mona* y otro la baila. Trabajar en beneficio de otro. || 2. Lo mismo en América. (*América*, III, 293.) || 3. En Méjico se dice: "Vestir el mono para que otro lo baile." (*México*, II, 218.)

No ser ni *mono* ni carta blanca. No tener ninguna significación en el asunto a que se hace referencia. || 2. Lo mismo en Méjico. (*México*, I, 58.)

Andar viendo *monos* con trinchetes. Se dice de la persona que anda tan preocupada con alguna dificultad que cualquiera cosa la asusta. || 2. En América: "Ver gatos ensillados." (*América*, II, 22.)

No falta una *monserga*. No falta una dificultad o molestia.

Coger el *monte*. Irse por entre los matorrales. || 2. En Cuba, "abochornarse." (*Americanismos*, p. 570.)

¡Calmantes *montes*, pájaros cantantes, pichicuates pintos! Significa: ¡Espera un momento!

Ponerse *morado*. Ponerse difícil la situación o el tiempo.

Meter un *morral*. Maltratar a una persona.

Sólo el que carga el *morral* sabe lo que hay dentro. No hay que dejarse llevar por las apariencias. || 2. En Méjico se dice: "Cada quien sabe lo que carga su costal." (*México*, I, 77.) También: "Solo el que carga el costal, sabe lo que trae dentro." (*América*, I, 406; *México*, II, 179.)

Ponerse de *morros*. Negar.

¡Te asustas con la *mortaja* y te abrazas con el muerto! De la persona que aparenta horror ante las faltas pequeñas y deja pasar las grandes. || 2. Lo mismo en Méjico. (*México*, II, 189.)

Parecer *mosca* en leche. De la persona morena que se viste de blanco o que se encuentra entre rubios.

El que *mucho* abarca, poco aprieta.* Hay que emprender sólo aquella obra que esté al alcance de nuestras fuerzas.

Allí donde lloran está el *muerto*. El que más se queja o defiende es el más culpable, y por lo tanto el que merece menos compasión. || 2. Lo mismo en Méjico. (*México*, I, 152.)

Dejar a uno que cargue con el *muerto. Dicc. Acad.:* "Echarle a uno el muerto." || 2. Lo mismo en Chile. (*Chilenismos*, p. 347.)

El *muerto* y el arrimado, a los tres días apestan. *Dicc. Acad.:* "El huésped y el pece, a los tres días hiede." || 2. Lo mismo en Méjico. (*América*, I, 142; *México*, I, 176.) También: "Al muerto y al consorte, a los tres días no hay quien los soporte." (*México*, I, 36.)

El *muerto* al pozo y el vivo al negocio. *Dicc. Acad.:* "El muerto al hoyo y el vivo al bollo." || 2. En Colombia se dice: "El muerto al hoyo y el vivo a la olla." (*América*, II, 313.)

Hay *muertos* que no hacen ruido y son mayores sus penas. Unos, por hipocresía o conveniencia, ocultan lo que son o hacen hasta que inesperadamente se sabe la realidad. || 2. Lo mismo en Méjico. (*América*, II, 313; *México*, I, 255.)

Te asustas con los *muertos* para abrazarte con los vivos. Uno siente horror ante las faltas insignificantes, pero no censura las mayores.

A las *mujeres*, ni todo el amor, ni todo el dinero. || 2. Lo mismo en Méjico. (*México*, I, 29.)

¡Bueno! le dijo la *mula* al freno. Significa: ¡Bueno está!

La *mula* no era arisca, pero los palos la hicieron. Apréndase a ser más cuidadoso en el trato. || 2. En Méjico se dice: "La burra no era arisca, pero los palos la hicieron." (*México*, I, 272.)

Cuando la *mula dice*, "no paso," y la mujer, "me caso," la mula no pasa, pero la mujer se casa. Las mujeres siempre hacen lo que quieren. || 2. En Méjico se dice: "De que la mula dice: No paso, y la mujer: Me caso; la mula no pasa y la mujer se casa." (*México*, III, 144.)

Ser *mula*.* Ser caprichoso, terco.

¿De dónde se hizo *mulas* Pedro? Se hace esta pregunta cuando uno saca algo nuevo y costoso sin poder explicar de dónde sacó el dinero para pagarlo.

Aparentar *muleta*. Ayudar de alguna manera a otra persona.

Nadie se va de este *mundo* sin pagar las que debe. Se dice del que le ha ido mal después de haber cometido delito o falta.

Todo se paga en este *mundo*.* Las malas acciones siempre son pagadas mal en alguna forma. || 2. Lo mismo en Méjico. (*México*, I, 196.)

Venírsele a uno el *mundo* encima.* Desesperarse; tener grandes responsabilidades. || 2. Lo mismo en América. (*América*, II, 315; *Chilenismos*, p. 347.)

Música pagada tiene mal son. *Dicc. Acad.:* "Á dineros pagados, brazos cansados." || 2. Lo mismo en América. (*Améri-*

ca, II, 318.) || 3. En Méjico se dice: "Música pagada hace mal son." (*México*, I, 333.)

Tener la *música* encerrada (por dentro). Tener algún disgusto guardado dentro. || 2. Lo mismo en América. (*América*, II, 318.)

N

El que *nada*, no se ahoga.* Al que sabe solucionar sus problemas, le va bien.

Ofrecer sí, pero dar no hay *nadie*.

Nadie sabe para quien trabaja. Uno hace el trabajo, y otro disfruta de él.

¡Yo soy quien soy, y no me parezco a *nadie!* Bravata que hace uno para indicar que a nada ni a nadie le tiene miedo. || 2. Lo mismo en Méjico. (*México*, II, 228.)

Apuntar las *narices*. Aparecer o presentarse una persona.

La *necesidad* es madre de la habilidad. El que tiene necesidad de algo tiene por fuerza que ponerse en actividad para conseguirlo.

Trabajar como un *negro*.* Trabajar excesivamente. || 2. Lo mismo en Argentina. (*América*, III, 211; *Argentinismos*, p. 981.) || 3. En Perú se dice: "Trabajar como un pongo." (*América*, III, 211.)

Después de *niño* ahogado, a tapar el pozo. Tomar precauciones cuando ya es tarde o fuera de tiempo.

El que se acuesta con *niños*, ya sabe como amanece.*

¡A que *no!** Se dice para incitar a una persona a hacer o decir lo que no se atreve. || 2. Lo mismo en Argentina. (*Argentinismos*, p. 657.)

De un *no* nada se saca; pero de un sí, hasta la horca. Recomienda el uso del negativo en vez del afirmativo en los asuntos y negocios diarios.

El *nopal* no se visita hasta que no da tunas. Una persona no viene a ver a otra hasta que ésta no está en posición de rendirle algún beneficio. || 2. En Méjico se dice: "Al nopal lo van a ver sólo cuando tiene tunas." (*Americanismos,* p. 588; *México,* I, 38.)

La *novia* comió en cazuela. Se dice cuando llueve el día de la boda.

La *novia* del estudiante nunca llega a ser la esposa del titulado. Al graduarse el estudiante, se le hace poco la novia de sus días de estudiante y se casa con otra de más categoría social. || 2. En Méjico se dice: "La novia del estudiante no es mujer del profesor." (*México,* I, 281.)

Cortar la *nube.* Frase fundada en la superstición de que una tempestad puede ser desviada haciéndole signos con un cuchillo.

Andar en las *nubes.* Sentirse muy feliz.

O

Obras son amores. *Dicc. Acad.:* "Obras son amores, que no buenas razones." || 2. Lo mismo en Argentina. (*Argentinismos,* p. 896.) || 3. En Méjico: "Acciones son amores, no besos ni apachurrones." (*México,* I, 9.)

Salir con más *ojales* que botones. Se dice de un trabajo que no puede terminarse por falta de dinero o por falta de partes necesarias para su terminación.

Ojo pendiente, no miente. Recomienda la vigilancia esmerada si uno quiere cercionarse de la verdad.

Cubrirle el *ojo* al macho. Hacer algo para disimular lo que está mal hecho. || 2. En Méjico se dice: "Taparle el ojo al macho." (*México,* II, 187.)

Curar de *ojo.* Curar del embrujamiento que se hace con sólo ver a una persona.

Dar un *ojo.* Lavar una ropa levemente.

Hacer *ojo.* Embrujar con sólo ver una persona o cosa. || 2. En Ecuador se dice: "Mal de ojo."* (*Ecuador,* p. 224.) || 3.

En Méjico: "Aojar." (*América,* II, 88.) También: "Es frase que gira alrededor de la seguridad que se tiene de no sufrir perjuicio alguno en virtud de tal o cual causa, como *ojo me hace* el frío, con este abrigo que llevo no sentiré el frío." (*Americanismos,* p. 598.)

Hacerse uno del *ojo* gordo. Hacerse disimulado. || 2. En América se dice: "Hacerse uno de la vista gorda."* (*América,* II, 88; *Argentinismos,* p. 811.)

Pelar el *ojo.* Abrir el ojo. || 2. Lo mismo en América. (*América,* II, 361.)

¡Ni qué *ojo* de hacha! Expresión sin significado particular que sirve para terminar cualquier frase, y que podría significar "ni qué nada."

¿Con qué *ojos?* ¿Con qué dinero? || 2. En América se dice: ¿Con qué ojos, divina tuerta?" (*América,* II, 351.)

¡No me mires con *ojos* de hambre, que no tengo restaurante! Expresión que usa una persona al dirigirse a otra que la mira con insistencia y enfado.

No poder ver *ojos* en otra cara. Se dice del envidioso que quiere todo para sí. || 2. Lo mismo en Méjico. (*México,* I, 51.)

Poner a uno los *ojos* verdes. Contar de una manera exagerada los méritos de cierta empresa o asunto. || 2. En Méjico, "no te dejes poner los ojos verdes" significa "no permitas que te engañen, que te cuenten mentiras haciéndote que creas lo que no debes." (*México,* II, 60.) También, "se dice de aquél a quien se la ha hecho tragar una mentira." (*América,* II, 351.)

Tener cuatro *ojos.** Usar anteojos. || 2. Lo mismo en Argentina. (*Argentinismos,* p. 967.)

Traer *ojos* decaídos. Estar cansado.

Mear fuera de la *olla.* Obrar erróneamente, por no saber la verdad. || 2. Lo mismo en Méjico. (*México,* I, 49.) || 3. En Argentina se dice: "Mear fuera del tiesto." (*Argen-*

tinismos, p. 853; *América,* II, 265.) || 4. En Colombia: "Mear fuera de la coca." (*América,* II, 265.)

Sólo el que menea la *olla* sabe lo que hay dentro de ella. No hay que dejarse llevar por las apariencias, y no porque una persona parezca feliz será feliz. || 2. En Méjico se dice: "Sola la cuchara sabe lo que hay dentro de la olla." (*Méjico,* I, 181.)

Una *onza* de alegría vale más que una onza de oro. || 2. Lo mismo en Méjico. (*México,* I, 205.)

Parar la *oreja.* Aguzar el oído. || 2. Lo mismo en América. (*América,* I, 409; *Argentinismos,* p. 900.)

Trampar *oreja.* Dormir.

Cuando el *oro* habla, todos callan. Demuestra el poder del dinero.

No todo lo que brilla es *oro. Dicc. Acad.:* "No es oro todo lo que reluce." || 2. En Méjico se dice: "No todo lo que relumbra es oro." (*México,* II, 64.)

El que pide por *otro,* por sí aboga. Afirma que el que practica el bien o el mal recibirá otro tanto para sí. || 2. Lo mismo en Méjico. (*América,* II, 434; *México,* I, 197.)

Ser de los *otros.* Ser afeminado.

P

¡Está *padre* algo! ¡Está excelente! Se refiere a cosas o personas. || 2. Lo mismo en Chile, Guatemala, Méjico, Perú y Puerto Rico. (*Americanismos,* p. 605.)

Ser *padre* de más de cuatro. Expresión de valentía y desafío general.

¡Qué *padre!* Denota gran alegría y felicidad.

Tal *padre,* tal hijo. *Dicc. Acad.:* "De tal palo, tal astilla."

El que *paga* lo que debe, sana del mal que padece. || 2. Lo mismo en Méjico. También: "El que paga lo que debe, se queda sin su dinero." (*México,* I, 195.)

Ser muy *pagado* de sí mismo.* Ser muy vanidoso.

Dando y dando, *pajarito* volando. Cuando se hace un cambio, se deben de entregar las cosas simultáneamente. También, se debe comprar al contado. ‖ 2. Lo mismo en Méjico (*América*, I, 557; *México*, I, 124.)

El *pájaro* que madruga se come el mejor cucaracho (gusano). La persona más lista y más diligente es la que tiene más éxito en la vida.

Ser *pájaro* de cuenta.* Ser persona de importancia.

Pajuelearle a alguien. Véase: "Arrastrarle a *alguien*."

Hacerse la *pala*. Ponerse de acuerdo con otro para lograr su objeto. ‖ 2. Lo mismo en Méjico. (*América*, II, 375; *Americanismos*, p. 607; *México*, I, 291.) ‖ 3. En Cuba, "fingir trabajar." (*Americanismos*, p. 607.)

La mejor *palabra* es la que no se habla.

Voltearse el *palito* por el chirrión. Irle mal a uno en todo. ‖ 2. En Méjico: "Volvérsele a uno el chirrión por el palito," y significa, "equivocarse; salirle la criada respondona." (*Americanismos*, p. 33; *México*, II, 220.)

Sacarse la *palmeta*. Ganarse el primer premio en algún concurso, o haber desempeñado el mejor papel.

Palo dado, ni Dios lo quita. Lo sucedido ya no tiene remedio. ‖ 2. Lo mismo en Méjico. (*México*, I, 79.)

De tal *palo* salta la astilla, entre más abajo más amarilla. *Dicc. Acad.:* "De tal palo, tal astilla."

¡Eres como el *palo* blanco, ni das nada, nomás ocupando campo! Se dice de la persona perezosa que no gana o produce nada y sólo sirve de estorbo.

Trepar en un *palo* ensebado. Poner a uno en una situación crítica y difícil, de manera que no pueda retroceder. ‖ 2. En Méjico se dice: "Estar uno en el palo ensebado." (*América*, II, 382.)

¿A quién le dan *pan* que llore? Nadie rehusa ningún beneficio que se le ofrezca. ‖ 2. Lo mismo en Méjico. (*América*, II, 393; *México*, I, 53.)

Dejar *pan* por piedras. Hay que saber distinguir y escoger entre las cosas buenas y las malas.

Ponerse como un *pan* de cera. Palidecer muchísimo, generalmente por un susto o enfermedad. || 2. Lo mismo en América. (*América*, I, 347.)

Quien *pan* menea, pan no desea. A veces uno quiere lo que no tiene, y no quiere lo que tiene.

No es lo mismo decir *Pancho* Ramos que la apachurramos. Véase: "No es lo mismo decir préstame *Lino* el remo, que préstame el remolino."

Amarrarse los *pantalones*.* Obrar con energía. Hablando de mujeres, se dice: "Amarrarse las naguas o los calzones." || 2. En América: "Fajarse o apretarse uno los pantalones." (*América*, II, 399.) || 3. En Argentina: "Atarse bien los pantalones."* (*Argentinismos*, p. 663.) || 4. En Perú y Costa Rica: "Amarrarse los calzones."* (*Ibid.*)

Panza llena, corazón contento.* El estar bien alimentado tiene como consecuencia la felicidad. || 2. En Chile se dice: "Barriga llena, corazón contento."* (*Chilenismos*, p. 327.) || 3. En Méjico, "una ganancia templa mucho un pesar." || 4. En Venezuela, "el que está contento es porque ha obtenido lo que deseaba." (*América*, I, 191.)

El que ha de ser *panzón*, aunque lo cinche un arriero.

Allí está la *papa*. Expresión que significa: "Allí está lo bueno." En Argentina y Chile, el adjetivo *papa* quiere decir, "bueno, excelente." (*Americanismos*, p. 620.)

Echar *papas*.* Mentir. || 2. Lo mismo en América. (*América*, II, 586.)

Estudiar para *papa* y salir camote. Se dice como burla del estudiante que no aprovecha sus estudios. || 2. Lo mismo en Méjico. (*México*, I, 240.) || 3. En Argentina se dice: "Fué baúl y volvió petaca." (*América*, II, 456.)

No saber ni *papa* de una cosa.* Estar ignorante de algo. || 2. Lo mismo en América. (*América*, I, 40; *Americanismos*, p. 620.)

Papalotearle a alguien. Véase: "Arrastrarle a *alguien*."

Hacer mal *papel*.* Actuar mal. || 2. Lo mismo en Argentina. (*Argentinismos,* p. 813.)

Hacer *papeles*.* Se dice de la persona que aparenta sentir lo que en realidad no siente.

Mojársele a uno los *papeles*. Trastornar las cosas o ideas. || 2. Lo mismo en América. (*América,* II, 290.)

Darse *paquete. Dicc. Acad.:* "Darse tono." || 2. Lo mismo en Guatemala y Méjico. (*Americanismos,* p. 622.)

Hacer una mala *parada*. Hacer una mala acción. || 2. Lo mismo en Méjico. (*Americanismos,* p. 623.) || 3. En Argentina se dice: "Hacerle una mala pasada."* (*Argentinismos,* p. 812.)

Duelen más los *parches* que las heridas. Se quiere o prefiere más a los amigos o parientes políticos que a los parientes de sangre.

Cargarse a lo *pariente*. Abusar de la confianza, imponerse sobre otra persona. || 2. Lo mismo en Méjico. (*México,* I, 82.)

Ser *pariente* por lo tijerina. Pariente muy lejano o no serlo nada. || 2. En Chile se dice: "No ser uno pariente de otro ni por los dientes." (*América,* II, 413.)

De *parte* de.* En nombre de. || 2. Lo mismo en Argentina. (*Argentinismos,* p. 723.)

El que *parte* y reparte se queda con la mejor parte.* || 2. En Argentina se dice: "El que parte y bien reparte, si en el partir tiene tino, siempre deja de contino para sí la mejor parte." (*Argentinismos,* p. 756.) || 3. En Chile: "El que parte y reparte se lleva la mejor parte."* (*Chilenismos,* p. 351.) || 4. En Méjico: "El que reparte y comparte y al repartir tiene tino, siempre coge para él mejor parte de contino." (*América,* II, 548; *México,* I, 202.)

Estar *pasado*. Estar borracho.

Acabársele a uno la *paseada*. Acabársele a uno el dinero, y por lo tanto, el divertimiento.

Andar en la *paseada*. Andar en la borrachera.

Ser (estar) *paseado*. Conocer mucho mundo y haber adquirido mala reputación por ello.

A *paso* que dure. Despacio, con cautela. || 2. En América Central, Antillas, Ecuador y Perú se dice: "Al paso que dura y no madura." (*Americanismos*, p. 627.)

Pata de perro. Andariego, callejero. || 2. Lo mismo en Chile y Méjico. (*América*, II, 422; *Americanismos*, p. 628; *Chilenismos*, p. 352.)

Dar *patada*. Se dice del licor fuerte, espirituoso o embriagante. || 2. En Méjico: "Tener patada." (*América*, II, 423.)

Dar la *patada* a alguien. Desocupar a alguien, despedirlo. También, rechazar la mujer a su novio. || 2. En América se dice: "Dar a uno su pasaporte."* (*América*, II, 416.)

Estar de la *patada*. Estar muy fea o muy mala una cosa. También se aplica, por fea o atrasada, a personas. || 2. En Méjico se aplica solamente a cosas. (*Americanismos*, p. 629.)

Poner de la *patada*. Regañar con insultos.

Dar *patadas* de ahogado. Ultimos recursos a que acude una persona en apuros. || 2. En Argentina y Chile se dice: "Dar manotadas de ahogado." (*Argentinismos*, p. 713; *Chilenismos*, p. 344.)

A veces el *pato* nada, y ni las patas se moja. Se dice de las personas que hacen algo sin que otros se den cuenta.

Hacerse *pato*. Hacerse el tonto. || 2. Lo mismo en Méjico. (*América*, II, 426; *Americanismos*, p. 631; *México*, I, 292.)

Pelar la *pava*.* Platicar con el novio. || 2. Lo mismo en Yucatán (Méjico). (*Mexicanismos*, p. 542.)

Hay veces que el *pavo* nada, y hay veces que ni agua toma. A veces la circunstancias permiten que cierta cosa se lleve a cabo, y a veces no. || 2. En Méjico se dice: "Hay veces que nada el pato y hay otras que ni agua bebe." (*México*, I, 256.)

El que mete *paz,* saca más. El que interviene en una riña, para terminarla, sale peor librado que los que riñen.

Pedro la hace y Juan la paga. Uno comete el error y otro es el que lleva la culpa. ‖ 2. Lo mismo en Méjico. (*México,* II, 93.)

¿Qué culpa tiene San *Pedro* que San Pablo esté pelón? Nadie tiene la culpa del estado en que otro se encuentra.

Andar a las *pegadas.* Andar con la esperanza de que otro lo lleve o lo dirija por donde quiere.

Lo que se ha de *pelar,* que se vaya remojando. Cierta obra que tiene que hacerse, preciso es comenzarla. ‖ 2. En Méjico, "recomienda conformidad ante la llegada de un mal que es inevitable; preparación para lo que tiene que suceder." (*México,* I, 300.) ‖ 3. También, "tomar una resolución inmediata en aquello que se está pensando mucho." (*América,* II, 438.)

Estira más un *pelo* de mujer que una yunta de bueyes. Indica la mucha influencia que tiene la mujer sobre el hombre. ‖ 2. En Méjico se dice: "Jala más un pelo de mujer que una yunta de bueyes." (*México,* I, 267.)

Montar en *pelo.** Montar a caballo sin montura. ‖ 2. En Argentina se dice: "Andar o montar en pelos." (*Argentinismos,* p. 651.)

No ha de faltar un *pelo* en la comida. Cualquier asunto o negocio que se transmite muy satisfactoriamente siempre tropieza con alguna dificultad. ‖ 2. En Colombia se dice: "No ha de faltar miércoles en la semana." (*América,* II, 279.)

Ser del mismo *pelo.* Ser dos cosas o personas iguales. ‖ 2. Lo mismo en América. (*América,* II, 440; *Chilenismos,* p. 353.)

Tener *pelo* chino. Tener el cabello rizado.

No atajar la *pelota.* Ser muy inútil para cierto trabajo. ‖ 2. Lo mismo en Méjico. (*América,* II, 440; *México,* II, 13.)

Dar un *pelotazo.* Dar un tiro.

Ser un *pelotazo*. Ser muy listo.

Echar el *penco* encima. Se dice de la persona que insulta a otra.

Para *pendejo* no se necesita maestro. Cuando uno comete un error que fácilmente podía haber sido prevenido. || 2. En Méjico se dice: "Para pendejo no se estudia." También: "Para tonto no es menester estudiar." (*México*, II, 87.)

El que habla de la *pera*, comer quiere de ella. El que discute mucho un asunto o negocio es que su interés es personal.

Poner las *peras* a daime. *Dicc. Acad.:* "Poner las peras a cuarto." || 2. En Méjico se dice: "Poner las peras a veinticinco." (*México*, II, 101.)

El que es *perico* dondequiera es verde. El que es valiente, resuelto o atrevido lo es siempre. Del mismo modo, el cobarde siempre es cobarde. || 2. Lo mismo en Méjico. (*América*, II, 449; *México*, I, 187.)

No salir de *perico* perro. Se dice de una persona que, por más esfuerzos que haga, no puede mejorar su situación económica. || 2. Lo mismo en Méjico. (*América*, II, 449; *México*, I, 54.)

Ser un *perico*. De uno que habla mucho. || 2. En Méjico, "puro hablador, ser un cobarde." (*América*, II, 449.)

¡Cuando los *pericos* mamen! *Dicc. Acad.:* "Cuando la rana críe pelos."

El que *persevera* alcanza.

De que la *perra* es brava, hasta los de la casa muerde. El pendenciero no respeta a nadie.

Echar la *perra* al agua. Descubrir algún hecho o dicho que es indiscreto.

Hacer la *perra*. Estar perezoso en las horas de trabajo. || 2. Lo mismo en América. (*Americanismos*, p. 645; *Mexicanismos*, p. 541.)

Las *perras*, de ladrar se hacen viejas. Expresión despectiva que se dice a las personas que hablan mucho.

El *perro* le manda al gato, y el gato le manda al perro. De aquellas personas que no saben aceptar sus responsabilidades y echan la carga a otro. || 2. En Méjico se dice: "El perro le manda al gato, y el gato a su cola." (*México*, I, 177.)

Estar (andar) como *perro* en barrio ajeno. *Dicc. Acad.:* "Andar como gallina en corral ajeno." || 2. Lo mismo en Méjico. (*América*, II, 543; *Mexicanismos*, p. 537; *México*, I, 235.) || 3. En América: "Estar como gallo en patio ajeno." (*América*, I, 628.) || 4. En Argentina, "Como gallo en corral ajeno."* (*Argentinismos*, p. 687.) También: "Como gallina en corral o patio ajeno."* (*Chilenismos*, p. 321.) || 5. En Chile: "Como pollo en corral ajeno."* *(Ibid.)*

Lo mismo es *perro* que perra, porque los dos muerden. Tratándose de dos personas malas, que lo mismo es allegarse a la una que a la otra.

Morderle a uno el *perro*. A nadie le importan nuestras dificultades.

Para cada *perro* hay su garrote. Cada problema tiene su solución; cada poderoso tiene otro que le iguale; contra una fuerza otra igual. || 2. En Méjico: "Cada perro tiene su garrote." (*América*, II, 453.) || 3. También: "Para cada perro hay su tramojo." (*América*, III, 212.)

Perro que da en comer huevos, aunque le quemen el hocico. La persona que tiene malas mañas, tarde o nunca las perderá. || 2. En Cuba, Méjico y Puerto Rico: "El perro que come huevo, si no lo come lo huele." (*América*, II, 453; *Americanismos*, p. 645.) || 3. En Méjico: "Gallina que come hueso, aunque le quemen el pico." (*América*, II, 13; *México*, I, 243.) || 4. En Venezuela: "Perro que lame manteca, mete la lengua en tapera." (*Americanismos*, p. 645.)

Perro que ladra, no muerde. *Dicc. Acad.:* "Perro ladrador, poco mordedor." || 2. Lo mismo en América. (*América*, II, 453; *Argentinismos*, p. 907; *México*, II, 96.)

Perro que no sale, no encuentra hueso. Censura a la persona que no le gusta trabajar. || 2. En América: "Perro que no anda, no halla hueso." (*América*, II, 453.)

Cuando anda uno de malas, hasta los *perros* le mean. Cuando la suerte no es favorable, todo resulta mal. || 2. En Méjico: "Cuando uno está de desgracia, hasta los perros lo mean." (*México*, I, 116.) || 3. También: "Cuando al pobre le va mal, o cuando a uno le va mal, o está de malas, hasta los perros lo mean, o ni presa le halla al tamal." (*América*, II, 218.)

Andar con la *perrusquía*. Andar con los borrachos.

Andar en la *perrusquía*. Andar en la borrachera.

Ser *perrusquía*. Persona de clase baja; uno que es vicioso.

Hacer *perrusquía*. Hacer una mala acción.

Caer *pesado*.* Se dice de una persona antipática o chinchosa. || 2. Lo mismo en América. (*América*, I, 263.)

Ser *pesado* cuando se hace o se dice algo. Hablar en términos ásperos y que, a pesar del tono de broma, insultan.

Bistequear el *pescado*. Cortar el pescado en forma de filetes.

Dicen que el *pescado* por su boca muere. Demuestra que uno, por sí mismo, descubre un error o falta que ha tenido. || 2. En América: "El pez por la boca muere."* (*América*, II, 454; *Argentinismos*, p. 754.)

Caer *peseta*. Resultar antipático.

Quemarse las *pestañas*.* Estudiar mucho. || 2. Lo mismo en Argentina. (*Argentinismos*, p. 929.)

Echar *pestes*.* Insultar. || 2. Lo mismo en Argentina y Colombia. (*Argentinismos*, p. 747; *Colombiano*, p. 108.)

Asustarse uno con el *petate* (sombrero) del muerto. Indica que fácilmente se espanta con alguna amenaza o bravata. || 2. Lo mismo en Méjico. (*América*, II, 456; *Americanismos*, p. 648; *México*, I, 55.)

Ser el mero *petatero*. La persona que manda o vale. || 2. Lo mismo en Méjico. (*Americanismos*, p. 648.)

Tocar el *piano.* Tomar las huellas digitales. || 2. En Argentina, "hurtar." (*Americanismos,* p. 649.)

Estar *picado.** Estar ofendido o enojado. || 2. Lo mismo en Argentina. (*Argentinismos,* p. 790.) || 3. En América Central, Argentina, Chile, Ecuador, Perú, Puerto Rico y Santo Domingo, "estar beodo." (*Americanismos,* p. 650.)

Doblar el *pico.** Estar triste. || 2. En Ecuador y Perú, "morir."* (*Americanismos,* p. 651.)

¡Me la ganarás en *pico,* pero en lo ganchudo cuándo! Afirma que, a pesar de no tener facilidad de palabra, en astucia no hay quien le gane.

Tener más *picos* que una custodia. Tener muchas deudas. || 2. Lo mismo en Méjico. (*América,* II, 463.)

De *pie* a cabeza.* Todo entero.

Dejar con el *pie* lavado. Dejar a uno esperando después de haberle dado cita. || 2. En Méjico: "Quedarse con el pie lavado y sin rosca," y significa, "frustrarse algo para lo que se estaba perfectamente preparado." (*México,* II, 116.)

Con una *piedra* se matan muchos *pájaros.* Con una palabra de crítica o censura se puede lastimar a más de una persona. || 2. Lo mismo en Méjico. (*México,* I, 103.)

Echar *piedras.* Cometer errores.

Las *piedras,* rodando se encuentran. Se dice de las personas de un mismo pueblo que, después de no haberse visto por mucho tiempo, inesperadamente se ven en alguna parte. || 2. Lo mismo en Méjico. (*México,* I, 287.)

Buscarle tres *pies* (patas) al gato.* Aquél que con sus hechos, acciones o dichos instiga a otros a discutir o pelear.

Enfriársele a uno los *pies.* Darle miedo.

De tres *pies.* Lindo, hermoso.

Irsele los *pies** (patas). Cometer un error.

De la *pila* nace el agua y del agua los gorgoritos, y de los górgoros más grandes nacen los chiquititos. Da a entender que tras de una cosa, un incidente, un chisme, etc., siempre suelen venir otros.

No se puede silbar y comer *pinole*. No se puede hacer, al mismo tiempo, dos cosas contradictorias. || 2. Lo mismo en Méjico. (*América*, II, 479.)

No poder ver a uno ni *pintado*.* Aborrecerle. || 2. Lo mismo en América. (*América*, II, 480; *Argentinismos*, p. 879.)

Estar *pinto*. Estar medio maduro, como la fruta.

Poner *pinto*. Insultar, maltratar. También se dice: "Poner pinto y regado."

Ser una *pipa*. Ser borracho. || 2. Lo mismo en Méjico. (*América*, II, 484.) || 3. En Chile, Perú y Puerto Rico: "Andar o estar uno pipa." (*América*, II, 484; *Americanismos*, p. 661.)

Estar de *pique*. Estar de pleito. || 2. Lo mismo en Méjico. (*América*, II, 486.)

Echar *piquetes*. Decir insultos leves. || 2. En Méjico: "Darse pique." (*América*, II, 486.)

Enredar la *pita*. Meter discordia, enmarañar un asunto. || 2. Lo mismo en América. (*América*, II, 493; *Americanismos*, p. 667; *Argentinismos*, p. 767.)

Dar un *pitazo*.* Avisar, generalmente en secreto, de algo que está pasando o que va a pasar. || 2. Lo mismo en Méjico. (*Americanismos*, p. 667.)

No tener *pizca* de vergüenza.* Carecer en absoluto de vergüenza. || 2. Lo mismo en Argentina. (*Argentinismos*, p. 893.)

Hacerse *plancha*. Hacer una visita larga.

Planchar el asiento. *Dicc. Acad.:* "Comer pavo." || 2. Lo mismo en Argentina, Bolivia, Chile y Puerto Rico. (*América*, II, 499; *Americanismos*, p. 670.)

Hacer *planes*.* Proyectar. || 2. Lo mismo en América. (*América*, II, 499.)

Dejar *plantado.** Dejar a uno esperando después de haber prometido asistir a la cita.

Estar bien *plantado.** Tener uno dinero o muy buen empleo. || 2. En Chile, "tener buena planta o personalidad."* (*Americanismos,* p. 670.)

Dar un *plantón.** No aparecer en cierto lugar una de dos personas que se han dado cita allí. || 2. En Argentina se dice: "Darse un plantón."* (*Argentinismos,* p. 717.)

Aquel que te *platiqué.* Esa persona.

Colmarle el *plato.* Agotarle le paciencia a uno con imprudencias.

Parece que no quiebra un *plato.** Del que aparenta ser tranquilo o inofensivo. A veces se agrega: "Y todos los tiene mochos." || 2. La primera parte del dicho se usa en Argentina y Méjico. (*América,* II, 539; *Argentinismos,* p. 901; *México,* II, 25.)

No es lo mismo ver comer que tirarse con los *platos.* No es lo mismo que lo mantengan a uno que trabajar para mantenerse. || 2. En Chile: "Ser cosas tan diferentes comer y tirarse los platos." (*Chilenismos,* p. 355.) || 3. En Méjico, "frase que se emplea en general, aludiendo a quien se encuentra en medio de dificultades en las que, ya por una causa ya por otra, no creía, o cuando más las juzgaba de poca monta." (*México,* II, 21.)

Pleitos con todos, menos con la cocinera. No debemos tener disgustos con la persona de quien dependemos para alguna necesidad. || 2. Lo mismo en Méjico. (*México,* II, 99.)

¿A poco, porque le canta un *pobre,* ni la tonada le gusta? Se dice de aquél que no tiene ninguna consideración con los pobres. || 2. En Méjico: "¿Qué porque le canta un pobre, ni le gusta la tonada?," que denota, "tristeza, desesperación por falta de correspondencia a un amor infortunado." (*México,* II, 120.)

Cuando el *pobre* se mete a sombrerero, nacen los muchachos

sin cabeza. El pobre siempre fracasa, y no importa el trabajo que quiera emprender.

En el *pobre* es borrachera, y en el rico es alegría. Los vicios del rico nunca son tan censurables como los del pobre. || 2. Lo mismo en Méjico.(*México*, I, 213.)

Más vale *poco* de lo mejor que mucho de lo peor.

Ser una *pólvora.** Se dice de una persona de genio pronto y violento. || 2. Lo mismo en Argentina. (*Argentinismos*, p. 796.)

Amarren la *polla*, que el gavilán anda suelto. Amonestación a los padres de una jovencita para que la protejan de los designios de algún hombre.

Estar uno *pollón*. Ser joven.

A *poner*. Pelear.

La del *pope*. La comida.

Estar hecho un *popote*. Estar muy flaco. || 2. Lo mismo en Méjico. (*América*, II, 516.) || 3. En Argentina se dice: "Como un fideo."* (*Argentinismos*, p. 693.)

¡Anda a la *porra!** Interjección con que se despide a una persona que no ha quedado satisfecha con lo que se le ha ofrecido. || 2. Lo mismo en América. (*América*, II, 519.)

Echar una *porra*. Decidir por la suerte, como echando una moneda. || 2. Lo mismo en Cuba y Méjico. (*América*, II, 519.)

Mandar o irse uno a la *porra.** *Dicc. Acad.:* "Enviar a paseo a uno." || 2. Lo mismo en América, menos en Cuba. (*América*, II, 519.)

¡Vaya a la *porra!** ¡Vaya enhoramala! || 2. Lo mismo en Argentina y Méjico. (*Americanismos*, p. 678; *Argentinismos*, p. 986; *México*, I, 506.)

Estar en el *pozo*. Indica no sólo no tener dinero, sino también faltarle para cubrir cierto compromiso.

Estar en la *prángana*. Estar en la miseria. || 2. En las Antillas y Méjico tiene el mismo significado. (*América*, II, 522;

Americanismos, p. 681.) ‖ 3. En Puerto Rico, "estar desnudo." (*América,* II, 522.)

Nunca *preguntes* lo que no te importa. No se debe de intervenir en lo que no interesa a uno. ‖ 2. Lo mismo en Méjico. (*México,* II, 67.)

Dar por *pretexto.** Decir una mentira para no ser culpable de un mal que se hizo.

El *prometer* no empobrece, el dar es el que aniquila. Es fácil ofrecer, pero difícil cumplir. ‖ 2. Lo mismo en Méjico. (*América,* II, 526; *México,* I, 178.)

Allí donde la *puerca* torció el rabo. Desde el punto en que empezó la dificultad. ‖ 2. En Méjico "demuestra desagrado o contrariedad." (*América,* II, 529.)

De que la *puerca* lavó, el jabón se le tiró, el agua se le revolvió y el día se le nubló. Todo ayuda a los perezosos y sucios.

No hallar la *puerta.* Tener muchas dificultades o faltarle a uno todo recurso.

Estar muy bien *puesto.** Tener un buen negocio y bastante dinero.

Ser alguien de pocas *pulgas.** Enfadarse fácilmente o que no permite que le hablen ásperamente. ‖ 2. Lo mismo en América. (*América,* II, 530.)

Para mí la *pulpa* es pecho y el espinazo cadera. Da a entender a alguna persona que para ella lo mismo da una cosa que otra, puesto que no es delicada ni escrupulosa, y además no le importa. ‖ 2. Lo mismo en Méjico. (*México,* II, 85.)

Tener a uno de *puntería.* Estar listo para insultarle u ofenderle.

Ser *punto.* Estar siempre dispuesto para hacer algo o para ir a cualquiera parte.

Q

Vale más bien *quedada*, y no mal casada. Es mejor una soltería sin penas que un matrimonio lleno de amarguras. || 2. Lo mismo en Méjico. (*México*, I, 318.)

¿En qué *quedamos*?* ¿Qué vamos a hacer? || 2. Lo mismo en Argentina. (*Argentinismos*, p. 787.)

¿Traes que *quemar*? ¿Traes un cigarillo?

Darse un *quemón*. Aprender por experiencia. || 2. En Méjico, "llevarse un chasco o picón." (*América*, II, 543.)

¿*Qiúbole* que tal? ¿Cómo está usted? || 2. En Argentina. "¿Qué tal?"* (*Argentinismos*, p. 932.)

R

Dar uno (la) *rabiada*. Enojarse, dar las espaldas, retirarse.

Rabo verde.* Viejo o vieja que anda en amores. || 2. Lo mismo en América. (*América*, III, 8; *Americanismos*, p. 679.)

Hacer *rancho*. Quedarse mucho tiempo en un lugar o visita.

Hacer *rancho* aparte.* Se dice de la persona que se independiza de su casa. || 2. Lo mismo en América. (*América*, III, 12.) || 3. En Argentina, "desentenderse de la compañía de otros para alguna cosa y obrar para su propia cuenta."* (*Argentinismos*, p. 814.)

Morir en la *raya*. Morir cumpliendo su deber. || 2. Lo mismo en las Antillas y Méjico. (*Americanismos*, p. 572.) || 3. En Méjico también se dice: "Como muera yo en la raya, aunque me maten en la víspera." (*México*, I, 92.)

Al *rayo*. Significa que, después de un tiempo, pasará algo.

El que da *razón* del camino es porque andado lo tiene. Hablar por experiencia. || 2. Lo mismo en Méjico. (*México*, I, 125.)

El que ha de ser *real* sencillo, ni aunque lo cubran de plata. La condición baja de una persona no cambiará aunque se asocie con personas de alta categoría. || 2. En Méjico: "El que ha de ser centavo aunque ande entre los pesos." (*Méxi-co*, I, 188.)

¡No te revientes *reata,* que es el último tirón! Para dar ánimo cuando se encuentra una persona en la última etapa de alguna empresa. || 2. En Méjico: "¡Ay reata, no te revientes!" (*América,* III, 19.)

Ser mala *reata.* Persona mala, pendenciera.

Ser muy (buena) *reata* uno. Persona muy buena, hospitalaria y dispuesta a servir a todos. || 2. Lo mismo en Méjico. (*Americanismos,* p. 707.) || 3. También en Méjico, "ser valiente, resuelto o denodado." (*América,* III, 19.)

Al *recle.* Indica que, después de un tiempo, pasará algo.

Meterse a *Redentor* y salir crucificado.* Ayudar a alguien y luego recibir sólo mal trato, en vez de agradecimiento. || 2. En Argentina y Chile, "querer librar de daño a otro." (*Argentinismos,* p. 918; *Chilenismos,* p. 358.)

De *refuego.* Persona de mal carácter.

Donde no hay *regla,* la necesidad la inventa. Las leyes son el resultado de la experiencia y la necesidad.

El que *remuda,* descansa. Cualquier cambio en empleo o condición sirve de descanso.

Primero son los *repiques* y después las llamadas. Después de los arranques de valor, viene la cobardía. || 2. En Méjico: "Ahorita son los repiques, y después son las llamadas." (*México,* I, 23.)

Azotar la *res.* Caerse uno.

Hablando del *rey* de Roma, pronto se asoma. *Dicc. Acad.:* "En nombrando el ruin de Roma, luego asoma." || 2. Lo mismo en América. (*América,* II, 37; *Chilenismos,* p. 322.) || 3. En Argentina: "En hablando del ruin de Roma, luego se asoma."* (*Argentinismos,* p. 764.)

¿Quién te hace *rico?* El que te mantiene el pico. *Dicc. Acad.:* "Ese te hizo rico que te hizo el pico." || 2. Lo mismo en América. (*América,* II, 548; *México,* I, 130.)

Es del *rincón* de la cocina de la iglesia. De la persona que se pasea poco.

Vale más *rodear* y no rodar. Vale más tomarse tiempo y estar uno seguro de lo que va a hacer. ‖ 2. En Argentina, Bolivia, Méjico, Perú y Uruguay: "Vale más rodear que rodar." (*Americanismos*, p. 72; *México*, I, 322.)

Andar con *rodeos*.* Se dice de la persona que quiere decir algo, pero su temor hace que sus palabras no sean explícitas. ‖ 2. En Argentina, "andarse con rodeos," significa, "no decir las cosas con claridad* y ocuparse de lo que menos importa." (*Argentinismos*, p. 652.)

Haber *rollo*. Ocurrir algún incidente de mucho interés y generalmente de carácter pendenciero.

Hacerse *rollo*. Sobrevenir una contienda o disputa de interés general.

Reverdecer el *romero*. Proceder los viejos como los jóvenes.

De *romplón*. De improviso. ‖ 2. Lo mismo en la América Central y Méjico. (*América*, III, 43.)

Hacer *roncha*. En el juego, ganar mucho dinero empezando con una cantidad pequeña.

Jugar a la *roña*. Juego de niños en el cual uno de ellos "trae la roña" y los demás corren para que aquél no se la pegue. ‖ 2. En Méjico: "Jugar a las escondidas."* (*Americanismos*, p. 723.) ‖ 3. En Perú, "jugar sin atraversar dinero." (*América*, III, 44.)

La *ropa* sucia se lava en casa.* No se debe hacer escándalo en público de asuntos de familia. ‖ 2. Lo mismo en América. (*América*, III, 44; *Argentinismos*, p. 834.)

La *ropa* limpia no necesita jabón. La persona que no es culpable no tiene que disculparse. ‖ 2. Lo mismo en Méjico. (*México*, I, 285.)

El *rostro* es el espejo del alma.* Es muy fácil conocer los sentimientos de una persona estudiando su semblante.

Buscarle el *ruido* al chicharrón. Provocar penas, molestias o dificultades. || 2. En Méjico: "No hay que hacerle ruido al chicharrón." (*México,* I, 37.)

Buscarle alguien *ruido* a sus huesos. Se dice de la persona que con sus actos o dichos provoca en otros el enfado.

S

Quien no *sabe* lo que vale, no vale nada. Del que no se estima bastante. || 2. Lo mismo en Méjico. (*México,* II, 127.)

Ponerle, venirle o quedarle el *saco.* Darse por aludido. || 2. Lo mismo en Méjico. (*Americanismos,* p. 728.) También: "Al que le venga el saco, que se lo ponga." (*América,* III, 54; *México,* I, 41.) || 3. En América Central y América del Sur: "Al que le toque el guante, que se lo chante." (*Criollo,* p. 267.) || 4. En Argentina y Chile: "Al que le venga el saco, que se lo ponga." (*Argentinismos,* p. 644; *Chilenismos,* p. 359.)

Salir junto con pegado. Se obtendrá el mismo resultado. || 2. Lo mismo en Méjico. (*México,* I, 142.)

El que tiene más *saliva,* traga más pinole. El que es más listo, obtiene más ventajas. || 2. Lo mismo en Méjico. (*América,* II, 479; *Americanismos,* p. 659; *Mexicanismos,* p. 539.)

Estar como *San Gaspar,* pinchurriento con su milagro. De la persona que no quiere cooperar en ninguna forma. Se dice también: "No te hagas San Gaspar."

Cuando *San Juan* baje el dedo.* En son de burla cuando se dice que va a suceder una cosa que nunca esperamos llegue a realizarse. || 2. Lo mismo en Méjico. (*México,* I, 114.)

Calentársele a uno la *sangre.** Enojarse mucho.

Hacer *sangre.* Tomar medicinas para, enriquecer la sangre o eliminar sus impurezas. || 2. En Argentina: "Corregir la sangre." (*Argentinismos,* p. 700.)

¡*Sangre* de venado, todo lo que digas se irá por un lado! Se dice de aquél que ha hablado mal de uno.

Tener *sangre* de atole. Del calmoso que no se altera con nada. || 2. Lo mismo en Colombia, Cuba, Guatemala, Méjico y Puerto Rico. (*Americanismos*, p. 119.) || 3. En Méjico se dice: "Correrle a alguien atole por las venas." (*América*, I, 154; *México*, I, 104.) || 4. En Puerto Rico: "Tener sangre de horchata."* (*América*, III, 145.)

A buen *santo* te encomiendas.* Cuando una persona no puede ayudarnos por su poco valor, su inutilidad o egoísmo. || 2. Lo mismo en Méjico. (*México*, I, 5.)

A cada *santo* se le llega su función (día). A cada persona se le llega su día, ya sea para bien o para mal.

Cada quien para su *santo*. Cada uno para sí mismo.

Ni tanto que queme el *santo*, ni tan poco que no lo alumbre. Se censura la exageración por exceso o defecto en las acciones o dichos. || 2. Lo mismo en Méjico. (*América*, III, 69; *Americanismos*, p. 733; *México*, II, 11.)

Pal *santo* que es, con un repique tiene. Se usa en tono despreciativo hablando de determinada persona. || 2. En Méjico se dice: "Al cabo pa'l qu'es, con un repique le basta." (*México*, I, 32.)

Santo que no es visto, no es adorado. Indica la necesidad de nuestra presencia personal en lo que nos interesa. || 2. Lo mismo en América. (*América*, III, 69; *México*, I, 142.)

Darse de *santos*. Estar de suerte. || 2. Lo mismo en Méjico. (*Americanismos*, p. 733.)

Para qué pedirle a los *santos*, habiendo tal lindo Dios. No se necesita la ayuda de los inferiores cuando se cuenta con la de los superiores. || 2. En Chile: "Estando bien con Dios, los santos son inquilinos." (*América*, III, 69.) || 3. En Méjico: "Qué te andas valiendo de ángeles, habiendo tan lindo Dios." (*México*, I, 121.)

Quedarse para vestir *santos*. *Dicc. Acad.*: "Quedarse para vestir imágenes." || 2. Lo mismo en Chile. (*Chilenismos*, p. 321.) || 3. En Argentina: "Quedar para vestir santos o imágenes." (*Argentinismos*, p. 925.)

El que se rasca, *sarna* tiene.* El que mucho se disculpa es que alguna culpa tiene.

Saber uno los *secretos* de otro.* Se le dice a uno al beber en el mismo vaso o beber las sobras del vaso. || 2. Lo mismo en América. (*América*, III, 51.)

En lo más *seguro*, hay riesgo. Se debe desconfiar aún de lo más seguro. || 2. Lo mismo en Méjico. (*México*, I, 218.)

Señorita vieja, al infierno por pendeja. Censura a la mujer de edad avanzada que no se ha casado.

Dar de *sí*.* Hacerse más grande una cosa. || 2. En Argentina, "dícese del que idea o ejecuta algo por virtud de sus aptitudes naturales o adquiridas." (*Argentinismos*, p. 700.)

Eso *sí* que no.* Protestar de alguna cosa. || 2. Lo mismo en Argentina. (*Argentinismos*, p. 779.)

Tan *sinvergüenza* es el pinto como el colorado. De dos personas deshonestas es difícil escoger la que lo sea menos. || 2. En Méjico: "Como la yunta de Silao; tan malo es el pinto como el colorado." (*América*, II, 480.) || 3. También: "Ser dos personas como la yunta de Silao, que si malo es el pinto, peor es el colorado." (*América*, III, 302.)

Es mejor *solo* que mal acompañado.* Enseña los peligros de las malas compañías. || 2. En Argentina y Chile: "Vale más estar sólo que mal acompañado."* (*Argentinismos*, p. 985; *Chilenismos*, p. 360.)

Saludar con *sombrero* ajeno. Ostentar como propio lo que no nos pertenece. || 2. En Méjico se dice: "Hacer caravanas con sombrero ajeno." (*Americanismos*, p. 746; *México*, I, 248.) || 3. En Chile: "Vestirse o adornarse uno con plumas ajenas."* (*Chilenismos*, p. 355.)

El *sordo* no oye, pero compone. De la persona que se excusa de haber dicho algo no muy exacto, por no haber oído bien.

¡Qué *suave*! ¡Qué bueno! || 2. Lo mismo en Nuevo Méjico. (*New Mexican*, p. 26.)

La *subida* más alta, la caída más lastimosa. *Dicc. Acad.*: "De gran subida, gran caída." || 2. En Méjico: "De la subida más alta es la caída más lastimosa." (*México*, I, 138.)

Subírsele a uno lo —————. (Se dice el apellido del sujeto.) Encolerizarse. || 2. En la América Central y Méjico: "Subírsele a uno lo indio o el indio," y significa "ponerse intransigente." (*América*, III, 102.)

Poner a uno por el *suelo*.* Regañar con insultos. || 2. En Argentina: "Poner a uno por los suelos."* (*Argentinismos*, p. 910.)

A buen *sueño*, no hay cama mala.* Cuando uno tiene sueño no importa donde duerme. || 2. Lo mismo en Méjico. (*América,* III, 104.)

El que temprano se levanta, pierde de dormir un *sueño,* y cualquier bulto lo espanta. Expresión que usan los perezosos para dormir tarde.

Suerte te dé Dios, que el saber poco importa.* De aquellos que han estudiado mucho y, sin embargo, no ocupan los mejores puestos. || 2. Lo mismo en Méjico. (*México*, II, 183.) || 3. En América se dice: "Suerte te dé Dios, hijo, que el saber poco te importa."* (*América*, III, 104.) || 4. En Chile: "Suerte te dé Dios, hijo, que el saber poco te vale."* (*Chilenismos*, p. 323.)

Suerte y mortaja del cielo bajan.* El destino rige la vida, y la buena o mala suerte es algo que no podemos saber.

T

Darse uno *taco.* Darse importancia. || 2. Lo mismo en América. (*América*, III, 114; *Americanismos*, p. 754.) || 3. En Argentina: "Darse aires."* (*Americanismos*, p. 754.) || 4. En Chile: "Darse facha uno." (*Chilenismos*, p. 337.)

Cargar uno a *Tacho.* Recibir una responsabilidad fastidiosa.

¡Qué *talaches!* De una persona que no es inteligente.

Echar *tallas*. Decir chistes. || 2. En Chile, "contar mentiras." (*Americanismos*, p. 757.)

El que nació para *tamal*, del cielo le caen las hojas. Demuestra la fuerza de la predestinación en sentido pesimista. || 2. Lo mismo en Méjico. (*América*, II, 320; *Americanismos*, p. 337; *México*, I, 249.)

Hacerle a uno los *tamales* de chivo. Engañarle; y con especialidad, en el amor o en la vida de casado. || 2. Lo mismo en Méjico. (*México*, I, 249.) || 3. También se dice: "Hacer de chivo los tamales." (*América*, I, 525; *Americanismos*, p. 337.)

Tanto tienes, tanto vales.*

Meter un *tapón*. Regañar.

Más vale *tarde* que nunca.*

El que toma en *taza*, siete veces se casa. Se le dice a la persona que toma algún líquido en taza. También se dice: "El que toma en taza, no se casa."

¿Todavía ves la *tempestad* y no te hincas? Se reprende a aquél que no se apura a pesar de los muchos indicios que haya de algo contrario que puede sucederle. || 2. En Méjico se dice: "Tú sí que ves el temblor y no te hincas." (*México*, I, 239.)

La *tentación* hace el ladrón.* *Dicc. Acad.*: "En arca abierta, el justo peca." || 2. En Méjico se dice: "Cuando está abierto el cajón, el más honrado es ladrón." (*México*, I, 111.)

Andar en la *tetera*. Andar borracho.

Cuando mi *tía* ande en ruedas. Nunca.

Con el *tiempo* y un ganchito, hasta los de arriba bajan (hasta las verdes se alcanzan). Declara que es necesario esperar para conseguir lo que se desea. || 2. Lo mismo en Méjico. (*América*, III, 168; *México*, I, 97.) || 3. En Colombia y Puerto Rico: "Con el tiempo y la paja, se maduran los nísperos." (*Americanismos*, p. 773.) || 4. En Chile: "Con

el tiempo y la garúa, todos hemos de llegar a viejos."
(*América*, III, 168; *Chilenismos*, p. 361.)

El *tiempo* es gran médico. *Dicc. Acad.:* "El tiempo cura el
enfermo, que no el ungüento."

El *tiempo* perdido, los Santos lo lloran. Recomienda la dili-
gencia. || 2. Lo mismo en Méjico. (*México*, I, 208.)

Hay *tiempo* de dar limosna y tiempo de limosnear. Hay tiempos de abundancia y hay tiempos de carestía.

Lo que al *tiempo* se deja, al tiempo se queda. Reprueba la
negligencia. || 2. Lo mismo en América. (*América*, III,
168.)

Ponerse duro el *tiempo*.* Pasar por tiempos económicamente
difíciles.

Si en otro *tiempo* te conocí, ahora no me acuerdo de ti. Cuando uno está en la prosperidad y sin penas, tiene muchos
amigos, pero en los tiempos malos, los amigos se olvidan
de uno. || 2. En Argentina se dice: "En tiempo de higos,
hay amigos." (*Argentinismos*, p. 769.)

Todo el *tiempo* corriendo y llegando tarde. De la persona
presurosa que, sin embargo, no mejora. || 2. En América,
"andar corriendo, y llegando tarde," se dice de aquél "que
por más que se muestre activo y diligente, siempre es in-
oportuno." (*América*, I, 404.)

¿Qué *tienes* tú, que no tenga yo? Expresa maravilla de que
otro haya conseguido algo tan fácilmente.

A la *tierra* que fueres, haz lo que vieres.* En un lugar extraño
se debe adoptar las costumbres y modales de él. || 2. Lo
mismo en Méjico. (*México*, I, 29.) || 3. En América se
dice: "Al país donde fueres haz lo que vieres."* (*América*,
II, 372; *Argentinismos*, p. 763.) || 4. En Chile: "En la
tierra a que fueres, haz como vieres."* (*Chilenismos*, p.
323.)

Caerle *tierra* a uno. Ser castigado. || 2. En Méjico, "ser sor-
prendida una persona en determinada acción o circunstancia." (*Americanismos*, p. 185.)

Disquear la *tierra*. Meterle el disco de agricultura a la tierra para quebrarla.

Donde es tu *tierra*, donde te va bien.

El que siembra en *tierra* ajena, ni la semilla levanta. Se dice del que hace beneficios a otro con la esperanza de ser algún día recompensado, pero resulta todo lo contrario. ‖ 2. Lo mismo en Méjico. (*México*, I, 203.)

Estar cortados con la misma *tijera*.* Semejanza en defectos que existe entre dos personas. ‖ 2. Lo mismo en América. (*América*, III, 170; *Argentinismos*, p. 701; *Chilenismos*, p. 333; *México*, II, 151.)

No me digas *tío*, porque ni parientes somos. Denota no ser muy aceptable cierta compañía o amistad. ‖ 2. En Méjico se dice: "A mí no me digan tío, porque ni parientes somos." (*México*, I, 44.)

Estar todo muy *tirante*. Pasar por tiempos muy difíciles, económicamente o socialmente.

De a *tiro*. Completamente. ‖ 2. Lo mismo en Méjico. (*Americanismos*, p. 779.)

Aventar la *toalla*. Rendirse, declararse vencido, abandonar una empresa por falta de fuerza o ayuda. ‖ 2. En Chile se dice: "Arrojar la esponja." (*Chilenismos*, p. 337.)

A *todo* le tira, y a nada le da. Describe a la persona que intenta todo, pero en nada tiene éxito.

Ir a *todo* meter.* Ir con una velocidad extremada.

Vas como *Tolente*, al ruido de la gente. *Dicc. Acad.:* "¿Dónde va Vicente? Donde va la gente."

Estar *tomado*. Estar borracho. ‖ 2. Lo mismo en Bolivia, Chile, Guatemala, Perú y Puerto Rico. (*Americanismos*, p. 783; *Peruanismos*, p. 372.)

Santo *Tomás*, ver y creer. Se refiere a las personas incrédulas. ‖ 2. Lo mismo en Chile. (*Chilenismos*, p. 323.) ‖ 3. En Argentina: "Ver y creer, como dijo Santo Tomás." (*Argentinismos*, p. 990.)

Estás como el santo *Tonilco,* con los brazos abiertos para todo el mundo, pero las manos engarruñadas. Se dice de la persona que aparenta ser muy caritativa, pero en realidad no lo es.

Deja que haya un *tonto,* y no dos. Recomienda dejar los caminos equivocados de otro.

Quedarse como *tonto* en vísperas. No saber uno lo que está pasando. || 2. Lo mismo en Méjico. (*México,* II, 115.)

Le gusta mamar y dar *topes.* Del que, a pesar de estar recibiendo favores de otro, no los aprecia. || 2. También, se dice del que tiene un empleo, pero no le gusta trabajar. || 2. En Méjico, "querer mamar y beber leche," se dice del "ambicioso que todo lo quiere." (*América,* II, 223.)

Andar (estar) de *tornillo.* Andar de mal humor.

Pa los *toros* del jaral, los caballos de allí mismo. *Dicc. Acad.:* "Tal para cual." || 2. Lo mismo en Méjico. (*América,* III, 205; *Americanismos,* p. 786; *Mexicanismos,* p. 541; *México,* I, 80.)

Se han caído *torres,* cuanto más jacales. Aun los que ocupan puestos altos han caído, cuanto más los de menos poder. || 2. En Méjico: "Hemos visto caer iglesias cuantimás ese jacal." (*América,* II, 134; *Americanismos,* p. 482; *México,* I, 258.)

No hacer *tortillas* con uno. No poder engañarle o defraudarle.

Buscar *trabajo* rogando no hallarlo. Del perezoso que da excusas para no trabajar. || 2. En Méjico: "Buscar trabajo rogando a Dios no hallarlo." (*México,* I, 69.)

El *trabajo* del perezoso es siempre doble. El perezoso hace las cosas de mala gana y mal hechas, y por eso tiene que volver a hacerlas.

Hacer algo de sus propios *trabucos.* Hacer algo sin consultarlo con nadie.

Están pagando los *tracaleros.* Se dice cuando llueve con sol.

|| 2. En Méjico: "Están pagando los drogueros." (*Americanismos*, p. 373.)

Andar *trapiche*. Andar mal vestido.

Coyotear el *tren*. Venirse en el tren, especialmente en la locomotora u otra parte donde no puede ser visto, sin pagar.

Llevárselo a uno el *tren*. Irle mal a uno, malograrse algo. || 2. Lo mismo en Méjico. (*América*, III, 216.)

Si él come de su *troja*, yo como de mi medio almud. No tiene razón una persona para presumir más que otra.

Le gusta el *trote* del macho, aunque lo sangolotée. Se dice del que le gusta cierta diversión o trabajo, aunque de él no saque ningún provecho y sí sólo dificultades. || 2. Lo mismo en Méjico. (*América*, III, 222; *Americanismos*, p. 796; *México*, I, 291.)

Ser uno una *trucha*. Ser muy listo y taimado. || 2. Lo mismo en Méjico. (*América*, III, 223.) || 3. En América Central y América del Sur se dice: "Ser gallo." (*Criollo*, p. 272.) || 4. En Argentina: "Ser una trucha o un pescado." (*Argentinismos*, p. 789.) || 5. En Perú: "Ser muy vivo."* (*Peruanismos*, p. 384.)

Aunque llueva a *truenos*. Aunque haya dificultades. || 2. Lo mismo en Chile. (*Chilenismos*, p. 344.)

Andar *trunco*. Andar borracho.

¿Quién es *tuerto* y quiere que se lo digan? Al que tiene algún defecto no le gusta que se lo mencionen.

Me he de comer esa *tuna*, aunque me espine la mano. Se ha de poseer a cierta mujer aunque le vaya mal. || 2. Lo mismo en Méjico. (*México*, I, 325.)

U

El que ríe al *último*, ríe mejor.* Aconseja al que se burla de la desdicha de otro que se guarde, porque él puede llegar a estar en semejantes condiciones.

Darle a *uno* las doce (tres). Hallarse en una situación comprometida; estar en peligro de algo grave. || 2. Lo mismo en Méjico. (*América*, I, 579; *México*, I, 579.)

Estar *uno* que se pela.* Desear algo intensamente. || 2. Lo mismo en Argentina y Méjico. (*América*, II, 437.)

¿Qué es *uno* de otro? ¿Qué parentesco tienen? || 2. Lo mismo en América. (*América*, II, 538.)

Cada quién que se rasque con sus propias *uñas*. Cada uno válgase a sí mismo sin ayuda de nadie. || 2. Lo mismo en América. (*América*, III, 14.) || 3. En Argentina se dice: "Cada uno se agarra con las uñas que tiene." (*Argentinismos*, p. 673.) || 4. En Chile: "Rascarse cada uno con sus uñas." (*Chilenismos*, p. 357.)

Según la *urraca* es el copete. La fiesta o recepción diferente que se le hace a personas de diferente categoría, cuanto más distinguidos o ricos, más elegante o calurosa.

Coger a uno en las *uvas*. Coger a uno haciendo un mal.

V

Aguantar la *vara*.* Resistir.

Ser *vaca*. Ser tonto.

Echar la *vaca*. En el juego de canicas, el niño que las ha perdido todas menos una, tiene "la vaca," y tienen los demás que jugarle ésa también.

Tanto peca el que mata la *vaca* como el que le tiene la pata. Igual responsabilidad tiene el que ayuda a hacer el delito como el que lo hace. || 2. Lo mismo en Méjico. (*México*, III, 187.)

Vale más arrear y no cargar. Es mejor un poco de trabajo explicando como se ha de hacer una tarea, que tener que hacerla.

El *vecino* más cercano es el pariente más lejano. La proximidad de alguien es de más provecho en una emergencia que el parentesco de otro que vive lejos.

Echar una *vela* a uno. Dar un regaño. || 2. En Méjico, "vela," significa, "reprimienda." (*Americanismos*, p. 810.)

No tener uno *vela* en el entierro.* No tener incumbencia en un asunto. || 2. Lo mismo en Argentina y Méjico. (*América*, III, 254; *Argentinismos*, p. 893.)

¡Deja el *veliz*! ¡Párate derecho!

Correr la *venada*. Faltar a la clase los niños escolares. || 2. En Méjico: "Pintar el venado." (*Americanismos*, p. 811.) || 3. En Guatemala: "Correr venado." (*Ibid.*)

El que porfía mata *venado* o lo matan por porfiado. *Dicc. Acad.*: "Porfía mata la caza o mata venado." || 2. En América se dice: 'El que porfía mata venado." (*América*, II, 517.) || 3. En Chile: "Quien porfía mucho alcanza." (*Chilenismos*, p. 356.)

Venir para atrás. Volverse.

Lo que *veo*, bien lo creo. Sólo viendo las cosas se pueden creer.

La *verdad* no peca, pero incomoda. *Dicc. Acad.*: "Quien dice la verdad, ni peca ni miente." || 2. En Argentina: "El que dice la verdad no miente." (*Argentinismos*, p. 755.) || 3. En Méjico: "El que dice la verdad, no peca, pero incomoda." (*México*, I, 184.)

Dicen que me han de quitar las *veredas* por donde ando; las veredas quitarán, pero las querencias ¿cuándo? Lo que se quiere conseguir, a pesar de muchas dificultades se conseguirá. || 2. Lo mismo en Méjico. (*México*, I, 289.)

Trabajar uno el *vidrio*. Beber cerveza.

¡Qué *vida* para sufrir en este mundo! Denota disgusto.

Cada *viejo* alaba a su bordón. Todos tienden a hablar bien de sí mismos. || 2. Lo mismo en América. (*América*, III, 261; *México*, I, 79.)

Más vale *viejo* (malo) por conocido que nuevo (bueno) por conocer. *Dicc. Acad.*: "Más vale malo por conocido que bueno por conocer."

La que se fija en *viejos* se fija en pellejos. Es tonta la joven que pretende casarse con un hombre de edad madura.

Echar la *viga*. Insultar indirectamente. || 2. Lo mismo en Guanajuato (Méjico). (*México*, II, 220.) || 3. En América se dice: "Echarle la aburridora." (*América*, I, 585.)

El que se fué pa la *villa*, perdió su silla; y el que se fué pa Torreón, perdió su sillón. *Dicc. Acad.:* "Quien fué a Sevilla, perdió su silla." || 2. En Méjico: "El que se fué a la Villa perdió su silla." Y luego el otro contesta: "Y el que se fué y volvió le dió un trompón y lo quitó." (*México*, I, 201.) || 3. En América: "El que se fué a Sevilla perdió su silla."* (*América*, III, 262; *Argentinismos*, p. 757.)

De *violín*. De balde. || 2. Lo mismo en Méjico. (*Americanismos*, p. 816.) También: "De coca." (*Mexicanismos*, p. 538.)

Pintar un *violín*. Faltar uno a su palabra. || 2. Lo mismo en Méjico. (*América*, III, 263.)

¡Ay, *Virgen* de Guadalupe, aquí está tu Juan Diego! Expresión que usa el galán al pasar una muchacha bonita.

Si se alivió, fué la *Virgen;* si se murió, fué el doctor. Quiere decir que el médico no es bastante estimado.

Virulo de ojo. Ver.

Virulo de oreja. Oír y entender.

Dar un *vistazo*.* Ver algo por un ratito. || 2. Lo mismo en Argentina. (*Argentinismos*, p. 718.)

Á hí lo *visteo*. Adiós.

Más valen *vivas* e ingratas que muertas y agradecidas. Una persona viva, cualquiera que sean sus defectos, es de más valor que la muerta, cualquiera que hayan sido sus virtudes.

Echar un *volado*. Arrojar con un capirotazo una moneda al aire para que, según caiga a tierra, se decida quién tiene derecho a ser primero.

Andar *volado* con alguien. Andar locamente enamorado de

uno. || 2. En Méjico, "volado," quiere decir, "chiflado, enamorado." (*Americanismos*, p. 818.)

¡A *volar!* ¡Vete de aquí! || 2. En Argentina "A volar, que hay chinches." (*Americanismos*, p. 819.) || 3. En Puerto Rico: "A volar, que el sol cambia." (*Ibid.*)

Darle *vuelo* a la hilacha. Divertirse, paseándose por diferentes lugares, especialmente la joven con su novio. || 2. En Méjico significa, "andar en fiestas, en francachelas." (*México*, II, 46.)

Darle *vuelo* a alguien. Divertirse en amores.

Y

Trabajar en la *yerba*. Cortar la hortaliza o hacerla manojos.

El que nace para la *yunta*, del cielo le caen los cuernos. Véase: "El que nace para *buey*, del cielo le caen las llaves."

Más vale *yunta* andando, que cien paradas. Uno que trabaja es de más valor que muchos que no hacen nada.

¡Qué siga la *yunta* andando, yo me voy corriendo a pie! Resignación o sordera a las acciones o dichos de otros, siguiendo adelante con su vida regular.

Z

El que se acuesta en *zalea*, nomás los pelos escupe. Da a entender que las amistades que una persona frecuenta tienen gran influencia en la formación de su carácter.

Dar *zapatería*. Se dice en el juego del dominó cuando los contrarios no hacen ni un solo punto.

Nadie diga *zape* hasta que se escape. Se debe tener cuidado de la jactancia porque el jactancioso puede ser el primero en caer. || 2. En Ecuador y el norte de Perú se dice: "Nadie diga zape, hasta que la tierra tape," y da a entender que "ningún mortal está exento de falta mientras viva." (*América*, III, 314; *Americanismos*, p. 831.) || 3. En Méjico, "que nadie se crea victorioso mientras no vea terminada la empresa dentro de la cual lucha." (*México, II, 4.*)

¡Come *zoquete!* Expresión despreciativa, como para decir: "No me importa más de ti."

La *zorra* nunca ve su cola. De la persona que sólo ve los defectos y faltas en los demás, pero nunca en sí misma.

Una *zorra* cuidando un gallinero. Cuando un ladrón está cuidando un banco o un borracho trabaja en una cantina.

Irse (salirse, pasar, etc.) *zumbando* (rumbando).* Irse muy de prisa o corriendo. ‖ 2. En Argentina: "Salir zumbando."* (*América, III, 59; Argentinismos,* p. 945.) ‖ 3. También se dice: "Salir polveando." (*América, III, 59.*)

Zumbarle a alguien. Véase: "Arrastrarle a *alguien.*"

Sección III

Hispanismos que usa la gente de habla inglesa

A

abrazo, s.

adobe, s. Generalmente se usa en conjunción con una palabra inglesa: *adobe brick, adobe house, adobe wall.*

adios!, interj.

aguacate, s. Fruto del aguacate. Se usa a veces con otro vocablo inglés: *aguacate salad, aguacate tree.*

aguardiente, s.

alfalfa, s. Generalmente se usa juntamente con la palabra inglesa: *alfalfa hay.*

alamo, s.

americano, s.

amigo, s. Se usa de una manera familiar, especialmente cuando se dirige la palabra a una persona de habla española.

amor, s.

armadillo, s.

arroyo, s.

B

baile, s. Baile público.

bamba, s. Baile cubano.

bandana, s. Pañuelo grande de colores vivos que usan los vaqueros ceñido al cuello.

bandido, s. Se le dice al hombre que durante los *Charro Days* trae el traje blanco de manta que usa el peón mejicano y trae la barba sin arreglar y una carabina. V. *Charro Days*.

barbacue, s. Barbacoa.

bolero, s. Aire popular musical español. || 2. Chaquetilla corta para señora.

bonanza, s.

bonito, s.

borracho, adj.

bracero, s. Jornalero que viene de Méjico a trabajar a los Estados Unidos bajo contrato.

bracero center, s. Lugar donde se registran los *braceros* cuando han terminado su contrato para nuevos trabajos. V. *bracero*.

brasada, s. Un matorral de *mesquites*. V. *mesquite*.

bronco, s. Caballo que no ha sido amansado, y a veces se refiere a cualquier caballo de montura.

buckaroo, s. De *vaquero*.

burro, s.

C

caballero, s.

caballo, s.

cabrito, s. Comida de cabrito.

calaboose, s. De *calabozo*.

caliche, s.

calle, s.

canasta, s. Juego de naipes.

cañon, s. Concavidad entre dos montañas. Se usa también *canyon* que tiene el mismo origen.

caporal, s. El encargado de dirijir el trabajo de un rancho.

cargador, s. El que ayuda a los pasajeros del tren a cargar las maletas.

carreta, s.

carreton, s.

cenizo plant, s. Cenizo.

centavo, s. Se usa para indicar que uno tiene muy poco dinero.

cieniga, s. Planicie cerca de un río; significa también campo agrícola.

cinch, s. Cincha de la silla de montar.

compadre, s. Significa más bien muy buen amigo.

corral, s. Ú. t. c. tr. y quiere decir *juntar.*

corrida de toros, s.

corrido, s. Canción en que se relata la historia de un amor, de un bandido, de un héroe o una aventura.

coyote, s.

cuba libre, s. Bebida alcohólica.

cuidado!, interj.

CH

chalupa, s. Fritada de maíz molido con frijoles y queso.

chaparral, s.

chaparral bird, s. Faisán indígena. V. *paisano.*

chaparreras, s.

chaparro, s.

chapote, s. Arbusto que crece en esta comarca; su semilla consiste en una bola negra.

chaps, s. Chaparreras.

charro, s. El hombre que se pone el traje vaquero mejicano.

Charro Days, s. Fiesta de carnaval que se celebra en Brownsville (Texas); las personas que asisten a la fiesta se visten con trajes regionales mejicanos. Como seis semanas antes de la fiesta, los hombres se dejan crecer el bigote y la barba.

chiapaneca dress, s. Traje regional de Méjico que se usa para bailar el baile típico de Chiapas (Méjico).

chicharrones, s.

chicle, s.

chico, s. Se aplica a cualquier hombre joven.

chihuahua!, interj. ¡Caray!

chihuahua dog, s. Perro muy pequeño que tiene su origen en el estado mejicano de Chihuahua.

chile, s. Se usa en combinación con vocablos ingleses: *chile pepper, bowl of chile, chili meat.*

chile con carne, s. Salsa de ají con carne molida y frijoles.

china, s. Mujer que se viste con traje de china poblana. V. *china poblana.*

china poblana, s. Traje típico de Méjico; consiste en una blusa blanca bordada, una falda roja y verde, muy bordada de lentejuelas, y un *rebozo.* V. *rebozo.*

chinaco, s. Traje que usaba el vaquero mejicano; lo usa hoy el cuerpo de tambores de la sociedad "American Legion," de Brownsville (Texas).

D

dance of the voladores, s. Danza ceremonial de los indios aztecas que se baila durante los *Charro Days.* V. *Charro Days.*

desperado, s. Bandido.

E

empresario, s.

enchilada, s.

F

feo, adj.

fiesta, s.

frijoles, s. La semilla de la judía, seca, hervida y guisada. Se usa en el plural. En el singular se emplea como adjetivo juntamente con otro vocablo inglés: *frijole diet; frijole beans.*

G

garbanzo, s.

granjeno tree, s. Árbol pequeño que es casi un chaparro, muy espinoso.

gratis, adv. Se usa muy comúnmente *free gratis.*

guava, s. Guayaba.

gringo, s.

guacamole, s.

guajillo, s. Planta silvestre de esta comarca que come el ganado menor.

guerilla, s. Se usa mucho en combinación con voces inglesas: *guerilla-war, guerilla-tactics.*

H

hacienda, s.

hammock, s. Hamaca.

hombre, s. Se usa mucho esta expresión: *good hombre, bad hombre.*

hoosegow, s. De *juzgado,* y quiere decir *cárcel.*

huapango, s. Baile mejicano típico.

huarache, s.

huisache, s. Árbol silvestre muy frondoso y espinoso; da una flor amarilla muy pequeña y olorosa.

I

incomunicado, adj. Se dice del preso a quien no se le permite hablar ni escribir a nadie.

influenza, s. Enfermedad contagiosa que consiste en fuertes ataques de calentura. Los de habla española dicen *influencia.*

J

jarabe tapatio, s. Baile mejicano en el cual se usa el traje de *china problama* y el traje *charro.* V. *charro* y *china poblana.*

javelina, s. Jabalí.

L

laguna, s. Se usa más en conjunción con nombres de lugares donde hay agua: *Laguna Madre.*

lariat, s. Reata.

lasso, s. Lazo que usan los vaqueros.

lassoer, s. Uno que tira lazos con la reata.

latigo, s.

leche quemada, s. Dulce hecho de leche y azúcar.

lechugilla, s. Planta semejante a la pita que crece no más que 30 centímetros y una vez al año crece en su centro un tallo circular.

lobo, s.

loco, adj. Con frecuencia se usa en conjunción con un vocablo inglés: *plumb-loco, downright-loco, loco-weed.*

llano, s. Terreno extenso sin lomas.

M

machete, s. Cuchillo grande.

mambo, s. Baile cubano.

maguey, s.

mantilla, s.

mañana, s. Se usa despectivamente con referencia a aquellos que prometen, pero no cumplen.

maracas, s. Instrumento musical antillano.

mariachi, s. Conjunto musical típico de Méjico.

marihuana, s. Terrible narcótico en forma de hierba que se fuma. También se le llama *loco-weed.*

marimba, s. Tímpano.

matador, s. El torero que mata al toro.

masa, s. Masa de maíz que se usa para hacer *tortillas.* V. *tortilla.*

mecate, s.

menudo, s. Comida hecha con la panza de la res.

merienda, s. Fiesta que se da durante la tarde.

mesa, s. Terreno elevado y llano, de gran extension, rodeado de valles o barrancos.

mesquite, s. Árbol silvestre alto y frondoso; es muy común en los pastos, donde las vacas lo comen mucho.

mesquite bean, s. El fruto del *mesquite.* V. *mesquite.*

mescal, s. Mezcal.

mescal-bean, s. Arbusto que tiene como fruto unas esferas rojas muy venenosas; los indios envolvían una en el mezcal para darle más potencia narcótica. La gente de habla española le llama *frijolillo.*

mestizo, s.

metate, s.

mission, s. Iglesia establecida en país extranjero.

mojado, s. Mejicano que entra a los Estados Unidos ilegalmente para trabajar.

mole, s.

mosquito, s. Zancudo.

N

nixtamal, s. Maíz cocido en agua con cal que, después de lavado y molido, queda convertido en masa para hacer *tortillas.* V. *tortillas.*

noche mejicana, s. Romería en la cual se usan trajes típicos mejicanos.

P

padre, s. El sacerdote de una iglesia católica.

paisano, s. Faisán indígena. V. *chaparral bird*.

palomino horse, s. Caballo melado.

pan dulce, s. Pan de dulce.

papaya, s.

parasol, s. Quitasol.

patio, s.

pelado, s. Persona de baja clase social.

peon, s.

peso, s. Moneda nacional de Méjico.

petate, s.

picador, s. El que pica al toro en la corrida de toros.

pilao (de *pelado*), s. Persona de habla española de baja posición económica.

pilon, s. Lo que se da de más.

pinole, s. Maíz tostado y pulverizado.

pinto, adj. Matizado de varios colores; se usa en conjunción con una palabra inglesa: *pinto beans, pinto horse*.

pita, s.

plaza, s.

plumb loco, s. Loco perenne.

propaganda, s.

Q

que?, pron.

queso de tuna, s. Dulce hecho de la tuna del nopal.

R

ranchero, s. El que vive en el campo. Ú. t. en el femenino.

rancherita dress, s. Vestido que consiste en una blusa escotada y falda larga de percal.

rancho, s.

rebozo, s. Chal de seda que usa la *china poblana.* V. *china poblana.*

reata, s.

reganche, s. Anticipo que se hace a un trabajador.

remuda, s. Grupo de caballos o bestias que se encuentran juntos en un lugar. Es término ranchero.

retama, s.

roan, s. Roano. Se aplica a caballos de ese color.

rodeo, s.

rio, s.

rumba, s. Ú. t. c. intr.

S

sabe!, interj.

sandunga dress, s. Traje mejicano de Tehuantepec (Méjico).

sandunga dance, s. Baile regional mejicano.

sarape, s.

savvy?, ¿Sabe usted?

semita, s. Una clase de pan de dulce mejicano que tiene mucha manteca.

señor, s. Se usa este vocablo independientemente, casi nunca acompañado del nombre de la persona.

señora, s. Casi nunca se acompaña el nombre de la persona.

señorita, s. Rara vez se usa con el nombre.

si, adv. afirm.

siesta, s.

sombrero, s. Sombrero jarano o sombrero de petate.

sonajero, s. Bailador de un baile ritual de Méjico; se baila en
los *Charro Days.* V. *Charro Days.*

sotol, s.

stampede, s. Estampida. Término ranchero que describe la estampida, del ganado mayor.

T

taco, s. Carne molida con tomate, cebolla y lechuga puesta
en una *tortilla* de masa muy bien frita. V. *tortilla.*

tacuache, s.

tamal, s.

tamalada, s. Fiesta donde se comen muchos tamales.

tango, s. Baile argentino.

taps, s. Derivado de *tapaderas,* la parte que tapa los estribos
de una silla de montar.

tasajillo, s. Planta de los cactos, muy espinosa, que tiene tallos
cilíndricos con muchos ramos.

tejón, s.

tequila, s.

tornado, s. Torbellino.

toro, s.

tortilla, s. Torta hecha de masa de maíz.

V

vamoose!, interj. Derivado de *vamos.*

vanilla, s. Vainilla.

vaquero, s.

vega, s.

Z

zacaton, s. Hierba alta de pasto.
zamba, s. Baile popular cubano.